本輯出版得到西南大學漢語言文獻研究所學科建設經費資助

簡帛語言文字研究

第七輯

張顯成 主編

巴蜀書社

《簡帛語言文字研究》編委會

饒宗頤先生題詞：

勾沉探賾

辛巳選堂

饒宗頤

李學勤先生題詞：

揆之文義而安，求之古訓而合，采漢唐宋諸儒之所長，而化其鑿空之病與拘牽之習，蓋非罥前人之説而不之用，乃師前人之説而善用之者也。

右載錄王念孫經傳釋詞序語，藉賀《簡帛語言文字研究》創刊

李學勤

二〇〇一年八月

目 錄

《上博七》釋讀劄記二則

李詠健*

摘　要：《上博七》出版至今，相關研究甚多，然在個別字詞的釋讀上，尚有討論空間。本文對竹書其中兩字提出了新釋，一是把《君人者何必安哉》的“龍”改讀爲“用”，二是把《鄭子家喪》的“絰”字改讀爲“苴”。

關鍵詞：楚簡；《君人者何必安哉》；《鄭子家喪》；假借

一、龍其祭而不為其樂

《上博七·君人者何必安哉》記載楚王有“三回（違）”，其中第三回的內容分別見於甲、乙本簡 4—6，其文曰：

* 李詠健，香港理工大學專業及持續教育學院　講師　香港。

州徒之樂，而天下莫不語（娛）①，先②王斎＝（之所）吕（以）為目觀也。君王龍丌（其）祭而不為丌（其）樂，此丌（其）三回（違）也。③

本文主要討論“君王龍其祭而不爲其樂”的“龍”字。此字整理者隸作“龍”，並提出兩種讀法。一説讀爲“隆”，“隆其祭”指不禮，濫祭淫祀。一説讀爲“淡”，“淡其祭”意謂“君王淡漠、無視祭典，不行祭樂”④。

整理者之隸定蓋無可疑，針對其所提二説，時賢多從前者，

① “語”，整理者讀如字，解作“議論”，董珊則讀“語”爲“娛”，解作“娛樂”，黄人二從之，並謂“天下莫不娛”意即“天下之人，莫不以其州土地方音樂，作爲耳聽之娛樂”。我們認爲，關於“州土”之義，猶有可議者，然董、黄二氏讀“語”爲“娛”，似較合於文義，本文從其説。董、黄二説分别見董珊《讀〈上博七〉雜記（一）》（復旦大學出土文獻與古文字研究中心網站，2008年12月31日）及黄人二《上博七〈君人者何必安哉〉試釋》，《故宫博物院院刊》，2009年第6期（總第146期），頁136。

② “先”字見乙本，甲本作“之”，整理者謂乙本“先”字爲“之”字鈔誤，並將“之”屬上讀，與下句“王”字斷開。復旦讀書會則認爲甲本“之”是乙本“先”字之誤，“先”屬下讀，讀作“先王”。本文從讀書會説。讀書會説見復旦大學出土文獻與古文字研究中心研究生讀書會《〈上博七·君人者何必安哉〉校讀》，復旦大學出土文獻與古文字研究中心網站，2008年12月31日。

③ 釋文見馬承源主編《上海博物館藏戰國楚竹書（七）》，上海古籍出版社，2008年，頁201—203、210—211。

④ 馬承源主編《上海博物館藏戰國楚竹書（七）》，上海古籍出版社，2008年，頁202。

如復旦讀書會[①]、周鳳五[②]、董珊[③]、黄人二[④]、張崇禮[⑤]、何有祖[⑥]、林文華[⑦]、凡國棟[⑧]、孟蓬生[⑨]、宋華强[⑩]等皆讀“龍”爲“隆”。不過，史德新對整理者説提出質疑，他指出簡文中第一、二回都是拿楚王與時人作對比，凸顯楚王的做法與衆不同。因此，第三回中“州徒之樂，而天下莫不語，先王所以爲目觀也”和“君王龍其祭而不爲其樂”在邏輯上也應該是對比關係。若把“龍”讀爲“隆”，就成了楚王對待祭祀很隆重，這是順著前一句説，而不是從反面説，和上下文邏輯明顯相悖。況且，前六支簡

① 復旦讀書會《〈上博七・君人者何必安哉〉校讀》，復旦大學出土文獻與古文字研究中心網站，2008 年 12 月 31 日（http：//www. guwenzi. com/SrcShow. asp? Src _ ID=580）。

② 周鳳五《上博七〈君人者何必安哉〉新探》，《臺大中文學報》第 30 期，2009 年 6 月，頁 56。

③ 董珊《讀〈上博七〉雜記（一）》復旦大學出土文獻與古文字研究中心網站，2008 年 12 月 31 日（http：//www. guwenzi. com/SrcShow. asp? Src _ ID=585）。

④ 黄人二《上博七〈君人者何必安哉〉試釋》，《故宫博物院院刊》，2009 年第 6 期（總第 146 期），頁 136。文又見 http：//humika503. blog. 163. com/blog/static/572665522009050374285З/，2009 年 1 月 5 日。

⑤ 張崇禮《〈君人者何必安哉〉釋讀》，復旦大學出土文獻與古文字研究中心網站，2009 年 1 月 13 日（http：//www. guwenzi. com/SrcShow. asp? Src _ ID=651）。

⑥ 何有祖《〈上博七・君人者何必安哉〉校讀》，武漢大學簡帛研究中心網站，2008 年 12 月 31 日（http：//www. bsm. org. cn/show _ article. php? id=918）。

⑦ 林文華《〈君人者何必安哉〉“州徒之樂”考》，武漢大學簡帛研究中心網站首發，2009 年 01 月 18 日（http：//www. bsm. org. cn/show _ article. php? id=976）。

⑧ 凡國棟《〈上博七・君人者何必安哉〉簡 4“州徒之樂”小識》，武漢大學簡帛研究中心網站首發，2009 年 01 月 03 日（http：//www. bsm. org. cn/show _ article. php? id=939）。

⑨ 孟蓬生《〈君人者何必安哉〉賸義掇拾》，復旦大學出土文獻與古文字研究中心網站，2009 年 1 月 4 日（http：//www. guwenzi. com/SrcShow. asp? Src _ ID=611）。

⑩ 宋華强《〈君人者何必安哉〉“州徒之樂”試解》，武漢大學簡帛研究中心網站，2009 年 6 月 16 日（http：//www. bsm. org. cn/show _ article. php? id=1088）。

主要是説楚王如何“盡去耳目之欲”，此處忽然説楚王對待祭祀很隆重，與文意也不合。此外，針對整理者讀爲“淡”之説，他又認爲上古漢語中“淡”多作不及物動詞，訓爲“淡泊”，罕有訓爲“淡漠”的[①]。

整理者説既有可疑，史氏遂提出讀“龍”應爲“襲”，訓爲“因循、沿襲”。揚雄《蜀都賦》（《古文苑》）：“龍明衣。”章樵注：“龍，假借作襲，襲，重也。”是“龍”、“襲”相通之證。“‘君王襲其祭而不爲其樂’是説君王雖沿襲先王的祭祀卻不爲其樂。祭祀乃國之大事（《左傳》成公十五年：‘國之大事，在祀與戎。’），不能任意減損，楚王雖然沿襲，卻把和祭祀相關的娛樂内容給去掉了，楚王確實是‘盡去耳目之欲’。”[②]

陳偉亦别爲一説，他指出古書中祭祀往往與“共（供）”連言，如《左傳》僖公四年記管仲對楚使曰：“爾貢包茅不入，王祭不共，無以縮酒。”《國語·周語中》“晉文公既定襄王於郟”章記周襄王曰：“昔我先王之有天下也，規方千里以爲甸服，以供上帝山川百神之祀，以備百姓兆民之用，以待不庭不虞之患。”《莊子·盜跖》：“尊將軍爲諸侯，與天下更始，罷兵休卒，收養昆弟，共祭先祖。”皆其例。所以，他主張讀“龍”爲“供”（亦作“共”），訓“供給”[③]。

---

① 史德新《讀上博（七）劄記》，《中國歷史文物》2010年第1期，頁82。相同論述亦見氏著《〈君人者何必安哉〉補説》，武漢大學簡帛研究中心網站（http://www.bsm.org.cn），2009年6月7日。此文亦爲“中國簡帛學國際論壇2009”（2009年6月29日—7月4日）論文。

② 史德新《讀上博（七）劄記》，《中國歷史文物》2010年第1期，頁82—83。相同論述亦見氏著《〈君人者何必安哉〉補説》。

③ 陳偉《〈君人者何必安哉〉新研》，中央研究院歷史語言研究所主辦《第三屆古文字與古代史國際學術研討會（2011年3月25—27日）論文集》，頁273。

謹案：誠如史德新所言，整理者説確有疑點，惟史、陳二氏之説亦未盡完善。考簡文"龍其祭"與"爲其樂"並舉，二者似有一定聯繫，然上引諸説皆未顧及此一點。其實，細繹簡文，"龍其祭"與"爲其樂"皆屬動賓結構，二者表述方式相同，應是兩種相近動作行爲。試看下列文獻用例：

(1) 愚者聞其略而不知其詳（《荀子·非相》）①

(2) 此聞其名而不知其實者也（《春秋繁露·楚莊王》）②

(3) 物視其所一而不見其所喪（《莊子·德充符》）③

(4) 徒見其利而不顧其害（《史記·趙世家》）④

上舉諸例（横線部分），皆爲"及物動詞＋賓語（代＋名）＋而（連詞）＋否定副詞＋及物動詞＋賓語（代＋名）"的結構，與簡文"龍其祭而不爲其樂"句型相同，可以互證。諦審其用字，諸句中位於"而"字前後的兩個動詞都是近義詞。如例(1)、(2)的"聞"與"知"，《説文》曰："聞，知聞也。"⑤《戰國策·齊三·孟嘗君將入秦》："孟嘗君曰：'人事者，吾已盡知之矣；吾所未聞者，獨鬼事耳！'"⑥ 高誘注云："聞，知。"⑦ 可

---

① 《二十二子》，上海古籍出版社，1986年第1版，頁296中。

② 同上書，頁769中。

③ 同上書，頁25中。

④ （漢）司馬遷撰，裴駰集解，司馬貞索隱，張守節正義《史記》，藝文印書館（出版年份不詳），頁720上。

⑤ （漢）許慎撰《説文解字》，嶽麓書社，2005年，頁250上。

⑥ （漢）劉向集錄《戰國策》，上海古籍出版社，1998年第2版，頁373。值得注意的是，此句中亦以"聞"、"知"並用，與本文所引例(1)(2)同。

⑦ 同上書，頁374。

見"聞"有"知"義，二者義近①。筆者認爲，簡文"龍"與"爲"的情況也可能與此相同，二者實爲近義詞關係。惟審視時賢諸説，不論將"龍"讀爲"隆"，讀爲"襲"還是讀爲"供"也好，似乎皆與"爲"義無涉。考慮到這一點，筆者認爲"龍"字或有其他釋讀可能。下文試從文義、音理、詞例三方面入手，爲該字作一考釋。

要説明"龍"字的取義，先要分析簡文"爲其樂"之意。"爲其樂"，整理者解作"行祭樂"②，"爲"訓"行"。董珊説略同③。稽諸故訓，"爲"取"行"義者，典籍多有其例。如：

《國語·晉語七》："諸侯之為"，韋昭注："為，行也。"④

《大戴禮記·保傅》："乃得為之"，王聘珍解詁："為，行也。"⑤

《大戴禮記·子張問入官》："行之善者，在所能為"，王

① 例（3）（4）所用的動詞也是近義詞。關於（3），《説文》："見，視也。"（頁177下）段玉裁注："析言之，有視而不見者，聽而不聞者；渾言之，則視與見，聞與聽一也。"（〔漢〕許慎撰，〔清〕段玉裁注《説文解字注》，上海古籍出版社，1988年第2版，頁407下）可證"見"、"視"義近。關於（4），《説文》："顧，還視也。"（頁182下）"顧"與"視"義近，而上引段注又謂"見"、"視"混言無別，是知"見"與"顧"在詞義上也有聯繫。

② 整理者謂"君王龍其祭而不爲其樂"意爲"君王淡漠、無視祭典，不行祭樂。"案整理者將"不爲其樂"解作"不行祭樂"，是"爲"當訓"行"。

③ 董珊説："君王龍（隆）其祭而不爲其樂"是説楚君雖隆重舉行祭祀活動，但祭祀時及日常不舉行樂舞等娛樂表演。案董氏將"爲"解作"舉行"，與整理者訓"行"略同。董説見氏著《讀〈上博七〉雜記（一）》，復旦大學出土文獻與古文字研究中心網站，2008年12月31日（http://www.guwenzi.com/SrcShow.asp?Src_ID=585）。

④ （三國·吳）韋昭撰，（清）黃丕烈撰《國語韋氏解：21卷，附劄記1卷》，世界書局，1975年第3版，頁322。

⑤ （清）王聘珍撰，王文錦點校《大戴禮記解詁》，中華書局，1983年第1版，頁51。

聘珍解詁："為，猶行也。"[①]

《論語·衛靈公》："子貢問為仁"，劉寶楠正義："'為仁'者，為猶行也。"[②]

《孟子·公孫丑下》："王由足用為善"，焦循正義："為，猶行也。"[③]

《禮記·檀弓上》："不仁而不可為也"，鄭玄注："為，猶行也。"[④]

準此，"爲其樂"之"爲"訓"行"，殆無異議。上文已指出，本簡"龍"與"爲"並舉，二字取義理應相近。揆諸音義，筆者認爲"龍"可讀爲"用"。案"爲"、"用"義近，並可訓"行"。《孟子·公孫丑下》："不得不可以爲悅，無財不可以爲悅，得之爲有財"，焦循正義曰：

> 《禮記·檀弓上》云："不仁而不可為也"，注云："為，猶行也。"《方言》云："用，行也。"為、用皆訓行，故《荀子·富國》篇云"仁人之用國"，注云："用，為也。"〈郊特牲〉云："以為稷牛"，注云："為，用也。"[⑤]

是知"爲"、"用"皆有"行"義，二字或可互訓。又《說

---

① （清）王聘珍撰，王文錦點校《大戴禮記解詁》，中華書局，1983年第1版，頁139。

② （清）劉寶楠撰，高流水點校《論語正義》，中華書局，1990年第1版，頁621。

③ （清）焦循撰，沈文倬點校《孟子正義》，中華書局，1987年第1版，頁307。

④ 《十三經注疏》整理委員會整理《禮記正義》，北京大學出版社，2000年，頁265。

⑤ （清）焦循撰，沈文倬點校《孟子正義》，中華書局，1987年，頁283。

文·用部》："用，可施行也。"①《周禮·天官·庖人》："凡用禽獻"，孫詒讓正義："用與行義同。"②《經義述聞·周易上·乾師頤坎既濟言勿用》："潛龍勿用"，王引之案語謂："用者，施行也。"③《詩·邶風·雄雉》："不忮不求，何用不臧。"高亨注："用，猶行也。"④《楚辭·離騷》："夫孰非義而可用兮，孰非善而可服"，馬茂元主編《楚辭注釋》曰："'用'、'服'，這裏都是'行'的意思。"⑤ 並"用"字古訓"行"之證。以此言之，簡文"用其祭"解作"行其祭"，與下文"爲其樂"相對，在文義上應無問題⑥。

古籍中用作動詞的"爲"與"用"有對舉及連用之例。如：

《韓非子·解老》："為之欲之，則德無舍；德無舍則不全。用之思之則不固，不固則無功，無功則生於德。"⑦

《國語·楚語》："瘠磽之地，於是乎為之；城守之木，於是乎用之；官僚之暇，於是乎臨之；四時之隙，於是乎成之。"⑧

《文子·上仁》："故不用之，不為之，而有用之，而有

① （漢）許慎撰《説文解字》，嶽麓書社，2005年，頁70上。

② （清）孫詒讓撰，王文錦、陳玉霞點校《周禮正義》，中華書局，1987年第1版，頁264。

③ （清）王引之著《經義述聞》卷1，商務印書館，1935年初版，頁1。

④ 高亨《詩經今注》，上海古籍出版社，1980年第1版，頁45。

⑤ 馬茂元主編，楊金鼎等注釋《楚辭注釋》，文津出版社，1993年，頁50。又王世舜主編《楚辭詞典》亦謂此句之"用"取"行"義。詳參王世舜主編，袁梅編著《楚辭詞典》，山東教育出版社，1999年，頁262。

⑥ "用"作爲動詞時或訓"行"，字典亦收錄此義。詳參高樹藩編纂《正中形音義綜合大字典》，正中書局，1984年增訂5版，頁1053下。

⑦ 《二十二子》，上海古籍出版社，1986年，頁1136中。

⑧ 徐元誥撰，王樹民、沈長雲點校《國語集解》，中華書局，2002年，頁496。

為之，不伐之言，不奪之事，循名責實，使自有司，以不知為道，以禁苛為主，如此則百官之事，各有所攷。"[①]

由此可見，把簡文"龍"字讀爲"用"，以"用其祭"與"爲其樂"並舉，符合古書行文習慣。

"龍"古音來紐東部[②]，"用"古音餘紐東部[③]，二字聲近韻同，可以通假[④]。古書中"龍"與"用"有相通例證。《書·仲虺之告》："用爽厥師"，《墨子·非命上》引作"龔喪厥師"，孫詒讓《閒詁》引孫星衍云："'用'爲'龔'，聲相近。"[⑤]"龔"從龍聲[⑥]，"龔"與"用"通，猶"龍"與"用"通。此外，《江漢考古》1987年2期載長沙出土圓筒狀銅量銘文曰："煛（鑄）廿金龍以賹"，何琳儀《長沙銅量銘文補釋》謂"龍"讀爲"筩"。其説云：

案："龍"可讀"籠"或"筩"。檢《方言》五"箸筩，陳楚宋衛之間謂之筲，或謂之籝；自關而西謂之桶檧"。《太

---

① 《二十二子》，上海古籍出版社，1986年，頁867上。

② 郭錫良編著《漢字古音手冊》（增訂本），商務印書館，2010年，頁456。

③ 同上書，頁458。

④ 出土文獻中餘紐（喻四）與來紐有相假現象，如《上博三·周易》之"聿"假爲"律"，《上博二·從政（甲、乙篇）》之"藥"借作"樂"，曾侯乙墓楚簡"栖"讀作"柳"等。此外，馬王堆帛書《春秋事語·吳伐越章》有"游"、"留"通假，馬王堆帛書《老子》乙本卷前古佚書《道原》有"流"、"游"通假，亦爲餘、來二紐相通之證。上引例證及分析詳見李存智《上博楚簡通假字音韻研究》，萬卷樓圖書股份有限公司，2010年，頁33－34。又據陸志韋《古音説略》（臺灣學生書局，1979年初版）頁254－256之統計，餘、來二紐在説文諧聲通轉共11次；張儒、劉毓慶《漢字通用聲素研究》（山西古籍出版社，2002年）頁1064的統計也顯示，喻、來二紐在秦至漢初竹簡帛書中共相通7次，足證古時喻、來二紐音近，可以通假。

⑤ （清）孫詒讓撰；孫啟治點校《墨子閒詁》，中華書局，2001年第1版，頁272。

⑥ 詳參《説文》"龔"字條，見（漢）許慎撰《説文解字》，頁59下。

平御覽》卷七六〇器物部五引《方言》注"桶音籠。"由此可見，銅量"龍"與"桶"、"筩"音義均近。[1]

據何說，"龍"與從"甬"聲的"桶"及"筩"字音近[2]。"甬"，《説文》以爲從"用"聲[3]，李孝定、陳初生則認爲古"用"、"甬"同字[4]。何琳儀亦謂"'用'、'甬'古本一字"[5]，"'用'、'甬'、'桶'一字之孳乳"[6]。果如諸氏所言，則"龍"與"筩"、"桶"相通，也可作爲"龍"、"用"聲系相通之證[7]。要之，簡文"龍"與"用"音近，讀爲"用"應可成立。

古書中有"用事"一語，或解作"行事"[8]。金文中之"用事"，意謂"執行職事"[9]，"用"亦訓"行"。在經傳中，"用事"

---

① 何琳儀《長沙銅量銘文補釋》，《江漢考古》1988年第4期，頁102。

② "桶"、"筩"皆從"甬"聲，參（漢）許慎撰《説文解字》，頁97上、頁123下。

③ （漢）許慎撰《説文解字》，頁142下。

④ 李孝定《金文詁林讀後記》（中央研究院歷史語言研究所，1982年）卷七："楊樹達氏以甬爲鐘之初文，其説確不可易。竊疑用與甬爲同字，其别在於有柄無柄，施行義乃假借。"（頁274）陳初生編纂；曾憲通審校《金文常用字典》（西安：陝西人民出版社，1987）也說："用、甬本是一字，故甲骨文以迵爲通。《江小仲鼎》、《曾姬無卹壺》仍以甬爲用。"（頁398）

⑤ 何琳儀著《戰國古文字典：戰國文字聲系》，中華書局，1998年，頁423。

⑥ 同上書，頁422。

⑦ "用"與"甬"在文獻中常見通用。曹錦炎説："《戰國策·秦策二》：'起樗里子於國。''甬'，讀爲'用'。《老子》'以正治國，以奇用兵'、'弱者道之用'、'用兵則貴右'、'不得已而用之'、'大成若缺，其用不弊。大盈若沖，其用不窮'，郭店楚簡本'用'皆作'甬'；《禮記·緇衣》'苗民匪用命'，郭店楚簡本、上海博物館藏戰國楚竹書本'用'作'甬'。又，郭店楚簡《性自命出》'甬'字多見，皆讀爲'用'。"（見馬承源主編《上海博物館藏戰國楚竹書（七）》，頁252）由此可見，"用"、"甬"密係密切，"龍"與"甬"通，猶與"用"通。

⑧ 祝鴻熹主編，王雲路等編《古代漢語詞典（修訂本）》，四川出版集團，四川辭書出版社，2005年，頁74。

⑨ 陳初生編纂，曾憲通審校《金文常用字典》，頁399—400。

又特指行祭祀之事①，如《穀梁傳·定公四年》："歸乃用事乎漢"，范甯注："用事者，禱漢水神。"②《周禮·春官·大祝》："過大山川，則用事焉。"鄭玄注："用事，亦用祭事告行也。"③以此證之，簡文"用其祭"即"用其祭事"，猶"行其祭事"之謂。

綜上所述，簡文"龍"字應讀爲"用"。"用"與"爲"皆有"行"義，"用其祭"猶"行其祭"，與後文"爲其樂"相對成文。所謂"君王用其祭而不爲其樂"，意謂君王雖行"州徒"之祭祀，但卻不舉行與祭祀相關的樂舞，故范戊謂君王"盡去耳目之欲"。

二、"紝索㠯紩"

《上博七·鄭子家喪》甲乙本記載了鄭子家之喪，其中簡5—6有文曰：

> 奠（鄭）人命㠯（以）子良為執命，囟（思一使）子豪（家）梨木三眘（寸），紝索㠯（以）紩（鞏），毋敢（敢）勹（排）④門而出，數（掩）之城丕（基）。⑤

① 詳參羅竹風主編《漢語大詞典》第一卷，漢語大詞典出版社，1990年第1版，頁1023。

② 《十三經注疏》整理委員會整理《春秋穀梁傳注疏》，頁366。

③ 《十三經注疏》整理委員會整理《周禮注疏》，北京大學出版社，2000年，頁791。

④ "勹"字，復旦讀書會原釋爲"丁"，筆者認爲此字實爲燕里所見"勹"字，在簡文中讀爲"排"。詳參拙文《〈上博七·鄭子家喪〉"毋敢排門而出"考》，武漢大學簡帛研究中心網站，2011年4月15日。此文將刊登於張顯成主編《簡帛語言文字研究》第6輯，2011年。

⑤ 釋文主要據復旦大學出土文獻與古文字研究中心研究生讀書會《〈上博七·鄭子家喪〉校讀》，復旦大學出土文獻與古文字研究中心網站2008年12月31日。此文已發表於《出土文獻與古文字研究》第三輯，復旦大學出版社，2010年，頁284—291。上列引文見頁284。

其中"綻索",整理者讀爲"疏索",訓"稀少"[①]。復旦讀書會從其隸定,但指出"綻索㠯紩"與《墨子》"葛以緘之"如出一轍,故將簡文讀作"疏索以紘","疏索"指粗劣之緘繩,"紘"訓"束",意爲用粗劣的緘繩捆綁棺木[②]。不過,讀書會其後又提出自我修正,把"綻"改讀爲"蘆"。《爾雅·釋草》:"菡,蘆。"邢昺疏:"菡,《説文》云:'菡,草也。可以束。'一名蘆,即蒯也。"可見"蘆"能用於繫束。此外,讀書會又把"紩"改讀爲"鞏"。"共"、"鞏"皆爲見母東部字,中古皆屬合口三等,古音極近,可以通假。《説文》:"鞏,以韋束也。《易》曰:鞏用黄牛之革。"[③]

謹案:復旦讀書會對文意的理解是正確的。"綻索㠯紩"可與《墨子》"葛以緘之"對讀[④]。揆諸音義,讀"鞏"之説亦可信。"鞏"有"束"義,與《墨子》的"緘"字義近,"鞏"與從"共"聲之字亦有相通例證。《廣雅·釋詁》曰:"拱,固也。"王念孫疏證:"拱者,《爾雅》:'鞏,固也。'《革·初九》云:'鞏用黄牛之革。'《大雅·瞻卬篇》云:'無不克鞏。'鞏與拱通。"[⑤]是其證。不過,對於"綻"字之釋讀,筆者認爲尚有討論空間,

① 馬承源主編《上海博物館藏戰國楚竹書(七)》,上海古籍出版社,2008年,頁177。

② 復旦大學出土文獻及古文字研究中心讀書會《〈上博七·鄭子家喪〉校讀》,復旦大學出土文獻與古文字研究中心網站,2008年12月31日(http://www.gu-wenzi.com/SrcShow.asp?Src_ID=584)。

③ 復旦讀書會《〈上博七·鄭子家喪〉校讀》,劉釗主編《出土文獻與古文字研究》第三輯,復旦大學出版社,2010年,頁289。

④ 林清源也從讀書會説,認爲"綻索㠯紩"可與《墨子》"葛以緘之"對照。説詳林清源《上博(七)〈鄭子家喪〉文本問題檢討》,中央研究院歷史語言研究所主辦"第三屆古文字與古代史國際學術研討會"(2011年3月25—27日)論文,頁289。

⑤ (清)王念孫撰《廣雅疏證》,江蘇古籍出版社,2000年第1版,頁69上。

下文專論此字。

“綻”，復旦讀書會讀爲“蘆”，在語音上是可通的，但在文義上仍有疑點。考復旦讀書會讀“綻”爲“蘆”，主要是根據邢昺所引《說文》“可以束”之訓，但筆者認爲，《說文》的訓解僅說明“蘆”可以束物，難以證明古人以“蘆”爲束棺之緘繩。況且，檢視字書，可爲束索之植物也不只一種。《說文·木部》有“楈”字，許慎釋云：“楈，木也。從木，胥聲。”① 王筠《說文解字句讀》注曰：“《上林賦》有‘胥邪’，《南都賦》作‘楈枒’，郭注（引者案：指郭璞注）：‘胥邪似並閭，皮可作索’。”② 是知“楈”皮可爲繩索。比對簡文，“綻索”與此義正合。“楈”從胥聲，“胥”從疋聲③，讀“綻”爲“楈”，於音義上似更勝讀“蘆”之說。

當然，讀“綻”爲“楈”僅爲筆者原初之想法，此說純以功用爲出發點，並未考慮簡文的背景，因此論證仍欠周全。其實，細繹簡文內容，“綻”既用於束棺，則其物應爲喪事所習用，這點也可由文獻對讀來證明。考簡文“綻索”正對應《墨子》中的“葛”，根據古書記載，“葛”不但用於捆束棺木，也常用作喪服。《禮記·喪服小記》：“斬衰之葛，與齊衰之麻同。齊衰之葛與大功之麻同。”④《禮記·郊特牲》：“葛帶榛杖，喪殺也。”⑤《儀禮·喪服》：“公子爲其母，練冠，麻，麻衣縓緣；爲其妻，縓

① （漢）許慎撰《說文解字》，嶽麓書社，2005年，頁115。

② 丁福保編纂《說文解字詁林》〈六上·木部〉，中華書局，1988年，頁5745。

③ 《說文》“疋”下云：“或曰：胥字”（頁48），可見“疋”、“胥”相通，二字關係密切。

④ 《十三經注疏》整理委員會整理《禮記正義》，北京大學出版社，2000年，頁1137。

⑤ 同上書，頁936。

冠，葛絰，帶，麻衣縓緣。皆既葬除之。”① 諸篇所言之“葛”、“葛帶”與“葛絰”等皆爲喪服。此外，《法言・重黎》篇亦提及古有“葛溝”之法，李軌注云：“葛溝，古者未知葬送之禮，死則裹之以葛，投諸溝壑。”② 古時“葛”乃喪事習用之物，以此類之，“綻”的性質也應該與之相近。然通覽文獻辭例，“蘆”除見於《爾雅》外，並未見於其他經傳；“楈”雖見於《文選》，但相關內容亦與喪事無涉③。若謂鄭人以“蘆”或“楈”爲子家束棺，似欠文獻證據支持，説服力不強。

衡諸音義與文意，筆者認爲簡文“綻”應讀爲“苴”。事實上，《爾雅》之“蘆”可能就是《説文》中訓“履中草”之“苴”。《爾雅・釋艸》曰：“菡，蘆。”郭璞注：“作履苴草。”④ 可知“蘆”即“苴草”。甲骨文有字作（金 493）、（後 1・18・9）⑤，從艸（或從茻）從戲，與“蘆”略同⑥，《甲骨文編》及徐中舒皆釋爲“苴”⑦。仰天湖簡有字作（仰天 1），從艸從

---

① 《十三經注疏》整理委員會整理《儀禮注疏》，北京大學出版社，2000 年，頁 733。

② 《二十二子》，上海古籍出版社，1986 年，頁 822 上。

③ “楈”見於《文選・張平子〈南都賦〉》，其文曰：“其木則樫松楔稷，樓柏杻橿。楓柙櫨櫪，帝女之桑。楈枒栟櫚，柍柘檍檀。結根竦本，垂條嬋媛。”（見〔梁〕蕭統編，〔唐〕李善注《文選》，上海古籍出版社，1986 年，頁 152）

④ 《十三經注疏》整理委員會整理《爾雅注疏》，北京大學出版社，2000 年，頁 270。

⑤ 中國科學院考古研究所編輯《甲骨文編》，中華書局，1965 年第 1 版，頁 21。

⑥ 徐中舒説：“甲骨文‘虘’‘戲’一字”，依其説，則“蘆”與“蔵”可視爲一字。徐説見徐中舒主編《甲骨文字典》，四川辭書出版社，1989 年第 1 版，頁 287。

⑦ 説見《甲骨文編》頁 21；徐中舒主編《漢語古文字字形表》，中華書局，2010 年第 1 版，頁 24。

觑，何琳儀則以爲“蘆”之繁文，但又指出此字“亦作苴”①；湯餘惠也注明該字與“苴”同②，徐中舒更逕釋爲“苴”③。朱德熙（1920—1992）、裘錫圭《戰國文字研究（六種）》亦釋曰：

> 簡文“蘆”字亦當釋作苴。《説文》艸部：“苴，履中艸。”《漢書·賈誼傳》：“冠雖敝，不以苴履”，師古注：“苴者，履中之藉也。”又《爾雅·釋草》：“菌，蘆”，郭璞注：“作履苴草。”“蘆”是可作履苴之草，疑“蘆”與“苴”本由一字分化，簡文“蘆”字釋“苴”釋“蘆”均可。④

是知“蘆”、“苴”可通。此外，《上博四·曹沫之陣》簡 56 有字作⑤，與上引仰天湖簡字同，李守奎也隸作“蘆”，釋爲“苴”。由此可見，“苴”、“蘆”二字確有淵源。從寫法上看，“苴”從且，“蘆”從虘，古時從且聲之字往往可以改從虘，如《説文》“退”之籀文作“”；“罝”之籀文作“”等，皆其例。曹錦炎也説：“‘蘆’，即‘虘’字繁構，楚簡多用爲‘且’字或偏旁。《汗簡》所錄古文‘且’字亦作‘蘆’，‘組’、‘殂’字從‘虘’。”⑥ 準此，“苴”字完全有可能異寫作“蘆”。“苴”

① 何琳儀著《戰國古文字典》，中華書局，1998 年，頁 572。

② 湯餘惠主編《戰國文字編》，福建人民出版社，2001 年第 1 版，頁 45。

③ 徐中舒主編《漢語古文字字形表》，中華書局，2010 年第 1 版，頁 24。

④ 朱德熙、裘錫圭《戰國文字研究（六種）》，《考古學報》1972 年第 1 期，頁 80。

⑤ 字見李守奎、曲冰、孫偉龍編著《上海博物館藏戰國楚竹書（一—五）文字編》，作家出版社，2007 年，頁 32。又原釋者以爲此字讀作“阻”，險阻之義，可從。説詳馬承源主編《上海博物館藏戰國楚竹書（四）》，上海古籍出版社，2004 年，頁 280。

⑥ 馬承源主編《上海博物館藏戰國楚竹書（八）》，上海古籍出版社，2011 年，頁 136。

古音精紐魚部①；“疋”古音心紐魚部②，二字聲近韻同，從疋聲與從且聲之字有相通之例。李家浩《戰國於疋布考》舉證云：

> 《易》夬卦“其行次且”之“且”，馬王堆漢墓帛書〈六十四卦〉作“胥”③；《詩·小雅·賓之初筵》“籩豆有楚”，《大雅·韓奕》作“籩豆有且”（原注：參朱起鳳《辭通》13.32，上海古籍出版社，1982）。又《曹風·蜉蝣》“衣裳楚楚”之“楚楚”，《説文》黹部“䵙”字下注引作“䵙䵙”。《書·禹貢》“灉沮會同”之“沮”，《爾雅·釋水》作“澁”。④

是其證。其後，吳振武又對李文作了補充，吳氏曰：

> 李文所提到的《易》夬卦“其行次且”之“且”及李文未提到的《易》姤卦“其行次且”之“且”，在近年新刊佈的上博楚簡《周易》中均作“疋”。此外，如春秋時期的邌邟編鎛、編鐘銘文中的“終鳴且好”之“且”作“娖”，戰國新蔡楚簡“宅茲雎、漳”、“江、漢、雎、漳”之“雎”作“浞”（古書亦作“沮”），上博楚簡《孔子詩論》中所記的《詩·周南》篇名“關雎”之“雎”作“疋”等。⑤

由上引例證可見，“綻”讀爲“苴”，在音理上沒有問題。

---

① 郭錫良編著《漢字古音手册》（增訂本），商務印書館，2010年，頁182。

② “疋”古音屬心紐魚部，見《戰國古文字典》頁580。又從“疋”聲之字古皆屬心紐魚部，參《漢字古音手册》（增訂本），頁189—191。

③ 馬王堆漢墓帛書整理小組：《馬王堆帛書〈六十四卦〉釋文》，《文物》1984年第3期（總334期），頁6。

④ 李家浩《戰國於疋布考》，《中國錢幣》1986年第4期，頁56。

⑤ 吳振武《説仰天湖1號簡中的“蔖疋”一詞》，武漢大學簡帛研究中心主辦《簡帛》第2輯，上海古籍出版社，2007年，頁42。

不過，必須指出，"苴"雖可寫作"蒩"，但簡文之"苴"與《爾雅》之"蒩"不可等同。《爾雅》之"蒩"邢昺訓作"蒯類"，即茅草[①]；而簡文"苴"則另有所指。《玉篇·艸部》："苴，苴麻也。"[②]《集韻·魚韻》："苴，麻之有子者。"[③] 本簡"苴"實指苴麻，即牝麻，古時常用於喪事。《儀禮·喪服》云："喪服：斬衰裳，苴絰、杖、絞帶。"[④] 賈公彥疏曰："苴絰、杖、絞帶者，以一苴目此三事，謂苴麻爲首絰、要絰；又以苴竹爲杖；又以苴麻爲絞帶。"[⑤] 又《左傳·襄公十七年》："齊晏桓子卒，晏嬰麤縗斬，苴絰、帶、杖，菅屨，食鬻，居倚廬，寢苫、枕草。"[⑥] 楊伯峻注云：

> 麤，通作粗。麤衰斬，即粗布之斬衰。縗同衰。……古代之布，以麻為主，即今之大麻或黃麻。雌雄異株。雄株曰枲，雌株曰苴（音疽）。苴不好，只用於喪服之斬衰、齊衰。[⑦]

關於"苴絰、帶、杖"，楊氏則注曰：

---

① 《廣韻·怪韻》曰："蒯，茅類。"（見〔宋〕陳彭年等編《宋本廣韻》，江蘇教育出版社，2008年，頁111）"蒯"爲茅草，但簡文之"苴"指牝麻，二者乃不同植物。

② （梁）顧野王著《大廣益會玉篇》，中華書局，1987年第1版，頁68下。

③ （宋）丁度等撰《集韻》，頁16下。此書收入中華書局編輯部編《小學名著六種》，中華書局，1998年。

④ 《十三經注疏》整理委員會整理《儀禮注疏》，北京大學出版社，2000年，頁625。

⑤ 同上注，頁625。

⑥ 《十三經注疏》整理委員會整理《春秋左傳正義》，北京大學出版社，2000年，頁1084－1085。

⑦ 楊伯峻編著《春秋左傳注》（修訂本）第三冊，中華書局，1990年第2版，頁1033。

> 苴絰、苴帶、苴杖。絰音垤，指首絰，即服喪時戴於頭上用牝麻所織之物。苴帶，繫在腰上，象大帶。苴杖，竹杖。①

是知"苴"古時多用爲喪服，與"葛"同。"苴"既習用於喪事，其與"葛"同用於束棺，亦不足爲奇。

苴麻可作繩索。《儀禮・喪服》云："絞帶者，繩帶也。"②賈公彦疏："云'絞帶者，繩帶也'者，以絞麻爲繩作帶，故云絞帶也。"③據此可知，絞帶即麻繩。又《禮記・奔喪》曰："襲絰於序東，絞帶，反位，拜賓，成踴。"④孫希旦《集解》云："絞帶，絞苴麻爲之。"⑤可知絞帶所用之麻就是苴麻。"苴"既可爲繩索，其用作束棺之緘繩，亦不無可能。

"苴"爲牝麻，古籍中有以麻爲引棺索之記載。《左傳・宣公八年》："冬，葬敬嬴，旱，無麻，始用葛茀。"杜預（222—285）注云："茀，所以引柩，殯則有之，以備火，葬則以下柩。"孔穎達疏云："茀，《禮》作'紼'，或作'綍'，繩之别名也。"⑥楊伯峻亦注曰：

> 茀，亦作紼、綍。引棺索也。於殯則已有之，繫於載柩

---

① 楊伯峻編著《春秋左傳注》（修訂本）第三册，中華書局，1990年第2版，頁1033。

② 《十三經注疏》整理委員會整理《儀禮注疏》，北京大學出版社，2000年，頁628。

③ 同上書，頁632。

④ 《十三經注疏》整理委員會整理《禮記正義》，北京大學出版社，2000年，頁1776。

⑤ （清）孫希旦撰，沈嘯寰、王星賢點校《禮記集解》，中華書局，1989年第1版，頁1337。

⑥ 《十三經注疏》整理委員會整理《春秋左傳正義》，北京大學出版社，2000年，頁713。

之車（古曰輴車），以備火災，蓋有災則引柩以避火。及葬，則用之以下柩。據《周禮·地官·遂人》，天子葬用六紼。又據《禮記·喪服大記》，君葬用四紼，大夫與士葬用二紼。《禮記·曲禮上》云："助葬必執紼。"故後世謂送葬為執紼。麻為大麻，雌雄異株，雄曰枲，亦曰牡麻，於花落後，拔而漚之，其皮可織夏布。雌曰苴麻，亦可織麻布，細者曰絺，粗者曰綌。始用葛茀者，言自此以後，紼不用麻而改用葛，與僖三十三年"晉於是乎始墨"同義。①

據杜注孔疏及楊注可知，"茀"（亦作"紼"、"綍"）即引棺之索，繫於載柩之車，可用於助葬。引棺索與束棺緘繩相類，二者皆用於葬禮，其功用雖略有不同，但取材理應相近。《傳》文謂"旱，無麻，始用葛茀"，則"茀"本以麻爲之。此外，《周禮·地官·遂人》云："及葬，帥而屬六綍。"② 孫詒讓《正義》曰："統覈諸經注，蓋綍與引同爲大索，以麻爲之。"③ 也表明古人以麻作引棺之索。由此推論，簡文"紙索"亦很可能以麻爲之。"苴"爲牝麻，以"苴索"束棺，與古書記載正可相應。

再證以出土實物。孫希旦《禮記集解》曾指出古代棺束有二，一是大斂加蓋後之束，專屬於棺者，一是葬時柩車既載後之束，以繫棺於柩車者④。其後，陳公柔將"專屬於棺"的前者界

① 楊伯峻《春秋左傳注》（修訂本）第二冊，中華書局，1990年第2版，頁697－698。

② （清）孫詒讓撰，王文錦、陳玉霞點校《周禮正義》，中華書局，1987年第1版，頁1141。

③ 同上書，頁1142。

④ （清）孫希旦撰，沈嘯寰、王星賢點校《禮記集解》，中華書局，1989年，頁1181。

定爲"棺束",後者界定爲"束"①。簡文"綻索"即屬前者。考察出土墓葬,此類棺束於戰國楚墓多見。江奇艷曾對戰國楚墓中的棺束用料作過統計,結果發現楚墓棺束以麻繩最爲普遍。他說:

> 戰國時期楚喪禮中棺束的質料大致有麻繩、麻布(葛布)、絲帛、絲繩和篾繩等幾種。其中以麻繩最為普遍,在筆者統計的87座有棺束的楚墓中,用麻繩縛棺的有51座,如江陵雨臺山M554、M166和鄂城鋼鐵廠M106、長沙楚墓M397等,佔58%還多。其次是麻布,以麻布為束棺之物的有20座,約佔23%。②

漢初墓葬的情況亦與戰國類似,李如森說:"棺束質料,從出土實物觀察,在禮制上似乎沒有甚麼嚴格制度,早期可能用皮束棺,以後纔有改變。漢代,或用麻布或用麻繩束棺。"③綜合江、李二氏的論述,可知先秦至漢初墓葬多以麻繩或麻布束棺。以此證之,子家的棺束用料當與之相類。"苴"爲牝麻,以"苴索"束棺,與出土所見實物相符。準此,讀"綻"爲"苴",應可成立。

最後,討論一下以"綻索"束棺的含意。案簡文"綻索以𦉪"上接"梨木三寸",復旦讀書會曾指出:"'梨木三寸'正是

① 陳公柔《士喪禮、既夕禮中所記載的喪葬制度》,《考古學報》1956年第4期,頁78。

② 江奇艷《戰國時期楚國喪禮的棺束與棺飾》,《考古》2004年第6期,頁79—80。

③ 李如森《漢代喪葬制度》,吉林大學出版社,1995年第1版,頁80—81。

不以禮制葬子家之舉，在當時還被看作一種懲罰的措施。”[①]“綻索以𦉪”與“梨木三寸”並列，二者應有相同目的。顯然，簡文之意爲楚國向鄭人施壓，令其貶損子家的葬禮以作懲罰。鄭人使子家“綻索以𦉪”，目的就是要懲罰子家，不讓他成禮而葬。

如果以上的假設成立，則以“綻索”束棺，恐有貶損之意。復旦讀書會原將“綻索”讀爲“疏索”，“疏”訓“粗劣”，大概也是考慮到這一點。林清源也説：“當時衹要是士以上的貴族，其封棺衽束原則上皆以牛皮爲緘繩。如今限制子家封棺衹能用粗劣的緘繩，同樣也是表示將他廢爲庶民的意思。”[②] 這樣看來，以“綻索”束棺當有一定程度的貶損意味。筆者認爲，讀“綻”爲“苴”也能對應這一點。《禮記·間傳》：“苴，惡貌也。”[③]《儀禮·士喪禮》：“苴絰”，鄭玄注云：“苴麻者，其貌苴，以爲絰，服重者尚麄惡。”[④] 又《左傳·襄公十七年》：“苴絰”，杜預注曰：“苴，麻之有子者，取其麄也。”[⑤] 可見“苴”本有“粗惡”的意思。《漢語大字典》“苴”字條下也收錄了“粗惡”一義[⑥]，可爲佐證。由此看來，鄭人不讓子家用牛皮束棺，而以

---

① 復旦讀書會《上博七〈鄭子家喪〉校讀》，復旦大學出土文獻與古文字研究中心網站，2008年12月31日。又見劉釗主編《出土文獻與古文字研究》第三輯，復旦大學出版社，2010年，頁289。

② 林清源《上博（七）〈鄭子家喪〉文本問題檢討》，中央研究院歷史語言研究所主辦“第三屆古文字與古代史國際學術研討會”（2011年3月25－27日）論文，頁289。

③ 《十三經注疏》整理委員會整理《禮記正義》，北京大學出版社，2000年，頁1807。

④ 《十三經注疏》整理委員會整理《儀禮注疏》，北京大學出版社，2000年，頁794。

⑤ 《十三經注疏》整理委員會整理《春秋左傳正義》，北京大學出版社，2000年，頁1085。

⑥ 詳見《漢語大字典》編纂委員會編著《漢語大字典》四卷本，湖北辭書出版社、四川辭書出版社，2001年，頁3190。

“苴索”爲緘繩，顯然是要降低子家葬禮的等級，以達到其不使子家成禮而葬之目的。

綜上所述，簡文“紽索𠂤紃”應讀作“苴索以䋁”。就器用而言，“苴”爲牝麻，可作繩索，古時“苴”常用於喪事，以“苴索”束棺，與典籍記載與出土所見實物相符；就文意而論，“苴”有粗惡之意，以“苴索”束棺，也合符鄭人貶損子家葬禮之用意。

《嶽麓書院藏秦簡（壹）》校讀劄記

臧　磊*

摘　要：通過對《嶽麓書院藏秦簡（壹）》的釋文與圖版進行仔細的比較，發現了10條錯誤，大致可歸納爲三大類，即簡文隸字錯誤、漏釋及衍釋、符號混亂及簡文失補。如誤“女”爲“婢”，誤“櫟”爲“樂”；“鬖”字未釋，“死”爲衍增。

關鍵詞：嶽麓書院藏秦簡；釋文；校讀

《嶽麓書院藏秦簡》是湖南大學嶽麓書院從香港古董市場上購得的一批珍貴秦簡，其內容極其豐富，現已公佈的《嶽麓書院藏秦簡（壹）》包括《質日》、《爲吏治官及黔首》和《占夢書》三種文獻。我們在校讀《嶽麓書院藏秦簡（壹）》的過程中，將整理小組的釋文與圖版進行了仔細的比較，發現了如下問題。

* 臧磊，西南大學文獻所　碩士研究生　重慶北碚　400715。

（一）誤“女”為“婢”

《占夢書》簡 15 貳：夢爲女子，必有失也，婢子兇。

案：“婢”字紅外圖版模糊，彩色圖版較清晰，作，當釋作“女”。

（二）誤“藥”為“樂”

《爲吏治官及黔首》簡 04 貳、05 貳：苦言樂也，甘言毒也。

案：“樂”字圖版寫作，《爲吏治官及黔首》簡 30 貳“上交不勝樂”中的“樂”，圖版作，二者相比，此處的“樂”字上面明顯有“艹”的殘筆，所以此字作“藥”爲宜。《史記·商君列傳》：“苦言藥也，甘言疾也。”

（三）“髤”字未釋，“死”為衍增

《爲吏治官及黔首》簡 11 壹：□死〈列〉（裂）死弗補。

案：本句第一字，整理小組未釋，經核查圖版，此字略殘，寫作，當釋作“髤”（參見《睡虎地秦簡文字編》，第 92 頁）。且“弗補”前的“死”字爲衍增。

“髤”今音 xiū，涂漆，此處意爲漆頭骨以作容器。《說文解字·桼部》：“髤，桼也。”段玉裁注：“以桼桼物皆謂之髤。”《戰國策·趙策一》：“及三晉分知氏，趙襄子最怨知伯，而將其頭以爲飲器。”鮑本補曰：“《韓子》、《吕氏春秋》並云‘漆智伯頭以爲飲器’。”“死”爲“列”的訛字，“列”在當分解、分裂講時，是“裂”的古字，此處特指車裂。《墨子·親士》：“吴起之裂，其事也。”孫詒讓閒詁：“《淮南子·繆稱訓》云：‘吴起刻削而車裂。’”漆人頭骨作容器和車裂的殘酷程度較爲接近，故二者可並列使用。

（四）“▬”和“廿”未補

《質日·廿七年質日》簡01背：⧄七年質日

這枚簡爲標題簡，其簡端已經折斷，但是《三十四年質日》和《三十五年私質日》的標題簡和歲首簡的簡端都有竪長方墨塊，由此推斷，這枚簡的簡端也應當有竪長方墨塊。可以推斷出這一年爲秦始皇二十七年，參照《三十四年質日》標題簡“卅四年”和《三十五年質日》標題簡“卅五年”的寫法，可以推斷出此處“二十”，當寫作“廿”。

（五）誤“夸”爲“誇”

《爲吏治官及黔首》簡34叁、42叁：吏有五失：一曰誇而史。

案：經核查，“誇”字圖版作夸，當釋作“夸”。夸，此處意爲言辭華而不實，是“誇”的古字。整理小組釋文直接把一組古今字中的古字改爲今字，這樣做是不合理的。

（六）誤“貣”爲“貸”

《爲吏治官及黔首》簡77叁：貸穜食弗請。

案：經核查，“貸”字圖版作，當釋作“貣”。貣，今音tè，借貸。《説文·貝部》：“貸，施也。”“貣，从人求物也。”“貣”和“貸”雖然都有借貸之意，但卻是兩個不同的字，不能因爲二者字形相近就等同視之。

（七）誤“亓”爲“其”，且兩個字形使用混亂

《爲吏治官及黔首》簡84肆：以去其輸也。

《占夢書》簡01：不得其時，以來爲時。

《占夢書》簡19：夢燔亓（其）席蓐，入湯中，吉。

案：第一例中，“其”字圖版作，例二中“其”字圖版作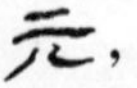，例三中“亓：字圖版作。在這批簡中，“其”和“亓”兩種字形都有，故應將它們區分開來。整理者釋文中衹是部分加以區分，“其”與“亓”二字使用混亂。如第二例中的“其”，就應當釋爲“亓”。

（八）誤“无”爲“無”

《爲吏治官及黔首》簡29叁：二曰精廉無旁。

《爲吏治官及黔首》簡66肆：事無冬始，不欲多業。

《爲吏治官及黔首》簡 79 肆、81 肆：道無近，弗行不到；事無細，弗爲不成。

案：經核查，以上三例中的四個“無”字，圖版作，是書寫者爲取便捷而進行了草寫，將此字釋作“无”更能表現出原簡中這種草寫的形態。

（九）誤“为”爲“爲”

《占夢書》簡 14：□□□□將發，故憂未已，新憂有發，門、行爲奈。

《占夢書》簡 15 貳：夢爲女子，必有失也，女子兇。

《占夢書》簡 18 貳：夢蛇入人口，肓不出，丈夫爲祝，女子爲巫。

《占夢書》簡 24 貳：夢見□□，爲大寒。

《占夢書》簡 27 貳：夢死者復起，更爲官郭。死者食，欲求衣常。

《占夢書》簡 28 壹：夢乘舟船，爲遠行。

《占夢書》簡 30 貳：夢見五幣，皆爲苛憂。

《占夢書》簡 31 貳：夢見桃，爲有苛憂。

《占夢書》簡 32 貳：夢見李，爲復故吏。

《占夢書》簡 33 壹：夢繩外削爲外憂，內削爲中憂。

《占夢書》簡 35：女子爲邦巫。

《占夢書》簡 40 貳：夢見□者，魄君爲祟。

《占夢書》簡 47：…□□中有五□爲

案：以上例子中的“爲”字，圖版多作，是書寫者爲取便捷而進行了草寫，將此字釋作“为”更能表現出原簡中這種草寫的形態。

（十）“▮”和“▬”混作“■”

《嶽麓書院藏秦簡（壹）》中有兩種墨塊符號——豎長方墨塊（▮）和橫長方墨塊（▬），且這兩種符號的含義是不同的：豎長方墨塊位於竹簡頂端，把竹簡的整個頂端塗黑，約佔兩個字符的長度，用作兩年的分隔符號；橫長方墨塊，書寫於每個月的開頭的簡端，與竹簡等寬，約佔半個字符的長度，用作兩個月的分隔符號。因爲本文採用了自左向右的橫向行文方式，與原簡文字自上而下縱向行文方式不同，爲了適應行文方式的變化，本文將原簡中的豎長方墨塊（▮）與橫長方墨塊（▬）對調。整理小組的釋文未對這兩種情況加以區分，將其一律混作了“■”。

以上10條錯誤，大致可歸納爲三大類：

1. 簡文隸定錯誤：誤“女”爲“婢”、誤“藥”爲“樂”、誤“夸”爲“誇”、誤“貣”爲“貸”、誤“亓”爲“其”、誤“无”爲“無”、誤“为”爲“爲”；

2. 漏釋及衍釋：“■”字未釋，“死”爲衍增；

3. 符號混亂及簡文失補：“▮”和“▬”混爲“■”、“　”和“廿”未補。

參考文獻：

[1] 朱漢民、陳松長《嶽麓書院藏秦簡（壹）》，上海辭書出版社，

2011 年。

［2］張顯成《簡帛文獻學通論》，中華書局，2004 年。

［3］段玉裁《説文解字注》，上海古籍出版社，1988 年。

［4］張守中《睡虎地秦簡文字編》，文物出版社，1994 年。

《銀雀山漢墓竹簡〔貳〕》校勘劄記

馬克冬*

摘　要：通過對《銀雀山漢墓竹簡〔貳〕》圖版、釋文注釋和摹本的認真校核，我們發現其中存在一些不足之處，主要包括隸定過寬和不合凡例兩大類，共38條。具體而言，前者可分爲改换構件、構件易位和其他三小類；後者可分爲與《凡例》第十三條不合、與《凡例》第十一條不合、與《凡例》第十二條不合三小類。

關鍵詞：《銀雀山漢墓竹簡〔貳〕》；隸定過寬；不合凡例

銀雀山漢墓竹簡整理報告第二函《銀雀山漢墓竹簡〔貳〕》，包括《論政論兵之類》、《陰陽時令、占候之類》、《其他》三部分②，不但有圖版、釋文注釋，還有摹本，爲學界的進一步研究

* 馬克冬，貴州工程應用技術學院　副教授　貴州畢節　551700；西南大學文獻所 博士研究生　重慶北碚　400715。

② 銀雀山漢墓竹簡整理小組《銀雀山漢墓竹簡〔貳〕》，文物出版社，2010年。

提供了很大的便利[①]。但是，我們在校讀其釋文注釋與圖版、摹本時，發現了一些不足之處，大致可分爲兩大類：一是隸定過寬，二是不合凡例[②]。下面作具體分析，不當之處，敬請方家指正。爲便於對照，每類中按原簡順序行文。

一、隸定過寬

所謂“隸定過寬”，是指整理報告釋文多用與簡文字形差別太大的字來隸定，儘管釋文之字與簡文原字爲古今字、異體字關係，但我們認爲，爲了便於讀者瞭解簡文原貌，便於進行語言文字等方面的深入研究，在隸定時不宜過寬。原釋文這類隸定過寬者較多，大致可分爲改換構件、構件易位和其他三小類。以下僅舉 14 條加以説明。

（一）改換構件

所謂“改換構件”，是指整理報告的釋文將簡文的某一構件改換爲另一構件。如：

1. “㘸”隸爲“坐”

《客主人分》1144：是以兵坐而不起，辟（避）而不用，近者少而不足用，遠者疏而不能……

① 兩者不同之處是，第壹函《孫子兵法》、《孫臏兵法》兩種摹本的每枚簡旁還有相應的隸定文字，第貳函所有的摹本皆沒有隸定文字

② 隸定錯誤、釋讀不統一、標點不當、注釋有誤等方面的問題已另文討論，這裡不再涉及。以下每條所引文字均爲整理報告原釋文。除特殊情況外，文中所引簡文及案語中的相關文字一般用簡體排印，其中的底線爲筆者所加。另外，所引簡文因原簡殘斷致使文意未完時，則在簡文末不加任何標點；原釋文用“……”表示簡文殘缺字數無法確定者，爲避免混淆，所引簡文不再使用“……”表省略。

《十陣》1539：甲恐則坐，以聲坐□。

《十陣》1546：甲亂則坐，車亂則行。

《十陣》1549：坐行而北。

《十問》1572：坐拙而侍（待）之，以驕其意，以隨（惰）其志。

案：原釋文“坐”字在第二函中出現於五枚簡中，共 6 次，其圖版分別爲“”、“”、“”、“”、“”、“”。其中，以最後一簡（簡 1572）的圖版（“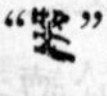”）最完整、最清晰，顯然當隸爲“㘴”。其他幾簡的此字都有程度不同的殘損，但上半部爲“口”（而非“人”）還是比較清楚的，故這六處均當隸爲“㘴”。原釋文隸爲“坐”，即將簡文的構件“口”改爲“人”，不當。

《説文·土部》：“㙗，止也。从土，从留省，土，所止也。此與留同意。坐，古文㙗。”可見，“㙗”、“坐”在《説文》中是兩個字，“坐”是古文，“㙗”是字頭字。“㘴”則由“㙗”變形而來，即“卯”變形爲“吅”。漢簡、漢碑中多見“㙗”及其演變形體“㘴”，如：“”（《馬王堆漢墓帛書·老子甲本》38）、“”（《武威漢簡·有司》7）、“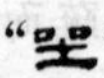”（《史晨碑》）等。後世爲便於書寫，古文“坐”逐漸成爲通行體。

總之，原釋文將此字直接隸爲“坐”，既不符合原簡字形，也不能反映兩漢時代“㙗”、“㘴”和“坐”三字的使用情況，故最好釋爲：㘴（坐）。

2. “筴”隸爲“策”

《起師》1173－1175：冬則主人策會，脩（修）戍要塞，移水並險，竭戟而守沮（阻），謀士達於上，遊士出交，起吏動勸，合交結親，定其內慮，合其外交，則為客者危矣。

案：上引原釋文"策"字位於簡1173。該字圖版爲""，上半部分不太清晰，但下半部分明顯爲"夾"字形，應隸爲"筴"。原釋文"策"將簡文的構件"夾"改爲"朿"，不當。"筴"是"策"的俗字，《説文·冊部》"冊"欄位注："案筴者，策之俗也。"但是，二者字形差別較大，故原釋文"策"應改爲：筴（策），以便如實反映簡文的實際用字情況①。傳世文獻中有其用例。如：《左傳·文公十三年》"繞朝贈之以筴"陸德明釋文："筴，本又作策。"

3. "貍"隸爲"貍"

《十陣》1543：前列若𥳡，後列若貍。

案：原釋文"狸"字圖版爲""，其左半部分明顯爲"豸"字形，此字應隸爲"貍"。原釋文"狸"將簡文的構件"豸"改爲"犬"，不當。"貍"同"狸"，《方言》卷八"貔，關西謂之狸"錢繹箋疏："貍與狸同"。故原釋文"狸"應改爲：貍（狸）。

此字在第二函中共出現6次，除上引簡文外，另5次分別見於《【三十時】》1747、1781、1809、1871、1872，皆爲"埋"的通假字，釋文皆正確。如：《【三十時】》1809："……貍（埋）白骨□農夫出。"

---

① 參見張顯成、莊利果《〈銀雀山漢墓竹簡〔壹〕〉校勘記》，《古籍整理研究學刊》2010年第2期，第56頁。另，漢碑中有更簡化的"策"字，如"荚"（《北海相景君銘》）。

4.“竆”隸爲“窮”

《【富國】》1594：……□窮以實，來民以食。

案：原釋文“窮”字圖版爲“”，顯然應隸爲“竆”。原釋文“窮”將簡文的構件“邑”改爲“弓”，不當。“竆”，與“窮”是古今字關係，《説文·邑部》“竆，夏后時諸侯夷羿國也”段注：“今《左傳》作窮，許所據作竆，今古字也。”故原釋文“窮”應改爲：竆（窮）。

5.“⿰木气”隸爲“杚”

《【為政不善之應】》1923：五則如杚。

案：原釋文“杚”字圖版作“”，顯然當隸爲“⿰木气”。原釋文“杚”將簡文的構件“气”改爲“乞”，不當。《説文·木部》：“⿰木气，平也，从木氣聲。”“⿰木气”同“杚”，二者爲異體關係，《正字通·木部》：“⿰木气，杚本字。”“杚”顯然是個後起字。簡文正是《説文》所見字，故原釋文不當以後起字釋之，而當釋爲：⿰木气（杚）。

6.“⿱雨畕”隸爲“雷”

《唐勒》2125：……□行雷與□□□□……

案：原釋文“雷”字圖版爲“”，當隸爲“⿱雨畕”。原釋文“雷”將簡文的構件“畕”改爲“田”，不當。“⿱雨畕”的字形較特殊，應爲“靁”字異體。又，《廣韻·灰韻》：“雷，《説文》作‘靁’，云：‘陰陽薄動，靁雨生物者也。’”由此可知，“靁”又是“雷”的異體。整理報告將簡文徑隸爲“雷”，顯然不太妥，故當釋爲：⿱雨畕（雷）；或者是：⿱雨畕（靁（雷））。

（二）構件易位

所謂“構件易位”，是指整理報告的釋文對簡文的構件未作改變，但將其位置有所調整，如左右構件的位置對調；有的甚至使字的結構方式產生變化，如左右結構變爲上下結構等。

1. “矝”隸爲“矜”

《為國之過》1063：故其吏大夫多不矜（矜）節，民多姦。

案：原釋文“矜”字圖版爲“**𥍮**”，故應隸爲“矝”。“矝”爲“矜”的異體字，二者構件相同，但左右位置相反，字形差別較大。故釋文最好隸爲“矝”，再説明此字爲“矜”的異體，按整理報告的體例，應爲：矝（矜（矜））。

2.“肣”隸爲“肣”

《【君臣問答】》1354：肣（貪）而廉，龍而敬，弱而強，柔而【剛】，起道也。

《【君臣問答】》1355－1356：文王曰：“顯（願）聞肣（貪）□之用。”大（太）公曰：“肣（貪）者能大，能大者，能以士之所長用之……”

案：上引原釋文三個“肣”字圖版皆爲“**肣**”，顯然當隸爲“肣”。原釋文“肣”將其上下結構改爲左右結構，不太妥。此字應爲“肣”的異構字，“肣”同“圅”，《説文·马部》：“圅，舌也……肣，俗圅。”其古音爲匣母談部，而“貪”古音爲透母侵部，雖然二者韻部相近，但聲母差別過大，分別爲牙音和舌音，不可理解爲通假關係；由於“**肣**”字形體與“貪”（如上文《【占書】》2107中“貪”字圖版爲“**貪**”）相近，故“**肣**”應視爲“貪”的訛誤字，正確的釋文當爲：貪〈貪〉①。

3. “魎”隸爲“醜”

《十陣》1537：凡疏陳（陣）之法，在為數醜。

案：原釋文“醜”字圖版爲“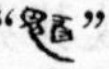”，顯然當隸爲“魎”字。原釋文“醜”將其半包圍結構改爲左右結構，不太妥。故原釋文“醜”最好改爲：魎（醜）。

4. “蟇”隸爲“蟆”

《曹氏陰陽》1659：·羸蟲（蟲）最陰者瑕（蝦）蟆也。

案：原釋文“蟆”字圖版爲“”，顯然當隸爲“蟇”。原釋文“蟆”將其上下結構改爲左右結構，不太妥。故原釋文“蟆”應改爲：蟇（蟆）。此簡之“蝦蟇”同“蝦蟆”，如《急就章》第三章：“水蟲科鬥鼃蝦蟇。”

5. “螟”隸爲“螟”

《【不時之應】》1920：·冬三月：一不時，則國多風。再不時，多螟蟲（蟲）。

案：原釋文“螟”字圖版爲“”，雖有殘損，但仍可見其上半爲“冥”，下半爲“蟲”，應隸爲“蟗”。原釋文“螟”將其上下結構改爲左右結構，不太妥。此字的來源有兩種可能：一是“蠠”字的省寫俗體（省寫下面的一個“蟲”），而“蠠”爲“螟”的異體，《管子·七臣七主》：“苴多螣蟇，山多蟲蠠。”王念孫雜誌：“蟲蠠即蟲螟，《月令》曰‘蟲螟爲害’是也。”二是“螟”

---

① 第二函釋文中共出現“貪”字12次，除上引3次外，另外9次圖版皆爲“貪”本字，分别出現於《將敗》992（2次），《【將過】》1209、1211，《【占書】》2105、2106（2次）、2107（2次）。其中，《【占書】》2107：“審查五貪”之“貪”較模糊，但細看仍可見其下部“八”字形筆畫。

的異構字，將形旁“蟲”由左邊寫到了下邊。不管簡文此字屬於上述何種類型，都應將此字按原字隸定，即當釋爲：蟇（螟）。

6. “眦”隸爲“艮”

《【相狗方】》2150：相成狗，其臥也，兔起而栗，目中皮複（覆）艮（眼），須臾乃視……

案：原釋文“艮”字圖版爲“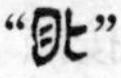”，當隸爲“眦”。原釋文“艮”將其左右結構改爲上下結構，不太妥。“眦”爲“皀”的異構字，“皀”同“艮”或“眼”，如：《玉篇·匕部》：“皀，山也。堅也。很也。今作艮。”《玉篇·目部》：“皀，《字書》眼字。”此處屬後一種情況，原釋文將其釋爲“眼”正確；不過，最好能對其字形有所説明，或釋爲：眦（皀（眼））。

（三）其他

包括把字形上完全沒有任何聯繫的二字混爲一談，以及將古文直接隸定爲今字。如：

1. “㡿”隸爲“斥”

《【為政不善之應】》1926：五則壞斥。

案：原釋文“斥”字圖版作“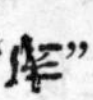”，即“㡿”。“㡿”與“斥”是異體關係，朱駿聲《説文通訓定聲·豫部》：“㡿，今字作斥。”但是，二字在字形上完全沒有任何聯繫，故此處不可直接釋作“斥”，應改爲：㡿（斥）。

2. “舁”隸爲“與”

《天地八風五行客主五音之居》1979：【風】從凶風來，疾而暴，主人與客分。

案：原釋文“與”字圖版不太清楚，大致爲“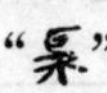”。其字形較特殊，應隸爲“舁”。“舁”是“與”的古文，《説文·舁部》：

“與，黨與也。从舁，从與。𢌱，古文與。”故此處不可直接釋作“與”，應改爲：𢌱（與）。

二、不合凡例

第二函中存在未嚴格按照《凡例》來釋文的情況，共24條，可分爲三小類。

（一）與《凡例》第十三條不合

這種情況最多，共有18條。

1.《為國之過》1073：夫君萬民而以貇畜之，故其……

案：《凡例》第十三條：“假借字和古體字一般隨文註明，用來註釋的字外加（ ）號。”① 此簡“貇”同“懇”，釋文應改爲“貇（懇）”。

2.《地典》1111－1112：【十日】□勝⿱爫糸（溪），十一日⿱爫糸（溪）勝溝。

案：註釋［七］：“‘⿱爫糸’似應爲‘系’之異體，‘系’、‘奚’音近。”據《凡例》第十三條，“⿱爫糸”最好改爲“⿱爫糸（系（奚（溪）））”，使其相互關係更明確：“系”是“⿱爫糸”的異體，假借爲“奚”，而“奚”又假借爲“溪”。

3.《奇正》1183：其錯勝也，如以水勝火。

案：註釋［一七］：“錯，同‘措’，措置。”據《凡例》第十三條，釋文“錯”應改爲“錯（措）”。

4.《【將德】》1205：叔（弔）死問傷，食饑飴，與□……

① 參見《銀雀山漢墓竹簡〔貳〕·凡例》，文物出版社，1985年。下同。

案：註釋［六］："飵，疑當讀爲'飽'，飢也。""饑"與"飵"爲同義連文，皆表"飢餓"義。《爾雅·釋天》："饑，穀不孰爲饑。"郭璞注："五穀不成。"《説文·食部》："飢，餓也。"此簡中"饑"假借爲"飢"，據《凡例》第十三條，釋文"饑"應改爲"饑（飢）"。

5.《【將過】》1211：勇而主〈輕〉死者可秀（誘），急而心迟者可久。

案：註釋［四］："'迟'、'趗'當是一字異體，古書多用'促'字。"據《凡例》第十三條，釋文"迟"應改爲"迟（趗（促））"。

6.《【聽有五患】》1510—1511：中心不虛，耳目不閒，唯（雖）聞善言，不褚於心，內二患也。

案：註釋［四］："褚，當讀爲著或儲。"按凡例，應釋爲"褚（著）"或"褚（儲）"。筆者認爲："褚"、"著"表示"貯藏、儲藏"時，皆爲"貯"的通假字[①]；而"儲"本義即爲"積蓄、儲備"。故釋文"褚"最好改爲"褚（貯）"或"褚（儲）"。

7.《十陣》1540：或毄（擊）其迂，或辱其閱（銳）。

案：注釋［二八］："'辱'當讀爲'衄'。"其義爲"挫敗，損傷"，如《尉繚子·攻權》："將無修容，卒無常試，發攻必衄，是謂疾陵之兵。"據《凡例》第十三條，釋文"辱"應改爲"辱（衄）"。

8.《十問》1577：·交和而舍，客主兩陳，適（敵）人刑

① 《左傳·襄公三十年》："取我衣冠而褚之。"杜預註："褚，畜也。"清洪亮吉《春秋左傳詁》："褚、貯，古字通。"《史記·貨殖列傳》"廢著鬻財"裴駰集解引徐廣曰："著，讀音如貯。"

(形)箕，計啻(敵)所顛(願)，欲我陷復(覆)，轂(擊)之奈何?

案：據《凡例》第十三條，釋文“陳”應改爲“陳(陣)”。

9.《曹氏陰陽》1657：夫牛羊者貴【□□□】，犬馬彘貴前而膏。

《十問》1573—1574：皮(彼)氣(既)貴氣(既)武，三軍徒舍，前後不相堵(睹)，故中而轂(擊)之，若有徒與。此轂(擊)強衆之道也。

案：第一簡的註釋[一七]：“簡文‘貴’當讀爲‘鋭’。”而《十問》1573—1574中，“貴”與“武”及下文“強”意義相近，亦應爲“鋭”的通假字。據《凡例》第十三條，釋文中的三個“貴”皆當改爲“貴(鋭)”。①

10.《曹氏陰陽》1689：……是故陰陽不禾(和)水歷作，屈信(伸)……

案：註釋[三五]：“歷，當讀爲‘瘀’。”據《凡例》第十三條，釋文“歷”應改爲“歷(瘀)”。

11.《曹氏陰陽》1690：……鼓蕆興，雷電動。

案：註釋[三六]：“蕆……字亦作‘矆’。”據《凡例》第十三條，釋文就應改爲“蕆(矆)”。

---

① 其他13處“貴”皆爲本字，表“富貴”或“重視”。如：《爲國之過》1068：“欲國德之及遠也，而驕其士曰：士非我無道貴富。”《【聽有五患】》1511：“貴其埶(勢)，因聽其言。”另，第二函中還有六處釋“鋭”爲本字，其假借字分別爲“閱”(4處)和“兑”(2處)。此六處如下：《十陣》1538：“然則疏可以取閱(鋭)矣。”《十陣》1540：“或辱其閱(鋭)，笲之而無閒(間)，瓬山而退。”《十陣》1541：“末不閱(鋭)則不入，刃不溥(薄)則不剸，本不厚則不可以列陳(陣)。是故末必閱(鋭)”。《十問》1561：“兑(鋭)陳(陣)以胥，轂(擊)之奈何?”《十問》1562：“此轂(擊)兑(鋭)之道也。”

12.《禁》1697—1698：陽毋犯鳥，馮（鳳）皇出。

案：此處“皇”同“凰”，“鳳凰”是古代傳説中的百鳥之王。雄的叫鳳，雌的叫凰，通稱爲鳳或鳳凰。羽毛五色，聲如簫樂，常用來象徵瑞應。《詩·大雅·卷阿》：“鳳皇鳴矣，于彼高岡。”據《凡例》第十三條，釋文“皇”應改爲“皇（凰）”。

13.《禁》1704：定夏大暑夆治，毋以聚衆鼓盧（爐）樂（鑠）金。

案：《凡例》第十三條：“簡文的古體字、異體字，釋文很多都已改成通行字體。如簡文……‘蜂’字作‘蠭’、‘夆’、‘蚃’，……釋文都改成通行字體。”此簡“夆”字未改，筆者認爲最好釋爲“夆（蜂）”，以便進行語言文字等方面的研究。

14.《【占書】》2085—2086：川棄之，水漢乃昌。

案：註釋［一三］：“漢，當讀爲‘暵’，乾旱。”據《凡例》第十三條，釋文“漢”應改爲“漢（暵）”。

15.《【占書】》2092：日倍偳，智氏亡。

又 2094：月並出，星貫月，反景，倍仚。

案：第一簡註釋［二三］：“偳，下文又寫作‘仚’……倍仚，當即倍僪，‘蟲’聲與‘矞’聲古音相近。”據《凡例》第十三條，釋文“偳”、“仚”應分別改爲“偳（僪）”、“仚（僪）”。

16.《唐勒》2114：騁若蜚（飛）蠪（龍），免若歸風。

案：註釋［七］：“歸風，當讀爲‘遺風’，意謂速度比風還快。”據《凡例》第十三條，釋文“歸”應以爲“歸（遺）”。

17.《【相狗方】》2147：喙欲如竽箭（筒），次鳿同，次服翼。

案：註釋［五］：“簡文之‘鳿同’與‘鴻同’當爲一語”，

據《凡例》第十三條，釋文“鳿”應以爲“鳿（鴻）”。第二函中另外兩處的釋文正確，即《十陣》1541－1542：“是故末必閱（鋭），刃必溥（薄），本必鳿（鴻）。”《曹氏陰陽》1660－1661：“鳥之陰，鳿（鴻）、鵠”。

18.《【相狗方】》2150：相成狗，其臥也，兔起而栗，目中皮復（覆）艮（眼），須臾乃視……

案：“臥”同“卧”，現在通行用“卧”。《正字通·臣部》：“臥，《同文舉要》作卧，俗作卧。”據《凡例》第十三條，釋文“臥”應改爲“臥（卧）”。

（二）與《凡例》第十一條不合

這種情況共有3條。

1.《地典》1105背：地典……

案：《凡例》第十一條：“釋文中根據上下文補出的缺文，外加【 】號。”圖版上“典”字完全看不到，釋文應改爲“地【典】……”。

2.《地典》1121：此胃（謂）大（太）陽者死，大（太）陰者【死】……

案：圖版上第二個“者”字完全看不到，據《凡例》第十一條，釋文應改爲“大（太）陰【者死】……”。

3.《【占書】》2088：不發其，隨時而動。

案：註釋［一四］：“‘其’下鈔脱一字。”據《凡例》第十一條，釋文最好在“其”後加符號表示脱文，如“不發其【□】”。

（三）與《凡例》第十二條不合

這種情況共有3條。

1.《【將過】》1211：勇而主〈輕〉死者可秀（誘），急而心迟者可久。

案：《凡例》第十二條："簡文明顯的誤字，釋文中隨文注出正字，外加〈 〉號。"註釋［三］："簡文'主'字當爲'巠'之誤字，讀爲'輕'。"據《凡例》第十二條，釋文"主〈輕〉"應改爲"主〈巠（輕）〉"。

2.《十問》1577：·交和而舍，客主兩陳，適（敵）人刑（形）箕，計啻（敵）所顛（願），欲我陷復（覆），毄（擊）之奈何？

案：註釋［三二］："顛，即'願'字之訛體。"據《凡例》第十二條，釋文"顛（願）"應改爲"顛〈願（願）〉"①。

3.《【占書】》2099—2100：·□寅贏五月，凡廿八宿，三百九〈六〉十五度四分度一。凡靁（雷）之所，毋先起兵。

案：註釋［四〇］："'贏'當是'靁'字寫誤，讀爲'雷'。"據《凡例》第十二條，釋文"贏"應改爲"贏〈靁（雷）〉"。

附記：本文為國家社科基金西部項目"簡帛兵書軍事用語分類整理與研究"（項目編號：13XYY011）、貴州省社科規劃項目"簡帛兵書軍事用語及其歷時演變研究"（項目編號：12GZYB64）的階段性成果之一。

---

① 參見張顯成、莊利果《銀雀山漢墓竹簡〔壹〕校勘記》，《古籍整理研究學刊》2010年第2期，第54—55頁。

漢簡所見"過所"考

李 燁*

摘　要：通過對漢簡材料的分析，結合傳世文獻中的相關記載，認爲漢簡中的"過所"一語義爲所經過的地方。同時，根據傳世文獻和秦簡的相關記載，對"過所"一語的來源及其成詞、消亡過程作出描寫和分析。

關鍵詞：漢代簡牘文書；過所；釋義；成詞；消亡

在出土漢代簡牘文書中，有一類文書多有"過所"一語。以往的研究，由於相關漢簡材料殘缺不全，人們根據其中的隻言片語往往不能對簡文中"過所"一語作出準確釋義，以致影響對這類文書的認定。陳直先生（1962）據漢簡中的"過所"一語認爲這類有"過所"一語的漢簡文書是用來通過關津的"過所"文書。程喜霖先生（1992）亦認爲漢簡中的"過所"一語指過所文

* 李燁，西南大學漢語言文獻研究所　博士研究生　重慶北碚　400715。

書，進而認爲這類漢簡文書是“傳”與“過所”合一的度關憑證。而李均明（1983）、唐曉軍（1994）等學者則認爲漢簡中這類文書應是“傳”，即一種比“過所”文書出現得更早的通關文書，簡文中的“過所”是經過的地方之義。正確理解漢簡中的“過所”一語的含義，有助於判定這類漢簡文書的身份。本文擬在全面收集相關漢簡材料的基礎上，結合傳世文獻中的相關記載，對“過所”一語的來源及其成詞過程作細緻的描寫和分析，並從漢簡簡文本身入手，爲漢簡中的“過所”一語作出準確釋義。

一、“過所”語義分析

傳世文獻中“過所”一語，一般有兩個意思，一指經過的地方，二指過所文書。《後漢書·光武帝紀下》：“今猶未止，非徒有豫養導擇之勞，至乃煩擾道上，疲費過所。”又《後漢書·孝和帝紀》：“十五年春閏月乙未，詔流民欲還歸本而無糧食者，過所實稟之，疾病加致醫藥。”以上引文的“過所”即經過的地方之義。關於“過所”文書，東漢末期的注疏中已有記載。《周禮·地官·司徒》：“凡所達貨賄者，則以節傳出之”，鄭玄注曰：“商或取貨於民間，無壐節者，至關，關爲之壐節及傳出之，其有壐節亦爲之傳，傳如今移過所文書。”從鄭玄的注文可以看出，“過所”指一種與“傳”相似的通關文書。又如《魏書·神元平文諸帝子孫列傳》：“今京師旱儉，欲聽飢貧之人出關逐食。如欲給過所，恐稽延時日，不救災窘；若任其外出，復慮奸良難辨。”此處“過所”即爲“飢貧之人出關逐食”所需的通關文書。唐代法律文獻中，關於“過所”文書的記載就很多了，語義所指也很明確。如《唐律疏議·卷八》：“水陸等關，兩處各有門禁，行人來往皆有公文，謂驛使驗符券，傳送據遞牒，軍防、丁夫有總曆，自餘各請過所而度。”又如《唐律疏議·卷五》：“私度者，謂無過所，從關門私過。”以上唐律記載的“過所”就是用來過關的文書憑證。

出土文獻中，“過所”一語多見於西北漢代簡牘文書之中，是一個有着固定格式的文書用語。我們統計了六宗西北漢簡材料，“過所”① 出現的頻次如下：肩水金關漢簡 63 見②，居延漢簡 22 見，居延新簡 3 見③，懸泉漢簡 12 見④，敦煌漢簡 1 見，額濟納漢簡則未見。這些“過所”多在“移＋過所＋地名”、“謁移＋過所＋地名”、“謂＋過所＋地名”等文書程式用語中出現，如：

（1）五鳳四年八月己亥朔己亥，守令史安世敢言之，遣行左尉事亭長安世逐命張掖、酒泉、敦、武威、金城郡中，與從者陽里鄭常富俱乘占用馬軺車一乘，謁移過所縣、道，毋苛留，敢言之。八月己亥居延令弘、丞江移過所縣、道，如律令/掾忠、守令史安世。（金關漢簡 73EJT9：104）

（2）元延二年七月乙酉，居延令尚、丞忠移過所縣道河津關：遣亭長王豐以詔書買騎馬酒泉、敦煌、張掖郡中，當舍傳

① 包含簡文殘缺但仍可識者。

② 此數據據《肩水金關漢簡（壹）》（中西書局，2011 年）一書所著錄的簡牘統計所得，因這批簡牘暫未全部發表，此數據不代表金關漢簡的最終數據。

③ 此 3 例“過所”二字作爲題署寫在封檢之上，此李均明先生（1983）說。

④ 據胡平生、張德芳《敦煌懸泉漢簡釋粹》（上海古籍出版社，2001 年）一書統計，因這批簡牘暫未全部發表，此數據不代表懸泉漢簡的最終數據。

舍，從者如律令。/守令史詡、佐褒。七月丁亥出（居延漢簡170.3A）

（3）甘露三年四月甲寅朔庚辰，金城太守賢、丞文，謂過所縣、道官，遣浩亹亭長桼賀，以詔書送施刑伊循。當舍傳舍，從者如律令。（懸泉漢簡Ⅱ0114④：338）

（4）甘露二年十二丙辰朔庚申，西鄉嗇夫安世敢言之，富里薛兵自言欲為家私市張掖、酒泉、武威、金城、三輔、大常郡中，謹案辟兵毋官獄徵事，當得以令取傳，謁移過所津、關，毋苛留止，如律令，敢言之。十二月庚申，居延守令千人屬移過所，如律令/掾忠、佐充國（金關漢簡73EJT10：313A）

以往的研究對此類漢簡中"過所"一語的理解頗有分歧。李均明先生認爲："漢簡所見，'傳'與'過所'一語常常出現於一牘之中，其中'過所'應當是所過之所的意思。"[1]唐曉軍先生亦認爲："漢簡中各類關傳文書中常有習慣用語'過所……'意爲'所經過的……'。"[2]而陳直（1962）、程喜霖（1992）先生卻認爲漢簡中的"過所"一語指過所文書，進而認爲這類漢簡文書即是這種用來通過關津的"過所"文書，同時根據相關漢簡材料的年代得出"過所"文書在西漢武帝時期①出現的結論。陳直、程喜霖兩位先生將此類漢簡文書認定爲"過所"文書的一大根據就是此類文書中出現了"移過所"一語。其時，衹要對這類漢簡文書的行文格式稍加分析，就可以知道在這類文書中"過所"與諸如"縣道"、"津關"等語詞組成的其實是一個完整的語義結構。

---

① 陳直先生認爲"過所"文書出現在西漢武帝太始年間。程喜霖先生認爲在西漢武帝元鼎年間"過所"稱謂出現，從關傳中演變出名爲過所的通行證。

古代吏民出行，需持有官府頒發的通行證，以便在沿途關隘受盤查時能順利通過。上文所引的這類漢簡文書即與此有關。簡文中“移”、“謁”、“謂”均爲動詞，“移”即移送的意思，是平級機構往來文書用語；“謁”一般是下級對上級用語，意思相當於請求；“謂”即通知的意思，爲上級對下級用語。此類文書中，一般在“移”、“謁”、“謂”等動詞後寫有公文接收方名稱即當事人要經過的沿途關津，如：

(5) 永始五年閏月己巳朔丙子，北鄉嗇夫忠敢言之。義成里崔自當自言，為家私市居延。謹案：自當毋官獄徵事，當得取傳，謁移肩水金關、居延縣索關。敢言之。閏月丙子，觻得丞彭移肩水金關、居延縣索關。書到，如律令。掾晏、令史建。（居延漢簡 15.19）

例（5）簡文所述，當事人崔自當在經過鄉、縣兩級的審查後獲得了“當得取傳”的資格，即可通過相應的關隘前往目的地。這份公文即崔自當所在的觻得縣發給其所要經過的關隘肩水金關和居延縣索關的相關文書。但大部分簡文並不寫出具體的關津名稱，而是在“移”、“謁”、“謂”等動詞後以類似例（1）中的“過所縣道”、例（2）中的“過所縣道河津關”、例（4）中的“過所津關”等語詞代替。這和路途的遠近程度有關。日本學者大庭修先生指出：“這大概是因長距離旅行，所以不寫出途中的每個關津的名稱了。”[3]可知，簡文中的“過所縣道”、“過所津關”、“過所縣道河津關”等語詞祇是一種概括性的稱法，代表沿途所經的各稽查單位。故“過所縣道”、“過所津關”、“過所縣道河津關”等語詞應爲一個完整的語義結構。

有時“移+過所+地名”、“謂+過所+地名”等文書程式用語可以省略“縣道”、“津關”之類的語詞，而簡化作“移＋過所”、“謂＋過所”等形式，如：

（6）陽朔五年正月乙酉朔庚戌，犂陽丞臨移過所：遣厨佐閭昌為郡送遣戍卒張掖、居延，當舍傳舍，從者如律令。（金關漢簡 73EJT6：23A）

（7）甘露三年九月壬午朔甲辰，上郡太守信、丞欣謂過所：遣守屬趙稱逢迎吏騎士從軍烏孫罷者敦煌郡，當舍傳舍，從者如律令。十月，再食。（懸泉漢簡Ⅱ0115③：99）

例（6）、例（7）中“過所”一語後省略了“縣道”、“縣道河津關”、“津關”、“縣邑侯國”等這類語詞，但表達的意思與卻與例（1）中的“過所縣道”、例（2）中的“過所縣道河津關”、例（4）中的“過所津關”等語詞相同，均是一種概括性的稱法，代稱沿途的各稽查單位。也就是説，在表意上，“移＋過所＋地名”等同於“移＋過所”，“謂＋過所＋地名”等同於“謂＋過所”，則“過所”在這類文書中就是一種概括性的稱法，指沿途的各稽查單位。如此，就不能把漢簡簡文中的“過所”理解爲過所文書了。

二、“過所”與“所過”的關係

新公佈的漢簡材料，可爲上文對“過所”一語含義的推論提供證據。我們在《肩水金關漢簡（壹）》中發現有“所過”一語，共出現 7 次，均出現在“移＋所過＋地名”的文書格式中，如下：

（8）言之，八月壬子，雒陽丞大移所過縣（金關漢簡

73EJT1：80A）

（9）步當得傳，移所過縣邑，如律令

□□茂陵令賢、丞可移所過/令史訢（金關漢簡 73EJT2：29A）

（10）九月丙申，□陽丞利謹移所過縣邑，勿苛（金關漢簡 73EJT9：34B）

（11）事，當為傳，移所過縣邑，毋何留，敢言之。二月庚子（金關漢簡 73EJT10：212）

（12）過所縣邑，毋何留，敢言之。三月庚寅壬子，雒陽守丞宗移所過縣邑，毋何留（金關漢簡 73EJT10：205A）

（13）佐漢移所過縣邑，毋苛留（金關漢簡 73EJT10：359）

上引例（8）—（13）共 6 例簡文，雖然原簡殘缺，但依據殘存簡文仍可判定此 6 例簡文與前文所引的 7 例簡文應爲同一類文書。比對這些簡文，例（8）—（13）中的"所過"與上文所引簡文中的"過所"均處在同類文書的相同格式中，且語法位置也相同，則可推知"所過"與"過所"意義相同。"過所"是經過的地方之義，"所過"也即經過的地方之義。"過所"若是一種文書名，我們就很難解釋爲何同一種文書在相同時期會有兩種名稱，且在相關文獻中也沒有任何記載。但有一種情況需要說明，我們今天見到的漢簡文書，多爲副本，而當時的人們在謄鈔副本過程中常會有錯漏，上述文書中"所過"可能是"過所"的誤抄。《肩水金關漢簡（壹）》中"所過"一語共出現 7 次，所在簡牘的編號分別爲 73EJT1：80A、73EJT2：29A、73EJT9：34B、73EJT10：205A、73EJT10：212、73EJT10：359。據簡號可知這些簡牘分別發掘於 1、2、9、10 號 4 個探方之中，可以說這些簡牘的時代是不一樣的，那麼其抄寫者也不會是同一人。則“移所過縣邑”之類的文書用語應是具有普遍性的，不可能是“移過所縣邑”的誤抄。且傳世文獻中也有“所過”與“過所”同義的用例，此時二者皆指經過的地方時，例如：

(14) 空罷耗所過，送迎驕黠絶遠之國，非至計也。(《漢書·西域列傳》)

(15) 今猶未止，非徒有豫養導擇之勞，至乃煩擾道上，疲費過所。(《後漢書·光武帝紀下》)

(16) 莽曰：“予以二月建寅之節行巡狩之禮，太官齎糒乾肉，內者行張坐卧，所過毋得有所給。”(《漢書·王莽列傳中》)

(17) 十五年春閏月乙未，詔流民欲還歸本而無糧食者，過所實稟之。(《後漢書·孝殤帝紀》)

例 (14) 顔師古注曰：“所過，所經過之處。罷，讀曰疲”，此句中“罷耗所過”與例 (15) 中的“疲費過所”同義無疑，皆爲使經過的地方疲勞耗費的意思。例 (16) 中的“所過毋得有所給”即爲巡狩經過的地方不要提供吃住之義，例 (17) 中“過所實稟之”的意思是流民歸鄉所經過的地方要負責發放糧食。從語義上看，上四例中“過所”與“所過”同義，均指所經過的地方，這是容易理解的。從語法上看，“過所”和“所過”的語義中心都是“所”，衹是語序結構有所不同罷了。“所過”是名詞“所”加動詞“過”構成的“所＋動”[①] 結構。方有國先生指出：“‘所＋動’結構是以‘所’爲中心語，以‘動’爲後置定語的上

① 關於“所＋動”結構中“所”字的詞性問題，學界多有討論。但不管是“助詞説”、“代詞説”還是本文所持的“名詞説”，“所＋動”總是一個體詞性結構，本文所涉及的“所＋動”結構在句中或作主語或作賓語。

古漢語特殊的‘中十定’語序結構。”[4]而“過所”則是動詞“過”加名詞“所”構成的一個定中結構。可知,“過所”和“所過”的語義中心都是“所”,二者同義。

三、“過所”一語的來源

據目前公佈的漢簡材料看,漢簡文書中“過所”一語大約共出現100次,且集中出現在同一種文書類型。而傳世文獻中“過所”一語用來指經過的地方的用例衹有三處,其中兩例即前文所引《後漢書・光武帝紀》和《後漢書・孝和帝紀》中的例子,分別是東漢光武帝劉秀、孝和帝劉肇下發的詔書中的語句。另外一例見於《漢書・匈奴傳下》,其文曰:“明年,呼韓邪單于款五原塞,願朝三年正月。漢遣車騎都尉韓昌迎,發過所七郡郡二千騎,爲陳道上。”顏師古注曰:“所過之郡,每爲發兵陳列於道,以爲寵衛也。”從語境看,此例文句和詔書等公文或許有一定聯繫。以上三例中“過所”一語均是經過的地方之義,用法和漢簡文書一致。詔書屬於文書的範疇,則上三例中“過所”一語在文體上似乎也和漢簡文書有一定關係。

此外,另一類型的出土文獻中也有“過所”一語。甘肅武威磨嘴子23號漢墓曾出土一蘇織的銘旌,其文曰:“平陵敬事里張伯昇之柩,過所毋哭。”① 銘旌一般用紡織物製成,有一定規制,上書死者姓名籍貫,喪禮中立於死者靈柩旁邊,下葬後覆於棺蓋之上。上述23號漢墓銘旌中“過所毋哭”一句,顯然是讓出殯

① 《甘肅武威磨嘴子漢墓發掘》,《考古》1960年第9期,頁25。

時棺槨所經過之地的人不要哭泣之義。這一銘旌中"過所"的意義和用法與漢簡中的"過所"一致。《儀禮·士喪禮》:"爲銘,各以其物。亡則以緇,長半幅,赬末,長終幅,廣三寸。書銘於末曰:'某氏某之柩'。"① 可知,銘旌一般衹寫有死者姓名籍貫。但從出土實物來看,也偶有他語。如15號漢墓出土的銘旌,其銘文爲:"姑臧北鄉西夜里女子□寧死下世當歸冢次……水社毋□河留……年教如律令"②。"如律令"一語爲漢代公文習語,漢簡文書中多見,即依律令辦理之義,一般用於文書末尾,有督導的意味。上例銘旌中出現"如律令"一語,表明銘旌的銘文和當時的文書有一定的關係。銘旌爲喪葬用品,莊嚴肅穆,同時又有一定的應用性,上述23號漢墓銘旌中"過所毋哭"一句,顯然是有很強的目的性的,即勸慰前來弔喪之人節哀。15號漢墓出土的銘旌,其殘留銘文內容似乎是與祝祐亡靈安息有關。上述所分析的銘旌銘文的特性和公牘文書有一定程度的相似性,從這一層面看,銘旌銘文也應屬於一種應用性的文書類型。故同爲應用性文體的銘旌銘文和漢簡文書,二者在用語方面相互交織也就可以得到解釋。如上所述,甘肅武威磨嘴子23號漢墓所出土銘旌中的"過所"一語,其意義和用法與漢簡中的"過所"一致,同爲當時應用性文體中的習用語詞。

綜上,根據出土文獻和傳世文獻中"過所"一語的使用情況來看,用來指經過的地方的"過所"一語應是古代文書的一個專用語詞。

---

① 十三經注疏編委會《十三經注疏·儀禮注疏》,北京大學出版社,2000年,頁770。

② 《甘肅武威磨嘴子漢墓發掘》,《考古》1960年第9期,頁25。

我們統計了這類簡文中含有“過所”一語的漢簡中的紀年，從西漢的昭帝開始，歷經宣、元、成、哀、平諸帝，一直到王莽時期，再到東漢初年的年號均有發現。由此至少可知，這類漢簡文書在兩漢中後期至東漢初期是一直連續使用的。一種文書的出現、發展直到定型，有其漫長的歷史演變過程。上述漢簡文書在兩漢的使用如此成熟，應是經過了前代的發展演變才有的結果。秦代簡牘中即已有與上述漢簡文書相類似的文書，如：

(18) 元年七月庚子朔丁未，倉守陽敢言之：獄佐辨、平、士吏賀具獄，縣官食盡甲寅，謁告過所縣鄉以次續食。雨留不能投宿齎。來復傳。零陽田能自食。當騰期丗日。敢言之。/七月戊申，零陽龏移過所縣鄉。/齮手。/七月庚子朔癸亥，遷陵守丞固告倉嗇夫：以律令從事。嘉手。(里耶秦簡5—1)

遷陵食辨、平盡己巳旦□□□□遷陵。

七月癸亥旦，士五臂以來。/嘉發。(里耶秦簡5—1背)

(19) 丗五年二月庚申朔戊寅，倉□擇敢言之：隸□饋為獄行辟書彭陽，食盡二月，謁告過所縣鄉以次牘（續）食。節（即）不能投宿齎。遷陵田能自食。未入關鄉縣，當成齍，以律令成齍。來復傳。敢言之。▨（里耶秦簡8—169＋8—233＋8—407＋8—416＋8—1185）

▨擇手。（里耶秦簡8—169背＋8—233背＋8—407背＋8—416背＋8—1185背）

(20) 丗五年三月庚寅朔辛亥，倉銜敢言之：疏書吏、徒上事尉府者牘北（背），食皆盡三月，遷陵田能自食。謁告過所縣，以縣鄉次續食如律。雨留不能投宿齎。當騰騰。來復傳。敢言之。（里耶秦簡8—1517）

令佐溫。

更戍士五城父陽翟執。

更戍士五城父西中痤。

臂手。(里耶秦簡 8－1517 背)

此三例秦簡文書，主要內容均係公務派出機關要求“過所縣鄉”爲公務執行人“以次續食”，即公務執行人所經過的地區要提供飯食之意。簡文中“謁告過所縣鄉”、“謁告過所縣”的格式爲“謁告＋過所＋地名”，這與上文漢簡中“移＋過所＋地名”、“謁移＋過所＋地名”、“謂＋過所＋地名”等文書格式一致。以上三例秦簡文書從其體例和內容看，與前文所引的漢簡文書極爲相似，可以看出，上文的漢代文書的體例、用語均係承襲此類秦代文書而來。以上可知，用來指經過的地方的“過所”一語，早在秦朝時期的文書中既已出現。當然，“過所”一語極有可能在早於秦朝的歷史時期中既已產生，這有待越來越多的出土文獻來證明。

四、“過所”一語的成詞及其消亡

傳世文獻中“過所”一語用來指經過的地方時，和秦簡、漢簡中的情況一樣，是一個由動詞“過”加名詞“所”構成的定中結構短語。而“過所”指過所文書時，顯然是一詞。如上文所述，用來指經過的地方的“過所”一語至少在秦朝已經出現。而關於“過所”文書的記載，年代最早的是東漢末年人鄭玄和曹魏時人張晏的注文。《周禮·地官·司徒》：“凡所達貨賄者，則以節傳出之”，鄭玄注曰：“商或取貨於民間，無璽節者，至關，關爲之璽節及傳出之，其有璽節亦爲之傳，傳如今移過所文書。”《漢書・文帝紀》載：“三月除關無用傳”，顔師古引張晏注曰：“傳，信也，若今過所也。”鄭玄和張晏注文中的“今”字顯然代表的是他們各自所屬的年代。根據這些文獻記載可知，“過所”一語大體在東漢末年被用來指稱一種文書憑證，而作爲專名被固定下來後“過所”自然成爲一個詞了，“過所”一語的成詞即發生在這段時期。

傳世文獻中關於“過所”文書的記載，除鄭玄和張晏的注文之外，則多見於成書於魏晉至北宋這一段時期的史書之中。據我們統計，《三國志》1見、《魏書》3見、《唐律疏議》23見、《唐會要》3見、《舊唐書》3見、《新唐書》6見、《舊五代史》2見、《新五代史》1見。其中，《三國志》成書於西晉，《魏書》成書於北齊，《唐律疏議》成書於唐，《舊唐書》成書於五代後晉，其餘《唐會要》、《新唐書》、《舊五代史》、《新五代史》等均成書於北宋。成書於北宋的《太平御覽》中列有“過所”詞目，其文曰：“《釋名》曰：‘過所，至關津以示之，或曰傳，傳也，轉移所在識以爲信也。’”可知，北宋時的學者知道“過所”是一種通關文書的名稱。但南宋時的人們已經不知道“過所”爲何物了。據南宋洪邁《容齋四筆・卷十》：“然過所二字，讀者多不曉，蓋若今時公憑引據之類。”北宋以後“過所”文書的記載僅散見於幾種筆記語録之中，如《朱子語類・卷第六十四・中庸三》：“遠人來，至去時，有節以授之，過所在爲照。如漢之出入關者用繻，唐謂之‘給過所’。”又如明代楊慎《丹鉛續録・雜識卷之六・過所》：“過所者，今之行路文引也。”可知，在兩宋之後，作爲文書名的“過所”一詞已經成了歷史詞彙，祇有博學之人才能知曉了。

作爲一種文書的專有名稱，導致“過所”一詞消失的直接原因無疑是其所依存的過所文書和過所制度的廢止。關於“過所”文書及其行用制度的廢止年代，日本學者內藤虎次郎根據《册府元龜》中的相關記載認爲：“至於過所行用終於何時，余意以爲當至五代梁時爲止。”[5]陳直先生對內藤先生的觀點表示贊同，他指出：“內藤又考過所之罷廢，約在五代梁時爲止，引《册府元龜》卷一百九十一，及洪邁《容齋四筆》卷十爲證，是可信的。”[6]除上述兩位先生所説的例證外，以下同樣出自《册府元龜》的記載對過所制度的廢止有着更爲明確的闡述，如下：

> 夏侯坦，清泰三年，為司門郎中。上言：“去年六月，詔京百司，舉本司公事，當司官屬、關令、丞及京城諸色人出入過所事，久不施行。其關牙官、守捉、權知者，伏以關防，以備姦詐。令式素有規程，既奉綸言，合申職分。關防所過，請準令式。”初，莊宗定河南，都雒陽，司門申舉自梁朝，元給過所公據。邇來本司官既非才，事或擁滯遂廢。今坦雖舉職，竟不施行。(《册府元龜·卷四百六十七·臺省部·舉職》)

“清泰”爲五代時後唐末帝年號，“清泰三年”即公元936年。從引文中可以看出，在後唐時“出入過所事，久不施行”，夏侯坦擔任司門郎中，雖想解決這一問題，但因爲“本司官既非才，事或擁滯遂廢”等原因，最終也沒能繼續施行“過所”制度。可見，“過所”制度在五代梁唐之際已經不復存在，“過所”文書自然也就逐漸消失了。“過所”一詞所依存的制度和實物的廢止，是導致其成爲歷史詞彙的直接原因。

五、小結

綜上所述，漢簡文書中，“過所”一語是一種概括性的稱法，指沿途的各稽查單位，即經過的地方之義。從出土秦代簡牘來看，漢簡文書中“過所”的這一用語是繼承了秦代文書而來，其產生的時代甚至還可能早於秦代。大約在東漢末年，“過所”被用來指稱一種通關文書，“過所”一語的成詞即發生在這一時期。而大約在五代梁唐之際，用作文書名的“過所”一詞所依存的過所制度和過所文書逐漸廢止，“過所”一詞也就逐漸成爲了歷史詞彙，兩宋及其之後，衹有專門學者才能知曉其真正含義了。

參考文獻：

［1］李均明《漢簡所見出入符、傳與出入名籍》，《文史》第 19 輯，中華書局，1983 年，頁 32。

［2］唐曉軍《漢簡所見關傳與過所的關係》，《西北史地》1994 年第 3 期，頁 89。

［3］（日）大庭脩著，林劍鳴等譯《秦漢法制史研究》，上海人民出版社，1991 年，頁 489。

［4］方有國《上古漢語語法研究》，巴蜀書社，2002 年，頁 89。

［5］（日）內藤虎次郎《三井寺藏唐過所考》，萬斯年輯譯《唐代文獻叢考》，商務印書館，1957 年，頁 68。

［6］陳直《漢晉過所通考》，《歷史研究》1962 年第 6 期，頁 148。

附古籍參考版本：

〔東漢〕班固《漢書》，中華書局，1962年。

〔晉〕陳壽《三國志》，中華書局，1959年。

〔南朝·宋〕范曄《後漢書》，中華書局，1965年。

〔北齊〕魏收《魏書》，中華書局，1974年。

〔唐〕長孫無忌等撰《唐律疏議》，中華書局，1983年。

〔後晉〕劉昫等撰《舊唐書》，中華書局，1975年。

〔宋〕王溥《唐會要》，中華書局，1955年。

〔宋〕宋祁、歐陽修等撰《新唐書》，中華書局，1975年。

〔宋〕薛居正等撰《舊五代史》，中華書局，1976年。

〔宋〕歐陽修撰、徐無黨注《新五代史》，中華書局，1974年。

〔宋〕李昉等編纂《太平御覽》，《四部叢刊三編》，商務印書館，1936年。

〔宋〕王欽若等編纂，周勛初等校訂《冊府元龜》（校訂本），鳳凰出版社，2006年。

〔宋〕洪邁《容齋四筆》，《文淵閣四庫全書》，臺灣商務印書館，1986年。

〔明〕楊慎《丹鉛續錄》，《叢書集成初編》，商務印書館，1936年。

〔清〕阮元校刻《十三經注疏·周禮》，中華書局，1980年。

走馬樓吳簡《竹簡》“麂皮”“杋皮”“樂皮”考辨

陳榮傑*

摘　要： 從語言學、文字學的視角對吳簡《竹簡》“麂皮”“杋皮”“樂皮”進行考辨，認爲吳簡整理者釋爲“麂皮”是正確的；“杋”爲“機”的俗寫，“機”通“麂”，“杋皮”即“麂皮”；“樂”通“鹿”，“樂皮”即“鹿皮”。

關鍵詞： 吳簡《竹簡》；麂皮；杋皮；樂皮

三國時期史料匱乏，吳簡的出土大大彌補了三國史料不足的缺憾，爲研究者提供了大量真實、可靠的第一手資料。吳簡中有不少詞語不見於其他文獻，亦有不少詞語見於傳世文獻但鮮爲人關注，研究這些詞語對於豐富中古漢語詞彙深入解讀吳簡本身、解決相關史學問題等具有重要意義。但目前學界對這些詞語的釋讀及研究頗有爭議，本文試對吳簡《竹簡》“麂皮”“杋皮”“樂

* 陳榮傑，西南大學文獻所　副教授　重慶北碚　400715。

皮"進行考辨[①]。不妥之處，敬請方家指正。

一、鹿皮

吳簡《竹簡》"鹿皮"簡用例如下：

入平鄉巾竹丘烝直二年鹿皮三枚。𠄘嘉禾二年十二月廿一日，烝弁付庫吏潘珛[受]。(壹·8268)[②]

入平鄉鹿皮二，鹿皮二枚，合四枚。𠄘嘉禾元年十一月十三日，男子何盛付庫吏殷連受。(貳·8957)

整理者依據圖版釋讀爲"鹿皮"，不少研究者卻對之産生質疑。如王子今認爲：對照圖版，整理組釋爲"鹿"字者，許多其實原本是寫作"麂"字的[③]。中村威也認爲：圖版"鹿"字下半部分不是"几"而是"凡"[④]。

對吳簡《竹簡》"鹿皮"的相關考察，首先要弄明白"鹿"字下半部分到底是"凡"還是"几"，這關係到對"鹿皮"的釋讀及理解。

古文字中常常有文字俗寫的現象，即常有一個漢字多寫一筆

① 吳簡《竹簡》現已公佈四卷，即《長沙走馬樓三國吳簡·竹簡［壹］》，文物出版社，2003年；《長沙走馬樓三國吳簡·竹簡［貳］》，文物出版社，2007年；《長沙走馬樓三國吳簡·竹簡［叁］》，文物出版社，2008年；《長沙走馬樓三國吳簡·竹簡［肆］》，文物出版社，2011年11月。

② 簡號前用"·"隔開的漢字"壹"、"貳"、"叁"、"肆"分別表示竹簡册數。吳簡《竹簡》釋文，原整理者均未加標點，本文所引簡文均試予標點。

③ 王子今《走馬樓簡的"入皮"記錄》，《吳簡研究》第一輯，崇文書局，2004年。

④ 中村威也《從獸皮納入簡看古代長沙之環境》，《吳簡研究》第二輯，崇文書局，2006年。

或少寫一筆，多寫一點或少寫一點的情況。如“厚”字，《長沙走馬樓三國吳簡·嘉禾吏民田家莂》簡5·390寫作“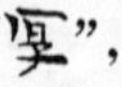”，簡5·751卻寫作“”；又如“冠”字，《武威漢簡》甲本《特牲》簡1寫作“”，簡47卻寫作“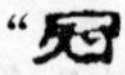”；等等。這種情況一般不影響對文字的隸定和文意的理解。但“几”和“凡”情況不同，二者多一點少一點完全是不同的字了。我們測查秦漢簡帛文獻發現：“几”和“凡”字從不相混，“凡”字必有中間一點，而“几”字絕無一點[①]。從“几”之字和從“凡”之字也不相混。因此，我們推測秦漢時期“几”和“凡”字的區別應該是非常嚴格的。

中古時期敦煌寫卷中已有不少從“几”之字和從“凡”之字相混的情況[②]，如：“梵”字敦煌寫卷有寫作“”、“”、“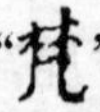”、“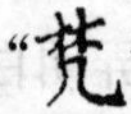”者，其在《敦煌俗字典》中共引四個字例，就有三例下從“几”而不從“凡”；“機”字敦煌寫卷有寫作“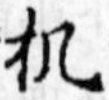”、“”者，“”字爲“機”左旁“木”訛寫爲“示”，右旁“几”混寫爲“凡”所致；“飢”字敦煌寫卷有寫作“”、“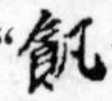”、“”、“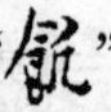”、“”、“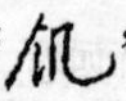”者，“飢”右旁“几”與“凡”相混；“肌”字敦煌寫卷有寫作“”、“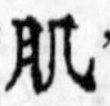”者，

① 測查對象主要有《睡虎地秦簡》、《馬王堆漢墓帛書》、《銀雀山漢簡》、《武威漢簡》、《武威醫簡》、《孔家坡漢簡》、《居延漢簡》、《居延新簡》、《敦煌漢簡》、《張家山漢簡》、《額濟納漢簡》。

② 敦煌文字用例引自黄徵《敦煌俗字典》，上海教育出版社，2005年。

其右旁“几”也與“凡”相混。中古碑刻文獻中也有不少從“几”之字和從“凡”之字相混的情況①，如“飢”字，魏《司空公王誦墓誌》寫作“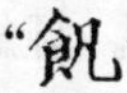”；“凱”字，魏《乞伏寶墓誌》寫作“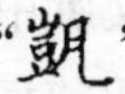”；“梵”字，魏《鎮遠將軍洛州騎兵參軍常煥造五級浮圖銘》寫作“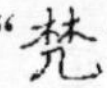”；“汎”字，隋《蕭汎墓誌》寫作“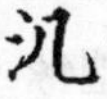”，隋《程諧墓誌》寫作“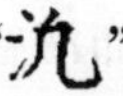”；等等。由敦煌寫卷及碑刻文獻我們推測中古從“几”之字和從“凡”之字逐漸變得相混。《竹簡》“鹿”字的寫法也可印證這個觀點。

通過我們對現已公佈四卷《竹簡》的全面測查發現：《竹簡》“鹿”字既有寫作“鹿”者，又有寫作“麂”者。寫作“鹿”者形體較清晰的簡如：簡貳·8957 作“”，簡壹·8264 作“”，簡貳·8962 作“”；寫作“麂”者形體較清晰的簡如：簡壹·8811 作“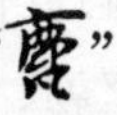”，簡壹·8297 作“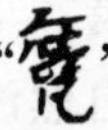”，簡壹·8327 作“”。可見《竹簡》“鹿”字下半部分從“几”和從“凡”是相混的。

那麼“鹿”字到底是該釋讀爲“鹿”還是“麂”呢？這要從二者的意義上進行探討。“麂”字見於《玉篇·鹿部》：“麂，鹿一歲。”一説爲鹿三歲。《集韻·桓韻》：“麂，鹿三歲也。”故“麂”當爲幼鹿。“鹿”見於《説文·鹿部》：“麠，大麋也。狗

① 碑刻文字用例引自秦公《碑別字新編》，文物出版社，1985 年；秦公、劉大新《廣碑別字》，國際文化出版公司，1995 年。

足。從鹿，旨聲。麂，或從几。”段注：“麐，各本誤麖，今正。”《龍龕手鏡·鹿部》：“麂，黃鹿也。”《漢語大字典·鹿部·麂》：“鹿科動物，形體似麞，雄的生短角。腳細而有力，善於跳躍。皮名貴，肉味亦美。常見品種有黃麂、黑麂、赤麂等。”文獻中有“麂皮”用作戰靴的記載，如《隋唐演義》第十六回《報德祠酬恩塑像·西明巷易服從夫》：“裡邊塑了一尊神道，卻是立身，戴一頂荷葉簷粉青色的範陽氈笠，著皂布海衫，蓋上黃罩甲，熟皮鋌帶，掛牙牌解刀，穿黃麂皮的戰靴。”《水滸傳》第七十九回《劉唐放火燒戰船·宋江兩敗高太尉》對呼延灼穿戴的描述有：“穿一領按北方，如潑墨，結烏雲，飄黑霧，俏身皂羅袍；著一對綠兜根，金落縫，走雲芽，盤雙鳳，踏山麂皮靴。”

裴松之注引《魏名臣奏》載高柔上疏曰：“臣深思陛下所以不早取此鹿者，誠欲使極蕃息，然後大取以爲軍國之用。”可見“鹿”可以“取以爲軍國之用”。三國時期戰事頻繁，孫吳政權徵收“麂皮”作爲“軍國之用”也就不難理解了。而“麀”爲一種幼鹿，其皮毛自然沒有“麂”的皮毛堅韌、結實。

綜上，我們認爲整理者釋爲“麂”字是正確的。

二、机皮

吳簡《竹簡》“机皮”簡如：

入都鄉皮五枚，其四枚机皮，一枚麂皮。𠔁嘉☐ （壹·8353）

入中鄉皮七枚，其三枚麂皮，四枚机（麂）皮。𠔁□☐（貳·2427）

“机皮”，《竹簡》［壹］整理者徑釋爲“机皮”，《竹簡》［貳］

整理者釋爲“机（麂）皮”。王子今認爲：“‘机皮’有可能是‘麂皮’的簡寫形式。”① 中村威也認爲：“‘机’字等於‘机’字而其音與‘麂’字音相同，‘机’字意味著‘麂’的意思。”②

以上諸位先生均意識到了“机皮”和“麂皮”的關係密切，但均未展開論述。机，《集韻·凡韻》：“机，木名。俗呼此木皮曰水桴。”《字彙·木部》：“机，柴皮，俗呼爲水桴木。”據文獻“机皮”當爲一種樹木之皮，而吳簡常見“机皮”和“鹿皮”一起繳納者，如上揭兩例，可見吳簡“机皮”不應是樹木之皮，而應是一種獸皮。

誠如前面“麂皮”條所述，吳簡《竹簡》從“凡”之字和從“几”之字是相混的。《竹簡》“机”字亦有寫作“机”字者，如簡貳·2785寫作“”、簡壹·8822寫作“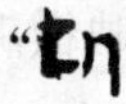”等。故吳簡“机皮”即爲“机皮”。“麂”和“机”字古音均爲見紐脂部，《廣韻》二字均是居履切，“麂”字和“机”字聲韻皆同，可相通假。“机皮”當即“麂皮”。

此外，《竹簡》多見“麂皮”和“鹿皮”一起繳納的簡，如：

·集凡起八月一日訖卅日，所一入皮一百八十五枚，其五十九枚鹿皮，其一百廿六枚麂皮。（貳·8899）

▨□下丘男子烝平鹿皮二，麂皮二，合四枚。⊠嘉禾二年九月廿一日，烝弁付庫▨（壹·8355）

---

① 王子今《走馬樓簡的“入皮”記錄》，《吳簡研究》第一輯，崇文書局，2004年。

② 中村威也《從獸皮納入簡看古代長沙之環境》，《吳簡研究》第二輯，崇文書局，2006年。

而吳簡“杋皮”也多和“鹿皮”一起繳納，如上揭兩例“杋皮”均是和“鹿皮”一起繳納的。故從《竹簡》本身來看，“杋皮”即“麂皮”也是講得通的。

三、樂皮

吳簡《竹簡》“樂皮”僅1見：

入平鄉杷丘男子番足二年樂皮二枚。旻嘉禾二年十二月廿一日，烝弁付庫吏潘珛受。（壹·8214）

對《竹簡》“樂皮”的理解，學者們分歧較大。王子今認爲：“樂”通“犖”，“樂皮”，可能是“犖皮”。並説：“特別注明‘犖’，或許反映徵調皮革對於毛色有時也有一定要求。”[1] 中村威也認爲：“樂”通“鹿”，認爲“樂皮”即“鹿皮”[2]。陳順成認爲：吳簡“樂皮”僅此一例，不排除有誤寫的可能[3]。

《竹簡》“樂皮”之“樂”字圖版作“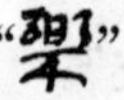”，非常清晰，與吳簡“鹿皮”之“鹿”、“麂皮”之“麂”、“杋皮”之“杋”等形體差別很大，誤寫的可能應該是微乎其微。

古文獻有兩個“樂”字，一爲快樂之“樂$_1$”，古音爲來紐藥部，《廣韻·鐸韻》：盧各切；一爲音樂之“樂$_2$”，古音爲疑紐藥部，《廣韻·覺韻》五角切。兩個“樂”字爲形體相同而音義皆

[1] 王子今《走馬樓簡的“入皮”記錄》，《吳簡研究》第一輯，崇文書局，2004年。

[2] 中村威也《從獸皮納入簡看古代長沙之環境》，《吳簡研究》第二輯，崇文書局，2006年。

[3] 陳順成《走馬樓吳簡詞語研究》，北京語言大學博士學位論文，2010年。

不同的同形字。"犖"古音爲來紐藥部，《廣韻·覺韻》：吕角切。"鹿"古音爲來紐屋部，《廣韻·屋韻》：盧穀切。"樂$_1$"與"犖"聲韻皆同，"樂$_1$"與"鹿"聲同韻近，屋、藥旁轉。從音韻的角度，"樂$_1$"與"犖"、"鹿"均可相通。

《説文·牛部》："犖，駁牛也。"段注："馬色不純曰駁。駁、犖同部叠韻。"駁牛即是毛色不純的牛。一般來講，動物的皮毛毛色越純價值越高，反之亦然。孫吳徵調皮革反倒特别要求毛色不純的牛皮似乎從情理上説不通。

另，《竹簡》多見平鄉繳納二年"鹿皮"的簡：如：

入平鄉巾竹丘祭直二年鹿皮一枚。㐫嘉禾二年十二月☐☑（壹·8294）

入平鄉二年鹿皮一枚，麂皮一枚，合二枚。㐫嘉禾[二][年][十][一][月][廿]三日，寇[丘]☑（壹·8636）

而"樂皮"簡亦爲平鄉繳納的二年之皮。故"樂"通"鹿"，"樂皮"即"鹿皮"應是講得通的。

附記：本文為國家社科基金項目（13CYY055）、西南大學博士基金項目（SWU20710911）的階段性成果之一。

《睡虎地秦簡文字編》簡號勘補

汪　穎*

摘　要：在使用張守中先生《睡虎地秦簡文字編》的過程中，發現該書存在一些問題，例如摹寫字形失真嚴重、字形衍脱等。就簡號使用問題而言，包括四種類型：簡號未標注、簡號標注錯誤、簡號標注不具體、簡號標注形式不統一等。

關鍵詞：《睡虎地秦簡文字編》；簡號；勘補

張守中《睡虎地秦簡文字編》[②] 是依據《睡虎地秦墓竹簡》編纂的，本批簡內容比較多，也較複雜，在此基礎上編成的文字編內容比較龐雜，出現的問題也較多，需要對其進行認真校勘、補正。本文主要對文字編中出現的簡號使用問題進行彙總和訂正，並將其分爲以下四種類型：

* 汪穎，西南大學文獻所　碩士研究生　重慶北碚　400715。

② 張守中《睡虎地秦簡文字編》，文物出版社，1994 年。

一、簡號未標注

簡號未標注是指在張書文字編中的某個字頭下面，有幾個字形，但其中有一個或多個字形沒有依據全文體例標注簡號。這種情況的產生，很可能是由於一時的疏忽大意造成的。如：

（1）愛（0627/81）①

案："愛"字《説文》小篆作。張守中先生文字編中"愛"字頭下一共有三個字形，前兩個字形都標明了簡號，而第三個字形並未標明簡號。經分析查找，我們認爲應該是《爲吏之道》中第51（貳）簡上的字形。上文中前一個字形是張守中先生摹寫的，第二個是原簡圖版（《爲吏之道》中第51（貳）簡）字形，最後一個是原簡圖版處理後的字形。張守中先生文字編中"愛"字出現的頻率是9，將張書本字頭下的字形補充完整後，該字頭下的内容當爲：

（1）愛（0627/81/9）

（日書甲種83正壹）　男子～

（日書乙種82壹）　女子～

（爲吏之道51貳）　兹（慈）～萬姓

① "/"後的數字表示該字形在張書中的頁碼。下同。

二、簡號標注錯誤

簡號標注錯誤是指在張書文字編中某個字頭下面，有幾個字形，但其中有一個或多個沒有正確標注簡號。造成這種情況的原因主要在主觀方面，由於一時的失誤將簡號標錯。

(1) 圂 (0740/94)

(日書甲種 188)(日書乙種 188 貳) 

案:“圂”字《說文》小篆作圂。張守中先生文字編中“圂”字頭下一共有兩個字形，第一個字形標明了簡號，而這第二個字形後卻將簡號標示錯誤，在其標示的簡號中無法找到該字形。經分析查找，我們認爲該字形應該是《日書乙種》第 188 貳簡上的一個字形（此簡上有兩個該字形），上文中第二個字形是此簡上該字的字形，後一個是將其處理後的字形，由於該簡上該字形與張守中摹寫的字形幾乎一致，因此上文中認爲該字形是《日書乙種》是沒有問題的。該字頭下的內容當爲:

(1) 圂 (0740/94/8)

(日書甲種 23 背伍) ～居南

(日書乙種 188 貳) 己丑爲～廁

除以上的字形外，還有:

(2) 色 (1140/144)

(日書甲種 17) (日書甲種 77 正貳)

案:“色”字《說文》小篆作。張守中先生文字編中“色”

字頭下一共有四個字形，第一個及最後兩個字形都標明了簡號，而第二個字形後卻將簡號標示錯誤，在其標示的簡號中無法找到該字形。經分析查找，我們認爲該字形應該是《日書甲種》第77正貳支簡上的字形，上文中第二個未處理字形是該支簡上該字的字形，後一個是將其處理後的字形，由於該支簡上該字形與張守中摹寫的字形幾乎一致，因此上文中認爲該字形是《日書甲種》是沒有問題的。該字頭下的內容當爲：

（2）色（1140/144/22）

（日書乙種 170）　　赤～

（日書甲種 77 正貳）　　黑～死

（日書甲種 69 背）　　黑～

（日書甲種 69 正貳）　　青～

（3）白（0988/124）

（日書甲種 58）　（日書乙種 58）

案："白"字《説文》小篆作。張守中先生文字編中"白"字頭下一共有三個字形，前兩個字形都標明了簡號，而第三個字形後卻將簡號標示錯誤，在其標示的簡號中無法找到該字形。經分析查找，我們認爲該字形應該是《日書乙種》第58支簡上的字形，上文中第二個未處理字形是該支簡上該字的字形，後一個是將其處理後的字形，由於該支簡上該字形與張守中摹寫的字形幾乎一致，因此上文認爲該字形是《日書乙種》是沒有問題的。該字頭下的內容當爲：

(3) 白（0988/124/17）

（秦律十八種 34）　　～青

（日書甲種 57 背貳）　～茅

（日書乙種 58）　　～〈日〉也

三、簡號標注不具體

簡號標注不具體並不是張守中先生文字編中出現的大問題，而是其文字編不夠具體，查閱不是很方便。

張守中先生的《睡虎地秦簡文字編》中的簡號一般標注到篇目的某支簡上，總體來講已經很具體了。但簡號標注得越具體越容易查閱，使用也就越方便，因此，我們就將某些簡號再具體標明。這種情況比較多見，我們仍依據全文體例祇取幾個典型的例子説明。

(1) 元（0002/1）

編五　　三例

編八

案："元"字《説文》小篆作。張守中先生文字編中"元"字頭下一共列舉了兩個不同的字形（見上文）。這兩個字形是屬於《編年記》中兩枚不同簡上的，這兩枚簡都分爲兩個部分，因此，該字形的出處標明具體更容易查閱。另外，張書該字頭下第一個字形有一些失真，我們在下文也已將其改正。該字頭下的内容當爲：

(1) 元（0002/1/4）

（編年記 5 貳）　　莊王～年

（編年記 8 貳）　　今～年

(2) 又（0318/37）

日甲三六　八例 通有一雨　日甲六四

日甲三四　二例

日甲三八

案:“又”字《説文》小篆作。張書該字頭下有三個不同的字形（見上文），它們均屬《日書甲種》。但《日書甲種》正背兩面均有字形，單依據張所標注的出處並不能很快找到出處，因此應將出處更詳細標出。另外，張書該字頭下第一個字形有一些失真，我們在下文也已將其改正。需要説明的是該字頭下第一個字形所在的簡上不止一個字形，我們取與張字形最接近的作爲字形代表。該字頭下的内容當爲:

(2) 又（0318/37/11）

（日書甲種 36 正）　　～（有）疾

（日書甲種 34 正）　　～（有）慶

（日書甲種 38 正）　　～（有）小逆

(3) 皇（0025/4）

日甲一〇一　　二例

案:“皇”字《説文》小篆作。張書該字頭下衹有一個字

形（見上文），是屬《日書甲種》的，《日書甲種》不僅正背兩面均有字形，有些簡上還有分欄，標注越具體查閱起來越方便快捷。另外，張書該字頭下的字形有點失真，我們在下文也已將其改正。該字頭下的內容當爲：

（3）皇（0025/4/2）

日書甲種 101 正貳　　上～

四、簡號標注形式不統一

簡號標注形式不統一指的是在文字編正文中表示數字的時候並不是採用統一的計數方法。在張守中先生的文字編中，表示簡數的時候十以上用的是兩個數字挨着的形式，例如文字編中用的是“八八”指的是第八十八支簡上的字形；而表示某字形在簡文中出現的次數時用的是另外一種計數形式，例如文字編中用的是“十一例”表示的是在簡文中該字形出現過十一次。查閱張書全文發現其用數字在整體上是統一的，但是極個別的地方有例外。我們認爲這種情況的出現應該是張失誤所致，這種失誤並不多見，主要有：

（1）主（0570/74）

語三　　四十四例

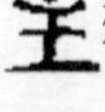效五一　　十八例

法二〇　　一二例

秦五七　　六例

案："主"字《說文》小篆作。張書種該字頭下共有四個不同的字形（見上文），均屬於《睡虎地秦簡》的不同篇目，按照張書的體例，該字頭下第三個字形在簡文中出現了十二例，應寫爲"十二例"，而張卻寫爲"一二例"。另外，張書該字頭下的字形有些失真，我們在下文也已將其改正。該字頭下的內容當爲：

（1）主（0570/74/80）

（語書 3—4）　　～之明法　　四十四例

（效律 51）　　～者　　十八例

（法律答問 20）　　其～　　十二例

（秦律十八種 57）　　～者　　六例

餘　論

張守中先生的《睡虎地秦簡文字編》以 1990 年出版的《睡虎地秦墓竹簡》精裝本爲依據，筆者在勘補過程中，發現比較多的問題，其中大部分都表現在摹寫失真方面，但本文衹就簡號相關的問題做了補正。在處理這些問題的過程中，我們發現了一些較難解決的問題，主要體現在以下兩個方面：

（一）勘補工作困難大

張守中先生的《睡虎地秦簡文字編》是以 1990 年出版的《睡虎地秦墓竹簡》精裝本爲依據的，是依據最新、最完整的《睡虎地秦簡》材料編寫的，該文字編收錄內容比較多，對其進

行勘補工作量大。例如，對《睡虎地秦墓竹簡》中的圖版用電腦進行處理時，需要耗費很多的時間和精力。另外，處理過後對其進行比較分類時也較麻煩，比如在對失真字形進行分類時會出現兩可的現象，需要制定一定的標準並按照此標準進行分類比較。對失真字形進行分類比較之後，還要對其中失真的典型字形進行分析總結。此外，張書中存在不少問題，這些問題比較零散，也比較複雜，需要我們對其進行詳細分析。例如：張書中字頭“愛”的其中一個字形沒有標明簡號，我們查遍全篇將每個原字形與該字形進行對照，選擇最接近張字形的原字，這個工作量也是不小的。

（二）摹寫失真嚴重，我們要力求更接近原字形

張書中的字形是根據原簡的字形摹寫出來的，有些字形失真比較嚴重，我們對其書進行勘補，應該做到更逼真，要盡可能接近原簡中的字形。爲達到目的，我們採用電腦技術對原簡材料進行切割處理，以還原原字形，使改正的字形更逼真。例如：一個比較簡單的字形“又”，在張書第 0318 號（在其書 41 頁），該字形出現在《日書甲種》第 38 支簡正面，張摹寫字形是“”，而原簡字形爲“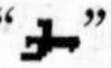”，我們通過運用電腦技術，使得該字形與原字形更接近、逼真。

本文的校勘方法主要有：

（一）用同一篇目中的字形進行比較

張書中字形有衍脫的問題，本文針對這些問題採取同一篇目中互相對比的方式來處理。字形有衍的，我們將考察其是否出自同一篇目中，並且參考其字形所在的上下文義是否接近或一致，從而決定字形是否捨去；字形有脫的，我們會通過查詢《睡虎地秦簡》中的每一篇中的該字形，是否有相差較遠而張書未收錄的，經查閱，相差較大並且不屬於同一篇目有增加的必要的字形，我們會將其增加到新的字形編中。例如：前文中簡號未標示的“愛”，我們便是在整部簡中逐個查找並與張書的該字形進行比較，找出與張字形最爲接近的字形，並確認該字頭下並無該出處的字形（即避免字形重複列舉）。

（二）注意從字形上區分形近字

漢字形音符號體系的性質、漢字特有的造字方法以及漢字構造組合的結構特點，決定了它數量浩繁，形體區別性特徵不足，從而產生了大量形近字，使得校勘工作比較複雜、困難。必須仔細核對原簡，結合上下文，並對比文字構型及其相互之間的區別特徵，才能夠區分形近字。例如：在區分“敖”與“敗”這兩個字形時，本文便主要從其字形上的差別來區分。

（三）注意區分異體字、俗訛字等

異體字、俗訛字是區別於通行的正體字而言的，其在《睡虎地秦簡》中亦有不少。針對這個問題，張守中先生在其文字編中已經做了比較明確的區分。因張書在這方面問題並不嚴重，本文直接對其進行處理，未專門提出來進行分析。例如：在區分“卿”與“鄉”這兩個字時，除了從意義以及語境方面區分外，我們還聯繫其在文獻中的通常用法來進行分析。

由於個人能力有限，在勘補過程中難免會出現疏漏甚至錯誤之處，懇請各位專家批評指正。

秦簡異體字的演變條例

李迎莉*

摘　要：通過對《睡虎地秦墓竹簡》、《龍崗秦墓竹簡》、《周家臺秦簡》的分析，可以發現，漢字的異體並不是純粹的隨意性發揮，而是有着其內在規律性的，如"偏旁同化"、"偏旁分化"、"偏旁混用"是秦簡異體字演變的三個條例。

關鍵詞：秦簡；異體字；演變條例

近些年出土的秦簡真實地反映了當時文字使用的原貌，通過考察考釋秦簡中出現的異體字的使用情況及成因、沿革，能夠一定程度上反映當時異體字的一個側面，也能爲我們豐富和完善漢字形體發展體系提供依據。

本文選取《睡虎地秦墓竹簡》、《龍崗秦墓竹簡》、《周家臺秦簡》爲主要研究材料，對秦簡異體字進行窮盡性的分析，發現漢

* 李迎莉，西南大學文獻所　碩士研究生　重慶北碚　400715。

字的異體並不是純粹的隨意性發揮，而是有着其內在規律性的，如秦簡的偏旁出現了明顯的“偏旁同化”、“偏旁分化”、“偏旁混用”的現象。下面，我們將從“偏旁同化”、“偏旁分化”、“偏旁混用”三個方面總結秦簡異體字的演變條例。

一、偏旁同化

偏旁同化，是指原本不同的構字部件同化爲同一書寫形式。偏旁同化現象主要出現在形體相近的偏旁之間，具體來說，也就是在漢字書寫過程中，有些原本不同，但形體相似的部件在人們“類化”心理的推動下逐漸寫成同一個形體。秦簡異體字中偏旁同化的例子有很多，大致可以分爲以下幾類：

1. 同化為“田”

田，《説文・田部》：“陳也。樹穀曰田。象四囗。十，阡陌之制也。凡田之屬皆从田。”秦簡中除偏旁“田”作“田”外，還有許多偏旁或部件寫作“田”。分析如下：

(1) 源於“囧”

囧，古窻字。窻，《玉篇》：“俗窗字。”“囧”與“田”意義上相去甚遠，並無相通之處，此處相混當爲字形相近的緣故。秦簡中從“囧”之字多被同化，如“黑”字，秦簡作：（周家臺秦簡 318）；“繒”字秦簡作：（睡虎地秦簡・封診式 82）。

(2) 源於“㘝”

㘝，象形字。裘錫圭先生認爲“”象胃形，由於形狀不夠明確，加注了一個“肉”旁成爲“胃”字，大概“”本是“胃”的初文，“肉”旁是後來加上的。可見，“㘝”與“田”意

義並無相通之處，因字形相近而混。秦簡中從“胃”字皆被同化，如“渭”字，秦簡作：（睡虎地秦簡·封診式66）；“謂”字，秦簡作：（周家臺秦簡132）。

（3）源於“囟”

囟，《説文·囟部》：“頭會，匘蓋也。象形。凡囟之屬皆从囟。”可見，“由”與“田”意義並無相通之處，因字形相近而混。秦簡中以“囟”爲部件的字多被類化爲“田”。如：“思”字，秦簡作：（睡虎地秦簡·日甲63背壹）；“細”字，秦簡作：（周家臺秦簡220）；“嬰”字，秦簡作：（睡虎地秦簡·十八種153）。

（4）源於“囟”

“囟”本就是“囟”的變形，秦簡中將“囟”進一步同化爲“田”，如“邋”字，秦簡作：（睡虎地秦簡·日乙19壹）。

（5）源於“甶”

甶，《説文·甶部》：“鬼頭也。象形。凡甶之屬皆从甶。”可見，“甶”與“田”意義並無相通之處，將“甶”同化作“田”祇因二者字形相近。秦簡中從“甶”之字皆被同化，如“畏”秦簡作：（睡虎地秦簡·日甲24背貳）。且從“田”的“畏”字沿用至今。

（6）源於“口”

其實秦簡中部件“口”很少同化爲“田”，而且“口”顯然比“田”筆畫簡潔，將“口”同化爲“田”不符合漢字簡化的規律。秦簡中有一處是“口”同化爲“田”的，即“富”字，“富”在秦簡中作：（睡虎地秦簡·日乙249），“富”字中本就有構件“田”，這裏將“口”訛寫作“田”，當爲受本字中的“田”字影響類化而成。

2. 同化為“日”

日，《説文・日部》：“實也。太陽之精不虧。从囗一。象形。凡日之屬皆从日。”秦簡中除偏旁“日”作“日”外，還有許多偏旁或部件寫作“日”。分析如下：

（1）源於“爫”

“爫”是“爪”的變形。爪，《説文・爪部》：“丮也。覆手曰爪。象形。凡爪之屬皆从爪。”“爪”在秦簡中並未同化爲“日”，而變體“爫”常被同化爲“日”。“爫”與“日”字形並不相近而且意義也不相通，秦簡中將“爫”同化作“日”，純粹是爲了書寫方便。秦簡中“爫”同化作“日”的例子很多，如：“爭”在秦簡中作：（睡虎地秦簡・語書 11）；“靜”在秦簡中作：（睡虎地秦簡・爲吏 6 壹）；“辭”在秦簡中作：（睡虎地秦簡・答問 95）。

（2）源於“罒”

“罒”寫作“日”的情況在秦簡中並不多。從“蜀”字的字形我們可以看出“罒”同化爲“日”的情況。“蜀”在秦簡中作：（睡虎地秦簡・封診式 47）。

（3）源於“田”

“田”和“日”都是筆畫簡潔且字形規整的字，所以秦簡中部件“田”一般不寫作“日”，但是在字形複雜的字中，有些“田”爲了書寫方便，簡寫作“日”，如“彊”字。“彊”字在秦簡中作：（睡虎地秦簡・爲吏 37 壹）。

(4) 源於"囘"

囘，古文回，象亘回形。"囘"與"日"字形相近，秦簡中將其同化爲"日"，從"垣"字我們可以看出。"垣"在秦簡中作：（周家臺秦簡 327）。

(5) 源於"白"

白，《説文·白部》："西方色也。陰用事，物色白。从入合二。二，陰數。"小篆作"白"，"白"與"日"字形相近，所以，"白"被同化爲"日"。"白"在秦簡中作：（周家臺秦簡 242）。另，从"白"之字皆如此，如"皆"字、"者"字。"皆"在秦簡中作：（周家臺秦簡 244），"者"在秦簡中作：（周家臺秦簡 312）。

3. 同化爲"目"

甲骨文"目"寫作：。目，《説文·目部》："人眼。象形。"秦簡中除偏旁"目"作"目"外，還有許多偏旁或部件寫作"目"。分析如下：

(1) 源於"罒"

"罒"是"目"的變體。在造字之初"目"爲横寫的，小篆將字形旋轉作"目"。"目"作爲部件參與造字時，如果處於字的上方或者中間，爲了字的協調多寫作"罒"，但在秦簡中"罒"全都寫作"目"。如："睘"在秦簡中作：（睡虎地秦簡·日甲30背壹—31背壹）；"繹"在秦簡中作：（睡虎地秦簡·日甲13背）；"聽"在秦簡中作：（睡虎地秦簡·答問 107）。

(2) 源於"爫"

如前文所述，"爫"在秦簡中多被同化爲"日"，祇有"淫"

字中"爫"被同化成了"目"。"淫"在秦簡中作：（睡虎地秦簡·語書 3）。"目"與"日"字形相近，所以，我們推測此處"爫"也應是被同化爲"日"，寫作"目"爲訛寫所致。

（3）源於"田"

"田"與"目"同爲筆畫簡潔且字形規整的字，秦簡中部件"田"一般不寫作"目"，衹有"翼"字中出現了同化作"目"的情況。"翼"在《睡虎地秦簡》中出現了 9 次，其中 8 次作"翼"，衹有一次寫作"巽"。"翼"當爲當時通俗的寫法，此處"巽"當爲受同批簡其他字影響產生的訛寫現象。

4. **同化為"屮"**

（1）源於"臾"

臾，《説文·申部》："束縛捽抴爲臾。从申从乙。""臾"筆畫繁瑣，在秦簡中作爲偏旁參與構字時常被同化爲"屮"。以"貴"字爲例，"貴"在秦簡中作：（睡虎地秦簡·日甲 15 背壹）。

（2）源於複雜結構

這一類字主要體現在"婁"字上。婁，《説文·女部》："空也。从母、中、女，空之意也。一曰婁，務也。""婁"本爲會意字，其中"母"爲象形字，結構複雜，隸定時因字形相近且筆畫規範，將上半部分寫成"屮"。从婁之字皆如此，如："樓"在秦簡中作：（睡虎地秦簡·爲吏 22 叁）；"僂"在秦簡中作：（睡虎地秦簡·日甲 70 背）。

5. **同化為"月"**

月，《説文·月部》："闕也。大陰之精。象形。凡月之屬皆从月。”秦簡中除偏旁“月”作“月”外，還有許多偏旁或部件寫作“月”。分析如下：

（1）源於“舟”

舟，小篆作：；月，小篆作：。“舟”與“月”因爲字形相近，所以造成了混寫。秦簡中“舟”同化爲“月”的情況是指“朝”字以及从“朝”之字。朝，《説文·倝部》：“旦也。从倝舟聲。”其實，甲骨文“朝”字右旁从月，西周前期金文“廟”字所从的“朝”也有从“月”之例，小篆誤。“朝”在秦簡中作：朝莫食。（周家臺秦簡 245）。

（2）源於“夕”

夕，《説文·夕部》：“莫也。从月半見。凡夕之屬皆从夕。”“夕”與“月”意義本就是相關的，且字形也有聯繫。秦簡中从“夕”字皆同化爲“月”，如：“夢”和“夙”。夢，小篆作“”，在秦簡中作：（睡虎地秦簡·日乙 191 壹）；夙，小篆作“”，在秦簡中作：（睡虎地秦簡·日甲 79 背）。

（3）源於“骨”

骨，从冎有肉，小篆作“”。偏旁“月”本作“肉”字，小篆作“”，所以“骨”與“肉”意義相關，且二者都常作爲表義構件參與構字，在構字中兩者可以互换，因“月”字形更加簡潔，所以，“骨”常有被同化爲“月”的情況，例如“體”字。“體”在秦簡中作：（睡虎地秦簡·答問 79）。

（4）源於“丮”

丮，《説文·丮部》：“持也。象手有所丮據也。凡丮之屬皆从丮。”“丮”小篆作“”，與“月”字形並不相近，在秦簡中

受同字內“月”的影響而被同化爲“月”，如“羸”字。“羸”小篆作“”，在秦簡中作：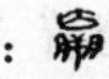（睡虎地秦簡·十八種194）。“丮”受左邊的“月”影響也同化爲“月”。

二、偏旁分化

偏旁分化，是指原本相同的構字部件分化爲不同的書寫形式。偏旁分化與偏旁同化是同時發生的。在古文字向今文字演變的過程中，漢字的方塊屬性日益凸顯，比如漢隸將豎長的古文字隸定成扁方形。而這種方塊屬性更加講究漢字形體的平衡性，因此，它制約了構成漢字的各部件的書寫面積，潛在地推動了漢字所含的某些部件的變形，這就造成了一些原本相同的構字部件由於字形搭配等其他原因而產生分化。舉例如下：

1.“辵”的分化

“辵”的隸變途徑有兩條：一條是將“辵”隸變作“辶”，如造、通等；另一條是將“辵”分寫成“彳”和“止”，如徒、徙等。由此，左右結構的字多變作半包圍結構。“辵”隸變作“辶”的過程中，先是將“辵”的下半部分“止”右移，將原來的“辵”變成了“彳”，爲了書寫的方便，再將“彳”與“止”寫成了“辶”，形成了隸書中的半包圍結構。“徒”和“徙”便是不完全隸化形體的保留。這兩種情況在秦簡中都有所體現，舉例如下：

（1）分化爲“辶”

“造”在秦簡中作：（睡虎地秦簡·答問113）。“造”本字左形右聲，秦簡中“造”的示音構件“辵”中的“止”最後一

筆拉長，將示音構件“告”包住，從而形成半包圍結構，但此時的“辵”並未隸化爲“辶”，後世隨着“辵”的簡寫，慢慢才隸化爲“辶”。

（2）分化爲“彳”

“徙”在秦簡中作：（龍崗秦簡 197），將“辵”的“止”右移，進而將“辵”分寫成“彳”和“止”，從而變成了左右結構的字。

2.**“水”的分化**

水，《説文·水部》：“水，準也。北方之行。象眾水並流，中有微陽之氣也。”小篆作“”。作爲獨體字單獨使用，或作偏旁且位於漢字右側時，寫作“水”。

其實，在秦簡異體字中，還有部件本是“水”者，而分化爲了其他不同的形體。如：

（1）分化爲“氵”

“水”作偏旁且位於漢字左側時，在秦簡中大都寫作“水”。如：“溫”在秦簡中作：（周家臺秦簡 317）；“治”在秦簡中作：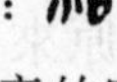（周家臺秦簡 254）。但是，秦簡中也有好多以“水”爲偏旁的字將水寫作“氵”，如：“河”在秦簡中作：（龍崗秦簡 82）；“塗”在秦簡中作：（周家臺秦簡 352）。

（2）分化爲“冫”

“冫”本作“仌”，今文作“冰”，與“水”意義相關，且隸化後字形相近。秦簡中分化爲“冫”的代表字是“盜”字。盜，《説文·次部》：“私利物也。从次，次欲皿者。”次，从欠从水，小篆作“”，秦簡中將“水”省寫爲兩點。“盜”在秦簡中作：

（龍崗秦簡盜 137）。

（3）分化爲“氺”

“氺”爲將“水”橫寫形成的變體，“氺”並未改變小篆的形體，衹是改變了書寫的角度。例如“益”字。益，從水、皿，小篆作“”，秦簡中作：（周家臺秦簡 310）。

3. **“爪”的分化**

爪，《説文·爪部》：“爪，丮也。覆手曰爪。象形。”小篆作“”。作爲獨體字單獨使用或者作偏旁且非處於漢字上方時，寫作“爪”，如“爬”。在秦簡中“爪”分化爲“爫”和“日”。

（1）分化爲“日”

在“同化爲‘日’”的條例中我們已經詳細分析了“爪”同化爲“日”的情況，此處不再贅述。

（2）分化爲“爫”

“爪”作偏旁且位於漢字上方時，寫作“爫”，秦簡中“爫”大多數都寫作“日”，但是也有少數寫作“爫”的情況，如“受”字。“受”小篆作“”，在秦簡中作：（龍崗秦簡 148）。

三、偏旁混用

偏旁混用，是指幾個原本不同的構字部件在書寫過程中經常混用的現象。具體來説，在古文字向今文字演變的過程中，漢字的象形模式被徹底打破，代之以簡單易寫的筆畫。而筆畫的簡練、筆勢的變異以及今文字易於草寫的特點又是導致漢字形體之間區別性下降的主要原因，因此，一些原本彼此不同的偏旁部件在漢字書寫時經常混用。秦簡異體字中偏旁混用的例子也有很多，如：

1. **“厰”與“廣”的混用**

廣，《説文·廣部》：“廣，因廣爲屋，象對剌高屋之形。”即依山崖建造的房屋。

厰，《説文·厰部》：“厰，山石之厓巖，人可居。”可見，二者都表示山崖人可居之處。所以，“廣”、“厰”除了形體相似之外，其意義也有可通之處。所以，形符“廣”、“厰”之間經常混用。如：

“原”字小篆作“”，秦簡中作：（睡虎地秦簡·答問196）。

“磿”字小篆作“”，秦簡中作：（周家臺秦簡 132）。

2. **“宀”與“冖”、“穴”的混用**

“宀”與“冖”因字形相近經常混用。如：“宜”字小篆作“”，秦簡中作：（睡虎地秦簡·十八種 185）。

穴，《説文》：“土室也。从宀八聲。”宀，《説文》：“交覆深屋也。象形。”二者不僅字形相近，且都有表示房屋的含義，所以經常混用。如：“窮”字小篆作“”，秦簡中作：（睡虎地秦簡·爲吏 2 三）。

3. **“殳”與“攴”的混用**

殳，小篆作“”，《説文·殳部》：“以杸殊人也。《禮》：‘殳以積竹，八觚，長丈二尺，建於兵車，車旅賁以先驅。’从又几聲。凡殳之屬皆从殳。”攴，小篆作“”，《説文·攴部》：“小擊也。从又卜聲。凡攴之屬皆从攴。”可見，“殳”與“攴”

都有以手持物擊打義。林義光在《文源》中也説：“古（殳）象手持殳形，亦象手有所持以治物。故从殳之字與又攴同意。”所以，“殳”與“攴”因爲意義相通且字形相近而經常混用。例如：

“殺”字小篆作“”，秦簡中作：（周家臺秦簡 354）。

4. **“支”與“攴”的混用**

支，《説文·支部》：“支，去竹之枝也。从手持半竹。”攴，小篆作“”，《説文·攴部》：“小擊也。从又卜聲。凡攴之屬皆从攴。”“支”與“攴”都有以手持物之義，可見，“支”與“攴”是因爲意義相通且字形相近而經常混用。如：

“鼓”字小篆作“”，秦簡中作：（睡虎地秦簡·爲吏22肆—23肆）。

5. **“攴”與“又”的混用**

攴，《説文·攴部》：“，小擊也。从又卜聲。”又，《説文·又部》：“又，手也。象形。”二者字形相近，在簡帛文獻中，“又”與“攴”經常混用。如：

“變”字小篆作“”，秦簡中作：（睡虎地秦簡·語書5）。

“更”字小篆作“”，秦簡中作：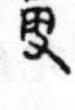（睡虎地秦簡·十八種109）。

“祭”字小篆作“”，秦簡中作：（睡虎地秦簡·日乙155）。

6. **“寸”與“又”的混用**

寸，《説文·寸部》：“十分也。人手卻一寸，動衇，謂之寸口。从又从一。凡寸之屬皆从寸。”又，《説文·又部》：“又，手也。象形。”可見，“又”與“寸”在形義相近，故經常相混。如：

“叔”字小篆作“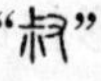”，秦簡中作：（睡虎地秦簡·答問153）。

“奪”字小篆作“”，秦簡中作：（睡虎地秦簡·雜鈔37）。

“守”字小篆作“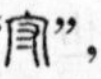”，秦簡中作：（龍崗秦簡 44）。

7. **“夭”與“又”的混用**

夭，《説文·夭部》：“夭，屈也。从大，象形。”又，《説文·又部》：“又，手也。象形。”二者字形相近，在簡帛文獻中，“夭”作爲偏旁位於字的左上方時經常與“又”混用。如：

“驕”字小篆作“”，秦簡中作：（睡虎地秦簡·日甲102 正貳）。

“橋”字小篆作“”，秦簡中作：（睡虎地秦簡·封診式 37）。

8. **“尤”與“又”、“寸”的混用**

尤，《説文·尤部》：“，異也。从乙，又聲。”朱芳圃《殷墟文字釋叢》：“蓋尤爲初文，从又、一。又，手也；一，指贅疣。”字之結構與‘寸’相同。”“寸”與“又”字形也相近，可見“尤”與“又”、“寸”字形相近而混用。如：

“就”字小篆作“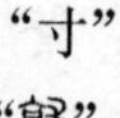”，秦簡中作：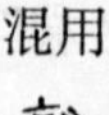（睡虎地秦簡·日甲56 正三）。

“稽”字小篆作“”，秦簡中作：（睡虎地秦簡·爲吏 5 伍）。

參考文獻：

[1] 許慎《説文解字》，中華書局，2001年。

[2] 段玉裁《説文解字注》，上海古籍出版社，1981年。

[3] 張顯成《簡帛文獻學通論》，中華書局，2004年。

[4] 王寧《漢字構形學講座》，上海教育出版社，2002年。

[5] 裘錫圭《文字學概要》，商務印書館，2003年。

[6] 張涌泉《漢語俗字研究》，嶽麓書社，1995年。

[7] 唐蘭《中國文字學》，上海古籍出版社，2004年。

[8] 趙平安《隸變研究》，河北大學出版社，1993年。

[9] 蔣善國《漢字形體學》，文字改革出版社，1959年。

[10] 姜亮夫《古文字學》，浙江人民出版社，1984年。

[11] 張耿光《漢字通論》，貴州人民出版社，1986年。

[12] 吕永進《書法與異體字的形成》，《營口師專學報》1995年第2期。

[13] 毛遠明《漢魏六朝碑刻異體字研究》，《涪陵師範學院學報》2006年第2期。

[14] 趙立偉《從隸變看俗字的產生》，《聊城大學學報》2004年第5期。

[15] 田靜《簡論異體字的界定》，《晉中學院學報》2008年第6期。

[16] 徐莉莉《武威漢代醫簡異體字考》，《天津師範大學學報》2005年第1期。

淺論兩漢簡帛異體字研究的意義

王玉蛟*

摘 要：兩漢簡帛異體字的研究價值甚大，不僅由於其屬於出土文獻，失真性較少；更是因爲兩漢屬於古今文字的過渡時期，有追流溯源之用。通過對兩漢簡帛異體字的封閉式研究，發現異體字研究這項工作並不是孤立存在的，它對文獻校勘、字義考釋、字書編纂等都有極大的價值。

關鍵詞：兩漢簡帛；異體字；研究意義

異體字是漢字在漫長的歷史長河中不斷發展演變的必然產物，它既蘊藏了前一個時期文字的某些痕跡，又在一定程度上指引了下一個時期文字發展的方向，因此，要想徹底搞清楚漢字發展史，對異體字的研究是不容忽視的一個重要課題。

兩漢簡帛異體字研究，首先將異體字限定在兩漢，這使得我

* 王玉蛟，西南大學文獻所 碩士研究生 重慶北碚 400715。

們的研究既不至於成爲從古至今面面俱到的泛泛之談，又能夠通過這一時期的異體字現象，在一定程度上管窺到漢字的發展演變情況。因爲兩漢時期是漢字由古文字向今文字發展的過渡時期，這一時期的漢字既不可避免地帶有前一階段文字的痕跡，又作爲基礎字體參與漢字的發展演變，如之後的楷書、行書就是在隸書的基礎之上産生的。

其次，將其限定在簡帛材料中，這就保證了研究材料的可靠性。因爲簡帛材料是出土文獻，它没有經過後世的篡改，相較於傳世文獻，更能反映當時漢字使用的原貌。

因此，對兩漢簡帛異體字進行全面的整理和研究是十分必要的，也是大有裨益的。

一、兩漢簡帛異體字研究與文獻校勘

兩漢簡帛材料，是以文書、檔案、曆書、藥籍類材料爲主要内容的。這些材料大都爲下層官吏所書寫，所以，在這批簡帛中，異體字非常多。這對於從事簡帛考釋與文獻校勘的學者來説不可謂不是一隻“攔路虎”。而兩漢簡帛異體字研究正是通過對其中所出現的異體字進行全面的整理和研究，並抽繹出相關規律，所以它不僅有助於簡帛考釋，也對進一步完善文獻的校勘有着積極的作用。如：（下文例句中需要討論的異體字用“～”表示）

【失】

人人有善者，不～女人，女人有之，善者獨能，毋予毋治，毋作毋疑，必徐以久，必微以持，如已不已，女乃大台（怡）。

(《馬王堆帛書〔肆〕·天下至道談》62—63)

案：上引文該字圖版作“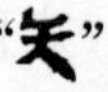”，整理者釋作“失”。疑非是。從兩漢簡帛異體字的角度審視之，可知此字當爲“先”。如上所述，形近相訛是異體字産生的一個重要原因，此處“先”誤釋作“失”，當屬此類。

另，從文獻内容來看，此處是講善於房中養生、善於把握房中交合時間的“善者”，會做到在女性性衝動已充分調動起來之後方才交合，故爲“不先女人”。整理者釋爲“不失女人”，與原意相去甚遠①。

【斆】

夫以衛〈衛〉夫人有一婢，衣～衣，使臥席，臥席淬（碎）者麗衣，以為夫人炊，而欲蔡毋入飯中，不可得已。(《張家山漢簡·奏讞書》168—169)

案：上引文該字圖版作“”，若按原字隸定，則爲“斆”。從兩漢簡帛異體字的角度審視之，則知此字實是“敝”的俗寫異體。如上所述，兩漢簡帛文字在書寫過程中，“攴”、“殳”經常隸混，簡文將該字的上半部分“敝”寫作“㡀殳”，即屬此類。然而，又何以在下面加一部件“衣”呢？原來該字的上一字與下一字均爲“衣”字，故受類化規律的影響，便在“敝”下方增添一部件“衣”，也就是説，此字當是受類化規律的影響所致。清楚了兩漢簡帛異體字的“形近相訛”、“類化”規律，也就不難釋出此字當爲“敝”了②。

① 參見張顯成《簡帛文獻學通論》，中華書局，2004年，頁460。
② 整理者解釋爲“敝”，甚是。

【说】

人之飢也，以其取食～之多也，是以飢。（《馬王堆帛書〔壹〕·老子》甲本 82）

案：上引文該字圖版作“”，整理者釋作“说”，疑非是。從兩漢簡帛異體字的角度審視之，當釋作“税”。

細審圖版，其左側部件中間明顯有一豎，釋“禾”爲妥，整理者將其認作“辶”，蓋是受“禾”下方一點影響所致。其實縱觀整批馬王堆帛書，其筆跡都不如同時代的相對清晰，筆者認爲當是受帛書這一書寫材料影響而造成的，因爲帛書較簡牘的吸墨性更强，故絲帛着墨後更容易滲透散開，也就是書法上講的“暈筆”。據此，“禾”下方這一點大概就是在這種情況下産生的，並不是書手有意寫的一點。

並且，該字左側部件與同批材料中“辵”作偏旁時的寫法並不相同，如：

達，寫作“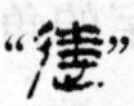”。（《馬王堆帛書〔肆〕·陰陽十一脈灸經》甲本 110）

迺，寫作“”。（《馬王堆帛書·二三子問》① 36）

相反，它卻與同批材料中“禾”作偏旁時的寫法有諸多相似之處，如：

穫，寫作“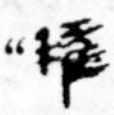”。（《馬王堆帛書·繆和》② 67）

---

① 該篇尚未公佈，引自陳松長《馬王堆簡帛文字編》，文物出版社，2001 年，頁 71。

② 該篇尚未公佈，引自陳松長《馬王堆簡帛文字編》，文物出版社，2001 年，頁 239。

秫，寫作“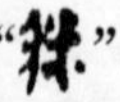”。（《馬王堆帛書·遣策一》144）

故左側部件釋“禾”爲確。右側部件清晰無疑，當爲“兑”，此字即是“税”。那麼此句話即可解釋爲：人們面臨飢餓，是因爲（統治者）收取的食物捐税過多，因此才會産生了饑荒。如此“逆”改爲“税”，文意驟然清晰可識。

另，傳世文獻《四庫全書·道德經》卷七十五“民之饑，以其上食税之多也，是以饑”和《馬王堆帛書》“人之飢也，以其取食税之多也，是以饑”極其吻合。故傳世文獻的佐證，更加印證了將其釋作“税”的合理性。

【蓫】

其樂（藥）以烏□、□□、澤舄（瀉）、～、酸棗。（《馬王堆帛書〔肆〕·養生方》103）

案：“蓫”，圖版作“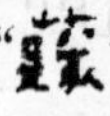”，若按原字隸定，則爲“蔙”。整理者隸作“蓫”，疑非是。從兩漢簡帛異體字的角度審視之，則知此字是“蓫”字的俗寫異體。

細審圖版，可以清晰地看出此字從艸、足、豕。故隸作“蔙”更符合原貌。然而，此字又爲什麼是“蓫”字之異體呢？

在兩漢簡帛異體字中，因爲“足”與“𠂤”形近，所以在書寫過程中經常混用①。清楚了兩漢簡帛異體字形近相訛的規律，也就不難釋出此字當爲“蓫”了。

另，從文意方面來考察，上引簡文應當爲一劑藥方。因此，

---

① “歸”寫作“”（《長沙東牌樓漢簡》12.2），即是將“𠂤”與“止”混作“足”。

“蓫（蒃）”應該是一種草藥。據《康熙字典·艸部》：“蒃，草名，似菌。”亦可用於藥品。因此，釋“蓫”作“蒃”合於文意。

整理者認爲應當釋作“朮”。《爾雅·釋草》：“朮，山薊。”郭璞疏：“生平地者名薊，生山中者名朮。”據《本草綱目》記載，它可以入中藥。所以在文意上可以講通。但是，“蓫”與“朮”在形體、讀音方面都相去甚遠，二者不可能通用。

【𣦢】

左師觸龍曰：“父母愛子則為之計深遠。媪之送燕后也，攀其～，為之泣，念其遠也，亦哀矣。（《馬王堆帛書〔叁〕》194—195）

案：上引簡文該字圖版作“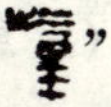”，若按原字隸定，當作“𣦢”。從兩漢簡帛異體字的角度審視之，則知此字是“踵”的俗寫異體。如上所述，形符義近相通是異體字產生的主要原因之一，簡文“𣦢”用其形符“止”替換“足”，即屬此類。又聲符音同相通亦是異體字產生的主要原因，簡文“𣦢”用其聲符“童”替換“重”，即屬此類。清楚了兩漢簡帛異體字的“形符義近相通”、“聲符音同相通”規律，便不難釋出此字爲“踵”字的異體了，故釋文作“𣦢（踵）”爲好①。

【鈑】

且五國之主嘗合衡（橫）謀伐趙，疎分趙壤，箸之～竽（盂），屬之祝譜（籍）。五國之兵出有日矣。（《馬王堆帛書〔叁〕》232—233）

① 整理者解釋作“踵”。

案：上引簡文該字圖版作“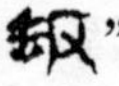”，若按原字隸定，當作“𦈢”。從兩漢簡帛異體字的角度審視之，則知此字是“盤”的俗寫異體。如上所述，聲符音同相通是異體字產生的主要原因，簡文“𦈢”用其聲符“反”替换“般”，即是此類。又，在兩漢簡帛異體字中，觀察角度不同也是造成異體字出現的原因之一，簡文“𦈢”用其形符“缶”替换“皿”，即屬此類。

正如商承祚在《〈説文〉中之古文考》中説到：“‘槃’以木爲之，則从木；以金爲之，則从金；示其器，則从皿，其義一也。”①

【忎】

古之～明叡知神武。（《馬王堆帛書·繫辭》22）②

案：上引簡文該字圖版作“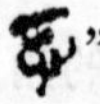”，若按原字隸定，當作“忎”。整理者將其解釋作“聰”，疑非是。從兩漢簡帛異體字的角度審視之，則知此字是“仁”字的俗寫異體。

《説文·人部》：“仁，古文从千、从心。”即：“忎”。在兩漢簡帛異體字中，減省筆畫是異體字產生的重要原因之一，所以，簡文“忎”當是《説文》古文“忎”上側部件“千”省去中間一竪所致。清楚了兩漢簡帛異體字簡易性特徵，便不難釋出此字爲“仁”了。

又釋“忎”爲“仁”，字書中已有之。《康熙字典·心部》：“忎，親也，仁愛也。”《漢語大字典·心部》：“忎，親、仁愛。”

① 整理者解釋作“盤”，甚是。

② 本篇尚未公佈，參考陳松長《馬王堆簡帛文字編》，文物出版社，2001年，頁432。

讀作“ren”。《五音集韻·真韻》“忎，如鄰切。”皆是此證。

另，據傳世文獻《周易·繫辭》，此句爲“古之仁明睿知神武而不殺者夫。”即：能威服天下，而不以刑殺而畏服之也。不以刑殺，當然是仁者之舉。故“忎”釋作“仁”合於文意。著者將此多釋作“聰”，蓋是受“聰明”經常運用的影響。

但《漢語大字典·心部》解釋之下未出辭例，竊謂不妥，此處《馬王堆帛書·繫辭》簡22所載“忎”，《漢語大字典》可補錄之。

【⿱赦皿】

逢（蜂）⿰彳剌（⿱剌虫）⿰虫艮（虺）地（蛇）弗～，攫鳥猛獸弗搏。（《馬王堆帛書〔壹〕·老子》甲本36）

案：上引簡文該字圖版作“”，整理者隸作“⿱赦皿”，疑非是。從兩漢簡帛異體字的角度審視之，當釋作“螫”。

細審圖版，此字下側部件不似“皿”，且與同批材料中“皿”作偏旁時的寫法亦不相同，如：

醯，寫作“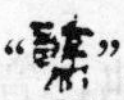”。（《馬王堆帛書〔肆〕·五十二病方》316）

齍，寫作“”。（《馬王堆帛書〔壹〕·經法》11）

相反，它卻與同批材料中“蟲”作偏旁時的寫法有極其相似之處，如：

蜮，寫作“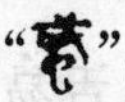”。（《馬王堆帛書〔肆〕·雜療方》66）

虹，寫作“”。（《馬王堆帛書〔肆〕·陰陽十一脈灸經》乙本圖四）

另，從兩漢簡帛異體字形成和發展的規律來看，也未有部件

“皿”、“蟲”相混的例子。因此，此字當隸作“螌”爲更妥。

二、兩漢簡帛異體字研究與字義考釋

整理文獻，除了要進行校勘之外，還要對其進行字義考釋。在兩漢簡帛材料中，由於異體字衆多，所以要想徹底搞清楚文獻內容，必須將重點放在考釋異體字上。從本質上來説，對異體字的考釋，首先要找出其所對應的正體字，理清正體和異體之間的源流演變關係；其次才是探究該字在文獻語境中的意義。因此，對兩漢簡帛異體字的全面整理和研究，必將有助於更加科學地考鏡漢字源流和探究字義。如：

【吔】

濡，以鹽傅之，令牛吔之。（《馬王堆帛書〔肆〕·五十二病方》80）

案：“吔”，圖版作“”，整理者隸作“吔”，甚是。然而，此字當如何解釋？

《康熙字典·備考》引《五音篇海》：“吔，音也。又音陀。”《龍龕手鑒·口部》亦有收録，曰：“吔，也、陁、誕三音。”兩書均未釋義。《漢語大字典》儘管予以解釋，但都是從方言語氣詞的角度進行的，對解決其在本簡中的意思意義不大。下邊我們從異體字的角度來進行考釋：

《説文·舌部》：“弜，以舌取食也。从舌易聲。或从也。”即：䄡。俗作“舐”。又由於形符“舌”、“口”義近相通，故，此處“吔”當是“䄡”變換形符“舌”爲“口”所致。清楚了“吔”爲“䄡”之異體後，其意思便躍然紙上了，“吔”即“舔舐”之義，於簡文甚合。

《康熙字典》、《龍龕手鑒》、《漢語大字典》等字書都未對“吔”進行釋義，蓋是不明“吔”、“䑛”互爲異體矣。

【戟】

故不明適（敵）國之制者不可伐也，不知其蓄積不能約，不明其士卒弗先戟，不審其將不可軍。（《銀雀山漢簡〔壹〕》858—859）

案：“戟”，圖版作“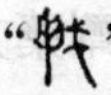”，整理者隸作“戟”，甚是。從兩漢簡帛異體字的角度審視之，則知應爲“敶”的異體俗寫。如上所述，在兩漢簡帛異體字中，“攴”、“戈”由於形近經常相訛，此處“敶”作“戟”即是其例。然而此字又當如何解釋呢？

據《康熙字典·阜部》“陳，古文敶”可知，“敶”亦即“陳”字。又“陳”在古文獻中經常通假作“陣”，如《太平御覽》引《韓非子》：“好顯巖穴之士而朝之，則戰士怠於行陣。”而《韓非子·外儲説左上》則作“陳”。《顏氏家訓·書訓》：“夫行陣之義，取於陣列耳，此六書爲假借也。”所以，此處“戟”之演變軌跡即爲：陣→陳（假借）→敶（古文）→戟（形近相訛）

清楚了其源流演變關係之後，由探究“戟”的意義也便簡化爲探究“陣”的意義了。《玉篇·阜部》：“陣，師旅也。”即軍隊行列。此處“不明其士卒弗先戟”中，“戟”應當活用爲動詞，即：用兵。故其意思也即是：如果不瞭解對方士兵的情況的話，就不要貿然用兵。

【髭】

治心腹大積上下行如蟲（蟲）狀大甬（恿）方：班（斑）髭十枚，地䐗〈膽〉一枚，桂一寸，凡三物。（《武威醫簡》44）

案：“[镸毛]”，圖版作“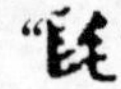”，整理者隸作“[镸毛]”，甚是。然而，該字當如何解釋呢？

從兩漢簡帛異體字的角度審視之，則知爲“髦”之俗寫異體。如上所述，筆畫減省和部件移位是兩漢簡帛異體字產生的兩個主要原因，“髦”作“[镸毛]”即是此例。清楚了“髦”是“[镸毛]”的正體字之後，由探究“[镸毛]”的意義也便簡化爲探究“髦”的意義了。從簡文內容來看，明顯是一劑藥方。故“[镸毛]”當是一種藥材。《爾雅·釋草》：“髦，顛棘。”郝懿行義疏：“《本草》云：‘天門冬，一名顛勒。’”即一種藥材。表面看來，似乎合於文意，但“斑”又當如何解釋？徧查字書、醫籍，作藥材時，僅見“髦”單用，未見“斑髦”連用者。可見，將“斑髦”之“髦”釋作“天門冬”未免過於武斷。

其實，“斑髦”之“髦”乃“蝥”之同音假借。所以，“斑髦”也就是“斑蝥”，是一種昆蟲，有黑色硬殼，腿細長，鞘翅上有黃黑色斑紋，能飛，可入藥。正如李時珍在《本草綱目·蟲三》所述：“斑，言其色，蝥，刺，言其毒如矛刺也。”

因此，只有徹底清楚了“[镸毛]”的演變源流：蝥（通假）→髦（減省）→[镸毛]，才能對其進行正確的解釋。

【萺】

犮（拔）茅茹，以其萺。（《馬王堆帛書·周易》2）①

案：“萺”，圖版作“”，整理者隸作“萺”，甚是。然而，該字當如何解釋？據傳世文獻《易·泰卦》“拔茅茹，以其彙，

---

① 本篇尚未公佈，參考陳松長《馬王堆簡帛文字編》，文物出版社，2001年，頁33。

征吉”可知，“蕢”當作“彙”講。從字形來看，二者相去太遠，何以通用？這從兩漢簡帛異體字研究中可以找到線索。

《爾雅·釋獸》：“彙，毛刺。”郭璞注：“彙，今蝟，狀似鼠。”刑昺疏：“彙，即蝟也，其毛如針。”即是我們今天所說的刺蝟。如，《漢書·賈誼傳》：“反者如蝟毛而起。”《史記·龜筴傳》：“蝟辱於鵲。”由此可知，“彙”表“刺蝟”一義寫作“蝟”在漢代已經流傳開來。而“彙”之所以分化作“蝟”，是因爲二者當時讀音相同，添加部件“蟲”則是爲了標明該字的意義類屬。

以上述“彙”作“蝟”的規律來探究本簡所載“蕢”，也應當是“彙”之異體字①。然而，何爲从艸？蓋是受簡文“茅茹”一詞影響所致。“茅”，即茅草，如《易·大過》：“藉用白茅，無咎。”因此，按照從“蟲”而出的“蝟”字產生規則，在有關茅草的語境中，“彙”自然可以產生出从“艸”的“蕢”字，這是不奇怪的。

清楚了“蕢”是“彙”字之異體，再來考究其詞義便可做到有的放矢了。《玉篇·胃部》：“彙，類也。”《太玄·周》：“陽氣周神而返乎始，物繼其彙。”司馬光注曰：“萬物各繼其類而更生也。”是其例。又將“蕢”釋作“類”，於文意亦甚確。簡文“拔茅茹，以其蕢”，便可譯作：拔茅草時，其本末相牽連，因爲其爲同類屬，故如此。

【迫】

韓、魏不聽則秦伐，齊不聽則燕、趙伐，天下孰敢不聽。天

---

① “蕢”，儘管是爲了表示“彙”的其中一個義項而造，由於後世没有通行，所以仍説是“彙”的異體字，而不是分化字。

下服聽因迿韓、魏以伐齊，曰：必反（返）宋，歸楚淮北。反（返）宋，歸楚淮北，燕、趙之所利也。並立三王〈帝〉，燕、趙之所願也。（《馬王堆帛書〔叁〕》218—220）

案："迿"，圖版作"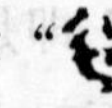"，從辵句聲，整理者隸作"迿"，甚是。然而此字當如何解釋呢？

從兩漢簡帛異體字的角度審視之，則知此字應爲"驅"字俗寫異體。如上所述，在兩漢簡帛異體字中，造字時所關注角度的不同是異體字產生的主要原因之一，"驅"之爲"迿"即是此類。進一步來説，簡文"迿"是人們由關注動作主體"馬"開始轉向關注動作"逐遣"本身所致。又，聲符同音替換亦是兩漢簡帛異體字形成的主要原因，簡文"迿"將聲符"句"替換"區"即屬此類。清楚了"迿"爲"驅"字之異體後，它的意義便清晰可見了，即：驅使。

另，傳世文獻《史記·蘇秦列傳》："天下服聽，因驅韓、魏以伐齊。"亦可以從側面驗證我們結論的正確性。

三、兩漢簡帛異體字研究與字書編纂

自東漢·許慎著《説文解字》以降，編纂字書便成爲歷代文字學者展現其學術成果的主要方法。隨着時間的推移，字書收字數量不斷攀升，如《説文解字》收字 9353 個，《玉篇》收字 22726 個，《字彙》收字 33179 個，《康熙大字典》收字 47035 個，《漢語大字典》更是收字 56000 多個，成爲我國空前的一部巨型字典。然而經考證，漢語常用字數量基本上是穩定的，字書收字不斷增多的原因其實是對異體字收錄範圍不斷擴大造成的。因此，字書收字數量的不斷增加也在一定程度上反映了異體字研究的不斷深化。儘管如此，由於時代局限或編者所擁有的材料有限等原因，大型字書在收錄異體字方面仍有許多不足之處，如：正俗關係解釋顛倒或僅收字形，但不釋義等。而我們所進行的兩漢簡帛異體字整理和研究，正是注重對異體字所從之正體的考釋、探明其源流演變。因此，該研究必將進一步完善字書的編纂。上文對"吔"字的分析即是其例。又如：

【戎】

都鄉燕佐戎敢言之。（《孔家坡漢簡·告地書》正）

案："戎"，圖版作""。《正字通·戈部》："戎，ナ，即古左字。"疑非是。

在兩漢簡帛異體字中，隸定時所本的字形不同是異體字產生的一個主要原因，"戎"、"戎"即是此例。具體來說，"甲"，甲骨文作"十"，其作偏旁時，亦作"十"，如"戎"①，甲骨文寫作""，金文中寫作""，碑刻中寫作""。因此"戎"是本甲骨文等上述字形隸定而成，從戈從甲，並非像《正字通》所云從古左字。

另，許慎在《説文解字》中收"戎"，而不收"戎"，認爲"戎"是本字，蓋是其誤矣。《康熙字典》依《説文》，釋"戎，本作戎。"亦是其不明正俗也。

① "戎"所從之"ナ"，徐中舒在《甲古文字典·戈部》認爲是象盾形之訛變，並非"甲"，可備一説。

【緡】

緡周（調）【□□□】魚食之。会緡重餌，大魚食之。（《銀雀山漢簡〔壹〕》638）

案："緡"，圖版作""。《康熙字典·糸部》："緍，案：《説文》緡从昬，昬从民。經典以唐諱，改昬作昏，緡亦作緍。作緡爲正。"按照這種説法，"緡"作"緍"是避唐朝李世民諱所致，非是。

在兩漢簡帛異體字中，形近相訛是異體字産生的主要原因之一。"氏"、"民"相混即屬此類，如"昏"寫作""（《敦煌漢簡》845）、"抵"寫作"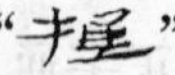"（《額濟納漢簡》2002ESCSF 1∶6）。由此可知，二者相混由來已久，並不發端於唐朝，故《康熙字典》誤矣。究其錯誤緣由，蓋是對異體字源流考鏡不深所致。

【埊】

埊焉介山。（《額濟納漢簡》2000ES7SF1∶2A）

案："埊"，圖版作"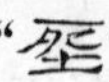"。《康熙字典·土部》："埊，古文坐。"疑非是。據《説文·土部》"坐，古文坐"可知，古文"坐"从兩人，爲現在簡體"坐"之濫觴，認爲"埊"乃古文，非是。

在兩漢簡帛異體字中，"埊"，从死从土，當爲"葬"之異體。何也？《説文·茻部》："葬，藏也。从死在茻中；一其中，所以薦之。"又《韻學集成》："葬，或作塟。"故"葬"、"塟"當爲一組異體字無疑。二者的變化，當是將下方之"廾"改作"土"所致，體現了人們喪葬觀念的演變。

又，在兩漢簡帛異體字中，減省筆畫是異體字産生的主要原因之一。“㙊”之爲“坙”即屬此類。進一步來説，上引簡文“坙”是由“㙊”省去了其上側部件“艸”而已。故《康熙字典》釋“坙”爲“坐”，大謬矣。

【⿱亠羊】

癸丑朔⿱亠羊未。(《居延新簡》EPF22.29)

案：“辛”，圖版作“”。《康熙字典·辛部》：“辛，本作⿱亠羊。《字彙》譌省作辛。”非是。

在兩漢簡帛異體字中，增加筆畫是異體字産生的主要原因之一。“辛”作“⿱亠羊”即屬此類。具體來説，“辛”，甲骨文作“”，下側本一横；《蔡侯尊》作“”，下側加一圓點。事實上，金文在鑄造時多於筆畫某處添加圓點，並非字形所固有。又，《説文·辛部》收“辛”，並解釋作“从一从䇂”，可見，許氏將其視作本字。所以，據甲骨文、金文、《説文》字形來看，“辛”當爲正字無疑。作“⿱亠羊”當爲增筆異體字。因此，《康熙字典》以“⿱亠羊”爲本字，謬矣。

【⿱雨勒】

半邦而⿱雨勒。(《馬王堆帛書〔壹〕·明君》435)

案：“⿱雨勒”，圖版作“”。《説文·月部》：“霸，月始生，霸然也。承大月，二日；承小月，三日。从月䨣聲。”小篆作“”，隸作“霸”。兩漢簡帛正體字作“”（《馬王堆帛書〔叁〕·戰國縱横家書》）。

在兩漢簡帛異體字中，改換部件是異體字産生的一個主要原因，“霸”作“⿱雨勒”即屬此類。其實，“霸”本義爲表月，故其本字從月，如《周書》：“哉生霸。”然而，隨着時間的推移，“霸”

表月之本義不存，主要用來表示與武力相關的行爲、官職，如“覇道”、“覇王”等。大概也正是由於其主要表示與武力有關的意義，所以後世在書寫時才往往把形符“月”改作“力”，作“覇”。但《漢語大字典》作爲現代我國收字最多的一部字書，卻未收錄異體字“覇”，竊謂不妥，當補錄之。

【牖】

欲獨閉戶牖而處。(《張家山漢簡·脈書》24)

案：“牖”，圖版作“牖”，爲“牖”字之異體字。上文已有論及，故不贅述。《康熙字典》、《漢語大字典》均收該字，體現了其作爲大型字書的魅力。但兩字書於“牖”字頭之下僅鈔引《說文·片部》“牖，譚長以爲甫上日也，非戶也。牖，所以見日”，並未給出例證。而上引簡文卻恰是其例，兩字書可補錄之。

參考文獻：

［1］許慎著，臧克和、王平校訂《說文解字》，中華書局，2002 年。

［2］張玉書等《康熙字典》，漢語大詞典出版社，2002 年。

［3］王寧《漢字學概要》，北京師範大學出版社，2001 年。

［4］李運富《關於“異體字”的幾個問題》，《語言文字應用》2006 年第 1 期。

［5］馬瑞、張顯成《西北屯戍漢簡異體字變異規律初探》，《唐都學刊》2011 年第 4 期。

楚簡帛高頻字用字研究

房相楠*

摘　要： 在出土文獻，特別是簡帛文獻大量發現的今天，談論古代漢語用字這個話題的條件越來越成熟。對楚簡帛高頻字用字進行研究，最重要的是因爲目前發現出土的豐富材料已經基本上能夠反映戰國時期的文字使用情況。根據文獻所用單字的頻次劃分標準，可將用字分爲極高頻字、高頻字、中頻字、低頻字和極低頻字五個層次。限於篇幅，主要研究高頻字用字情況，以表格的形式列出其單字，並分析其用法。

關鍵詞： 楚簡帛；高頻字；用字頻度；分析研究

一、楚簡帛用字概貌

所謂用字，通常包括兩個層面，一是所使用文字的數量，二是如何使用這些文字。

* 房相楠，西南大學文獻所　碩士研究生　重慶北碚　400715。

根據我們編制的《楚簡帛逐字索引》① 可以看出，楚簡帛共出現單字 3755 個，重文計算在單字內，合文 86 個，以上共計 3841 個。

合文又稱合書，是指二個或三個相連的文字往往共用一些部件而相對緊湊地寫在一起猶如一個字的形式，合文多帶有合文符號，所記錄的大都是常用詞。這種記詞形式可以看成一個構型單位，保留着原來的多音節的讀法不變。目的是爲了書寫刻畫的時候方便。合文最早出現於商周時代，流行於戰國時期，楚簡中出現的合文都帶上合文符號“₌”，如“夫₌”（讀爲“大夫”）。合文這種結構的出現，也是古代人的一種創造，它祇是作形體的拼合，沒有表音字母的拼讀。

“合文”、“重文”一般都是固定詞語，它們的出現當是爲了追求書寫的簡便迅速。楚簡帛中出現“合文”，其特點是將幾個字記錄在同一構型單位中，這說明漢字發展到楚代還沒有完全解決其定形定音問題，而且這與漢字一字一音一形的結構特點是背道而馳的，遲早會被淘汰。從出土簡帛文獻來看，“合文”在楚簡帛中還有不少，漢以後則呈迅速消亡的趨勢，出現得越來越少。

楚簡帛單字的使用極爲複雜，除了一般用字之外，還有通假字、異體字、古今字、訛誤字等特殊用字現象。例如通假字：厝—厭、絀—縮、監—鑒、㓉—漆、即—節等等；異體字：𧗳—道、𩰫—融、辰—辰、胃—謂、㖸—丙等等；古今字：坪—平、𣶒—淵、生—牲、灋—法、叓—使等等；訛誤字：季—

① 《楚簡帛逐字索引》編撰的基本方法：首先是在廣泛參考學界有關釋讀的成果上，認真查核圖版，確定新的釋文。然後在新釋文的基礎上確定各批簡帛的單字數。最後整合爲逐字索引。

孝、須—寡、天—夫、天—而、蟲—蚰等等。

將用字頻度作爲研究楚簡帛的一個重要方面，就是要將這3755個單字依據數據信息劃分爲若干個字區。從這些字區中分析研究出楚簡帛的用字頻度特徵。根據數據的統計，我們分爲了極高頻字區、高頻字區、中頻字區、低頻字區、極低頻字區。在我們所研究的材料中，有一批字後世幾乎不再使用，衹是在當時當地使用了一次，我們往往稱它們爲“死字”。而這些“死字”往往又都是極低頻字區的，例如：“睪、𡵂、婜、野、𢂞、𧙘、𧬈、𢓊、畗、𥿆、䑦、菓、𧲆、𧬈、𢦏、臭、𠮷、遟、淳、寡、習、罬、椿、𡨄、龠、婺”等等。

二、楚簡帛字區劃分標準

楚簡帛用字字頻的情況是以單字爲計量單位，對楚簡帛的全部用字進行窮盡性統計分析、分類研究，這樣不僅有利於用字字頻規律的確立，有利於指出發展趨勢，對於探尋語言、用字的相關規律也有着重要的意義，同時也可以在此基礎上研究其用字的歷史發展。以出土文獻作爲研究材料研究其用字字頻的成果並不多，特别是研究簡帛用字字頻的成果尤爲少，這也説明此項研究有較大的發展空間。我們所研究的這批楚簡帛材料，斷代明確，時間横跨戰國早、中、晚期；内容十分豐富，包括禱祝、占卜、記事、遣策、司法文獻、儒家道家典籍以及社會生活的不少方方面面；數量上也是相當的可觀，這些綜合起來能夠客觀地反映出該歷史時期楚文字用字量、字頻數及應用的基本情況。没有一定的量就達不到質的飛躍，沒有充足的語言材料也不能輕易地確立其規律，以量作爲依據，分析量與質的關係，則成爲了重點。精確的文獻總用字數和所用單字數，爲語言的定量研究提供了必要前提。我們將楚簡帛的 3755 個單字作全面、窮盡性的統計，就是要依據單字的資料信息劃分爲若干個字區。字區的劃分必須要符合語料所表現出的邏輯關係，而這種邏輯關係又都體現在各種資料信息中。李波的《史記字頻研究》根據不同的標準，爲我們提供了不同的劃分法。

第一種，文獻所用單字的頻次。選定頻次爲 1000、100、10、1 作爲切分點，將單字分爲極高頻字區、高頻字區、中頻字區、低頻字區。這種劃分法有一定的局限性，字的字頻和語料的規模有關，而規模的大小則對字頻起着決定性的作用。

第二種，文獻所用單字的字數。把單字字數爲 200、1000、2000 的劃分爲極高頻字區、高頻字區、中頻字區，其餘的字歸入低頻字區。這種劃分標準能夠反映材料用字的共性，低頻字區則可能集中表現材料用字的個別性。但是，中、低頻字區的資料特質怎可能會顯得過於粗略。

第三種，文獻所用單字的百分比。按照文獻所用單字的百分比分別爲 5%、15%、30%、50%將其分爲極高頻字區、高頻字區、中頻字區、低頻字區。因爲這個比例是預先指定的，可以作爲所有文獻劃分字區的統一標準，這種分法既能夠反映文獻的共性又有確定比例的字區。

第四種，文獻所用單字的均頻倍數。均頻倍數是某個字的頻次和這部文獻的平均頻次之比，或者是某個字群的平均頻次與這部文獻的平均頻次之比，平均頻次是總字數和所用單字數之比。

某字的均頻倍數大於 1，該字的頻次高於這部文獻的平均頻次，因此可以認爲這個字是這部文獻的較高頻字；某字的均頻倍數小於 1，該字的頻次低於這部文獻的平均頻次，就可以認爲這個字是這部文獻的較低頻字。這種分法具有一定的科學性，適應不同規模的文獻劃分，其操作性較前者要複雜些。

第五種，文獻所用單字的累積覆蓋率。累積覆蓋率是累積字頻數和總字頻數的比；所謂累積字頻數是指某字和序號小於它的所有的字的頻次之和；總字頻數是指所有單字的頻次之和。選定累積覆蓋率爲 50%、90%、99%三個切分點劃分出極高頻字區、高頻字區、中頻字區、低頻字區。這種分法揭示了用字數量在文獻語言中的分佈關係，50%、90%、99%三個切分點作爲劃分的標準又符合人們對數位的認識習慣，易於被接受。

以上五種劃分標準都可劃分文獻的字區。根據楚簡帛材料的字頻及規模的實際狀況，本文採用依據文獻所用單字頻次作爲劃分標準的方法，按照頻次爲 1000，100，10，1 作爲切分點，將單字依次分爲極高頻字區（1000 次以上）、高頻字區（999－100 次）、中頻字區（99－10 次）、低頻字區（9－2 次）、極低頻字區（1 次）。楚簡帛單字共 3755 個，則極高頻字 1 個，高頻字 69 個，中頻字 647 個，低頻字 1460 個，極低頻字 1578 個。本篇文章着重從高頻字區（包括極高頻字的 1 個）進行分析研究。

三、楚簡帛極高頻字區分析

(一) 數據統計

楚簡帛單字共 3755 個，極高頻字僅 1 個，即“之”字，字頻爲 2764 次。僅次於“之”字頻的是“一”字，字頻爲 887 次，二者相差近 2000 次，故我們的極高頻區的字僅確定爲“之”字一個。嚴格地説，一個字是不能算作一個“區”的，但爲了本文劃分字頻區域的邏輯統一，我們仍將“之”置於極高頻區。

極高頻字數據表

序號	單字	字頻	單字百分比	單字覆蓋率	累積字頻數	累積覆蓋率
1	之	2764	0.000266312	0.06160979	2764	0.06160979

説明：“之”字是第一個字，字頻爲 2764，所謂它的累積字頻則爲本身字頻數。

（二）頻度分析

“之”字成爲楚簡帛極高頻字僅有的一個，其原因大致有以下幾點：

1.“之”無論在傳世文獻還是出土文獻都是高頻字，它常位於修飾限制與被修飾限制語之間。通過“之”字在楚簡帛中的實際用法也可以看出它是極高字頻的原因。如：

《楚帛書》甲 5：“四神乃（?）乍（作?），至於逿（覆）天旁（方），遖（橦）攼（幹）敫（斆）之，青木、赤木、黃木、白木、墨木之精（精）。”

《長臺關楚簡》1—05：“☐君子之道，必若五浴（谷）之溥，三☐　　。”

《郭店楚簡·老子甲》8：“古之善為士者，必非（微）溺（弱）玄達，深不可志（識），是㠯（以）為之頌（容）。”

2. 統觀“之”字的意義有很多種，意義多自然很容易導致使用頻率高，“之”字在楚簡帛中意義主要有以下諸種。如：

（1）代詞。他（她，它）；他們。《楚帛書》乙10：“隹（惟）天乍（作）福，神則各（格）之；隹（惟）天乍（作）宎（妖），神則惠之。”

（2）代詞。其，他的。《楚帛書》甲1—2：“乃取（娶）虘（叡）□□子之子，曰女填，是生子四。”

（3）助詞。用在定語和中心詞之間，相當於現代漢語的助詞“的”。《長臺關楚簡》2—05：“竹器：十笑（簠），屯（純）赤綿之帬（巾）。”

（4）代詞。這；這個。《長臺關楚簡》2—024：“棄（集）糌（煮）之器：二□鏞（爐）。一□垟。”

（5）助詞。用以調整音節或表示提頓，沒有實在意義。《郭店楚簡·老子》甲3：“聖人之才（在）民前也，㠯（以）身後之。”

（6）是。《郭店楚簡·老子》甲15—16：“又（有）亡之相生也，戁（難）惖（易）之相城（成）也，長耑（短）之相型（形）也，高下之相浧（盈）也，音聖（聲）之相和也，先後相墮（隨）也。”

（7）助詞。用在主語和謂語之間，取消句子的獨立性。《郭店楚簡·老子》甲21：“未智（知）亓（其）名，𢑚（字）之曰道。”

（8）代詞。指代處所。《郭店楚簡·老子》乙8—9：“是㠯（以）支（偏）牆（將）軍居左，上牆（將）軍居右，言㠯（以）𡙨（喪）豊（禮）居之也。”

（9）連詞。相當於“而”。《郭店楚簡·忠信之道》1—2：“忠信𠨮（積）而民弗䍐（親）信者，未之又（有）也。”

（10）連詞。相當於“則”。《郭店楚簡·性自命出》37—38：“人之不能㠯（以）爲（僞）也，可智（知）也。”

通過對先秦和後世文獻的考察，我們發現，此字除以上楚簡帛中的意義用法以外，還有以下意義用法。

（1）生出，滋長。《説文·之部》：“之，出也。象屮過屮，枝莖益大，有所之。”

（2）往；至。《詩·鄘風·載馳》：“百爾所思，不如我所之。”

（3）用；取。《戰國策·齊策三》：“故物捨其所長，之其所短，堯亦有所不及矣。”

（4）代詞。用於自稱或對稱。《漢書·外戚傳下·孝成趙皇后》：“帝曰：‘今故告之，反怒爲！殊不可曉也。’”

（5）助詞。作爲賓語前置的標誌。宋劉斧《青瑣高議後集·韓魏公》：“汝誤也，非故也，何罪之有？”

（6）介詞。相當於“於”。《禮記·大學》：“其所親愛而辟焉，之其所賤惡而辟焉。”朱熹集注：“之，猶於也。”

（7）介詞。相當於“諸”，之於。《孟子·滕文公上》：“禹疏九河，瀹濟漯而注諸海；決汝漢，排淮泗而注之江。”

（8）介詞。相當於“以”。《晏子春秋·雜上二六》：“然吾失此，何之有也？”

（9）連詞。與；和。《孟子·萬章上》：“得之不得曰有命。”

（10）姓。漢代有之馬宇，明代有之輔。

3. “之”字是一個文言性質很濃的字，楚簡帛屬於戰國時代，故“之”字使用頻率自然極高。而在現代漢語中，它的使用頻率自然就已經很低了。

綜上三點，我們不難看出，在楚簡帛中，“之”字能夠成爲極高頻字也是理所當然的。

四、楚簡帛高頻字區分析

（一）數據統計

楚簡帛單字共3755個，高頻字共69個。

高頻字數據表

序號	單字	字頻	單字百分比	單字覆蓋率	累積字頻數	累積覆蓋率
1	一	887	0.000532623	0.019771304	3651	0.081381094
2	曰	805	0.000798935	0.017943517	4456	0.099324611
3	不	703	0.001065246	0.015669928	5159	0.114994539
4	於	694	0.001331558	0.015469318	5853	0.130463857
5	也	622	0.00159787	0.013864432	6475	0.144328289
6	又	621	0.001864181	0.013842142	7096	0.15817043
7	爲	535	0.002130493	0.011925194	7631	0.170095625
8	人	462	0.002396804	0.010298018	8093	0.180393643
9	二	422	0.002663116	0.009406415	8515	0.189800058
10	君	371	0.002929427	0.008269621	8886	0.198069679
11	而	357	0.003195739	0.00795756	9243	0.206027239

序號	單字	字頻	單字百分比	單字覆蓋率	累積字頻數	累積覆蓋率
12	亓	347	0.003462051	0.007734659	9590	0.213761898
13	大	306	0.003728362	0.006820765	9896	0.220582663
14	子	296	0.003994674	0.006597865	10192	0.227180528
15	者	291	0.004260985	0.006486414	10483	0.233666942
16	日	275	0.004527297	0.006129773	10758	0.239796715
17	禱	274	0.004793609	0.006107483	11032	0.245904197
18	紫	240	0.00505992	0.00534962	11272	0.251253817
19	王	235	0.005326232	0.00523817	11507	0.256491987
20	月	216	0.005592543	0.004814658	11723	0.261306645
21	尹	196	0.005858855	0.004368856	11919	0.265675501
22	黄	195	0.006125166	0.004346566	12114	0.270022067
23	生	193	0.006391478	0.004301986	12307	0.274324053
24	吉	186	0.00665779	0.004145955	12493	0.278470009
25	司	175	0.006924101	0.003900765	12668	0.282370773
26	公	175	0.007190413	0.003900765	12843	0.286271538
27	古	174	0.007456724	0.003878474	13017	0.290150012
28	賠	174	0.007723036	0.003878474	13191	0.294028487
29	戠	171	0.007989348	0.003811604	13362	0.297840091
30	則	170	0.008255659	0.003789314	13532	0.301629405
31	民	164	0.008521971	0.003655574	13696	0.305284979

序號	單字	字頻	單字百分比	單字覆蓋率	累積字頻數	累積覆蓋率
32	可	162	0.008788282	0.003610993	13858	0.308895972
33	少	159	0.009054594	0.003544123	14017	0.312440096
34	貞	156	0.009320905	0.003477253	14173	0.315917349
35	曰	154	0.009587217	0.003432673	14327	0.319350021
36	亡	154	0.009853529	0.003432673	14481	0.322782694
37	丌	154	0.01011984	0.003432673	14635	0.326215367
38	馬	151	0.010386152	0.003365803	14786	0.32958117
39	智	149	0.010652463	0.003321222	14935	0.332902392
40	左	145	0.010918775	0.003232062	15080	0.336134454
41	占	142	0.011185087	0.003165192	15222	0.339299646
42	三	142	0.011451398	0.003165192	15364	0.342464838
43	未	141	0.01171771	0.003142902	15505	0.345607739
44	行	141	0.011984021	0.003142902	15646	0.348750641
45	敗	133	0.012250333	0.002964581	15779	0.351715222
46	屯	131	0.012516644	0.002920001	15910	0.354635223
47	與	129	0.012782956	0.002875421	16039	0.357510644
48	天	129	0.013049268	0.002875421	16168	0.360386064
49	命	127	0.013315579	0.002830841	16295	0.363216905
50	所	126	0.013581891	0.00280855	16421	0.366025455
51	組	122	0.013848202	0.00271939	16543	0.368744846

序號	單字	字頻	單字百分比	單字覆蓋率	累積字頻數	累積覆蓋率
52	言	122	0.014114514	0.00271939	16665	0.371464236
53	胃	120	0.014380826	0.00267481	16785	0.374139046
54	是	118	0.014647137	0.00263023	16903	0.376769276
55	己	116	0.014913449	0.00258565	17019	0.379354925
56	受	113	0.01517976	0.002518779	17132	0.381873705
57	至	109	0.015446072	0.002429619	17241	0.384303324
58	昜	109	0.015712383	0.002429619	17350	0.386732943
59	甲	109	0.015978695	0.002429619	17459	0.389162562
60	右	108	0.016245007	0.002407329	17567	0.391569891
61	巳	107	0.016511318	0.002385039	17674	0.39395493
62	下	105	0.01677763	0.002340459	17779	0.396295388
63	咎	105	0.017043941	0.002340459	17884	0.398635847
64	金	105	0.017310253	0.002340459	17989	0.400976306
65	疾	105	0.017576565	0.002340459	18094	0.403316765
66	五	104	0.017842876	0.002318169	18198	0.405634933
67	丑	103	0.018109188	0.002295879	18301	0.407930812
68	鼎	101	0.018375499	0.002251298	18402	0.41018211
69	毋	100	0.018641811	0.002229008	18502	0.412411118

（二）高頻字區的使用特徵

第一，分佈特徵

從上表中我們可以看出，楚簡帛的高頻字有明顯的分佈特徵：

1. 有的常表示虛詞[1]。如：

“不”：《包山楚簡》17：“不敢不告見日。”

“也”：《葛陵楚簡》甲三132、130：“☑□。或爲君貞：已（以）亓（其）不安於氏（是）凥（處）也。死（恆）遷（徙）去☑。”

“與”：《九店楚簡》41—42：“凡不吉日，秎（利）已（以）見公王與貴人，秎（利）已（以）取貨於人之所，毋已（以）舍人貨於外。”

2. 有的常表示數。如：

“一”：《長臺關楚簡》2—02：“□。一司（笥）翠（翠）珥。一司（笥）齒珥。一組纗（帶），一革，皆又（有）鉤（鉤）。”

“三”：《楚帛書》甲6：“炎帝乃命祝𩁹（融）已（以）四神降，奠三天□，思（使）敄奠四亟（極）。”

“五”：《九店楚簡》37貳：“凡五子，不可已（以）復（作）大事，不城（成），必毀，亓（其）身又（有）大咎。”

3. 有的常表示名物。如：

“人”：《望山1號楚墓竹簡》176：“☑殺坪樂。思攻解於下之人不壯死。☑”

“日”：《散見楚簡·夕陽坡》1：“郕（越）涌君羸遅（將）其眾已（以）逯（歸）楚之戢（歲）型（荊）层之月己丑子日。”

“丑”：《九店楚簡》14壹：“【夏层：建於】巳，𩌏於午，攺

---

[1] “常作虛詞”是指祇作虛詞或經常作虛詞，下同。

於未，坪於申，盜於栖（酉），工於戌，坐於亥，盍於子，城於丑，退（復）於寅，菀於卯，敓於唇（辰）。”

以上所謂“名物”，也包括方位、時間。這些字中，最多的是與表示時間有關的，包括“月、日、子、甲、丑、巳、酉、申、亥、乙、寅、午、丙、戌、卯、丁、己、戊、旦、庚、癸、壬、辛、辰、正、夕、歲、年”，這是因爲楚簡帛中的數術文獻都有大量的紀年、紀日、紀時的内容，而古代是常用干支來紀年、月、日的，所以干支之字以及與之相關的字也就比較多；其次是與方位有關的，包括“中、北、東、南、西、上、下、方”，這與楚簡帛中相當多的數術占卜文獻有關。

4. 有的常表示動作行爲。如：

“曰”：《郭店楚簡·緇衣》1：“夫子曰：好娩（美）女（如）好茲（緇）衣，亞₌（亞（惡）亞（惡））女（如）亞（惡）遊（巷）白（伯）。”

“命”：《曾侯乙墓竹簡》202：“命（令）尹之䡅₌（畋車），麗兩黌。”

“言”：《包山楚簡》121：“亯₌（亯月）丁巳旮₌（之日），下鄵（蔡）山昜（陽）裏人邦倀言於昜（陽）成公棠（瞿）睪、大敓尹屈達、郙昜（陽）莫囂臧（臧）獻（?）、酓羊。”

5. 有的常表性狀。如：

“黄”：《葛陵楚簡》甲三237－1：“塁禱一乘大逄（路）黄軒，一𩋙玉㝵□☐。”

“吉”：《九店楚簡》32：“是古（故）胃（謂）不杒（利）於行俊（作）、埜（野）事，不吉。”

“少”：《長臺關楚簡》2－06：“少（小）筭十又（有）二。”

6. 有的常表指代。如：

"亓"：《楚帛書》丙1－3："不可□□□脨不遉（復），亓（其）邦又（有）大𤔔（亂），取（娶）女，凶。"

"丌"：《包山楚簡》15反："五帀（師）宵倌之司敗告胃（謂）：卲（昭）行之夫₌（大夫）䂞（㖞（吟））䡳（執）丌（其）倌人，新佶让尹不爲丌（其）詳（察），不憖。"

"是"：《郭店楚簡·成之聞之》39－40："是古（故）君子新（慎）六立（位）㠯（以）巳（祀）天祟（常）。"

第二，發展演變簡析

這些字如果和現代漢字比較，可以看出以下幾點：

1. 在字形的演變過程中，有的已經不常見或死亡了。如：

"亓、丌"：《望山1號楚墓竹簡》22："☑貞：走趣事王、夫₌（大夫），㠯（以）亓（其）未又（有）篧（爵）立（位），尚速㝵（得）事。"《郭店楚簡·唐虞之道》3："北（必）正丌（其）身，肰（然）後（後）正世，聖（聖）道備歖（矣）。"

在現代漢字中，"亓、丌"的用法全部統一爲"其"。漢語大字典中也明確説明了，"亓"亦作"丌"，是"其"的古字。"亓"在漢代時還有姓氏的用法，"丌"在《孔子家語·本姓》："〔孔子〕至十九，娶於宋之丌官氏。"有"丌官"這一複姓的用法。

"㠯"：《楚帛書》乙6："隹（惟）惪匿（慝）之戢（歲），三寺（時）□□，

□之㠯（以）㣇（帔）降，是月㠯（以）婁（數），曆（厤）爲之正。"

"㠯"在我們研究的這批材料中，是一個出現次數較多的高頻字，由此可見，在當時當地，"㠯"字是一個使用極其頻繁的

字。而在現代漢語中，我們已經看不到“㠯”這個字，隨着社會的發展，字形的不斷變化，今天我們可以看到的都是該字的另一楷化字形“以”字了。

“戢”:《九店楚簡》77：“大（太）戢（歲）：肓₌（十月）、屈栾、亯₌（享月）才（在）西。”

在楚簡帛中，所有的“歲”都是寫作“戢”，這兩個字的意義和用法是一樣的。但是“戢”字的寫法在今天已經消失了，也就是說，“戢”字在現代已經死亡了，取而代之的則爲“歲”字。

2. 有的使用頻率已經很低，即已經失去高頻身份。如：

“曰”:《長臺關楚簡》1—01：“□□□周公戒（勃）肰（然）乍（作）色曰：“昜（狄），夫戔（賤）人𠫓（格）上則型（刑）殄（戮）至。”

在楚簡帛中，“曰”常常表示“說、說道；叫做、稱爲；爲、是”等。而在現代漢語中我們一般都用“說、叫做”等直白的話來表示，這也就是爲什麼“曰”字在現代漢語中已經失去高頻身份的原因。

“胃”:《包山楚簡》145反：“九月甲申之日，司豐之客須□箸（書）言胃（謂）：尖₌（小人）㠯（以）八月甲戌之日，舍（舍）肉汞之舒人□□賷（歸）客之□金十兩又一兩。”

“胃”、“謂”是一對古今字關係。“胃”的本意是“動物容納和消化食物的器官”。在楚簡帛中，常用“胃”來表示“謂”的意義，即常常表示“對……說；意思指，說的是；稱呼；叫做”等，後來便產生了“謂”，單獨表示上述意義。而“胃”則其表示本意了。故在現代漢語中，“胃”衹表示本意“動物容納和消化食物的器官”了，不再表示“言謂”意了。正因爲“胃”在楚簡帛中的意義用法與現代漢語的意義用法相差甚遠，因此在現代漢語的使用頻率大大降低。

参考文獻:

[1]［東漢］許慎《説文解字》，中華書局，2010 年。

[2]［清］段玉裁《説文解字注》，上海古籍出版社，1981 年。

[3] 向熹《古代漢語知識辭典》（修訂本），四川辭書出版社，2007 年。

[4]《漢語大字典》，四川辭書出版社、湖北辭書出版社，1990 年。

[5]《現代漢語詞典》（修訂版），商務印書館，1998 年。

[6] 張顯成主編《秦簡逐字索引·前言》，四川大學出版社，2010 年。

[7] 陳偉《楚地出土戰國簡冊［十四種］》，經濟科學出版社，2009 年。

[8] 劉信芳《楚簡帛通假彙釋》，高等教育出版社，2011 年。

[9] 荊門市博物館《郭店楚墓竹簡》，文物出版社，1998 年。

[10] 河南省文物研究所《信陽楚墓》，文物出版社，1984 年。

[11] 湖北省荊沙鐵路考古隊《包山楚簡》，文物出版社，1991 年。

[12] 河南省文物考古研究所《新蔡葛陵楚墓》，大象出版社，2003 年。

[13] 湖北省博物館《曾侯乙墓（上、下)》，文物出版社，1989 年。

[14] 徐在國《楚帛書詁林》，安徽大學出版社，2010 年。

[15] 湖北省文物考古研究所《江陵望山沙塚楚墓》，文物出版社，1996 年。

[16] 湖北省文物考古研究所、北京大學中文系《九店楚簡》，中華書局，2000 年。

[17] 商承祚《戰國楚竹簡匯編》，齊魯書社，1995 年。

[18] 王力《古代漢語》，中華書局，1981 年。

［19］郭錫良《漢字古音手册》，北京大學出版社，1986 年。

［20］何琳儀《戰國文字通論》（訂補），中華書局，1989 年。

［21］張顯成《簡帛文獻學通論》，中華書局，2004 年。

［22］裘錫圭《文字學概要》，商務印書館，2006 年。

［23］鄭廷植《漢字學通論》，福建人民出版社，2006 年。

［24］蔣紹愚《古漢語詞彙綱要》，商務印書館，2007 年。

［25］蘇培成《現代漢字學綱要》（增訂本），北京大學出版社，2007 年。

［26］王貴元《簡帛文獻用字研究》，《西北大學學報》2008 年第 3 期。

［27］張新俊《楚簡文字研究》，廈門大學博士學位論文，2007 年。

［28］張顯成《中醫古籍研究的創新力作——〈中醫古籍用字研究〉評介》，《中醫藥文化》2008 年第 6 期。

［29］韓同蘭《戰國楚文字用字調查》，華東師範大學博士學位論文，2003 年。

《睡虎地秦簡》常用字與現代漢語常用字比較研究

倪婭嵐*

摘　要：經全面統計，《睡虎地秦簡》共有單字 1808 個，合文 12 個，一字兩讀 1 個，合計 1821 個。在 1808 個單字中，高頻字 81 個，中頻字 457 個，低頻字 1270 個。《睡虎地秦簡》高頻字和中頻字共 538 個，排除文獻内容的因素影響，這些字應當都可以看成是《睡虎地秦簡》的常用字。與現代漢語 3500 個常用字相對比，其中有 465 個字出現在現代漢語常用字中，衹有 73 個字沒有出現在現代漢語常用字中。

關鍵詞：《睡虎地秦簡》；現代漢語；常用字；比較研究

經全面統計，《睡虎地秦簡》共有單字 1808 個，合文 12 個，一字兩讀 1 個，合計 1821 個。筆者參照李波先生《史記字頻研究》，將 1808 個單字劃分爲三個字區，其中高頻字 81 個，中頻

* 倪婭嵐，西南大學文獻所　碩士研究生　重慶北碚　400715。

字 457 個，低頻字 1270 個[①]。

《睡虎地秦簡》高頻字 81 個，中頻字 457 個，總計 538 個。這些字，排除文獻内容的因素的影響，都應當可以看成是《睡虎地秦簡》的常用字。下面，將《睡虎地秦簡》的常用字與中華人民共和國文化部和中國文字改革委員會頒佈的《現代漢語 3500 個常用字》進行對比研究。

一、《睡虎地秦簡》與現代漢語共有的常用字研究

與現代漢語 3500 個常用字相對比，可以看出，其中有 465 個《睡虎地秦簡》常用字出現在現代漢語常用字中。下面，將這 465 個《睡虎地秦簡》和現代漢語均出現的常用字列表對比如下：

編號	共有常用字	《睡虎地秦簡》文例	現代漢語文例[②]
1	以	從軍當以勞論及賜	比爾挑選秘書向來不以貌取人
2	不	其所利及好惡不同	黄浦的夕潮不知怎的已經漲上了
3	月	春二月	新書將在明年的三月一號出版
4	之	以其受田之數	中國之小説自來無史
5	者	有不從令者有罪	反對者也有自己的道理

① 參見倪婭嵐《〈睡虎地秦簡〉用字頻度研究》，西南大學碩士學位論文，2013 年，第 7－12 頁。

② 以下文例源自《漢語大詞典》及北大語料庫。

編號	共有常用字	《睡虎地秦簡》文例	現代漢語文例
6	其	昌平君居其處	其罪行令人髮指
7	子	其六毋（無）子	我要陪你走下去，直到子孫滿堂
8	可	取不可葆繕者	酒精可以用來消毒
9	人	而惡與人辨治	人與人之間應該友好相處
10	爲	六年，四月，爲安陸令史	畢業後，他成爲了一名教師
11	有	古者，民各有鄉俗	劉家峧有兩個神仙
12	日	失期三日到五日	第二日，他就接到了通知書
13	甲	甲謀遣乙盜	甲方與乙方簽訂了合同
14	一	大褐一	我們認識快十一年了
15	而	智（知）而弗敢論	他不善於與人溝通，而喜歡一個人默默地想
16	及	其所利及好惡不同	擾亂國防建設及居民生活
17	二	能捕者購臣妾二人	一加一等於二
18	十	有餘褐十以上	反正，一月得交他幾十塊錢
19	生	居二歲，生子	沒幾個月她就生了個女兒
20	入	者（諸）候（侯）客節（即）來使入秦	那時正是庚子聯軍入京的第三年
21	吉	取（娶）婦、入材，大吉	8月18日，是個大吉大利的日子
22	未	男女未入宫者	他並未因此意志消沉
23	當	當居曹奏令	當從這個老根上研究起

编號	共有常用字	《睡虎地秦簡》文例	現代漢語文例
24	死	其小隸臣疾死者	我十幾歲父親就死了
25	辰	春三月庚辰可以築羊卷（圈）	這是壬辰戰爭中最大的海戰
26	五	凡入月五日	五月一日是勞動節
27	三	三月南方	他有三個兒子
28	丑	穿户忌毋以丑穿門户	子丑寅卯
29	官	以其診書告官論之	官銜兒方面我也鬧不清楚
30	令	令其人備之而告官	婦孺和沒有職守的人們都令在家
31	大	其小大、短長	這些石頭大小不一
32	乙	乙智（知）其盜	出演“宋兵甲”或“金兵乙”
33	行	正行修身	抗議裁判的不公正行爲
34	得	必得之	隊伍得到發展
35	丙	甲往盜丙	生産一雙皮鞋，丙廠要六小時
36	論	智（知）而弗敢論	美國對此事未發表任何評論
37	必	必先盡聽其言而書之	事故必將發生
38	室	可以築宫室	附近有一個地下室
39	盜	盜過六百六十錢	黑熊在夜間盜食農作物
40	亥	辛亥	袁世凱篡奪了辛亥革命的成果
41	申	午未申丑亥辰	申猴、酉雞
42	出	鬼恒召人出宫	我還不經常出門

編號	共有常用字	《睡虎地秦簡》文例	現代漢語文例
43	午	己未、庚午	午馬、未羊
44	上	三人以上鼠（予）養一人	五人以上就需要向上級彙報
45	丁	丁丑亥	甲乙丙丁
46	居	父子同居	少數民族居住在西部邊遠地區
47	事	有事請毆，必以書	是這麼回事兒
48	六	毁(毇)米六斗大半斗	他是六中畢業的
49	夫	女子甲去夫亡	他是你的男人，你的夫
50	告	丞某告某鄉主	據目擊者報告，野人身高2米左右
51	正	必精絜正直	惠更斯爲人忠厚正直
52	吏	吏有五善	官吏貪污成風
53	北	垣北即巷毆	龍鬚溝在北邊兒呢
54	己	八月己亥廷食時	甲乙丙丁戊己庚辛
55	是	是即不勝任	是日夜晚，各部隊冒大雨向指定位置開進
56	見	臨難見死	我們爲何見死不救
57	七	到七月而縱之	我是七年前退休的
58	亡	其人死亡	從不懼怕戰爭和死亡
59	四	駕騶除四歲	那是四幾年的時候
60	百	盜過六百六十錢	給人一百塊也不嫌多
61	東	垣東去内五步	路東邊有個小飯館兒

編號	共有常用字	《睡虎地秦簡》文例	現代漢語文例
62	某	某廥禾若干石	在處理某些鏡頭的時候
63	中	百姓犬入禁苑中	在圖書館庭院中的檸檬樹下
64	取	取生荔、麛𪊨（卵）鷇	人們在拿取郵件
65	歲	卒歲，以正月大課之	歲末以來銷量一直不錯
66	辛	春三月庚辛	辛亥革命最終失敗了
67	所	其所利及好惡不同	瞭解自己所知道的一切
68	食	終歲衣食不踐以稍賞（償）	這樣不僅自己衣食無憂
69	錢	甲盜錢以買絲	想榨取更多的錢財
70	妻	妻所匿百一十	跟妻子和孩子通話
71	女	女子甲爲人妻	有這樣一些特殊女子
72	西	西去堪二尺	黎明時向西邊沉落
73	南	西南室毀	南方人可不管了
74	也	不終日，小事也	你高興，我也高興
75	縣	近縣令輕足行其書	從縣城回來不久
76	年	稻後禾孰（熟），計稻後年	他在日本待了八年
77	衣	夏衣以四月盡六月稟之	撒拉族婦女喜歡穿鮮豔的衣服
78	律	凡法律令者	古代的法律就是這樣
79	八	布袤八尺	八歲就訂婚
80	鬼	人臥而鬼夜屈其頭	妖魔鬼怪在人間作惡

編號	共有常用字	《睡虎地秦簡》文例	現代漢語文例
81	罪	此皆大罪殹（也）	誰在人民面前犯了罪
82	謂	可（何）謂“後子”	成立了這個所謂的“公司”
83	臣	則爲人臣亦不忠矣	秦始皇在咸陽宫中歡宴群臣
84	利	交日，利以實事	血壓太高太低，都不利於身體健康
85	皆	以祭，上下皆吉	智力拼圖是一項老少皆宜的遊戲
86	書	以書告其出計之年	他正在奮筆疾書
87	旦	旦雨，夕齊（霽）	五光十色的霓虹燈通宵達旦
88	門	門桑十木	進入大門，迎面就是羅斯福紀念廳
89	夕	夕雨，不齊（霽）	每當夕陽西下
90	九	到九月盡而止其半石	他是分三六九等
91	城	甲、丙戰刑（邢）丘城	直到1935年打下遵義城
92	公	己丑，以見王公	他忠心爲普魯斯王公貴族服務
93	祠	祠木臨宇，不吉	正如祠堂門前的對聯所説
94	與	令其故吏與新吏雜先索（索）出之	朱德與周恩來共同指揮戰鬥
95	勿	令人勿紤（近）舍	請勿踐踏草坪
96	主	同官而各有主殹（也）	成了掌握自己命運的主人
97	它	工稟鬟它縣	上海隊與其它地方隊一樣

編號	共有常用字	《睡虎地秦簡》文例	現代漢語文例
98	則	則怨數至	進入重點高中，則意味着一腳已踏入大學的門檻
99	去	鬼恒從男女，見它人而去	他最後一個才離去
100	在	疵在耳	我在家裡
101	攻	二年，攻皮氏	借用上海攻打北京
102	牛	其以牛田	牛羊成群，駿馬奔馳
103	方	歲在東方	東方的天空有些發白
104	史	御史卒人使者	遭到御史的控告
105	已	今法律令已具矣	已經確立救國救民之志
106	殺	甲謀遣乙盜殺人	常常借酒醉殺人
107	隸	女子爲隸臣妻	過着奴隸的生活
108	如	上如豬竇狀	紅的如同瑪瑙，綠的好像翡翠
109	禾	雜出禾者勿更	想使地裡的禾苗長得快些
110	各	芻稾各萬石一積	但都各有各的來歷
111	直	必精絜（潔）正直	偉大而正直的聖潔之父
112	下	臧（藏）於瓦器下	地殼的下面一層叫地幔
113	後	内後有小堂	現在秋天的太陽快要落到平原極西頭的呂梁山後了
114	士	除士吏、發弩嗇夫不如律	他扮演一名雪地上的戰士
115	旬	月中旬	每年 7 月中旬是開花時節

編號	共有常用字	《睡虎地秦簡》文例	現代漢語文例
116	倉	入禾倉	那兒原來是個倉庫
117	馬	有一馬若一牛	發明了四套馬的馬車
118	乃	毋（無）用，乃燔之	又遭失敗，乃返回湘西
119	石	百石以上到千石	60 千克爲一石
120	里	士五（伍），居某里	進駐街道和里弄
121	言	皆言甲前旁有乾血	那種感悟是無法言說的
122	來	宜到不來者	那是他來到北京的第二年
123	到	不盈二升到一升	1969 年 1 月到 2 月之間的確出了不少事
124	從	鬼恒從男女	他和李斯一道跟從荀子讀書
125	内	内室皆瓦蓋	我們局内人倒一點不擔心
126	若	若以是月毆（也）東徙	若沒有一點敬業精神
127	故	人毋(無)故而鬼惑之	這是由於磁鐵有磁場的緣故
128	凡	凡法律令者	但凡有點文化的人都會懂
129	自	其妻先自告	我便自告奮勇地前去參加活動
130	除	除害興利	這個方法可以除去雜質
131	智	令吏民皆明智（知）之	讀史使人明智
132	男	男子死（屍）在某室南首	男子一般喜穿短衫
133	坐	乃繹（釋）髮西北面坐	我坐在一邊臉紅心跳

編號	共有常用字	《睡虎地秦簡》文例	現代漢語文例
134	盈	盈期不成學者	同樣要樹立盈利觀念
135	小	内後有小堂	小孩兒都知道這個
136	問	問告者可（何）論	如果他們逃跑我就唯你是問
137	陽	寅酉危陽	每論太極，必説陰陽
138	盾	貲官嗇夫一盾	士兵們揮舞着刀和盾牌
139	少	今尚血出而少	其中還有少量的糖分
140	凶	生子吉，弟凶	他預計此行凶多吉少
141	鄉	民各有鄉俗	沿着鄉間小路行駛
142	即	是即明避主之明法殹（也）	馬鈴薯，即是土豆
143	長	髮長二尺	其水平長度可達數米
144	耐	鬭夬（決）人耳，耐	針葉林中生活着一些耐寒動物
145	心	民心乃寧	起到了穩定民心的作用
146	敢	不敢徒語恐見惡	從前都不敢説
147	火	天火燔人宫	遠看如同團團火焰
148	治	種時、治苗時各二旬	禹因治水非常繁忙
149	復	有上令除之，必復請之	一夜要反復折騰好幾次
150	邦	女必出於邦	他以實業興邦、報效國家
151	於	或不便於民，害於邦	他們是有恩於我們的人
152	疾	其非疾死者	能治療多種疾病

編號	共有常用字	《睡虎地秦簡》文例	現代漢語文例
153	賞	廣衆心，聲聞左右者，賞	俄國沙皇因此獎賞了巴斯德
154	數	不智（知）盜人數及之所	每年獲獎人數與學科不固定
155	斗	禾、麥畝一斗	就以一斗米的價格買下了
156	田	勿鼠（予）田宇	田地房屋都被洪水淹沒了
157	司	縣司馬貲二甲	大捷與衛青同爲大司馬
158	民	民多詐巧	但我總想能融入平民中
159	或	其或叚（假）公器	或明或暗
160	外	小堂下及垣外地堅	外面行人稀少
161	今	今法律令已具矣	現今水稻品種有四萬多個
162	用	用膠一兩、脂二錘	如今許多中國人都使用手錶
163	能	其弗能入及賞（償）	以便能夠在北京待下去
164	備	有贏不備	以備來年再用
165	止	吏有故當止食	我緊張得幾乎停止了呼吸
166	此	如此，則爲人臣亦不忠矣	事實恰恰如此
167	同	同官而各有主殹（也）	劉小雄又用同樣的伎倆對付他
168	多	五曰龔（恭）敬多讓	爲改革和現代化建設多做貢獻
169	家	五曰安家室忘官府	兄弟幾個都有家室了
170	責	卒歲，責之	所得到的責罰可能多於誇獎

編號	共有常用字	《睡虎地秦簡》文例	現代漢語文例
171	過	過二寸，貲一甲	基建投資不能超過 100 億
172	父	父盜子，不爲盜	他父親從前以拉洋車爲生
173	更	弗爲更籍	我從没想過要更改國籍
174	作	作爲法度	中蘇美英法並列作爲五大國
175	免	免以爲庶人	他又罷免了吕不韋的相職
176	將	民心將移乃難親	賽季即將結束
177	土	其土惡不能雨	世代以租種地主土地爲生
178	布	已前以布巾裹	計算機還擅長做布料的花邊
179	車	車牛一兩（輛）	我坐着火車來到北京
180	相	計毋相繆	兩人相互問好
181	户	人户、馬牛一	北京户口仍没有完全開放
182	失	没錢五千而失之	是上天對人們過失的懲罰
183	收	夫有罪，妻先告，不收	家産被没收
184	工	有工者勿爲正	手工業工匠種類很多
185	母	人奴妾盜其主之父母	給父母拜年
186	刑	吏爲失刑罪	稍有反抗就遭到嚴酷的刑罰
187	胃	正陽，是胃(謂)滋昌	它胃口很大
188	夏	夏三月	那時候正夏天
189	冬	冬三月丙丁	冬天赴蘇聯就醫
190	半	生子，貧富半	村民中一半左右是共産黨員

編號	共有常用字	《睡虎地秦簡》文例	現代漢語文例
191	受	移書曹=（曹，曹）莫受	賀龍接受革命黨的指示
192	富	不取句（苟）富	西班牙人把石榴看作富貴的象徵
193	成	故工一歲而成	完成了各項戰鬥準備
194	宇	勿鼠（予）田宇	沒有樓房屋宇
195	計	計禾，别黄、白、青	來精確的計算行星的質量
196	實	而以其實爲繇（徭）徒計	專家們都想瞭解其社會實際
197	忌	凡行者毋犯其大忌	漁民的語言和動作很講究忌諱
198	效	效公器贏、不備	演出效果還是很不錯的
199	贖	有罪當贖者	耶穌的死是爲人類贖罪
200	姓	百姓有欲叚（假）者	絕不準自己的部隊侵擾老百姓
201	時	過時者勿稟	認股權證通常有時間的限制，過時無效
202	久	器敝久恐靡者	它將長久地留在宇宙空間
203	良	建日，良日也	可謂良辰美景正當時
204	府	官府受錢者	由官府出錢雇人完成
205	法	是以聖王作爲法度	古代的法律就是這樣
206	閉	毋火，乃閉門户	培根閉門謝客，埋頭著述
207	欲	隸臣欲以人丁粼者二人贖	那一刻我欲哭無淚
208	羊	羊牝十	他的童年是爲地主牧羊

編號	共 有 常用字	《睡虎地秦簡》文例	現代漢語文例
209	金	將軍材以錢若金賞	汞能溶解黄金和白銀
210	恒	毋（無）恒數	從而使體溫保持恒定
211	盡	到九月盡而止其半石	歲月盡頭暮然回首，滿眼是悲傷的幸福
212	器	叚（假）鐵器	可做器具和工藝品
213	聽	必先盡聽其言而書之	我沒有理由不聽話
214	先	必先盡聽其言而書之	這是倒轉歷史的先後順序
215	封	唯倉自封印者是度縣	我必須要封印住時空大門
216	起	今旦起啓户取衣	我們四點就起床
217	病	今甲病死已葬	人吃了就會中毒生病
218	朝	子，朝見，有告	在朝陽的照耀下
219	雜	錢善不善，雜實之	而且往往混雜在其他金屬礦中
220	危	午丑危陽	不會感到危險
221	名	可定名事里	我覺得這個名字蠻有詩意的
222	兵	其叚（假）百姓甲兵	設廠冶鐵製造兵器
223	雨	稼已生後而雨	爲什麽夏天下雨，冬天下雪
224	寇	寇降，以爲隸臣	共斃傷敵寇八十餘人
225	喜	怒能喜，樂能哀	這段經歷有歡喜、有沮喪
226	審	毄（繫）投書者鞫審瀻之	法院的審訊通常是公開的
227	千	千錢一畚	殲滅日軍一千四百餘人

編號	共有常用字	《睡虎地秦簡》文例	現代漢語文例
228	木	城旦舂毁折瓦器、鐵器、木器	用木頭製成模型
229	水	溝渠水道	通過海峽的水流湍急
230	尺	隸臣、城旦高不盈六尺五寸	請了裁縫給我量尺寸
231	且	其所告且不審	清純可愛而且不諳世事
232	建	陽日,利以建埜(野)外	1958 年修建了十三陵水庫
233	致	過二月弗稟、弗致者	唐家璇出席並致辭
234	高	隸臣、城旦高不盈六尺五寸	日珥的噴射高度可達幾十兆米
235	畜	用犬者，畜犬期足	從而出現了原始畜牧業
236	善	錢善不善，雜實之	爲香港市民做了一件大善事
237	王	王室所當祠固有矣	泰國王室成員曾多次應邀訪華
238	亦	亦輒言雨少多	我軍亦傷亡一百四十餘人
239	非	其非疾死者	其實我並非故意刁難
240	捕	其追獸及捕獸者	它主要以捕獵野兔和羚羊爲生
241	傷	以梃賊傷人	給人以嚴重傷害
242	新	新吏弗坐	就是新娘子到了咱們家呢
243	興	水雨，除興	波斯的興起引起了周圍各國的恐懼
244	肉	食其肉而入皮	爲人類提供肉食和奶類
245	宫	三月中遣築宫廿日	建造了規模宏大的宫殿

編號	共有常用字	《睡虎地秦簡》文例	現代漢語文例
246	道	凡爲吏之道	很快就接受了革命的道理
247	鼠	鼷穴三當一鼠穴	老鼠爲什麽怕貓
248	贏	其贏者，人之	雅虎今年第一季度贏利大幅上升
249	寸	高五尺二寸	它的大小一般在一寸左右
250	分	十牛以上而三分一死	相差不到萬分之一
251	身	子₌（子，子）身全殹（也）	身體挨得很近
252	卒	卒歲，以正月大課之	他卒業於維也納大學
253	貨	五曰賤士而貴貨貝	要把重的貨物放在下面
254	積	其出入、增積及效如禾	積累起一層厚厚的皮下脂肪
255	反	反赦其身	現在必須對此進行深刻反省
256	市	百姓市用錢	我去舊貨市場買了一音響
257	君	君鬼臣忠	君王好比是船
258	首	斬首一	女子喜佩首飾
259	軍	十三年，從軍	緬甸人民真誠歡迎中國軍隊
260	徒	令其徒復垣之	率領徒弟們大顯身手
261	啓	若未啓而得	化石是人類開啓地球迷宫的鑰匙
262	晝	自晝甲見丙陰市庸中	齊村戰鬥持續三晝夜
263	婦	家（嫁）子、取（娶）婦	一般家庭婦女没工作

編號	共有常用字	《睡虎地秦簡》文例	現代漢語文例
264	終	令終身毋得去罨（遷）所	也有人終生不出智齒
265	廷	輒上石數縣廷	劉啓就藉故把周亞夫關進了廷尉的牢房
266	春	春二月	春天是海兔繁殖的季節
267	惡	毋惡貧	一個對什麽都厭惡的人
268	虛	十一月，斗、婁、虛大凶	今年，我已虛歲六十
269	飲	甲等難飲食焉	男女都喜歡飲酒
270	辭	辭曰日已備	《周書傳》措辭樸實，内容豐富
271	比	求盜比此	發生了今非昔比的變化
272	定	不能定罪人	確定了8月1日爲建軍節
273	空	空倉中	覺得心裡空落落的
274	秋	秋三月辰	秋天再接你回來
275	都	廥才（在）都邑	畢竟和繁華的都邑相去甚遠
276	貧	毋惡貧	他們都是來自貧窮的農村
277	診	診首毋診身可毆（也）	醫生就能依據它診斷病情
278	賈	賈市居列者及官府之吏	黄橋鎮自古是商賈雲集的地方
279	謁	有贏、不備而匿弗謁	在拜訪謁見時雙手獻上
280	井	鑿井，吉	那後面還有口井呢
281	央	中央下，富	她高興地在房間中央轉了一圈

編號	共有常用字	《睡虎地秦簡》文例	現代漢語文例
282	守	慎守唯敬（儆）	緊緊地守衛在卵旁
283	赤	有赤豕	沿路山土赤紅
284	使	御史卒人使者	前後七次出使西洋
285	命	行命書及書署急者	發起進攻命令
286	勝	皆不勝任而折	有能力勝任自己的任務
287	然	如從興戍然	剛得到了表揚，他就飄飄然了
288	棄	棄妻不書	我没想到這個世界會拋棄我
289	發	御中發徵	當時也很少徵發徭役
290	結	署中某所有賊死、結髮	短上衣斜襟，以長布帶打結
291	平	和平毋怨	不能安於靜夜書房中的平和
292	矢	具弩二、矢廿	參觀時才能有的放矢
293	色	男子丁壯，析(晳)色	我喜歡那個顏色
294	好	其所利及好惡不同	每年春節都喜好吃年糕
295	材	毋敢伐材木山林及雍（壅）隄水	隨着對木材需求的增加
296	度	賦斂毋（無）度	才能最大限度地接收陽光
297	索	解索，其口鼻氣出渭（喟）然	用繩索相互繫在一起
298	陰	陰日，利以家室	仲夏之月，日至長，陰陽爭
299	買	有買(賣)及買殹(也)	他就做個小買賣

编號	共有常用字	《睡虎地秦簡》文例	現代漢語文例
300	賊	賊，當黥爲城旦	老鼠偷吃糧食，賊性不改
301	請	有事請殹（也）	你打電報向我請示再説
302	籍	有爲故秦人出，削籍	甚至連籍貫也無從查考
303	足	足不傅地二寸	足底按摩對治病、保健有着不可低估的效應
304	完	其不完者，以爲隱官工	內容越來越完整
305	害	四曰犯上弗智（知）害	但也會造成災害
306	毁	銷敝不勝而毁者	受到嚴重損毁
307	犬	百姓犬人禁苑中	東征軍紀律嚴明，雞犬不驚
308	老	老弱獨傳	接觸老人不太多
309	參	旦半夕參	他什麽也没參加
310	須	縳而盡拔其須麋	他滿臉長出了鬍須
311	置	問安置其子	各安置點都進行了技術培訓
312	樂	樂能哀	我們很快樂
313	歸	不死者歸，以爲隸臣	理應歸還中國
314	角	某頭左角刃痏一所	肉是去掉邊角的方肉
315	前	愼前慮後	我們要瞻前顧後，看遠一點
316	莫	來者有稽莫敢忘	吃水莫忘挖井人
317	閒	故後有閒令下者	是有過幾天清閒的日子

編號	共有常用字	《睡虎地秦簡》文例	現代漢語文例
318	蓋	内室皆瓦蓋	慢慢地覆蓋整座城市
319	誣	甲誣乙通一錢黥城旦罪	反被誣告罰款
320	購	當購二兩	他們要購買的物品不能供應
321	山	毋敢伐材木山林及雍（壅）隄水	在山坡上玩兒
322	巫	妻=（妻，妻）爲巫	一個法國女巫甚至寫了本書
323	負	其不備，出者負之	擔負起哺育幼崽的重任
324	氣	其口鼻氣出渭（喟）然	是一種有毒氣體
325	乘	射虎車二乘爲曹	用密度乘以它的體積
326	許	耆弱相當，許之	時間上不允許
327	寄	寄乙=（乙，乙）受	供臨時寄存貨物的地方
328	視	診必先謹審視其跡	作爲一種視覺藝術
329	葬	今甲病死已葬	徹底埋葬了美國的奴隸制
330	等	其小大、短長、廣亦必等	公轉周期相等
331	節	得於酉（酒）、脯脩節肉	裸露的骨節刺着她柔軟的手
332	傳	行傳書、受書	這也是我們要傳遞出去的信息
333	殿	馬殿，令、丞二甲	戰後新建的宮殿共 7 棟
334	雖	雖有母而與其母冗居公者	他雖然還不是共産黨員

編號	共有常用字	《睡虎地秦簡》文例	現代漢語文例
335	右	其右角痏一所	右邊則繪有一只鵋鶀
336	代	吏代賞（償）	日心説最終代替了地心説
337	白	得之犬肉、鮮卵白色	我就穿白色的鞋子好了
338	地	地堅	脚離地面還差一大截
339	耳	疵在耳	他後來耳朵有點兒聾
340	安	五曰安家室忘官府	他買了房子，準備在這裡安家落戶
341	求	則以權衡求利	謀求地區和世界霸權
342	兩	十六兩以上	兩人都是半斤八兩
343	物	以買它物	還有無數小物體和塵埃
344	舍	令人勿紤（近）舍	先民們的屋舍沒有窗戶
345	屋	囷屋蘠（墻）垣	房屋里的燈光都打開
346	張	張，百事吉	他的老師姓張
347	築	三月中逋築宮廿日	上游修築水庫
348	稟	入頃芻稾	大部分藏書和手稿化爲灰燼
349	離	畜鷄離倉	我沒離開牛街住過
350	壞	未卒堵壞	不斷地被損壞
351	伍	除伍人	孩子們三人一伍向前走去
352	伐	木可以伐者爲“梃”	大面積砍伐森林
353	投	有投書，勿發	貨物不能按時投遞

編號	共有常用字	《睡虎地秦簡》文例	現代漢語文例
354	刺	即端以劍及兵刃刺殺之	開槍刺殺了林肯
355	迹	類劍跡	不留一點痕跡
356	執	與牢隸臣某執丙	我想請您執筆撰寫這篇文章
357	祭	祭祀、家（嫁）子	他們十分重視祭祀祖先
358	粟	食其母日粟一斗	小米學名叫粟
359	黑	面有黑子焉	綠黑色的是黃銅礦
360	羣	其爲群盜	放手發動群衆
361	獄	凡訊獄	御史臺有件獄案要定
362	衝	徹未，衝申，剽酉	產生神經衝動
363	駕	駕傳馬，一食禾	學習艦船駕駛
364	爵	皆不得受其爵及賜	軍功越大，授給的爵位越高
365	斷	葆子獄未斷而誣告人	不易判斷真假
366	於	歲讎辟律於御史	她將自己的手交於他的掌心
367	升	醬半升	一升等於一千毫升
368	共	皆八馬共	大家都是爲了一個共同的目標
369	折	皆不勝任而折	路邊不斷看到折斷的樹木
370	邑	興徒以爲邑中之紅(功)者	時代更替，城邑興衰
371	明	令吏民皆明智(知)之	你明白了吧
372	美	以生子，既美且長	土星有一個美麗的光環

編號	共有常用字	《睡虎地秦簡》文例	現代漢語文例
373	處	上恒書太守處	圖書館坐落在港口的入口處
374	常	祠常行道右	我不經常出門
375	敗	及積禾粟而敗之	罐頭已腐敗變質
376	萬	咸陽十萬石一積	七十萬華北駐軍全面崩潰
377	開	開子，閉丑	他把電視打開
378	强	其故吏弗欲，勿强	強求一致是行不通的
379	遠	計其輸所遠近	他下令軍隊，無論遠近，立即集中
380	署	行命書及書署急者	專輯的署名權不是我
381	摯	摯（執）盜賊	鮑叔牙是管仲的摯友
382	犯	凡行者毋犯其大忌	公民觸犯法律將依法受懲
383	奴	人奴擅殺子	夏王朝是奴隸社會的開端
384	武	庚戌生子，武而貧	趙氏孤兒長大成人，文武雙全
385	典	某里典甲曰	典獄長明智地向一位專家求助
386	匿	妻所匿三百	藏匿多年的犯罪嫌疑人
387	辱	不羞辱，輕惡言而易病人	我一時羞辱難當
388	徐	毋以丑徐（除）門户	打開降落傘徐徐下落
389	斬	毋以木〈未〉斬大木	誤了刑期要斬首
390	傅	毋除士五（伍）新傅	少林師傅個個武藝了得
391	楚	十月楚冬夕	李斯是楚國上蔡人

編號	共有常用字	《睡虎地秦簡》文例	現代漢語文例
392	辟	伍人相告，且以辟罪	袁世凱妄圖復辟帝制
393	薪	凡糞其不可買（賣）而可以爲薪	農民現在已不去伐薪生火
394	口	口鼻氣出渭（喟）然	將口吐白沫的老人背了回來
395	戈	玄戈毄（繫）尾	玄戈是古代星官名
396	左	斬左止	左邊是一隻大袋鼠的圖案
397	印	唯倉自封印者是度縣	他們的守護神也被封印了
398	玄	玄戈毄（繫）心	發動“玄武門之變”
399	血	腦角出（頔）皆血出	一般動物的血液都是紅的
400	米	舂之爲糲(糲)米一石	南方人喜食米飯
401	私	或私用公車牛	羅納爾多私自離隊前往倫敦
402	弟	生子毋（無）弟	諾貝爾的弟弟因此喪生
403	具	木大具	當時我國不具備這樣的能力
404	屈	恿（勇）能屈	大丈夫能屈能伸
405	訊	治（笞）訊某	宗教法庭對他進行殘酷審訊
406	黄	贏髮黄目	閃耀着柔和的橙黄色光輝
407	産	畜産肥胔（胔）	如何推銷自己的產品
408	敬	敬上勿犯	你要尊敬他們
409	程	爲計，不同程者毋同其出	開荒毀林在一定程度上破壞了環境
410	端	以矯端民心	糾正了錯誤，端正了方向

編號	共有常用字	《睡虎地秦簡》文例	現代漢語文例
411	養	尊賢養孽	皇子皇孫平常養尊處優
412	劍	以良劍刺其頸	練點太極拳太極劍
413	課	有（又）且課縣官	新課程改革也逐步在全國推廣
414	履	以絲雜織履＝（履，履）有文	扮演一位西裝革履的闊少爺
415	擅	三曰擅裚割	他擅長籃板球
416	頭	人臥而鬼夜屈其頭	極樂鳥頭部爲金綠色
417	獨	以一曹事不足獨治殹（也）	因此單獨出去很困難
418	龍	取（娶）妻龍日	龍鬚溝在北邊
419	冗	與其母冗居公者	他放下手頭冗雜的商務
420	立	掇民之欲政乃立	建立革命根據地
421	穴	鼷穴三當一鼠穴	無意中發現這個洞穴
422	兆	朝兆得，晝夕不得	可能是心絞痛的前期徵兆
423	别	計禾，别黄、白、青	這基本沒什麽區别了
424	初	今初任者有罪	選民迎着初春的朝陽
425	狀	上如豬竇狀	它的形狀很像江河中的漩渦
426	星	五月，東井、七星大凶	古人對很多星宿都是忌諱的
427	神	上下群神鄉（饗）之	可可被譽爲“神仙飲料”
428	尉	令、尉、士吏弗得	此人是退役上尉
429	貴	夾頸者貴	他收的學生不管富貴貧賤

編號	共有常用字	《睡虎地秦簡》文例	現代漢語文例
430	勞	駕縣馬勞	這使我非常疲勞
431	會	丙與里人及甲等會飲食	邀請他們來家裡聚會
432	愛	生子，人愛之	但劇院畢竟是我喜愛的地方
433	僞	發僞書	其僞造手段高明
434	鼻	盜者大鼻	捏着鼻子吃完早餐
435	寡	孤寡窮困	使孤寡老人得到照顧關懷
436	輸	計其輸所遠近	故意耽誤運輸
437	又	大事又（有）慶	他帶着部隊又回來了
438	天	天以震高山	天空是灰黄的一片
439	目	令耳悤（聰）目明	它吸引了所有人的目光
440	任	大嗇夫、丞任之	遠警雷達擔任遠距離監視的任務
441	把	甲把其衣錢匿臧（藏）乙室	他就把這個都寫下來
442	步	垣東去内五步	走出了這一步
443	牡	牡犬一	像牡牛一般歪着頭
444	往	乙且往盜	他爲了生意往返於兩地
445	房	人已穴房内	食物的香味瀰漫了整個房間
446	重	官吏有重罪	長安受到嚴重威脅
447	風	寒風入人室	改變了冷風的流動方向
448	旁	宇四旁高	四旁的窗户取代了天窗

編號	共有常用字	《睡虎地秦簡》文例	現代漢語文例
449	曹	以一曹事不足獨治殹(也)	司馬炎奪去了曹魏政權
450	移	民心將移乃難親	很多中國人開始移居到美國
451	御	田嗇夫、部佐謹禁御之	鄉村御民思想仍然存在
452	減	減罪一等	臭氧層正日益減少
453	補	韋革、紅器相補繕	歐美正積極與伊拉克修補關係
454	幾	捕亡完城旦，購幾可(何)	你有幾個小孩兒呀
455	種	種時、治苗時各二旬	播種的季節快到了
456	髮	髮長二尺	我的頭髮都沒乾過
457	賜	賜田嗇夫壺酉（酒）束脯	他把財寶賞賜給士兵
458	稼	稼已生後而雨	莊稼和植物生長的條件良好
459	謀	甲謀遣乙盜	李世民積極參與謀劃
460	環	道周環宇	地球環繞太陽公轉
461	臨	臨材（財）見利	我軍面臨經濟困難
462	丈	犬恒夜入人室，執丈夫	她的丈夫在外地工作
463	丘	取故丘之土	它的大小衹有座小山丘那麼大
464	光	不見其光	晚上晝晝光線昏暗
465	蟲	有众蟲襲入人室	能毒死附近的昆蟲

下面，對以上保留在現代漢語常用字中的465個字進行簡要

分析。表面上看，這465個字在《睡虎地秦簡》和現代漢語中都屬常用字，但這些常用字的所指，有的完全相同，有的並非完全相同。下面進行簡要分析。

（一）完全相同

《睡虎地秦簡》中的意義和現代漢語中的常用意義完全相同。如：

“鼻”：

在《睡虎地秦簡》中“鼻”義是“呼吸兼嗅覺的器官”：

“解索，其口鼻氣出渭（喟）然。”（《睡虎地秦簡·封診式》66）

在現代漢語中“鼻”的常用義也是“嗅覺器官”：

“現在蔣介石在其他各戰場，碰得鼻青眼腫。”（杜鵬程《保衛延安》第二章）

“山”：

在《睡虎地秦簡》中“山”義是“地面上由土石構成的隆起部分”：

“春二月，毋敢伐材木山林及雍（壅）隄水。”（《睡虎地秦簡·秦律十八種》4）

在現代漢語中“山”的常用義是“地面上由土、石形成的高聳的部分”：

“山舞銀蛇，原馳蠟象。”（毛澤東《沁園春·雪》）

這類在《睡虎地秦簡》中的意義和現代漢語中的常用意義完全相同的字，它如：在《睡虎地秦簡》中用於表示數的字“一”、“二”、“十”、“五”、“三”、“六”、“七”、“四”、“百”等，用於表示名物的字“日”、“月”、“水”、“火”、“鼠”、“羊”、“妻”、

"父"、"母"等，用於表示行爲動作的字"聽"、"殺"、"盜"、"請"、"出"、"種"等，這類字數量不多，卻是漢語的基本用字。正是由於這些字的意義在長時間的歷史過程中基本沒有發生變化，因而同發展緩慢的語法結構一起，保證了漢語的穩定性，也體現了古今漢語之間的繼承關係。

（二）所指不同，但二者有聯繫

《睡虎地秦簡》中的常用字的意義與現代漢語中的常用字的常用意義二者表面上看所指不同，但實際上二者是有聯繫的。如：

"購"：

在《睡虎地秦簡》中"購"義是"獎賞"：

"甲告乙賊傷人，問乙賊殺人，非傷毆（也），甲當購＝（購，購）幾可（何）？當購二兩。"（《睡虎地秦簡·法律答問》134）

在現代漢語中"購"的常用義是"購買"：

"那時買書，是節衣縮食，所購完全是革命的書。"（孫犁《秀露集·書的夢》）

"宫"：

在《睡虎地秦簡》中"宫"義是"房屋、居室"：

"三月中逋築宫廿日。"（《睡虎地秦簡·封診式》97）

秦漢以後，一般衹有封建帝王的殿堂、住房才能叫做"宫"，如："未央宫"、"阿房宫"，有的寺廟也可以叫做"宫"。

在現代漢語中"宫"的常用義是"群衆文化活動或娛樂用的房屋的名稱"：

"這兒是我們親愛的少年宫，燈火把大雨照得霧似的迷蒙。"

(柯岩《紅領巾的歌·最美麗的畫冊》)

（三）完全不同，二者無任何聯繫

《睡虎地秦簡》中的常用字的意義與現代漢語中的常用字的常用意義二者沒有任何關繫，只是文字符號相同而已。如：

“程”：

在《睡虎地秦簡》中“程”義是“品類、規格”：

“爲計，不同程者毋同其出。”（《睡虎地秦簡·秦律十八種》99）

在現代漢語中“程”的常用義是“程序”：

“她下了臺，戲就開了，觀衆們高高興興地看戲，好像剛才那一幕也是在程序之中的。”（老舍《柳屯的》）

“且”：

在《睡虎地秦簡》中“且”義是“若、如果”：

“可（何）謂‘州=告=’（‘州告’？‘州告’）者，告罪人，其所告且不審，有（又）以它事告之。”（《睡虎地秦簡·法律答問》100）

在現代漢語中“且”的常用義是“並且、而且”：

“中國人民、中國共產黨和中國真正的革命民主派，卻聽見了並且記住了這個勞動者的遺囑。”（毛澤東《將革命進行到底》）

二、僅《睡虎地秦簡》有的常用字研究

《睡虎地秦簡》常用字 538 個，除以上 465 個也出現在現代漢語常用字中以外，另有未出現在現代漢語常用字中的有 73 個字。這 73 個字如下：

毋、酉、巳、寅、貲、戌、毆、卯、曰、戊、庚、嗇、癸、弗、壬、矣、廿、妾、毄、臧、垣、丞、稟、佐、詣、兇、朔、敫、舂、徙、臽、叚、爰、翏、黥、焉、徹、柀、鄠、輒、卅、芻、膾、疵、繇、夬、鬭、酢、剽、燔、窞、埜、邋、苑、囷、谷、柖、榣、誶、奎、瘁、閈、卌、貍、徼、戌、亟、枳、衺、葆、啻、繕、抉

這些字沒出現在現代漢語常用字中，主要原因是受文獻內容的限制。《睡虎地秦簡》的主體是法律文獻、數術文獻，因此用字相應地多與法律、數術內容相關，例如：

與法律、刑罰、官職及其相關的用字："貲"、"嗇"、"妾"、"毄"、"臧"、"丞"、"稟"、"佐"、"詣"、"舂"、"叚"、"爰"、"黥"、"鄠"。其文例如下：

"縣嗇夫若丞及倉、鄉相雜以印之。"（《睡虎地秦簡·秦律十八種》21）

"五人盜，臧（贓）一錢以上，斬左止，有（又）黥以爲城旦。"（《睡虎地秦簡·法律答問》1）

與數術占卜及其相關的用字："敫"、"徹"、"閈"、"啻"。其文例如下：

"正月二月，子秀，丑戌正陽，寅酉危陽，卯敫。"（《睡虎地秦簡·日書甲種》26正壹）

"九月十月，申秀，酉午正陽，戌巳危陽，亥敫，子辰萬，丑卯陰，寅徹，未結。"（《睡虎地秦簡·日書甲種》30正壹）

與紀年紀時及其相關的用字："酉"、"巳"、"寅"、"戌"、"戊"、"庚"、"癸"、"壬"、"朔"，現代社會已經不再採用干支紀年，因此這些字的使用頻率自然就降低了。其文例如下：

“裴衣，丁丑媚人，丁亥靈，丁巳安於身，癸酉多衣。”（《睡虎地秦簡·日書甲種》26正貳）

“入十月朔日心。”（《睡虎地秦簡·日書甲種》94背貳）

以上這些字，都是由於文獻内容原因導致其出現頻次較高。

還有一些常用作虛詞的字，如“焉”、“矣”、“毋”、“弗”、“輒”等，這些字，現代漢語多已不用或已被其他字代替，現分述如下：

“焉”、“矣”已基本上不用。

“毋”、“弗”被“不”代替。例如：

《睡虎地秦簡》例：

“春二月，毋敢伐材木山林及雍（壅）隄水。”（《睡虎地秦簡·秦律十八種》4）

“乘馬服牛稟，過二月弗稟、弗致者，皆止，勿稟、致。”（《睡虎地秦簡·秦律十八種》11）

現代漢語例：

“黄浦的夕潮不知怎的已經漲上了。”（茅盾《子夜》一）

“輒”被“就”代替。例如：

《睡虎地秦簡》例：

“興徒以斬（塹）垣離（籬）散及補繕之，輒以效苑=吏=（苑吏，苑吏）循之。”（《睡虎地秦簡·秦律十八種》117）

現代漢語例：

“兩個匆匆忙忙地分了手，趙國光先生就祇好撇下了後臺的事。”（張天翼《歡迎會》）

另外還有一些常用作實詞的字，如“曰”、“疵”、“廿”、“卅”、“垣”等，這些字，現代漢語也多已不用或已被其他字代替，現分述如下：

動詞"曰"被"説"代替。例如：

《睡虎地秦簡》例：

"有（又）曰：'不能定罪人，而告它人，爲告不審。'"（《睡虎地秦簡·法律答問》96）

現代漢語例：

"小晚説：'説好話的沒有，説壞話的可不少。'"（趙樹理《登記》二）

"疵"被"病"代替。例如：

《睡虎地秦簡》例：

"盜者兑（鋭）口，希（稀）須（鬚），善弄，手黑色，面有黑子焉，疵在耳，臧（藏）於垣內中糞蔡下。"（《睡虎地秦簡·日書甲種》69背）

現代漢語例：

"妞子那衰弱的小身體抗不住疾病的折磨，幾度抽搐，她就兩眼往上一翻，不再動了。"（老舍《四世同堂》九十七）

數詞"廿"被"二十"代替。例如：

《睡虎地秦簡》例：

"二月東辟（壁）廿七日。"（《睡虎地秦簡·日書乙種》90叁）

現代漢語例：

"再過二十年我們來相會，那時的山哦那時的水，那時風光一定很美。"（谷建芬《二十年後再相會》）

名詞"垣"被"墻"代替。例如：

《睡虎地秦簡》例：

“內北有垣=（垣，垣）高七尺，垣北即巷毆（也）。”（《睡虎地秦簡·封診式》79）

現代漢語例：

“長城的城墻是灰色的，濃重中透着一種冷峻；故宮的宮墻是朱砂色的，深沉中顯出一種威嚴。”（章武《綠的歌·北京的色彩》）

《睡虎地秦簡》高頻字和中頻字共538個，排除文獻內容因素的影響，這些字應當都可以看成是《睡虎地秦簡》的常用字。與現代漢語3500個常用字相對比，其中有465個字出現在現代漢語常用字中，衹有73個字沒有出現在現代漢語常用字中。而這73個字就是主要受文獻內容因素的影響，其出現頻次才會這麼高的；其次是一些古代漢語的常用字，而現代漢語已基本不用或已被其他字所代替，真正由於客觀事物的消亡而造成漢字消亡的幾乎沒有，這説明，從《睡虎地秦簡》用字到現代漢語用字，其常用字主體相當穩固的，期間衹是一些漢字的替換而已。

參考文獻：

[1] 張顯成《秦簡逐字索引》，四川大學出版社，2010年。

[2] 張顯成《簡帛文獻學通論》，中華書局，2004年。

[3] 許慎《説文解字》，中華書局，2009年。

[4] 向熹《古代漢語知識辭典》，四川出版集團、四川辭書出版社，2007年。

[5] 漢語大字典編輯委員會《漢語大字典》，四川辭書出版社、湖北辭書出版社，2000年。

[6] 羅竹風《漢語大詞典》，漢語大詞典出版社，1998年。

[7] 李波《史記字頻研究》，商務印書館，2006年。

[8] 劉樂賢《睡虎地秦簡日書研究》，文津出版社，1994 年。

[9] 魏德勝《〈睡虎地秦墓竹簡〉語法研究》，首都師大出版社。2000 年。

[10] 王子今《睡虎地秦簡〈日書〉甲種疏證》，湖北教育出版社，2003 年。

[11] 吳小強《秦簡日書集釋》，嶽麓書社，2000 年。

[12] 楊伯峻、何樂士《古漢語語法及其發展》，語文出版社，2001 年。

[13] 朱岩《中國古籍用字字頻與分佈統計分析》，《國家圖書館學刊》2004 年第 3 期。

[14] 倪婭嵐《〈睡虎地秦簡〉用字頻度研究》，西南大學碩士學位論文，2013 年。

秦簡副詞研究

張顯成　胡　波*

摘　要：研究出土文獻中的漢語副詞具有重要意義，通過對秦簡副詞的全面研究，共得副詞 134 個。依據其語義和功能，可分爲七類，每一類下面有的可再分爲若干小類。其中單音節副詞 128 個，複音節副詞 6 個。秦簡中副詞不受他類詞的修飾，不能單獨回答問題，絕大多數副詞在句中作狀語，衹有極少數副詞的使用情況比較特殊。這些副詞基本上都是承襲先秦漢語而來，新産生的副詞或副詞出現新義的共有 23 個。

關鍵詞：秦簡；副詞；研究

一、秦簡及其副詞概況

以前的古漢語語法研究，往往局限於傳統的典籍，而 20 世

* 張顯成，西南大學漢語言文獻研究所 教授；出土文獻綜合研究中心 研究員 重慶北碚 400715。胡波，西南大學漢語言文獻研究所 講師；出土文獻綜合研究中心 助理研究員 重慶北碚 400715。

紀後半世紀，語法學者們努力擴大研究範圍，開始充分利用出土文獻。自 20 世紀初以來，不斷發掘出土的大批文獻材料，爲我們的古漢語研究提供了珍貴而真實的“同時資料”，從一定程度上彌補了“基本資料”的不足。本文即以現已公佈的秦簡作爲研究材料，對其中的副詞進行窮盡性地考察與分析，力求對秦簡的副詞有一個比較全面的論述，希望能爲簡帛虛詞研究、漢語虛詞研究及漢語語法史的研究提供一份可靠而有價值的材料。

所謂秦簡，是指秦國和秦朝的簡牘，包括秦統一中國以前和統一中國以後的簡牘。因秦簡自有其特點，自成體系，故我們按一般的習慣，不把秦統一中國以前的秦簡歸入“戰國簡”[①]。已知的秦簡達 4 萬多枚，字數已近 100 萬，但有些還未全部公佈[②]。我們選取其中系統性較强、文意較爲連貫的秦簡材料作爲本文的研究語料，計 8 批：（1）睡虎地秦墓竹簡（簡稱“睡簡”），（2）天水放馬灘秦墓竹簡（簡稱“放馬灘”），（3）龍崗秦墓竹簡（簡稱“龍崗”），（4）周家臺秦墓簡牘（簡稱“周家臺”），（5）龍山里耶戰國——秦代古城一號井竹簡（簡稱“里耶”），（6）雲夢睡虎地秦墓木牘（簡稱“睡牘”），（7）青川秦更修田律木牘（簡稱“青川”），（8）江陵嶽山秦墓木牘（簡稱“嶽山”）。

本文副詞的定義是：副詞是對謂語或謂詞性成分起修飾限制或補充説明作用，在句中主要用於謂語前作狀語，有時可以用於謂語後作補語，甚至還可以用於句首作整個句子的狀語，同時還

---

① 張顯成《簡帛文獻學通論》，中華書局，2004 年，頁 70。
② 主要是“龍山里耶戰國——秦代古城一號井竹簡”和“嶽麓書院藏秦簡”，均衹公佈了少部分。

表示動作行爲或狀態性質的各種特徵、方式、範圍等的一類詞。

秦簡共有134個副詞。結合秦簡的實際語言狀況，並參照前人的相關研究成果，本文以"語義特徵和語法功能特徵相結合"爲原則來劃分副詞的次類，將秦簡中的副詞分爲以下7類：時間副詞、程度副詞、範圍副詞、頻率副詞、否定副詞、情態副詞和語氣副詞。詳見下表。

從下表我們可以看出，秦簡七大類副詞中，絕大多數意義比較單一，衹是屬於某一個意義小類。當然，秦簡中副詞的內部也有兼跨兩個大類的情況，共有12個，約佔副詞總數的9%，具體兼類情況如下：

(1) 唯：語氣副詞兼範圍副詞　(7) 獨：語氣副詞兼範圍副詞
(2) 或：語氣副詞兼頻率副詞　(8) 苟：語氣副詞兼情態副詞
(3) 即：語氣副詞兼時間副詞　(9) 故：語氣副詞兼情態副詞
(4) 雜：情態副詞兼範圍副詞　(10) 交：情態副詞兼範圍副詞
(5) 更：情態副詞兼頻率副詞　(11) 亟：時間副詞兼頻率副詞
(6) 乃：範圍副詞兼時間副詞　(12) 稍：範圍副詞兼時間副詞

另外某一個大類副詞內部也有兼跨幾個小類的現象，如時間副詞"即、乃、已、時、輒"等5個、否定副詞"毋、莫"和情態副詞"善"。秦簡副詞中未出現兼跨三個大類或小類的情況。

我們對秦簡副詞進行分類，可以讓我們看到各類副詞它們在各自意義和用法上有相互區別的一面，同時秦簡副詞內部所存在的兼類現象，又讓我們看到了副詞內部及副詞的各個小類之間意義和用法又有相互聯繫的一面。

下面對秦詞各類副詞分別予以論述。

表一：秦簡副詞總表

類別	詞量	小類		詞目
時間副詞	39	表示動作行爲發生的時間	表過去	嘗(嘗)
			表完成	已$_{1}$、以、既
			表現在	方
			表將來	且、將、一睹(曙)
		表示有關動作行爲發生的時間狀態	表先後	先、前、後
			表纔始	初、始、毚(纔)、新、誧(甫)、乃
			表相接	已$_{2}$、輒$_{1}$、即$_{1}$、乃$_{2}$
			表持續	猶、行、乃(仍)、尚
			表長久	久
			表迅疾	乍、勿(忽)、即$_{2}$、遽、輒$_{2}$、亟、立、趣
			表經常	雅、時$_{1}$、恒
			表及時	時$_{2}$
			表緩慢	稍
程度副詞	9	表程度高低	表程度最高	最
			表程度過甚	大(太)
			表程度很深	孰(熟)、深、甚、大
			表程度輕微	少(小)、少
		表程度变化	表加深	益
範圍副詞	24	表总括	表共同	偕、共、相爲、并
			表全體	欽(咸)、稍、皆、一、盡、索(索) 雜、兼、交、畢(畢)、具、悉
			表泛指	凡
		表限定	表僅限	徒、直、唯、獨、乃
			表部分	柀、異
頻率副詞	10	表重複多次		有(又)、再、復、數、比、重、更、或、亟
		表類同		亦
否定副詞	13	表單純否定	表敘述否定	不、弗、毋$_{1}$、莫$_{1}$、亡
			表判斷否定	非
			表過去否定	未、未嘗
		表禁止否定		毋$_{2}$、勿、勿庸、莫$_{2}$、罔
情態副詞	20	表方式	表輪流	更
			表互相	交、相、相與
		表狀態	表雜亂	雜
			表公開	明
			表自然	自
			表善於	善$_{1}$
			表態度	善$_{2}$
			表强行	強

二、秦簡時間副詞

時間副詞是表示動作行爲發生的時間或與動作行爲有關的時間狀態的副詞，其語義特點就是表示時間觀念，其功能特徵就是在句中作狀語起修飾限制的作用；在句法結構中，時間副詞一般用於主語之後、謂語中心語之前，個别可用於句首。秦簡時間副詞共有 39 個①，其中單音節詞 38 個，複音節詞僅 1 個。

由於時間副詞是漢語副詞中數量較多的一個次類，所以有必要進行再分類。根據語義，我們將秦簡時間副詞分爲表示動作行爲發生的時間和表示有關動作行爲發生的時間狀態兩大類，這兩類按照意義又可以分爲若干小類。

秦簡時間副詞大多用於動詞或動詞謂語前，極少數用於形容詞或名詞謂語前，主要修飾謂語作狀語；極少數時間副詞還可以用於動詞謂語後作補語或用於句首作全句的狀語。秦簡 39 個時間副詞中，用於動詞或動詞謂語前的有“賞（嘗）、已$_1$、以、既、方、且、將、先、前、後、初、始、毚（纔）、新、誧（甫）、乃$_1$、已$_2$、輒$_1$、即$_1$、乃$_2$、猶、行、乃（仍）、尚、久、勿（忽）、即$_2$、遽、輒$_2$、亟、立、趣、雅、時$_1$、恒、時$_2$、稍”等 37 個，共 465 例，佔 98.3％。另外“始”和“乃$_1$”還可以用

① 本文對各類副詞進行統計時，其中一詞可表多個小類的，我們分别計算，即重複計算次類下面兼跨幾個小類的副詞。我們這樣做衹是爲了方便本文討論副詞的用法，例如“已”作時間副詞時有兩種不同的用法，一是表完成，一是表相接，原則上來説，應該衹能計算爲一個時間副詞，但我們仍然用“已$_1$”和“已$_2$”加以區分，以表示它們之間的區别，並分别計算，這樣做衹是爲了本文討論的需要。其他各類副詞情况同。

於形容詞謂語前，各1例；“後”還可以用於動詞謂語後，共2例；“將”還可以用於句首，僅1例。“一睹（曙）”衹用於句首，共2例；“乍”衹用於名詞謂語前，共2例。下面是秦簡時間副詞類別、語法功能情況表。

表二：秦簡時間副詞類別、語法功能情況表

時間副詞		位置	動詞或動詞謂語前	動詞或動詞謂語後	形容詞謂語前	名詞性謂語前	句首	合計
表示動作行爲發生的時間	表過去	賞（嘗）	3					3
	表完成	已$_1$	85					85
		以	1					1
		既	7					7
	表現在	方	1					1
	表將來	且	14					14
		將	6				1	7
		一睹（曙）					1	1
表示有關動作行爲發生的時間狀態	表先後	先	35					35
		前	13					13
		後	26	2				28
	表纔始	初	11					11
		始	13		1			14
		毚（纔）	2					2
		新	5					5
		誧（甫）	2					2
		乃$_1$	24		1			25
	表相接	已$_2$	1					1
		輒$_1$	14					14
		即$_1$	42					42
		乃$_2$	44					44
	表持續	猶	2					2
		行	1					1
		乃（仍）	1					1
		尚	3					3
	表長久	久	4					4
	表迅疾	乍				2		2
		勿（忽）	1					1
		即$_2$	23					23
		遬	2					2
		輒$_2$	10					10
		亟	27					27
		立	1					1
		趣	1					1
	表經常	雅	1					1
		時$_1$	2					2
		恒	32					32

秦簡時間副詞有以下幾個特點：

（一）秦簡時間副詞體系比較完備，種類全，表義準確；以單音節詞爲主，秦簡39個時間副詞中，單音節詞38個，複音節詞衹有1個。

（二）秦簡時間副詞以繼承爲主。秦簡39個時間副詞中，早在甲骨文中出現的有“既、先、$乃_1$、後”4個[①]。在兩周金文中出現的有“既、將、初、新、方、尚、$時_1$、先、後”9個，其中東周金文纔出現的有“將、方、$時_1$”3個[②]，《詩經》中出現的有“既、方、將、且、始、初、先、恒、$時_2$”9個[③]。《國語》中出現的有“嘗、$已_1$、既、方、將、$即_2$、亟、始、初”9個[④]，《孟子》中出現的有“嘗、方、恒、既、將、亟、且、$已_1$、乍”9個[⑤]，《莊子》中出現的有“既、$已_1$、嘗、將、且、先、前、$即_1$、方、久、始、新”12個[⑥]，《楚辭》中出現的有“既、嘗、將、先、後、$乃_2$、始、忽、遽、方、猶、尚、久、新”14個[⑦]，《荀子》中出現的有“嘗、亟、既、將、始、且、$已_1$、以、方”

① 參見張國豔《甲骨文副詞研究》，西南師範大學碩士論文，2002年6月，頁56。

② 參見郭莉《兩周金文副詞初探》，華南師範大學碩士論文，2004年6月，頁36。

③ 參見任雪梅《〈詩經〉副詞研究》，吉林大學碩士論文，2006年6月，頁19—20。

④ 參見王啟俊《〈國語〉虛詞研究》，安徽大學碩士論文，2007年4月，頁3—8。

⑤ 參見孫尊章《先秦時間副詞研究》，西南師範大學碩士論文，2005年6月，頁31。

⑥ 參見張海濤《〈莊子〉副詞研究》，廣西師範大學碩士論文，2003年4月，頁24—26。

⑦ 參見陳明富《〈楚辭〉虛詞研究》，內蒙古師範大學碩士論文，2004年4月，頁39—43。

9個[①]。從前面的分析可知，秦簡時間副詞承襲甲金文與傳世文獻而來的有31個，佔79.5%；新產生的時間副詞有"一睹(曙)、毚(纔)、已$_2$、輒$_1$、行、輒$_2$、乃(仍)、雅"等8個，佔20.5%。新產生的時間副詞中衹有1個複音節詞，其餘都是單音節詞。

（三）秦簡時間副詞内部分工較明確，交叉現象少，交叉的衹有"已、乃、即、輒、時"等5個。

（四）秦簡時間副詞各小類之間發展不平衡，有的小類衹有1個詞，有的小類則包含多達8個表義較爲接近的詞。另外使用頻率也相差較大，除"已$_1$、乃、即、先、後、輒、恒"等幾個用例較多外，其他的詞的用例相對較少。秦簡新產生的時間副詞"一睹(曙)、已$_2$、行、乃(仍)、雅"等5個均各衹有1例，"毚(纔)"也衹有2例。其它衹有1例的還有"以、方、勿(忽)、立、趣、時$_2$"等6個，衹有2例的還有"誧(甫)、猶、乍、遽"等4個。

三、秦簡程度副詞

程度副詞是表示性質狀態或某些動作行爲所達到的各種程度的副詞，其語義特徵就是表示某種性質狀態或某些動作行爲的程度；在句法結構中，程度副詞主要用於形容詞或形容詞謂語、動詞或動詞謂語前作狀語，起修飾限制的作用。秦簡程度副詞共有9個，都是單音節詞。

① 參見黄珊《〈荀子〉虛詞研究》，河南大學出版社，2005年，頁13。

漢語中程度副詞相對較爲封閉，内部成員也不多，而且它們的詞彙意義已經虚化，主要是用於表達某種語法意義。我們根據其所表示的程度的不同，將秦簡程度副詞分爲表示程度高低和表示程度變化兩大類，其中表示程度高低的下面又可以分爲若干小類，其類别如下：

表示程度高低，共 8 個，下分四類。一是表程度最高：最，4 例。二是表程度過甚：大（太），2 例。三是表程度很深：孰（熟），1 例；深，1 例；甚，6 例；大，79 例。四是表程度輕微：少（小），6 例；少，33 例。

表示程度變化，僅有“益”1 個，表示程度加深。

有關秦簡程度副詞的語法功能情況，詳見下表。

表三：秦簡程度副詞的語法功能情況表

位置 \ 程度副詞		最	大(太)	孰(熟)	深	甚	大	少(小)	少	益	合計
動詞或動詞謂語前(包括助動詞謂語)				1	1	2	25	4	17	2	52
形容詞或形容詞謂語	前	3	2			3	54	2	16	3	83
	後					1					1
名詞前		1									1
總計		4	2	1	1	6	79	6	33	5	137

從上表的統計可知，秦簡程度副詞主要修飾形容詞或形容詞謂語，其次是動詞或動詞謂語。秦簡 9 個程度副詞中，修飾形容詞或形容詞謂語的有“最、大（太）、甚、大、少（小）、少、益”等 7 個，共 84 例，佔 61.3%；修飾動詞或動詞謂語的有“孰（熟）、深、甚、大、少（小）、少、益”等 7 個，共 52 例，佔 38%；修飾名詞的衹有“最”1 例，佔 0.7%。衹修飾形容詞

的僅有“大（太）”1 個，祇修飾動詞或動詞謂語的有“孰（熟）、深”等 2 個，既可以修飾形容詞或形容詞謂語，也可以修飾動詞或動詞謂語的有“甚、大、少（小）、少、益”等 5 個。被修飾的動詞或動詞謂語、形容詞或形容詞謂語、名詞幾乎都緊接在程度副詞之後，僅有 1 例程度副詞用於所修飾的詞之後作補語。

有關秦簡程度副詞與不同詞類的搭配情況，詳下表。

表四：秦簡程度副詞與不同詞類的搭配情況表

（表中詞語後面的數字，爲秦簡中程度副詞所修飾的該詞的出現次數）

<table>
<tr><th colspan="3">搭配的詞類
程度副詞</th><th>形容詞</th><th>動詞（包括助動詞）</th><th>名詞</th><th>合計</th></tr>
<tr><td rowspan="8">表程度高低</td><td>表程度最高</td><td>最</td><td>多 1、富 1、高 1</td><td></td><td>下 1</td><td>4</td></tr>
<tr><td>表程度過甚</td><td>大(太)</td><td>甚 2</td><td></td><td></td><td>2</td></tr>
<tr><td rowspan="4">表程度很深</td><td>孰(熟)</td><td></td><td>笞 1</td><td></td><td>1</td></tr>
<tr><td>深</td><td></td><td>益 1</td><td></td><td>1</td></tr>
<tr><td>甚</td><td>衆 1、多 1、少 1、亟 1</td><td>害 1、不便 1</td><td></td><td>6</td></tr>
<tr><td>大</td><td>兇（凶）27、吉 22、祥 4、富 1</td><td>具 1、課 1、賞 1、顧 1 楮 1、殺 1、亡 1、瘳 11、稱 1、除 1、廢 1、咎 1、説 1、羸 1、敬 1</td><td></td><td>79</td></tr>
<tr><td rowspan="2">表程度輕微</td><td>少(小)</td><td>兇（凶）2</td><td>犯 1、殺 1、顧 1、楮 1</td><td></td><td>6</td></tr>
<tr><td>少</td><td>吉 16</td><td>瘳 12、喜 1、可 4</td><td></td><td>33</td></tr>
<tr><td>表程度變化</td><td>表加深</td><td>益</td><td>輕 1、易 1、久 1</td><td>利 1、憂 1</td><td></td><td>5</td></tr>
<tr><td colspan="3">總計</td><td>84</td><td>52</td><td>1</td><td>137</td></tr>
</table>

秦簡程度副詞有以下幾個特點：

（一）秦簡程度副詞全部都是單音節詞，沒有複音節詞。

（二）秦簡中表程度很深的 4 個副詞的使用頻率最高，共 87

例；其次是表程度輕微的 2 個副詞，共 39 例；表程度最高、表程度過甚和表程度變化的均衹有 1 個，且用例不多。由此可見，秦簡程度副詞的體系還不夠完備。這也説明戰國時期，是程度副詞發展的一個轉折點，表程度的任務主要還是由形容詞來擔當[①]。儘管如此，先秦兩漢時期較常用的程度副詞"至、極、太、甚、大、多、小、少、稍、最、益、彌、滋（茲）、愈（俞、逾、喻）、更、加"等 16 個[②]，秦簡中就有 7 個。

（三）秦簡中表程度很深的"大"常與表程度輕微的"少（小）"或"少"前後照應使用，形成對比，而且這 3 個程度副詞的使用頻率最高，共 118 例，佔總數的 86.1%，是秦簡中最重要的 3 個程度副詞。

（四）秦簡程度副詞所修飾的形容詞或形容詞謂語中，出現了 12 個形容詞，其中"兇（凶）"和"吉"出現頻率最高，共 67 例，佔形容詞謂語的 79.8%。這種情況的出現可能是因爲秦簡多爲占卜吉凶的日書類文獻，這從某種程度上也直接地增加了"大"、"少（小）"、"小"等 3 個程度副詞的用例。而在秦簡程度副詞所修飾的動詞或動詞謂語中，衹有 5 例是表示心理活動的動詞，僅佔動詞謂語的 10%。由此我們可以看出，秦簡程度副詞與謂語中心語的結合情況較爲特殊。

① 參見李杰群《〈孟子〉的副詞》，《北京廣播電視大學學報》1997 年第 3 期。
② 參見李明曉《戰國楚簡語法研究》，中山大學博士論文，2006 年 6 月，頁 95。

四、秦簡範圍副詞

範圍副詞是對施事、受事或動作行爲的範圍大小、數量表示總括或限定等的副詞。它一般用於主語之後、謂語中心語之前，有時候也可以用於句首，作狀語，語義可以指向主語、賓語或謂語等。秦簡範圍副詞共有 24 個，是秦簡副詞中數量較多的一個次類，其中單音節詞 23 個，複音節詞衹有 1 個。

秦簡範圍副詞主要用於動詞或動詞謂語前，其次用於句首，少部分用於形容詞謂語或名詞性謂語前，作狀語。秦簡範圍副詞都可以用於且大部分衹能用於動詞或動詞謂語前，共 213 例，佔 63.8%；可以用於句首的有"偕、凡、唯"等 3 個，共 88 例，佔 26.3%；可以用於形容詞謂語前的有"皆、盡"2 個，共 11 例，佔 3.3%；可以用於名詞性謂語前的有"皆、凡"2 個，共 11 例，佔 3.3%。秦簡 24 個範圍副詞中，以"皆"的使用頻率最高，且用法最爲靈活，它既可以用於動詞或動詞謂語前，也可以用於形容詞謂語、名詞性謂語或主謂謂語前，還可以用於代詞謂語前；其次是"凡"，它主要用於句首，還可以用於動詞或動詞謂語前、名詞性謂語前。另外，"唯"除了可以用於動詞或動詞謂語前和句首作狀語外，還可以用於前置賓語前，與其它詞語搭配使用，構成"唯……是＋動"的格式。有關秦簡範圍副詞的類別及其語法功能情況，詳見下表。

表五：秦簡範圍副詞的類別及其語法功能情況表

範圍副詞 \ 功能			作狀語：動詞或動詞謂語前	作狀語：形容詞謂語前	作狀語：名詞性謂語前	作狀語：主謂謂語前	作狀語：代詞謂語前	作狀語：句首	作狀語：前置賓語前	作謂語	合計
表總括	表共同	偕	6					1			7①
		共	11								11
		相爲	1								1
		并	3								3
	表全體	欽（咸）	1								1
		稍	1								1
		皆	116	10	8	3	2				139
		一	1								1
		盡	13	1							14
		索（索）	5								5
		雜	10								10
		兼	1								1
		交	2								2
		畢（畢）	2								2
		具	6								6
		悉	4								4
	表泛指	凡	3		3			85			91
表限定	表僅限	徒	1								1
		直	1								1
		唯	2					2	5		9
		獨	10							1	11
		乃	7								7
	表部分	枚	5								5
		異	1								1
總計			213	11	11	3	2	88	5	1	334

① “皆”另有3例因簡殘而不明其用法。

有關秦簡範圍副詞語義指向，詳見下表。

表六：秦簡範圍副詞語義指向表

範圍副詞 \ 語義指向			主語	謂語	賓語	兼語	其他		合計
							狀語	不明	
表總括	表共同	偕	7						7
		共	9			2			11
		相爲				1			1
		并	3						3
	表全體	欽(咸)			1				1
		稍			1				1
		皆	138			1		3	142
		一			1				1
		盡	8		6				14
		⿱宀索(索)	3		2				5
		雜	4		1	5			10
		兼			1				1
		交	2						2
		[illegible](畢)	2						2
		具			5	1			6
		悉			4				4
	表泛指	凡	85	5	1				91
表限定	表僅限	徒			1(介詞的賓語)				1
		直					1		1
		唯	2	2	5				9
		獨	8		2	1			11
		乃	6		1				7
	表部分	柀	3		2				5
		異		1					1
總計			280	8	34	11	1	3	337

秦簡範圍副詞有以下幾個特點：

（一）秦簡範圍副詞以單音節詞爲主，複音節詞衹有“相爲”1個。

（二）秦簡範圍副詞以承襲先秦漢語爲主，承襲先秦而來的副詞有 17 個，佔 70.8%，秦簡中出現新詞或新義的有“相爲、欽（咸）、稍、索（索）、乃、柀、異”等 7 個，佔 29.1%。

（三）秦簡範圍副詞以表總括爲主，有 17 個，共 302 例，佔 89.6%；而表限定的祇有 7 個，共 35 例，僅佔 10.4%。

（四）秦簡範圍副詞個體數量較多，但各詞之間的使用頻率相差較大。表總括的範圍副詞中以“凡”和“皆”兩個的用例最多，共 233 例，而且用法比較靈活。而其他範圍副詞的用例不是很多，其中“相爲、欽（咸）、稍、一、兼、徒、直、異”等 8 個均祇有 1 例。

（五）從語義指向情況來看，秦簡範圍副詞雖然主要用於修飾謂語，有 238 例，但在絕大多數情況下，其語義指向動作行爲的施事者或受事者，即主語、賓語或兼語，有 325 例，而語義指向動作行爲的，祇有 8 例。這是範圍副詞有別於其他副詞的顯著特點，可見範圍副詞所處的位置與所表達的語義之間不是一一對應的關係。秦簡範圍副詞中語義指向主語的有 14 個，語義指向賓語的有 15 個，語義指向兼語的有 6 個，而語義指向謂語的祇有 3 個。

五、秦簡頻率副詞

頻率副詞是表示動作行爲重複多次發生或表示類同關係的副詞。它一般用於動詞謂語前，有時還可以用於形容詞或形容詞謂語、介詞短語或其他副詞前，作狀語，起修飾限制的作用。秦簡頻率副詞共有 10 個，都是單音節詞。

根據語義，我們可以將秦簡頻率副詞分爲表重複多次和表類同兩大類，其中表重複多次的有 9 個，表類同的衹有“亦”1 個。

秦簡頻率副詞全部作狀語，主要用於修飾動詞或動詞謂語，衹有個別頻率副詞可以用於修飾形容詞或形容詞謂語和代詞謂語。秦簡 10 個頻率副詞全部都可以用於修飾動詞或動詞謂語，共 174 例，佔 97.8%；修飾形容詞或形容詞謂語的衹有“數”和“亦”2 個，共 3 例，佔 1.7%；修飾代詞謂語的衹有“亦”1 個，僅 1 例，佔 0.5%。另外，從句法位置上看，頻率副詞絕大多數直接用於主語之後、所修飾的謂語或詞之前，少部分頻率副詞與它所修飾的動詞謂語之間還可以插入介詞短語或其它副詞等作動詞謂語的修飾語，如“又”、“復”、“亦”等 3 個。

有關秦簡頻率副詞的類別及語法功能情況，詳見下表。

表六：秦簡頻率副詞的類別及語法功能情況表

頻率副詞＼功能		作狀語		
		修飾動詞或動詞謂語	修飾形容詞或形容詞謂語	修飾代詞謂語
表重複多次	有（又）	52		
	再	2		
	復	58		
	數	20	2	
	比	3		
	重	2		
	更	2		
	或	3		
	亟	1		
表類同	亦	31	1	1
總計		174	3	1

秦簡頻率副詞有以下幾個特點：

（一）秦簡頻率副詞全部都是單音節詞，沒有複音節詞。

（二）秦簡頻率副詞基本承自先秦漢語，衹有“比”是新出現的頻率副詞。有的詞直到現代漢語仍在使用，如“又”、“再”、“重”等 3 個；有的詞後來逐漸消失或被與之同義的新興詞所代替，如“復”在先秦已經產生，在唐以後衰落，用例逐漸減少，在元代作品中已很少見到[①]；“更”在先秦也早已產生，但不多見，到了明末作爲表重複的副詞當已消失，其地位由“再”替代[②]；“亦”先秦以來一直被廣泛使用，表類同，到了金代，在實際口語中，“也”對“亦”的歷史替換已基本完成，元明時代，“亦”已較爲少見[③]。

（三）秦簡頻率副詞中“又”衹表已然的重複；“復”既表已然的重複，也可以表未然的重複，且表已然的重複略佔優勢。

（四）秦簡頻率副詞以修飾動詞謂語爲主，修飾其它成分的衹有少數幾個用例。

下面專題考察秦簡“有”、“又”的語料分佈及用法差異問題。秦簡中“又”作頻率副詞，用於動詞謂語前，表示動作行爲或情況的重複或繼續，均表示已然的重複。“又”字多作“有”，“有”通“又”，《説文通訓定聲·頤部》：“有，假借爲又。”用法與“又”同。有關秦簡中“有”、“又”的語料分佈及用法差異情

① 參見李宗江《漢語重複副詞的演變》，載《漢語史研究集刊》第 5 輯，巴蜀書社，2002 年。

② 參見張國豔《居延漢簡虛詞研究》，華東師範大學博士論文，2005 年 4 月，頁 165。

③ 參見李宗江《“也”的來源及其對“亦”的歷史替換》，《語言研究》1997 年第 2 期。

況，詳見下表。

表七：秦簡“有”、“又”語料分佈及用法差異情況表

秦簡 \ 詞性		頻率副詞	存現動詞	並列連詞	不明	合計
睡簡	有	36	419	1		456
	又		11			11
放馬灘	有	11	111			122
	又	1			1	2
龍崗	有	3	13		5	21
	又					
周家臺	有		61			61
	又					
里耶	有	1	21			22
	又					
睡牘	有		1			1
	又					
青川	有		1			1
	又					
岳山	有		3			3
	又					
總計		52	641	1	6	700

說明：因簡殘而不明其用法的：“又”1例，見《放馬灘·日書乙》350；“有”5例，見《龍崗》29、63、113、229、283。

從上表我們可以看出，秦簡中“有”和“又”共有700例，而“又”衹有13例。我們通過考察發現，《睡簡》除日書外的其他文獻衹有“有”而無“又”；而日書中，既出現了“有”，也出現了“又”，“又”出現11例，不過都是假借爲“有”作存現動詞使用。《放馬灘》日書中也是既有"有"，也有"又"，"又"有2例，其中1例"又"因語義不明無法判定其用法，另1例則作頻率副詞用。由前可知，"又"祇出現在日書文獻中，這種情況的出現可能是由於秦簡法律文獻與日書文獻所形成的時代和地域不同的原因造成的。秦簡文獻中"有"和"又"主要用作存現動詞，共641例，佔總數的91.6%；而"有"通"又"作頻率副詞和"又"作頻率副詞的共52例，佔總數的7.4%。楚簡中"又"也是主要用作存現動詞"有"，同時用作並列連詞，偶用作頻率副詞①。可見，秦簡中，表重複多次的頻率副詞，"又"多借用"有"來充當，或另由"復"、"數"來承擔，但表已然的重複還是多用"有（又）"。

下面專題考察秦簡頻率副詞"復"。"又"作頻率副詞時，多表示已然的重複。而秦簡中"復"既可以用於動詞謂語前，表示已然的重複，有35例；也可以表示未然的重複，有23例。可見，"復"作頻率副詞表示已然的重複略佔優勢。但當"復"與"又"同時出現時，則"復"表未然的重複，"又"表已然的重複，如《睡簡·封診式》3："詰之有（又）盡聽書其解辭，有（又）視其它毋（無）解者以復詰之。"李宗江通過考察發現，"復"既可以用於已然，也可以用於未然。"復"在敘述性作品如史書中多用於已然，在語體文中主要用於未然②。有關秦簡頻率副詞"復"的語料分佈情況，詳見下表③。

① 參見李明曉《戰國楚簡語法研究》，中山大學博士論文，2006年6月，頁122。

② 參見李宗江《漢語重複副詞的演變》，載《漢語史研究集刊》第5輯，巴蜀書社，2002年。

③ 因龍山里耶秦簡只公佈了一小部分，故下表未計入該批簡。

表八：秦簡頻率副詞“復”的語料分佈情況表

睡簡						龍崗	周家臺		放馬灘		睡牘
秦律十八種	效律	法律答問	對診式	爲吏之道	日書		日書	病方及其它	日書	志怪小説	
7	2	4	2	1	10	2	4	6	17	2	1

從上表可以看出，秦簡 58 例頻率副詞“復”中，衹有 9 例出現於《睡簡·秦律十八種》和《睡簡·效律》一類記錄秦代法律條文的屬公文體的法律文獻中，而另外 49 例則全部出現於敘述性一類的文獻中，如《睡簡·法律答問》、《周家臺·病方及其他》等都屬於敘述性文獻，其中出現用例最多的日書類文獻也是記錄占卜情況的敘述性文獻。所以，秦簡中“復”表已然略多於表未然。有學者指出，在現代漢語“‘又’表示已然態，‘復’表示未然態”[1]。可見“復”經歷了由不分已然未然到主要表未然的過程[2]。其中的原因，李宗江認爲重複副詞內部成員的發展變化是相互影響的，由於“又”佔據了表已然的强勢地位，後來產生的重複副詞被迫避開已然而向單獨表示未然的方向發展[3]。

六、秦簡否定副詞

否定副詞是對動作行爲或某種事實情況表示否定或禁止的副詞。它的基本語義特徵是表示否定，但不是每個否定副詞都表示

[1] 參見丁聲樹《現代漢語語法講話》，商務印書館，1980 年，頁 188。

[2] 參見張國豔《居延漢簡虛詞研究》，華東師範大學博士論文，2005 年 4 月，頁 165。

[3] 參見李宗江《漢語重複副詞的演變》，載《漢語史研究集刊》第 5 輯，巴蜀書社，2002 年。

單純的否定，有時還可以用於表示禁止的否定。否定副詞一般用於修飾動詞或動詞謂語，有時也可以修飾形容詞或形容詞謂語、名詞或名詞性謂語等；在句法結構中，否定副詞總是用於被否定的成分之前。

秦簡否定副詞共有 13 個，其中單音節詞 11 個，複音節詞有 2 個，共出現 1818 例。我們可以根據否定副詞的不同作用，將秦簡否定副詞分爲表單純否定和表禁止否定兩大類，其中表一般否定下面又可以細分爲若干小類。

秦簡中否定副詞主要用作狀語，用於修飾動詞或動詞謂語、形容詞或形容詞謂語、名詞或名詞性謂語；有的還用於修飾主謂謂語和作謂語的助動詞，極少部分用於修飾代詞謂語、副詞和作補語的介詞短語等；另外少部分否定副詞可以在句中單用，其中還可以用於句末構成“肯定＋否定”反復疑問句。

有關秦簡否定副詞的類別及語法功能情況，詳見下表。

表九：秦簡否定副詞的類別及語法功能情況表

否定副詞＼語法功能			作狀語：動詞或動詞謂語	作狀語：形容詞或形容詞謂語	作狀語：名詞性謂語	作狀語：主謂謂語	作狀語：代詞謂語	作狀語：助動詞	作狀語：副詞	作狀語：介詞短語	單用	不明	合計
表單純否定	表敘述	不	942	168	12	8	2	33	1	1	10①	18	1195
		弗	148	1							1	2	152
		毋₁	20										20
		莫₁	9										9
	表判斷	亡	2										2
		非	10		18	1							29
	表過去	未	112	1	3						1		117
		未嘗	2										2
表禁止否定		毋₂	173	4						7		4	188
		勿	98									3	101
		勿庸	1										1
		莫₂	1										1
		罔	1										1
總計			1519	174	33	9	2	33	1	8	12	27	1818
百分比（%）			83.54	9.57	1.82	0.5	0.11	1.82	0.05	0.44	0.66	1.49	100

從上表可知，秦簡否定副詞絕大多數用於修飾動詞或動詞謂語的出現頻率最高，共 1519 例，佔 83.54%；用於修飾形容詞或形容詞謂語、名詞或名詞性謂語或其他用法的共有 272 例，佔 14.97%；另外因簡殘而不明其用法的共 27 例，僅佔 1.49%。秦簡 13 個否定副詞都可以用於修飾動詞或動詞謂語，其中“不、弗、毋”等 3 個可修飾動詞或動詞謂語、形容詞或形容詞謂語；

① “不”單用的 10 例中，有 8 例用於句末構成“肯定＋否定”反復疑問句。

“不、未”2個既可修飾動詞或動詞謂語、形容詞或形容詞謂語，還可修飾名詞或名詞性謂語；“不、非”2個既可修飾動詞或動詞謂語、名詞或名詞性謂語，還可修飾主謂謂語；“莫、亡、未嘗、勿、勿庸、罔”等6個衹可修飾動詞或動詞謂語。另外，“不、毋”2個還可修飾作補語的介詞短語，“不、弗、未”3個還可單用。

有關秦簡否定副詞的使用頻率及其在否定副詞中所佔的比例情況，詳見下表。

表十：秦簡否定副詞的使用頻率及其在否定副詞中所佔的比例情況表

否定副詞 / 出現頻次	不	弗	毋	莫	亡	非	未	未嘗	勿	勿庸	罔	合計
次數	1195	152	208	10	2	29	117	2	101	1	1	1818
頻率（%）	65.74	8.36	11.45	0.55	0.1	1.6	6.44	0.1	5.56	0.05	0.05	100

秦簡否定副詞的使用頻率的次序依次是：“不、弗、毋、未、勿、非、莫、未嘗、亡、勿庸、罔”。由前分析可知，秦簡否定副詞中“不”在使用次數和使用頻率上處於絕對優勢地位，共1195例，佔65.74%，而且用法也最爲全面。

有關秦簡“不”、“弗”、“毋”、“勿”4個否定副詞所修飾的動詞或動詞謂語後是否帶有賓語的情況，詳見下表。

表十一：秦簡“不”、“弗”、“毋”、“勿”所修飾的動詞或動詞謂語後帶賓語情況表①

否定副詞	帶賓語	不帶賓語	不明
不	384	558	18
弗	9	139	2
毋	101	88	8
勿	22	76	3

從上表數字我們可以看出，“不”和“毋”所修飾的動詞或動詞謂語後帶賓語和不帶賓語的數量差不多，而“弗”和“勿”所修飾的動詞或動詞謂語後雖然既可以帶賓語，也可以不帶賓語，但以不帶賓語爲主。

秦簡否定副詞有以下幾個特點:

（一）秦簡否定副詞全部承襲先秦而來，其中以單音節詞爲主，共11個；複音節詞祇有2個，且用例不多。

（二）秦簡否定副詞中，表單純否定的數量較多，有8個；表禁止否定的數量較少，有5個；以“不、弗、毋、未、勿”等5個的用例最多，尤其是“不”，其中“不”、“弗”祇用於表敘述否定，“未”祇用於表過去否定，“勿”祇用於表禁止否定。另外“毋”和“莫”2個既可用於表敘述否定，也可用於表禁止否定。

① 對否定副詞不帶賓語時有一部分是不及物動詞，下表的統計中我們没有區分。

（三）秦簡否定副詞各詞之間的分工較爲明確，各司其職，其中除“毋”和“莫”2個既可以用於表單純否定，也可以表禁止否定外，其他否定副詞或衹用作表單純否定，或衹用作表禁止否定。

（四）秦簡否定副詞一般直接用於所修飾的動詞或動詞謂語前，但否定副詞與它所修飾的動詞或動詞謂語之間可以插入助動詞、介詞短語或其他副詞等作修飾語，如“不、弗、莫、非、未、毋、勿”等。

（五）秦簡中沒有出現否定副詞的連用，但有少數否定副詞可與其他副詞連用，衹有“非”1個，如“非必”；可與其他否定副詞或副詞搭配使用，有“非、必”2個，如“非……乃……”、“不……勿……”、“不……必”等等；有些否定副詞其前可受其他副詞的修飾，有“不、莫、未嘗、毋”等4個。

（六）“非、未、不”等3個可以用於構成“肯定＋否定”的重疊形式。由它們所構成的重疊形式中，“非”衹用於表選擇的疑問句中；“未”既可以用於表選擇的疑問句中，也可用於一般敘述句中；“不”主要用於反復疑問句中，也可以用於一般敘述句中。

（七）秦簡中以代詞爲賓語的動賓詞組若受否定副詞“不”、“弗”的修飾時，其代詞賓語沒有出現前置的情況。

七、秦簡情態副詞

情態副詞是表示動作行爲進行時的狀態或採取的方式的副詞。它在語義上表現爲表示動作行爲進行時所呈現出來的狀態，或表示動作行爲進行時行爲主體所採取的方式、手段等。這類副詞意義相對來説要“實”一些，語義指向也比較單一，就是指向被修飾的動詞。在句法結構中，情態副詞一般衹用於修飾動詞謂語作狀語。秦簡情態副詞共有 20 個，其中單音節詞有 18 個，複音節詞有 2 個。

根據語義，我們將秦簡情態副詞分爲表方式和表狀態兩大類，其中表狀態的情態副詞下面又可以細分爲若干小類。

秦簡情態副詞全部用於動詞或動詞謂語前，作狀語。秦簡情態副詞大部分直接用於動詞或動詞謂語前，少部分情態副詞與它所修飾的動詞謂語之間還可插入其他情態副詞或介詞短語作修飾語，如“材、端、直、擅”等 4 個。

有關秦簡情態副詞的類别和語法功能情況，詳見下表。

表十二：秦簡情態副詞的類別和語法功能情況表

情態副詞 \ 語法功能			用於動詞或動詞謂語前作狀語（次數）
表方式	表輪流	更	2
	表互相	交	1
		相	39
		相與	4
表狀態	表雜亂	雜	2
	表公開	明	1
	表白然	白	1
	表善於	善$_1$	16
	表態度	善$_2$	2
	表強行	強	7
	表酌情	材	2
		稱議	3
	表故意	端	11
		直	1
		故	4
	表擅白	擅	18
	表隨便	句（苟）	2
	表私白	私	2
		盜	5
		僞	5
總計			128

秦簡情態副詞有以下幾個特點：

（一）秦簡情態副詞以單音節詞爲主，有18個，複音節詞衹有“相與、稱議”2個。

（二）秦簡情態副詞數量多、表義全，但語法功能很單純，128個用例全部用於動詞謂語前，作狀語，不修飾其他成分充當的謂語。

（三）從意義上看，秦簡情態副詞的意義較爲具體實在，且基本上都見於秦簡法律文獻，使語言的表述更加形象、生動。

（四）秦簡情態副詞大部分承襲先秦而來，但與秦簡其他副詞相比，產生了較多的新詞新義，如有“更、材、稱議、端、直、盜”等6個，佔30%。

（五）秦簡中表示“故意”義的情態副詞，《睡簡》既可以用“端”，也可以用“直”，但以“端”爲主；而《龍崗》則衹用“故”。

八、秦簡語氣副詞

語氣副詞是用於句中，表示各種語氣的副詞。它經常出現動詞謂語前，有時候還可以用於形容詞謂語、名詞謂語前或句首，對謂語或全句起修飾的作用，作狀語。秦簡語氣副詞共有19個，都是單音節詞。

根據它們所表示的語氣的不同，我們將秦簡語氣副詞分爲表肯定強調、表揣度、表反詰、表希望、表意外和表謙敬六大類。有關秦簡語氣副詞的類別和語法功能情況，詳見下表。

表十三：秦簡語氣副詞的類別和語法功能情況表

語氣副詞 \ 位置		動詞謂語前	形容詞謂語前	名詞性謂語前	主謂謂語前	句首	合計
表肯定強調	必	206	15	9	9		239
	故	1					1
	固	3					3
	是	3					3
	審	1					1
	實	1					1
	誠	1	1				2
	果	1					1
	即	2	2	5	2		11
表揣度	或	5					5
	約		1				1
表反詰	獨		1				1
	豈	1					1
表希望	苟	1					1
	唯	1					1
表意外	顧	2					2
	反	4					4
表謙敬	敢	102				10	112
	請	1					1
總計		336	20	14	11	10	391

從上表我們可以得知，秦簡語氣副詞全部作狀語，其中絕大多數用於修飾動詞謂語，也可以用於修飾形容詞謂語、名詞謂語或主謂謂語，還可以用於句首，作全句的狀語。秦簡 19 個語氣副詞中有 17 個用於修飾動詞謂語，共 336 例，佔 85.9%；用於修飾形容詞謂語的有“必、誠、即、約、獨”等 5 個，共 20 例，佔 5.1%，其中“約”和“獨”衹修飾形容詞謂語；用於修飾名詞謂語的有“必”和“即” 2 個，共 14 例，佔 3.6%；用於修飾

主謂謂語的有“必”和“即”2個，共11例，佔2.8%；用於句首修飾全句的衹有“敢”1個，共10例，佔2.6%。從句法位置上看，語氣副詞絕大多數是直接用於主語之後、所修飾的謂語之前，有時候它與所修飾的謂語之間還可以插入介詞短語或其它副詞等作修飾語。

秦簡語氣副詞有以下幾個特點：

（一）秦簡語氣副詞全部都是單音節詞，沒有複音節詞。

（二）秦簡語氣副詞基本上全是承襲先秦而來，秦簡新出現的語氣副詞衹有“約”1個。

（三）秦簡語氣副詞雖數量多，種類也多，但是各詞之間的使用頻率相差比較大，這是由秦簡文獻的內容本身所決定的。秦簡基本上都是有關秦代法律條文、行政文書、案件審訊、占卜類日書等文獻，所以秦簡語氣副詞中，“必”和“敢”是最重要的2個詞，共出現351例，佔89.8%，其中又以“必”的使用頻率最高，佔61.1%；而其他語氣副詞相對來説用例不是很多，其中“故、審、實、果、約、獨、豈、苟、唯、請”等10個均衹出現1例。

（四）語氣副詞“必”和“即”2個在句中出現的位置較爲自由靈活，它們既可以用於動詞謂語前，也可以用於形容詞謂語、名詞謂語、主謂謂語前。

（五）另外，語氣副詞“必”可以與否定副詞“不”、“弗”前後搭配使用，構成“不（弗）……必……”的格式，這一格式含有“即使不……，也必定會……”的意思。

九、秦簡副詞小結

（一）秦簡各類副詞的使用情況

有關將秦簡各類副詞的詞量及具體使用情況，詳見下表。

表十四：秦簡各類副詞的詞量及具體使用情況列表

詞量及使用次數 / 副詞類別	詞　量	總次數	平均出現次數
時間副詞	39	473	12.1
程度副詞	9	137	15.2
範圍副詞	24	334	13.9
頻率副詞	10	178	17.8
否定副詞	13	1818	147.6
情態副詞	20	128	6.4
語氣副詞	19	391	20.6

據上表可知，秦簡七類副詞中，從詞量上來看，以時間副詞最多，程度副詞最少；從出現頻率來看，否定副詞的使用佔據了絕對優勢，以情態副詞的使用爲最低。時間副詞的詞量最多，否定副詞的使用頻率最高，這可能跟秦簡文獻的内容有很大的關係，因爲秦簡多爲占卜吉凶的日書類文獻及有關政令律文的法律文獻，因此這樣的文獻内容從一定程度上造成了時間副詞豐富、否定副詞使用頻繁的一種局面。同時，可能也是由於秦簡材料口

語化程度不是很高的原因，詞量相對較爲豐富的範圍副詞和情態副詞兩類，其平均使用次數卻相對要少得多，特别是時間副詞的詞量最爲豐富，但它的平均使用率卻較低。除否定副詞一直以來是漢語副詞中使用頻率最高的一類詞外，秦簡中時間副詞、範圍副詞、情態副詞等，存在着詞量與使用頻率之間的不平衡現象。這種不平衡的現象可能與這 8 批秦簡文獻的文體、内容及口語化程度之間有着或多或少的聯繫，另外在處於戰國末至秦這一特定時期的秦簡中，新詞新義現象幾乎都集中在了時間副詞、範圍副詞和情態副詞等三類詞裏，如時間副詞有 8 個、範圍副詞有 7 個、情態副詞有 6 個，而這些新出現的新詞新義往往使用頻率不高，所以這從一定程度上決定了它們雖然詞量豐富，但是由於新産生的詞或詞義尚處於過渡階段，因此從整體上就大大降低了這三類副詞的使用頻率。

（二）秦簡單音節副詞與複音節副詞的使用情況

秦簡共有副詞 134 個。其中，單音節副詞 128 個，佔副詞總數的 95.5%；複音節副詞共 6 個，佔副詞總數的 4.5%。從使用頻率上來看，秦簡中副詞共出現 3459 例，其中單音節副詞共出現 3447 例，佔總數的 99.65%；而複音節副詞衹出現 12 例，僅佔總數的 0.35%。由此我們可以清楚地看出，無論是從詞量來看，還是從使用頻率上來看，複音節副詞所佔的比例都是相當小的。這説明，在戰國末期至秦這一特定時期中，單音節副詞的詞量及使用頻率都佔絶對優勢，而複音節副詞所佔的比例還是相當有限的，它還衹是處於萌芽的狀態，這與漢語詞彙發展的規律和特點也是相吻合的。有關秦簡中單音節副詞與複音節副詞的詞量及使用頻率情況，詳見下表。

表十五：秦簡單音節副詞與複音節副詞的詞量及使用頻率表

詞量及使用頻率 / 語音類別	詞量與比例	使用數量及頻率
單音節副詞	128/95.5%	3447/99.65%
複音節副詞	6/4.5%	12/0.35%

（三）秦簡副詞的語法特點

關於秦簡副詞的語法特點，我們將從秦簡副詞的語法功能、秦簡副詞修飾謂語的情況、秦簡副詞在句中所處的位置等三個方面來分析。

1. 秦簡副詞的語法功能

根據前文的分析，我們發現秦簡中副詞不受他類詞的修飾，不能單獨回答問題，絕大多數副詞在句中用於所修飾限制的謂語或句子前作狀語。秦簡副詞中衹有極少數副詞的情況比較特殊，其中時間副詞“後”和程度副詞“甚”既可以用於所修飾限制的謂語前作狀語，也可以用於所修飾限制的謂語後作補語，對謂語進行補充説明；範圍副詞“獨”從形式來説可以用作謂語，如《睡簡·日書甲》58背壹：“寒風入人室，獨也，它人莫爲。”此例中“寒風入人室”是主語，後由範圍副詞“獨”加語氣詞“也”作謂語，表示判斷，實際上此例中“獨”的範圍是指向句子中的主語“寒風”，“獨也”是“寒風獨爲也”的省略形式。

2. 秦簡副詞修飾謂語的情況

秦簡中副詞可以修飾限制動詞謂語、形容詞謂語、名詞謂語、主謂謂語及代詞謂語。具體情況爲：

(1) 秦簡所有七類副詞中，除了“一睹（曙）、乍、最、大（太）、約、獨”等6個副詞未出現修飾限制動詞謂語的情況外，其他128個副詞都能修飾限制動詞謂語，佔副詞總數的95.5%。另外，秦簡中的20個情態副詞衹能修飾限制動詞謂語。

(2) 能修飾形容詞謂語的共有22個副詞，佔16.4%。它們是：時間副詞“始、乃$_1$”；程度副詞“最、大（太）、甚、大、少（小）、少、益”，其中“最”和“太”衹修飾形容詞謂語；範圍副詞“皆、盡”；頻率副詞“數、亦”；否定副詞“不、弗、未、毋$_2$”；語氣副詞“必、誠、即、約、獨”，其中“約”和“獨”衹修飾形容詞謂語。

(3) 能修飾名詞謂語的共有9個副詞，佔6.7%。它們是：時間副詞“乍”，“乍”衹能修飾名詞謂語；程度副詞“最”；範圍副詞“皆、凡”；否定副詞“不、非、未”；語氣副詞“必、即”。

(4) 能修飾代詞謂語的衹有範圍副詞“皆”、頻率副詞“亦”和否定副詞“不”3個，作代詞謂語的衹限於疑問代詞“何”和指示代詞“然”2個，其中“皆、亦、不”3個均能修飾作謂語的代詞“然”，而能修飾作謂語的代詞“何”衹有“皆”。

(5) 能修飾主謂謂語的衹有範圍副詞“皆”和否定副詞“不、非”3個。

根據以上分析，我們將秦簡副詞所修飾限制的謂語成分情況統計如下表。

表十六：秦簡副詞所修飾限制的謂語成分情况表

謂語類別 副詞類別	動詞謂語	形容詞謂語	名詞或名詞性謂語	代詞謂語	主謂謂語
時間副詞（39）	37	2	1		
程度副詞（9）	7	7	1		
範圍副詞（24）	24	2	2	1	1
頻率副詞（10）	10	2		1	
否定副詞（13）	13	4	3	1	2
情態副詞（20）	20				
語氣副詞（19）	17	5	2		2

3. 秦簡副詞在句中所處位置的情况

秦簡中副詞在句中作狀語修飾限制謂語或句子時，它們的位置主要有兩種：絕大多數副詞都能出現在主語後、謂語前，共133個，佔副詞總數的99.25%；少數幾個副詞可以用於主語前，衹有5個，它們是時間副詞“一睹（曙）、將”，範圍副詞“偕、唯”，語氣副詞“敢”，其中時間副詞“一睹（曙）”衹能出現在句子主語前作狀語。

另外，範圍副詞“唯”還能用於前置賓語前，與其它詞語搭配使用，構成“唯……是＋動”的格式，語義指向賓語；否定副詞“不”和“毋”還能直接用於作補語的介詞短語前，如《睡簡·秦律雜抄》39：“縣嗇夫、尉及士吏行戍不以律，貲二甲。”

我們知道，副詞一般來説不能單用或獨用，但是在秦簡中，這種情況卻有例外。秦簡中否定副詞“不、弗、未”和範圍副詞“獨”的情況比較特殊：否定副詞“不”和範圍副詞“獨”可以獨用成句；否定副詞“不、弗、未”都可以單用。這幾個副詞的這種特殊情況，實際上是由於副詞後省略了作謂語的動詞，從而造成了它們單用或獨用的局面，或者它們衹能出現於以問答形式存在的上下文中，如否定副詞“不”單用於句末“肯定＋否定”構成反復疑問句形式，它們不能離開上下文而單獨存在，所以説秦簡中某些副詞的這種用法是有條件限制的，這與其他類詞，如名詞、動詞、形容詞等的獨用還是有着明顯的不同。

有關秦簡副詞在句中所處的位置情況，詳見下表。

表十七：秦簡副詞在句中所處的位置情況表

句中位置 / 副詞類別	主語前	主語後	前置賓語前	作補語的介詞短語前	單用或獨用
時間副詞（39）	2	38			
程度副詞（9）		9			
範圍副詞（24）	2	24	1		1
頻率副詞（10）		10			
否定副詞（13）		13		2	3
情態副詞（20）		20			
語氣副詞（19）	1	19			

（四）秦簡副詞的新詞新義情況

通過前文我們對秦簡副詞系統的考察分析得知，秦簡副詞基本上都是承襲先秦漢語而來，新產生的副詞或副詞出現新義的共有“一睹（曙）、毚（纔）、已$_2$、輒$_1$、行、輒$_2$、乃（仍）、雅、相爲、欽（咸）、稍、索（索）、乃、柀、異、比、更、材、稱議、端、直、盜、約”等23個，佔副詞總數的17.2%。這從一定程度上證實了“處於由上古漢語前期（先秦）向後期（兩漢）發展的過渡階段——戰國末至秦這一特定時期，我們通常可以看到很多新舊交替的現象”的這樣一種觀點，同時也印證了“兩漢漢語中的一些新的語言現象，實肇端於戰國末期”的看法。

參考文獻：

（一）專著

［1］丁聲樹《現代漢語語法講話》，商務印書館，1980年。

［2］管燮初《西周金文語法研究》，商務印書館，1981年。

［3］郭錫良、唐作藩編著《古代漢語》（修訂本），商務印書館，1999年。

［4］黄伯榮、廖序東主編《現代漢語》（下册），高等教育出版社，2002年第3版。

［5］黄珊《〈荀子〉虛詞研究》，河南大學出版社，2005年。

［6］何樂士《左傳範圍副詞》，嶽麓書社，1994年。

［7］胡裕樹主編《現代漢語》（重訂本），上海教育出版社，1995年第6版。

［8］吉仕梅《秦漢簡帛語言研究》，巴蜀書社，2004年。

［9］李玉《秦漢簡牘帛書音韻研究》，當代中國出版社，1994年。

［10］呂叔湘《中國文法要略》，載《呂叔湘文集》第1卷，商務印書館，1990年。

［11］呂叔湘《漢語語法分析問題》，載《呂叔湘文集》第2卷，商務

印書館，1990 年。

［12］（日）太田辰夫《中國語歷史文法》（修訂譯本），北京大學出版社，2003 年。

［13］王力《中國現代語法》，商務印書館，1985 年新 1 版。

［14］魏德勝《〈韓非子〉語言研究》，北京語言學院出版社，1995 年。

［15］魏德勝《〈睡虎地秦墓竹簡〉語法研究》，首都師範大學出版社，2000 年。

［16］嚴修《二十世紀的古漢語研究》，書海出版社，2001 年。

［17］楊伯峻、何樂士《古漢語語法及其發展》（修訂本），語文出版社，2001 年第 2 版。

［18］張顯成《簡帛文獻學通論》，中華書局，2004 年。

［19］張玉金《甲骨文語法學》，學林出版社，2001 年。

［20］周秉鈞編著《古漢語綱要》，湖南教育出版社，1981 年。

［21］周守晉《出土戰國文獻語法研究》，北京大學出版社，2005 年。

［22］朱德熙《語法講義》，商務印書館，1982 年。

（二）工具書

［1］崔永東《兩周金文集釋》，中華書局，1994 年。

［2］何樂士等《古代漢語虛詞通釋》，北京出版社，1985 年。

［3］（清）劉淇《助字辨略》，中華書局，1954 年。

［4］呂叔湘主編《現代漢語八百詞》（增訂本），商務印書館，1999 年。

［5］（清）馬建忠《馬氏文通》，商務印書館，1983 年。

［6］裴學海《古書虛字集釋》，中華書局，1954 年。

［7］（清）王引之《經傳釋詞》，嶽麓書社，1984 年。

［8］（漢）許慎撰、（宋）徐鉉校訂《説文解字》，中華書局，1963 年。

［9］（清）段玉裁注《説文解字注》，上海古籍出版社，1988 年第 2 版。

[10]（清）朱駿聲《說文通訓定聲》，中華書局，1984年。

[11] 楊樹達《詞詮》，上海古籍出版社，1986年。

[12] 張玉金《甲骨文虛詞詞典》，中華書局，1994年。

[13] 中國社會科學院語言研究所古代漢語研究室編《古代漢語虛詞詞典》，商務印書館，1999年。

（三）單篇論文

[1] 陳偉武《出土文獻之於古漢語研究十年回眸》，《古漢語研究》1998年第4期。

[2]（日）大西克也《論“毋”“無”》，《古漢語研究》1989年第3期。

[3]（日）大西克也《秦漢以前古漢語中的“主之謂”結構及其歷史演變》，載《第一屆國際先秦漢語語法研討會論文集》，嶽麓書社，1994年。

[4]（日）大西克也《並列連詞“及”“與”在出土文獻中的分佈及上古漢語方言語法》，載《古漢語語法論集》，語文出版社，1998年。

[5]（日）大西克也《“殹”“也”之交替——六國統一前後書面語言的一個側面》，載《簡帛研究2001》，廣西師範大學出版社，2001年。

[6]（日）大西克也《從方言的角度看時間副詞“將”、“且”在戰國秦漢出土文獻中的分佈》，載《紀念王力先生百年誕辰學術論文集》，商務印書館，2002年。

[7] 馮春田《〈睡虎地秦墓竹簡〉某些語法現象研究》，《中國語文》1984年第4期。

[8] 郭錫良《關於係詞“是”產生時代和來源爭論的幾點認識》，載《王力先生紀念論文集》，商務印書館，1990年。

[9] 韓劍南、郝晉陽《〈周家臺秦簡〉虛詞研究》，《淮北煤炭師範學院學報（哲學社會科學版）》2004年第4期。

[10] 何莫邪《馬王堆漢墓〈老子〉手抄本和秦律殘卷中的“弗”》，《古漢語研究》1992年第4期。

[11] 吉仕梅《〈睡虎地秦墓竹簡〉語料的利用與漢語詞彙語法之研

究》，《樂山師專學報（社會科學版）》1997 年第 1 期。

［12］吉仕梅《〈睡虎地秦墓竹簡〉介詞考察》，《西南民族學院學報（哲學社會科學版）》1998 年第 5 期。

［13］吉仕梅《〈睡虎地秦墓竹簡〉連詞考察》，《樂山師範學院學報》2003 年第 2 期。

［14］吉仕梅《〈睡虎地秦墓竹簡〉副詞考察》，《西南民族學院學報（哲學社會科學版）》2003 年第 5 期。

［15］姜允玉《出土文獻中的語氣詞"也"》，載《古文字研究》第 24 輯，中華書局，2002 年。

［16］李杰群《上古漢語程度副詞考辨》，載《紀念王力先生九十誕辰文集》，山東教育出版社，1992 年。

［17］李杰群《〈孟子〉的副詞》，《北京廣播電視大學學報》1997 年第 3 期。

［18］李宗江《"也"的來源及其對"亦"的歷史替換》，《語言研究》1997 年第 2 期。

［19］李宗江《漢語重複副詞的演變》，載《漢語史研究集刊》第 5 輯，巴蜀書社，2002 年，。

［20］呂雅賢《從先秦到西漢程度副詞的發展》，《北京大學學報（哲學社會科學版）》1992 年第 5 期。

［21］馬王堆漢墓帛書整理小組《馬王堆帛書〈六十四卦〉釋文》，《文物》1984 年第 3 期。

［22］裘錫圭《談談古文字資料對古漢語研究的重要性》，《中國語文》1976 年第 6 期。

［23］宋紹年、郭錫良《二十世紀的古漢語語法研究》，《古漢語研究》2000 年第 1 期。

［24］王明欣《王家臺秦墓竹簡概述》，載《新出簡帛研究》，文物出版社，2004 年。

[25] 王海棻、鄒曉麗《古漢語反復問句源流探查》,《煙臺師範學院學報》1991年第4期。

[26] 魏德勝《睡虎地秦墓竹簡中的連詞》,載《語言文化教學研究集刊》第三輯,華語教學出版社,1999年。

[27] 張玉金《出土戰國文獻中助詞"之"的研究》,《華南師範大學學報(社會科學版)》2008年第4期。

[28] 趙長才《先秦漢語語氣詞連用現象的歷時演變》,《中國語文》1995年第1期。

[29] 趙振鐸《論先秦兩漢漢語》,《古漢語研究》1994年第3期。

[30] 周守晉《戰國、秦漢表示完結的"已"補正》,載《語言學論叢》第27輯,商務印書館,2003年。

[31] 周守晉《戰國簡帛中介引時間的"以"》,《古漢語研究》2004年第4期。

[32] 朱湘蓉《秦簡語言性質初探》,《陝西師範大學繼續教育學報》2007年第1期。

(四)學位論文

[1] 陳明富《〈楚辭〉虛詞研究》,內蒙古師範大學碩士論文,2004年。

[2] 段莉芬《秦簡虛詞研究》,臺灣東海大學碩士學位論文,1989年。

[3] 郭莉《兩周金文副詞初探》,華南師範大學碩士論文,2004年。

[4] 梁華榮《西周金文虛詞研究》,四川大學博士論文,2005年。

[5] 李明曉《戰國楚簡語法研究》,中山大學博士論文,2006年。

[6] 任雪梅《〈詩經〉副詞研究》,吉林大學碩士論文,2006年。

[7] 孫尊章《先秦時間副詞研究》,西南師範大學碩士論文,2005年。

[8] 唐賢清《〈朱子語類〉副詞研究》,湖南師範大學博士論文,2003年。

[9] 田靜《〈晏子春秋〉副詞研究》,山西大學碩士論文,2007年。

[10] 王啟俊《〈國語〉虚詞研究》，安徽大學碩士論文，2007 年。

[11] 張國豔《甲骨文副詞研究》，西南師範大學碩士論文，2002 年。

[12] 張國豔《居延漢簡虚詞研究》，華東師範大學博士論文，2005 年。

[13] 張海濤《〈莊子〉副詞研究》，廣西師範大學碩士論文，2003 年。

《嶽麓書院藏秦簡（壹）》虛詞初探

王錦城*

摘　要：《嶽麓書院藏秦簡（壹）》中共有虛詞 42 個，其中副詞 24 個，介詞 5 個，連詞 7 個，助詞 3 個，語氣詞 3 個。副詞有時間頻率、程度、情態、範圍、肯定否定、關聯 6 類，介詞主要引進時間、處所、對象、工具、方式，連詞主要表並列、順承關係，助詞都是結構助詞，語氣詞多表陳述語氣。各類虛詞的用法上都表現出明確的分工。

關鍵詞：嶽麓簡；虛詞；功能

古漢語虛詞的研究作爲古漢語語法研究的一個主要分支，歷來受到人們的重視。對此前人做過許多研究，並且取得了豐碩的成果。近年來不斷有新的出土文獻展現在世人的面前，我們認爲有必要繼續對其進行虛詞的研究。和傳世文獻相比，出土文獻至少有兩個方面明顯的優點：一是保持了語言原貌，二是時代地域

* 王錦城，西南大學文獻所　碩士研究生　重慶北碚　400715。

明確①。出土文獻的發現一直沒有停止，對這些材料進行研究，可以發現一些新的問題，補充傳世文獻研究的缺失之處。

2007 年 12 月，湖南大學嶽麓書院從香港購藏了一批秦簡，次年 8 月，香港一位收藏家又將少量秦簡捐贈給嶽麓書院，經考證二者屬同一批簡，稱之爲嶽麓書院藏秦簡。這批簡共計有 2100 百多枚，經初步整理，其内容主要可以分爲七部分，分别是《質日》、《爲吏治官及黔首》、《占夢書》、《數》、《奏讞書》、《秦律雜抄》和《秦令雜抄》。其中部分在 2010 年 12 月公佈，由上海辭書出版社出版了《嶽麓書院藏秦簡（壹）》（以下簡稱《嶽麓簡（壹）》），包括《質日》、《爲吏治官及黔首》（以下簡稱"爲"）和《占夢書》（以下簡稱"占"）三篇文獻。本文擬對《嶽麓簡（壹）》中的虚詞進行全面的清理和考察，以期爲古漢語虚詞的研究提供一點基本的資料。

一、副詞

副詞主要修飾謂語，表示動作行爲或狀態性質的各種特徵，與此同時，也對主語或賓語起修飾作用，顯示它們與謂語發生關係的方式、狀態、範圍等。《嶽麓簡（壹）》中共有副詞 25 個，可以分爲時間頻率副詞、程度副詞、情態副詞、範圍副詞、肯定否定副詞、關聯副詞 6 類。

① 張玉金《出土文獻與上古漢語虚詞研究》，《華南師範大學學報（社會科學版）》2009 年第 3 期。

（一）時間頻率副詞

日

出現 2 次。用在動詞謂語前，表示動作或狀態的持續。如：

日視之。（爲 86[①]）

故君子日有茲₌（茲茲—孜孜）之志。（爲 83）

將

出現 1 次。用在動詞謂語前，表示事情發生在未來。可譯“將要”、“快要”。如：

□□□□□將發。（占 14）

先

出現 2 次。用在動詞謂語前，表示動作行爲的發生在另一行爲之先。如：

欲人敬之必先敬人。（爲 63）

欲人愛之必先愛人。（爲 64）

又

出現 1 次。寫作“有”。用在動詞謂語前，表示同樣的情況重複出現。如：

新憂有（又）發。（占 14）

更

出現 1 次。用在動詞謂語前，表示動作行爲的重複。可譯爲“又”、“再”。如：

夢死者復起，更爲官（棺）郭（槨）。（占 27）

---

① 所引簡文後括號裏的數字爲該簡序號，如“爲 86”表示所引簡文為《為吏治官及黔首》第 86 支簡的內容。下同。

復

出現 3 次，用在動詞謂語前，表示同一動作行爲的重複或再現，可譯爲“又”、“再”。如：

丙戌亡尸復行漁。（質日 · 三十五年 21）

夢死者復起。（占 27）

另見①：爲 52。

（二）程度副詞

大

出現 3 次。用在動詞謂語前，表示行爲或狀態的程度遠超一般情況。如：

夢天雨□，歲大襄（穰）。（占 08）

夢新（薪）夫焦（樵），乃大旱。（占 25）

另見：占 28。

（三）情態副詞

擅

出現 2 次，1 例寫作“亶”。用在動詞謂語前，表示任意地、獨斷專行地從事某種動作行爲。如：

擅叚縣官器。（爲 10）

三日亶（擅）折割。（爲 44）

善

出現 2 次，用在動詞謂語前，表示善長於某種動作行爲。可譯爲“善於”等。如：

---

① 爲節省篇幅，以下衹標明該虚詞的出處，不出文句，出現 2 次及以上者，簡號後面再加括號標明次數。下同。

善度黔首力。（爲 03）

三曰居官善取。（爲 37）

喜

出現 1 次。用在動詞謂語前，表示喜好從事某種活動。如：

四曰喜為善行。（爲 31）

相

出現 3 次。用在動詞謂語前，表示雙方的彼此對待關係。可譯爲"互相"。如：

同某（謀）相去。（爲 55）

夢引腸，必弟兄相去也。（占 26）

另見：占 09。

難

出現 1 次。用在謂語動詞前，表示某種動作行爲難以實現。如：

門戶難開。（爲 61）

亟

出現 2 次。用在動詞謂語前，表示動作行爲發生的急促、突然或時間的緊迫。可譯爲"忽然"、"迅速"等。如：

若晝夢亟發。（占 01）

亟令夢先。（占 02）

（四）範圍副詞

咸

出現 1 次，用在動詞謂語前，表示主語的全部。可譯爲"全"、"都"等。如：

徵（微）密咸祭（察）。（爲 47）

畢

出現2次。用在動詞謂語前，表示敘述範圍的全部。可譯爲“全”、“都”等。如：

五者畢至必有天當。(爲33)

五者畢至是胃(謂)過主。(爲40)

皆

出現1次。用在動詞謂語前，表示敘述範圍的全部。可譯爲“全”、“都”等。如：

夢見五幣，皆爲苛憂。(占30)

多

出現8次，用在動詞謂語前，表示動作行爲數量之多或範圍之廣。可譯爲“過多地”、“大量地”等。如：

五曰龔(恭)敬多讓。(爲32)

毋多貰貣。(爲32)

另見：爲31(2)、爲33(2)、66、67。

唯

出現1次。用在動詞謂語前，表示衹限於某種情況。可譯作“衹有”等。如：

受令唯若。(爲37)

(五)肯定否定副詞

必

1. 用在動詞謂語前，表示事理上的確定不移或動作行爲的必要性。出現9次。可譯爲“必定”、“必須”。如：

五者畢至必有天當。(爲33)

欲人敬之必先敬人。(爲63)

另見：爲 29、41、64、79、81、83，占 02。

2. 用在動詞謂語前或單句前，表示對動作行爲或狀態的推測或判斷。出現 9 次。可譯爲“必定（會）”、“一定”等。如：

夢見飲酒，不出三日必有雨。（占 40）

必有失也。（占 15）

另見：占 09、10、23、26（2）、36（2）。

不

出現 77 次。用在動詞、形容詞或名詞謂語之前，都用來表敘述的否定。如：

一曰不祭（察）所親則韋（違）數至。（爲 48）

夢見豆，不出三日家（嫁）。（占 33）

另見：爲 04、05、07、10、11、13、14（2）、16（2）、17、18、19、20、21（2）、22（2）、23、25、26、30、31、36（2）、38、45、49、50、53、54、56、57、58、59（2）、60（2）、61、62、64、65、66、67（2）、69、72、73、74、75（2）、76（2）、77、78（3）、79（3）、80（2）、81（3）、83、85、87，占 01（2）、13、16、37、40、48。

弗

出現 16 次。用在動詞謂語前，表示敘述的否定。如：

租稅輕重弗審。（爲 68）

故曰道無近弗行不到。（爲 79）

另見：爲 09、11、12、15、17、18、23、63、64、74、77、78、81、82。

毋

1. 用在動詞或形容詞謂語前，主要表示禁止或勸阻。出現

43次。可譯爲“不要”等。如：

毋多貰貣。（爲32）

毋失四時之所宜。（占03）

另見：03、13、19、23、24、26（2）、27（2）、28、30、42、43、46、47、48（2）、49、50（2）、51（3）、53、55、57、60、68（2）、86（2）、87正（2），占38。

2. 也用來表示敘述的否定，用在名詞謂語前。出現1次。如：

寒者毋衣弗請。（爲78）

勿

1. 用在動詞謂語前，表示禁止或勸阻。可譯爲“不要”。出現7次。如：

聽閒（諫）勿塞。（爲01）

敬士〈上〉勿犯。（爲58）

另見：爲35、56、57、65、86。

2. 表示對動作行爲的否定。可譯爲“不”。出現1次。如：

勿敢度。（爲66）

未

出現3次。用在動詞謂語前，表示動作行爲尚未發生。可譯爲“沒有”等。如：

故憂未已。（占14）

夢人謁門去者，有新蔿未塞。（占20）

另見：占21。

（六）關聯副詞

乃

出現7次。用在謂語動詞前，表示前後兩項在情理上的順承，或時間上銜接。可譯爲“就”等。如：

夢衣新衣乃傷於兵。（占39）

夢有夬去魚身者，乃有內資。（占13）

另見：占11（2）、12、25、35。

通過以上的分析，我們可以將《嶽麓簡（壹）》中的副詞使用情況列表如下：

副詞類別		個數	用例	頻率
時間頻率	日（1）、將（1）、先（2）、又（1）、更（1）、復（3）	6	9	4.5%
程度	大（3）	1	3	1.5%
情態	擅（2）、善（2）、喜（1）、相（3）、難（1）、亟（2）	6	11	5.5%
範圍	咸（1）、畢（2）、皆（1）、唯（1）	4	5	2.5%
肯定否定	必（18）、不（77）、弗（16）、毋（44）、勿（8）、未（3）	6	166	82.6%
關聯	乃（7）	1	7	3.5%
總計		24	201	100%

綜上所述，在《嶽麓簡（壹）》中共出現了24個副詞，除了關聯副詞和程度副詞衹有1個以外，其他各類副詞的數目大致相當。而其中以否定副詞的用例最多，佔到了副詞總用例的73.6%，雖然這與文章的性質內容有很大的關係，但也反映出了上古漢語否定副詞使用的頻繁。

二、介詞

介詞介紹它的賓語給謂詞。常用在名詞、代詞或名詞性詞組前，構成介賓結構，位於謂詞前或後，對謂詞起修飾作用。主要用來引進與動作行爲相關的時間、處所、對象、工具、方式、原因等。《嶽麓簡（壹）》中共有5個介詞，分述如下：

以$_1$[①]

1. 用在動詞謂語前，引進與動作行爲相關的時間。出現2次。如：

不得亓（其）日，以來爲日。（占01）

不得其時，以來爲時。（占01）

2. 用在謂語前，引進動作行爲憑藉的工具。出現3次。如：

甲辰失以縱不直論令到。（質·三十四年08）

女子而夢以亓（其）帬被邦門及游渡江河。（占34）

冬以衣被邦門、市門、城門。（占35）

3. 用在動詞謂語前，引進動作行爲的方式。出現2次。可譯爲"用"。如：

夢以弱（溺）灑人，得亓（其）亡奴婢。（占31）

夢以泣灑人，得亓（其）亡子。（占32）

於

1. 用在謂語前或後，引進與動作行爲相關的處所，表示動作行爲在何處發生或進行。出現3次。可譯爲"在"。如：

① "以"作虛詞有多種詞性或用法，我們用"以$_1$""以$_2$"加以區別。下同。

夢歌於宫中，乃有内資。（占 11）

□□叟盡操簦陰（蔭）於木下，有資。（占 12）

另見：占 12。

2. 用在謂語後，引進與動作行爲相關的對象，表示動作行爲的受事者或被動行爲的施動者。出現 4 次。如：

秋冬夢亡於上者，吉。（占 15）

夢衣新衣乃傷於兵。（占 39）

另見：爲 46、占 15。

3. 用在謂語後，引進動作行爲的方式。出現 1 次。可譯爲“被”。如：

五曰善非其上則身及於死。（爲 52）

把

出現 1 次。用在謂語後，引進動作的方式。如：

欲最之道把此。（爲 87 正）

至

出現 1 次。用在動詞謂語後，引進與動作行爲相關的處所，表示動作行爲到達何處。可譯爲“到”。如：

夢燔洛遂（墜）隋（墮）至手，轂囚，吉。（占 20）

與1

出現 3 次。用在動詞謂語前，引進動作行爲相關的對象。可譯爲“和”、“跟”等。如：

擇人與交。（爲 33）

與韱同官。（爲 22）

另見：爲 82。

通過以上分析，對於《嶽麓簡（壹）》介詞使用情況，我們可以列表如下：

	時間	處所	對象	工具	方式	總計
以$_1$	2			3	2	7
於		3	4		1	8
把					1	1
至		1				1
與$_1$	3					3
總計	5	4	4	3	4	20

綜上所述，《嶽麓簡（壹）》中用例最多的介詞是“以$_1$”和“於”，而且都兼有多種功能。介詞使用在分工上呈現出一定的特點，“以$_1$”主要用來引進時間和工具，“於”主要引進處所和對象。就其語法功能來看，“以$_1$”大都出現在謂語前，而“於”主要出現在謂語後。

三、連詞

連詞是在詞、詞組、分句、句、句群之間起連接作用，表示它們之間各種關係的詞。它不獨立充當句子成分，也沒有修飾作用。《嶽麓簡（壹）》中共有 7 個連詞，下面分別討論之。

以$_2$

1. 表示順承關係，後一部分表示前面動作行爲的目的。出現 4 次。如：

正以撟之。（爲 05）

弗治以藍（監）它人。（爲17）

另見：爲04、84。

2. 表示順承關係，前一部分表示後面動作行爲的方式或狀態。出現1次。如：

毋忿怒以夬（決）。（爲53）

與₂

出現3次。連接名詞與名詞，表示並列關係。可譯爲“和”。如：

禍與畐（福）鄰。（爲62）

戊辰騰與廷史。（質日·三十四年33）

丁未獲行與痞偕。（質日·三十四年63）

而

1. 連接詞與詞，表示並列關係。可譯爲“和”。出現2次。如：

一曰誇而夬。（爲42）

二曰貴而企。（爲43）

2. 表示順承關係，前一部分表示後面動作行爲的方式或狀態。出現1次。如：

醉飽而夢、雨、變氣不占。（占01）

3. 表示順承關係，後一部分表示前面動作行爲的目的或結果。出現1次。如：

正而行修而身。（爲61）

4. 連接的前後兩項爲順承關係，表示前後兩項在時間上先後相承。出現1次。如：

晝言而莫（暮）夢之，有☐。（占01）

5. 表示遞進關係，所連接的後一部分是對前面性質、狀態等的説明。出現 2 次。如：

□入井蕭（溝）中及沒淵，居室而毋戶。（占 38）

舉事而不意不欲多聞。（爲 67）

則

1. 表示順承關係，所連接的後一部分是前一部分的結果。可譯爲“就”。出現 6 次。如：

一日不祭（察）所親則韋（違）數至。（爲 48）

夢蛇則尌蠆赫之，有芮者。（占 19）

另見：爲 49、50、51、52。

2. 所連接的後一部分是對前一部分的介紹、説明。出現 6 次。如：

爲人君則惠。（87 背）

另見：87 背（5）。

苟

出現 2 次。表示順承關係，所連接的後一部分是前一部分的結果。如：

臨財見利不取筍（苟）富。（爲 59）

臨難見死不取句（苟）免。（爲 60）

及

出現 3 次。連接分句與分句，表示並列發生的兩件事。如：

女子而夢以亓（其）帬被邦門及游渡江河。（占 34）

夢□入井蕭（溝）中及沒淵，居室而毋戶。（占 38）

另見：占 07。

若

1. 用在複句前一分句句首，表示假設。可譯爲“假如”、“如果”等。出現1次。如：

若晝夢亟發。（占01）

2. 在前後兩項之間，表示選擇。可譯爲“或”、“或者”等。出現2次。如：

夢夫妻相反負者，妻若夫必有死者。（占09）

夢身柀枯，妻若女必有死者，丈夫吉。（占10）

通過以上分析，對於《嶽麓簡（壹）》連詞使用情況，我們可以列表如下：

	並列	選擇	順承	遞進	假設	總計
以$_2$			5			5
與$_2$	3					3
而	2		3	2		7
則			12			12
苟			2			2
及	3					3
若		2			1	3
總計	8	2	22	2	1	35

綜上所述，《嶽麓簡（壹）》中的連詞以“則”和“而”爲主，使用次數最多。表順承的連詞數量最多，而且使用頻率最高。其中“而”是功能最多，用法最爲靈活、複雜的連詞，可以表示並列、順承、遞進等多種關係。連詞之間的分工比較明確，

除“而”、“若”以外，其餘的連詞都衹表示一種關係。

四、助詞

助詞是對詞、短語或句子起各種標誌作用的詞類。助詞的獨立性最差，意義最不實在，常用於句首，詞的首尾，或短語之中。《嶽麓簡（壹）》中共有3個助詞，下面分別討論之。

之

出現13次。用在修飾語和中心語之間，組成偏正結構的名詞短語。如：

故君子日有茲₌（茲茲一孜孜）之志。（爲83）

毋失四時之所宜。（占03）

另見：爲06、28、58、69、70、71、72（2）、87正（2），占02（2）。

所

出現9次。用在動詞前，構成名詞性短語，表示與動作相關的人、事、物等。如：

二曰不智（知）所使則以𥙿（權）索利。（爲49）

夢亡亓（其）鉤帶備掇（綴）好器，必去亓（其）所愛。（占26）

另見：爲28、44、48、51、53、54、68。

者₁

1. 用在動詞或形容詞之後，構成名詞性“者”字短語，表示人、事、物等。出現12次。如：

寒者毋衣弗請。（爲78）

夢死者復起，更爲官（棺）郭（槨）。（占 27）

另見：爲 36、37、63、80，占 05（2）、09、10、27、29。

2. 用在複句前一分句之末，表示假設關係。出現 20 次。如：

夢人謁門去者，有新蔺未塞。（占 20）

【夢】見馬者，父欲食。（占 46）

另見：占 09、13、15（2）、17、18、21、22、23、38、39、40、41（2）、42（2）、44、45。

3. 用在名詞主語之後，表示語音上的停頓，並有引出下文的作用。出現 2 次。如：

矰織（弋）者百智之長也。（爲 69）

須臾者百事之祖也。（爲 70）

由以上分析可知，《嶽麓簡（壹）》中共有 3 個助詞，都是結構助詞。其中“者$_1$”字使用最多，共出現 34 次。且用法最爲靈活複雜。

五、語氣詞

語氣詞表示説話者或敘述者的語氣、情態。多用於單句或分句之末，配合上下文表示肯定、判斷、疑問、感歎等各種語氣。《嶽麓簡（壹）》共有 3 個語氣詞，分述如下：

也

1. 用於陳述句末，表示判斷、肯定語氣。出現 13 次。如：

甘言毒也。（爲 05）

夢引腸，必弟兄相去也。（占 26）

另見：爲 04、06、69、70、71、72、82、84，占 03、15、28。

2. 用在陳述句中並列的分句之後，表示列舉的語氣。出現 5 次。如：

甲乙夢開臧事也，丙丁夢憂也。（占 03）

戊己夢語言也，庚辛夢喜也，壬癸夢生事也。（占 04）

與$_3$（歟）

用在疑問句末，表示一種疑問語氣。出現 1 次。如：

此治官、黔首及身之要也與（歟）？（占 03）

者$_2$

用在陳述句末，表示判斷語氣。出現 5 次。如：

夢夫妻相反負者，妻若夫必有死者。（占 09）

夢見項者，有親道遠所來者。（占 22）

另見：占 10、19、29。

從以上分析可知，在《嶽麓簡（壹）》中的語氣詞數量較少，使用頻率也低。共有 3 個語氣詞，其中使用最多的是"也"字，出現 18 次。"與$_3$（歟）"字衹有 1 個用例，用來表示疑問語氣，除此之外，其餘的用例都是表示陳述語氣。

六、小結

通過前文的分析可知，《嶽麓簡（壹）》中共出現虛詞 42 個，其中副詞 24 個，介詞 5 個，連詞 7 個，助詞 3 個，語氣詞 3 個，現列表如下：

副　詞（24個，201次）	時間頻率	日（1）、將（1）、先（2）、又（1）、更（1）、復（3）
	程度	大（3）
	情態	擅（2）、善（2）、喜（1）、相（3）、難（1）、亟（2）
	範圍	咸（1）、畢（2）、皆（1）、唯（1）
	肯定否定	必（18）、不（77）、弗（16）、毋（44）、勿（8）、未（3）
	關聯	乃（7）
介詞（5個，20次）		以$_1$（7）、於（8）、把（1）、至（1）、與$_1$（3）
連詞（7個，35次）		以$_2$（5）、與$_2$（3）、而（7）、則（12）、苟（2）及（3）、若（3）
助詞（3個，56次）		之（13）、所（9）、者$_1$（34）
語氣詞（3個，24次）		也（18）、與$_3$（1）、者$_2$（5）

綜上所述，關於《嶽麓簡（壹）》的虛詞，我們可以得出以下結論：

第一，副詞的數量最多，使用頻率也最高。其中否定副詞佔了很大比例，主要有"不"、"弗"、"毋"、"勿"幾個。關於它們之間的關係，前人多有論述，基本認爲"不"和"弗"多用於一般性否定，"毋"和"勿"多用於禁戒性否定。"弗"和"勿"否定及物動詞時一般不帶賓語，"不"和"毋"否定及物動詞時帶賓語。《嶽麓簡（壹）》中"不"、"弗"、"毋"、"勿"的用法也表現出了上述的特點，説明先秦時期否定副詞的用法有着明確的分工。

第二，關於"于"和"於"，一般認爲沒有用法上的差別，只是出現時間的不同。《嶽麓簡（壹）》中只出現了"於"，且有多種功能，至於"于"則沒有出現。也説明它們用法上沒有區別，並且"於"出現以後逐漸取代了"于"。

第三，連詞用例較少，在用法上表現出了明顯的分工。除

“而”、“若”以外，其餘的連詞衹表一種關係。表同一種關係的兩個連詞連接的對象也不同，“與”表並列關係時連接詞和詞，“及”表並列時連接分句和分句。

第四，助詞和語氣詞都出現得很少，其中助詞“者”和語氣詞“也”使用很頻繁，這和文獻的性質內容有很大的關係，但也説明助詞和語氣詞的發展還不很成熟。另外，“者”字也用作語氣詞，這不見於傳世文獻中，值得注意和進一步探討。

參考文獻：

［1］何樂士等編《古代漢語虛詞通釋》，北京出版社，1985年。

［2］王力《漢語語法史》，商務印書館，1989年。

［3］中國社會科學院語言研究所古代漢語研究室《古代漢語虛詞詞典》，商務印書館，1999年。

［4］楊伯峻、何樂士《古漢語語法及其發展》（修訂本），語文出版社，2001年。

［5］張顯成主編《簡帛語言文字研究》第四輯，巴蜀書社，2010年。

［6］李明曉《戰國楚簡語法研究》，武漢大學出版社，2010年。

基於認知語言學的秦簡時間副詞研究

謝小麗*

摘　要：秦簡時間副詞數量衆多，秦簡時間副詞對甲金文的時間副詞既有所繼承也有所發展。秦簡時間副詞可分爲 11 種，已經比較完善；其分工明確，但部分時間副詞功能有交叉。另外，從認知語言學角度看，隱喻、推理、重新分析、泛化等方式是秦簡時間副詞語法化的主要途徑。

關鍵詞：秦簡；時間副詞；語法化

本文所採用的秦簡主要有 10 批：《睡虎地秦墓竹簡》（簡稱《睡簡》），有 1155 枚簡（另有殘片 80 片），主要是秦代的法律文獻和《日書》；《天水放馬灘秦簡》（簡稱《放簡》）有竹簡 460 枚，内容主要包括兩個《日書》本子和《墓主記》；《周家臺秦簡》（簡稱《周簡》）包括 390 枚簡牘，内容爲《日書》、曆譜、

* 謝小麗，西南大學漢語言文獻研究所　碩士研究生　重慶北碚　400715。

醫方等;《龍崗秦墓簡牘》(簡稱《龍牘》)有竹簡 293 枚,内容主要是"禁苑"類律令;《青川木牘》(簡稱《青牘》)有木牘兩枚,内容爲律文。《睡虎地秦牘》(簡稱《睡牘》)有 527 字,内容主要是家書;《嶽山秦牘》(簡稱《嶽牘》)的内容爲《日書》;《嶽麓書院藏秦簡〔壹〕》(簡稱《嶽簡〔壹〕》)主要内容是《質日》、《爲吏治官及黔首》和《占夢書》;《嶽麓書院藏秦簡〔貳〕》(簡稱《嶽簡〔貳〕》)主要是《數》;《里耶秦簡〔壹〕》(簡稱《里簡〔壹〕》)主要是公文檔案。對於新近刊發的《嶽麓書院藏秦簡〔叁〕》,刊發時論文已接近尾聲,由於時間的關係,故不納入研究範圍。

秦簡時間副詞是語言時間系統中重要的"顯性"時間表達式①。黎錦熙首次提出了"時間副詞"這個術語,它認爲"表示有定時間的詞,如日子、月份、季節等,大都是實體詞;然而在敘述句中,它們總在'副位'。還有一類專從'時間流'中區别某種動作的一個時限,或表動時的持續,或表動時的反復;多從名、形、動(或短語)的'副附'用法,漸漸成專用的副詞,這就叫做時間副詞。"② 王力先生指出:"凡副詞用來表示時間者,叫做時間副詞。"③ 李泉先生認爲時間副詞是表示事物或動作發生變化的時間或頻率④。唐賢清先生認爲時間副詞是表示動作發生的時間及時間有關的副詞,其語義特點就是表示時間觀念⑤。

① 王希傑《修辭學通論》,南京大學出版社,1996 年。
② 黎錦熙《新著國語文法》,商務印書館,1992 年,頁 143。
③ 王力《中國現代語法》,商務印書館,1985 年,頁 139。
④ 胡明揚主編《詞類問題考察》,北京語言文化大學出版社,1996 年,頁 375。
⑤ 唐賢清《〈朱子語類〉副詞研究》,湖南師範大學博士學位論文,2003 年,頁 41。

各家觀點之所以不同，是因爲他們的角度不同，黎錦熙、王力側重從語義的角度分析；另外的如唐賢清、高育花更側重從語法功能的角度分析；許衛東等人則側重從認知角度和語法功能角度分析時間副詞。

綜合各家觀點，我們認爲時間副詞是表示動作行爲發生的時間或表示動作行爲發生的時間狀態的副詞，其語義特徵就是表示時間，因此具有明顯的時間範疇特點。

一、時間副詞的分類

黎錦熙對時間副詞作了分類，他首先從時間副詞的“時”功能把時間副詞分爲四類：過去時、現在時、未來時、不定時。進一步從時間副詞的體（態）功能將不定時副詞分爲六小類：表綿延、表匆促、表急進、表漸進、表突起、表偶發①。

楊樹達將時間副詞分爲表過去、表現在、表未來、表追溯、表雅素、表經驗、表進比、表繼承、表終究、表會適、表才乍、表先夙、表遲後、表急速及名詞轉來的時間副詞②。

楊伯峻、何樂士將時間副詞分爲兩類，一類是表示動作行爲發生的時間在過去、現在或未來；另一類表示動作行爲發生時的狀態，如表示動作行爲發生時間的先後、表示動作行爲發生的早晚、表示前後兩事在時間上有間隔、表示前後兩事在時間上緊相連接、表示動作行爲的發生急遽突然、表示動作行爲的遲緩、表

---

① 黎錦熙《新著國語文法》，商務印書館，1992年，頁165－177。
② 楊樹達《高等國文法》，湖南教育出版社，2008年，頁209－240。

示動作行爲的持續、表示動作行爲的發生是偶爾、非必然的，表示動作行爲恰值某時或在某時發生、表示動作行爲剛剛在不久之前或就在説話之前發生等 13 類[①]。

張誼生根據時間的長短、先後、過程狀態將時間副詞分爲：表時間的時間副詞、表頻率的時間副詞、表位序的時間副詞這三大類。再將表時時間副詞分爲時制副詞和實體副詞，時制副詞又分爲時點和時段兩類，時體副詞分爲有定和無定兩類；表頻副詞分爲高頻、中頻、低頻；表序副詞分爲次序、重複[②]。

李新魁認爲時間副詞是説明動作發生的時間、時序、時態和頻率等方面。表時時間副詞包括動作在過去發生，即已發，表示過去時。動作正在發生，即現發，動作在將來發生，即爲將發。以“現在”爲基點，在現在以前發生的則是已發、現在時之後發生的則是將發，即爲三時時間副詞（過去、現在、將來）[③]。時序表示發生的先後，以事情爲時間基礎，表示在事情剛開始發生的爲始發，在事情將要結束時發生的爲終發；以動作發生之間的先後爲基礎，將動作發生在先的稱爲先發，動作發生在後的稱爲後發；動作正好發生爲適發，動作後來繼續發生爲繼發。時態是指動作發生時在時間上的狀態。動作突然發生、所用時間短暫爲急發，動作緩慢發生、所用時間較長爲徐發。頻率是指動作發生的頻率，偶然發生爲偶發，或重複發生爲重發，或經常發生爲常發和長期發生爲長發。現將李新魁時間副詞分類情況列圖如下：

① 楊伯峻、何樂士《古漢語語法及其發展》，語文出版社，2001 年，頁 230—269。

② 張誼生《現代漢語副詞研究》，學林出版社，2006 年，頁 165—190。

③ 李新魁《漢語文言語法》，廣東人民出版社，1983 年，頁 93—140。

- 時間副詞
  - 時間
    - 已發（過去時）
    - 現發（現在時）
    - 將發（將來時）
  - 時序
    - 始發（事情開始時）
    - 終發（事情結束時）
    - 先發（動作先發）
    - 後發（動作後發）
    - 適發（正好發生）
    - 繼發（繼續發生）
  - 時態
    - 急發（突然發生）
    - 徐發（緩慢發生）
  - 頻率
    - 偶發（偶然發生）
    - 重發（重複發生）
    - 常發（經常發生）
    - 長發（長期發生）

二、實詞虛化的認知模式分析

劉堅、江藍生、白維國、曹廣順認爲虛詞一般是通過某一個實詞的詞彙意義首先發生變化而虛化而來①。虛化不僅是一種詞彙語法現象，也是一種心理認知過程。語法的虛化勢必是由於人的認識發展引起的。"實詞虛化"往往與副詞相關，實詞的虛化

① 劉堅、江藍生、白維國、曹廣順《近代漢語虛詞研究》，語文出版社，1994年。

的第一站就是副詞[①]，虛化是一個認知域轉移到另外一個認知域。本章將分析語言使用過程中人的認知心理對副詞語法化的影響。關於實詞虛化的機制與動因，其代表觀點主要有以下幾種：

一、張誼生在《論與漢語副詞相關的虛化機制——兼論現代漢語副詞的性質、分類與範圍》[②] 中對漢語名動形實詞向副詞的轉化提出他的意見，他認爲與漢語副詞有關的虛化機制包括四個方面：結構形式、語義變化、表達方式和認知心理。其認知心理包括了三個方面：隱喻、推理、重新分析。

（一）隱喻

Lakoff（1987）認爲：隱喻的語義基礎涉及各種相關的認知領域，其中包括反映在心理和物理世界的各個領域，如時空領域、實體物質屬性領域等，還包括特定言語社會中約定俗成的行爲模式、心理狀態、語言認知等。我們把詞語本來的那個域稱爲源域，把通過隱喻得到的域稱爲目標域，詞語從實詞到副詞的認知模式示意圖如下：

詞語虛化認知模式圖

隱喻是施喻者對源域與目標域兩者之間關係的一種認知確認，其認知內容就是兩者的相似性，相似性是隱喻的基礎，是詞

---

① 褚俊海《漢語副詞的主觀化歷程——指示、限制和關聯》，湖南師範大學博士學位論文，2010年。

② 張誼生《論與漢語副詞相關的虛化機制——兼論現代漢語副詞的性質、分類與範圍》，《中國語文》2000年第1期。

義引申演變的動力。而副詞的發展也是如此，實詞域和副詞域兩者之間，詞彙隱喻或者是語法隱喻都是通過一個域的事物來表達另外一個域的事物，其途徑就是通過域和域之間的隱喻。隱喻是實詞域擴展到時間副詞域的一個非常重要的途徑。

（二）推理

推理指在語境中，通過類推或推導使一些詞語的隱含義、聯想義明確固定化。如："卻"，副詞的"卻"是由動詞虛化而來，引申到表時間限制性副詞，義爲"仍然"、"還"、"再"。時間副詞經常連接前後兩個事件。兩個事件之間，從時間的角度上指動作的重複，從邏輯的角度則是表關係的轉折，如：

> 何當共剪西窗燭，卻話巴山夜雨時。（李商隱《李義山詩集·夜雨寄北》）

由時間副詞的"卻"，在推理機制下進一步虛化爲表關聯的關聯副詞。

（三）重新分析

重新分析是由於人的理解發生改變，同一種形式的語言雖然表層結構沒有發生變化，但被重新定義一種新的解釋。張誼生認爲漢語副詞的重新分析至少涉及到三種：1. 動賓結構被分析爲偏正結構；2. 連動結構被分析爲偏正結構；3. 聯合結構被分析爲偏正結構。如：

> 見兵事起，慾坐觀成敗。（《史記·田叔列傳》）

若"坐觀"中的"坐"是原義，則"坐觀"爲連動關係，若"坐"是"安坐不動"則"坐觀"爲狀中關係，"坐"就發生了虛化。其結構分析如下：

坐觀成敗

動	賓
連動	狀中

坐觀成敗

動	賓

二、沈家煊在《實詞虚化的機制——〈演化而來的語法〉評介》中指出實詞虚化的機制有五種：

（一）隱喻

（二）推理

（三）泛化

泛化指一個實詞的語義成分部分消失，使用範圍擴大。如“嘗”的語義演變流程是：辨别滋味→祭祀祖先→試探→經歷→曾經（副詞）[1]。“嘗”經歷了由動詞轉變爲副詞的過程。舉例如下：

（1）攘其左右，其旨否。（《詩經·小雅·甫田》）（嘗：表辨别滋味）

（2）不可以始種背及穫賞（嘗），其歲或弗食。（《睡簡·日書甲種》151—152背）（嘗：表祭祀祖先）

（3）諸侯方睦於晉，臣請嘗之，若何？（《春秋左傳·襄公十八年》）（嘗：表試探）

（4）險阻艱難，備嘗之矣。（《春秋左傳·僖公二十八年》）（嘗：表經歷，經受）

（5）丙家節（即）有祠，召甲等，甲等不肯來，亦未嘗召丙

① 劉道鋒《飲食類動詞“嘗”的詞義演變及其動因》，《湖南人文科技學院學報》2009年第5期。

飲。(《睡簡·封診式》92—93)(嘗:表曾經)

(四)和諧

沈家煊認爲和諧機制主要在虚化過程的後期起作用,就是將本來就發生虚化的詞變成更加虚化的詞。如英語單詞 should 爲情態動詞,爲了保持主句和從句的和諧一致,虚化爲一個虚擬語氣詞。

(五)吸收

吸收是“吸收上下文義”的意思。如:英語原來表示客觀可能的 may 由 can 替代,這是一種替代過程。在這個過程中,虚詞有三種變化:第一,原來的詞義完全被新的虚詞替代;第二,使用範圍縮小,但詞義不變;第三,使用範圍縮小、語義發生變化。第三種變化和吸收機制有關。

並且他認爲不同的虚化機制並不是都發生在虚化的全過程,而是發生在不同的階段。隱喻機制衹在虚化的早期階段即實詞變得較虚的實詞階段起作用,泛化一直都存在,和諧和吸收衹在虚化的晚期即虚詞變爲更虚的階段起作用。

三、解惠全認爲實詞虚化要以意義爲依據,以句法地位的固定爲途徑①。

四、孫朝奮指出誘發語法化的因素有:上下文誘發新解釋、重新分析、詞義自身特點②。

五、吳福祥、劉堅、曹廣順認爲重新分析、語法位置變化、

① 解惠全《談實詞的虚化》,載於吳福祥《漢語語法化研究》,商務印書館,2005 年。

② 孫朝奮《〈虚化論〉評介》,《國外語言學》1994 年第 4 期。

語境影響、語義變化都是誘發漢語詞彙語法化的因素[①]。

六、石毓智、李訥總結出類推、重新分析是導致漢語語法化的機制[②]。

七、劉丹青提出疊加機制[③]。

八、Hopper & Traugott（2003/1993）認爲語言演變的主要機制有兩個：重新分析和類推。

九、Heine & Kuteva（2002：2）提出語法化的機制主要有四個：

（一）去語義化（語義漂白）即實在内容意義消失；

（二）擴展（語境泛化）即在重新的一個語境中使用；

（三）去範疇化即實詞或其他不太虚的成分的形態句法屬性特徵丟失；

（四）銷蝕（語音簡化）即語音實體丟失。

十、褚俊海在《漢語副詞主觀化歷程》中指出："漢語虚化又稱語法化。實詞虚化的典型模式實際上是指别代詞中的概念範疇義（事物某一特定的領域或範疇）變得越來越漂白，指别義（詞彙的主要抽象特徵）變得越來越凸顯的過程。"[④] 過程示意圖如下：

① 吴福祥、劉堅、曹廣順《論誘發漢語詞彙語法化的若干要素》，《中國語文》1995年第3期。

② 石毓智、李訥《漢語語法化的歷程》，北京大學出版社，2001年。

③ 劉丹青《語法化中的更新、強化與疊加》，《語言研究》2001年第2期。

④ 褚俊海《漢語副詞的主觀化歷程——指示、限制和關聯》，湖南師範大學博士學位論文，2010年，頁159。

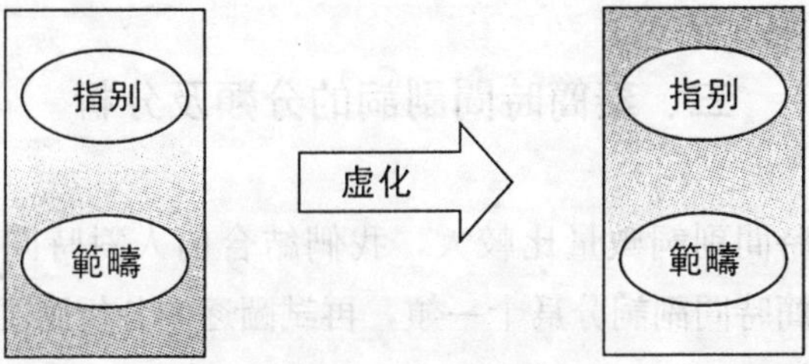

指別代詞的虛化模式示意圖

結合褚俊海的“指別代詞的虛化模式示意圖”我們認爲實詞虛化的過程是將概念範疇義變得越來越漂白，指別義變得越來越凸顯的過程，再進入另外一個範疇的過程。其過程示意圖如下：

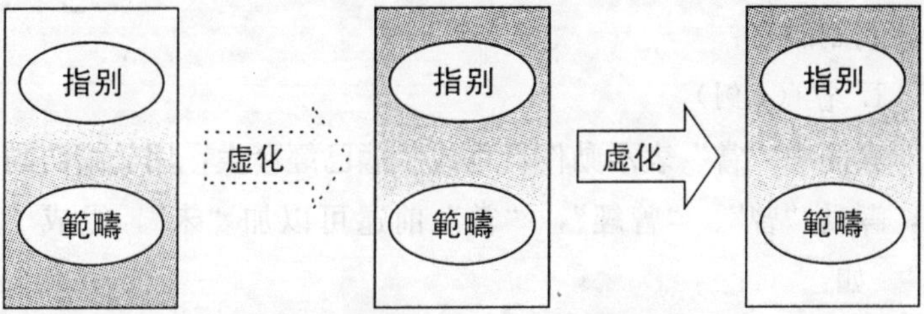

過程一：語義漂白　　過程二：進入新的範疇

注：過程一語義漂白和過程二進入新的範疇，並不是指演變上有時間先後順序，一般這兩個過程同時進行，在語言上一般不會明顯感受到這兩個過程的先後順序，但語言虛化的過程中確實有兩個過程。

本文將根據張誼生先生等的觀點從認知語言學角度分析秦簡時間副詞的來源。

三、秦簡時間副詞的分類及分析

秦簡時間副詞數量比較大，我們結合前人對時間副詞的分類，將秦簡時間副詞分爲十一類，再試圖逐一分析副詞的實詞虚化的認知模式。

一、已發

秦簡中以“現在”爲基點，在現在以前發生的則是已發、現在時之後發生的則是將發，即爲三時時間副詞（過去、現在、將來）。已發是指動作在過去發生，表示過去時。秦簡中表示已發的時間副詞有：

1. 嘗（4 例）

秦簡中“嘗”表示動作行爲或狀態已經發生，用於謂語動詞前，譯爲“曾”、“曾經”，“嘗”前還可以加“未”，組成“未嘗”。如：

(1) 甲未賞（嘗）身免丙。（《睡簡·封診式》38）

(2) 丙家節（即）有祠，召甲等，甲等不肯來，亦未嘗召丙飲。（《睡簡·封診式》92—93）

根據《漢語大字典·日部·嘗》，“嘗”主要有以下釋義：1.《説文·旨部》：“口味之也。从旨尚聲。”“嘗”表示辨别滋味；2. “嘗”還是古代一種祭祀祖先的儀式，如《詩經·小雅·天保》：“禴祠烝嘗，于公先王。”毛傳：“秋曰嘗。”在《睡簡·日書乙種》也有 2 例表示“秋祭”用法，如：“不可以始種背及穫賞（嘗），其歲或弗食。（151 背—152 背）” 3. “嘗”還有表試探義，如《廣韻·陽韻》：“嘗，試也。” 4. 經歷，經受；5. 副詞，曾經。《廣韻・陽韻》:“嘗，曾也。”

“嘗”的語義演變過程是：辨別滋味→祭祀祖先→試探→經歷→曾經（副詞）[①]，這一過程經歷了由動詞轉變爲副詞的變化。“辨別滋味、試探”的過程就是一種經歷，從説話者的角度是對試探過程的描述，反過去看就是一種帶有時間意義的經歷，所有的“經歷”都屬於“過去時”。《助語辭集注》:“嘗即是曾，喻如曾經口食之而知其味也。”[②]從而由動詞領域進入時間範疇。從“嘗”的義項可知，“嘗”的核心義爲“試探”。“嘗”通過隱喻認知模式由表示“嘗試飲食，辨別滋味”發展到“曾經”。

2. 既（7例）

《説文・皀部》:“既，小食也。”李孝定《甲骨文字集釋》:“契文象人食已，顧左右而將去之也，引申之義爲盡。”如《春秋左傳・桓公三年》:“秋，七月，壬辰，朔，日有食之，既。”杜預注:“既，盡也。”《廣雅・釋詁一》:“既，盡也。”“既”即“完”之義。“既”由特定指“吃完食物”，泛化到指其他具體事物的結束，其義素特徵爲[+吃飯]、[+時間終點]，表示具體動作的範疇越來越漂白，指別義“時間終點”越來越凸顯，投射到時間領域，表示動作已經完成。

且“既”經常和動詞連用，“既”發生語法重新分析，連動結構被分析爲偏正結構，用於動詞或動詞謂語前，表示動作行爲或狀態已經發生，可譯爲“……之後”、“已經”。如：

（1）民之既教，上亦毋驕，孰道毋治，發正亂昭。（《睡簡・

① 劉道鋒《飲食類動詞“嘗”的詞義演變及其動因》，《湖南人文科技學院學報》2009年第5期。

② 王克仲《助語辭集注》，中華書局，1988年，頁68。

爲吏之道》24 肆—27 肆）

（2）百事既成，民心既寧，既毋後憂，從政之經。（《睡簡·爲吏之道》38 肆—41 肆）

3. 已（85 例）

《廣韻·止韻》："已，止也。"《詩經·鄭風·風雨》："風雨如晦，雞鳴不已。"鄭玄箋："已，止也。""已"本是一個動詞，表示"停止"、"結束"，在秦簡"已"仍有此種用法，如："故憂未已，新憂有（又）發。（《嶽簡〔壹〕·占夢書》14/0012）""已"的核心義爲"完成"，對於描述者來説就是一種經歷，由表具體動作的領域轉入時間域，表示"完成"。如：

（1）恒程者洞庭上帬直書到言今書已到敢言之。（《里簡〔壹〕》8—152 正）

（2）占行者，已發。（《周簡》202）

4. 以（1例）

"以"，通"已"，作時間副詞。《正字通·人部》："以，與已同，畢也，止也。"《禮記·檀弓下》："則豈不得以？"孔穎達疏："豈不得休已者哉。"在秦簡中此種用法僅 1 例。如：

以乞鞫及為人乞鞫者，獄已斷乃聽，且未斷猶聽殹（也）？獄斷乃聽之。（《睡簡·法律答問》115）

秦簡中幾個表示過去意義的時間副詞"嘗"、"已"、"既"，其共同的語義特徵是［十結束］，通過語義的相似性，這幾個詞都由具體動作的完成投射到表示抽象時間的過去、完成。

二、現發

表示動作正在發生，即現發。秦簡中表示現發的時間副詞有：

方（1例）

“方”是一個義項、功能豐富的詞，但本義已不清。《説文·方部》：“方，並船也。象兩舟省、總頭形。”沈娜認爲“方”的虛詞用法語法化的直接源頭是“並、並船”義，爲動詞①。“方”的義素特徵爲［＋兩個或兩個以上的物體］、［＋合在一起］、［＋空間位置上的平排］。由空間的［＋並排］義投射到時間域表示“正在”。如：

新地入盜，衷唯母方行新地，急急。（《睡牘》背）

三、將發

表示動作在將來發生，即爲將發。秦簡中表示將發的時間副詞有：

1. 將（9例）

《釋名·釋言語》：“將，救護之也。”如《詩經·周南·樛木》：“樂只君子，福履將之。”鄭玄箋：“將，猶扶助也。”由“扶持”義發展爲“意願”、“希望”，如《詩經·國風·氓》：“將子無怒，秋以爲期。”由動作上的“扶持”發展到心理上的“扶持、支持”；再發展到情態動詞，表“打算”，如《春秋左傳·隱公元年》：“大叔完聚，繕甲兵，具卒乘，將襲鄭。”最後發展爲時間副詞“將來”，其演變過程爲：扶持→意願→打算→將來。從動詞發展到情態動詞再到時間副詞，是一個範疇發展到另一個與此相關的範疇，心理上相關性隱喻機制是其發展的動力。如：

（1）凡戾人，表以身，民將望表以戾真。表若不正，民心將

① 沈娜《漢語“方”的本義及其語法化研究》，溫州大學碩士學位論文，2012年。

移乃難親。（《睡簡・爲吏之道》3伍—4伍）

（2）不時怒，民將姚去。（《睡簡・爲吏之道》42肆—43肆）

2. 且（14例）

甲骨文寫作。《説文・且部》："薦也。从几，足有二横，一其下地也。"林義光《文源》："即俎之古文……从二肉在俎上，肉不當在足間，則二横者俎上之横，非足間之横也。"徐中舒曰："古置肉於俎上以祭祀先祖，故稱先祖爲且，後起字爲祖。"可知"且"的本義似乎跟其虛詞用法沒有關係，《古代漢語虛詞詞典》指出："'且'的虛詞用法是假借字。先秦時便已使用。"[①] 如：

（1）今且令人案行之，舉劾不從令者，致以律，論及令、丞。（《睡簡・語書》7—8）

（2）甲謀遣乙盗，一日，乙且往盗，未到，得，皆贖黥。（《睡簡・法律答問》4）

3. 一睹（曙）（1例）

一曙，即"一旦"、"一朝"，《説文・日部》："曙，曉也。"《玉篇・日部》："曙，東方明也。""曙"本是天明之義，和"一"連用，表示"一天的早上"，後由確指的一天引申爲（某）一天，再引申爲"（將來的）某一時點"。如：

一睹（曙）失言，四馬弗能追也。（《睡簡・爲吏之道》30伍—31伍）

解惠全指出："實詞虛化，要以意義爲根據，以句法地位爲

① 中國社會科學院語言研究所古代漢語研究室編《古代漢語虛詞詞典》，商務印書館，1999年，頁422。

途徑。"[1] 因此"一睹（曙）"的發展動因有兩個，一是句法地位："一睹（曙）"多位於複句中分句的謂語動詞之前，作狀語，而狀語和補語的位置容易發生語法化，而"一睹（曙）"就處於這個位置，"一睹（曙）"發生了重新分析。"一睹（曙）"一般位於分句之前，而兩個分句之間有一定的因果關係，一睹（曙）A，就B，A、B之間是語用推理，如此二者存在因果關係，也包含了説話人的情感和態度，最終凝固在"一睹（曙）"。

四、始發

時序表示動作發生的先後，以事情爲時間基礎，表示在事情剛開始發生的爲始發，秦簡中表示始發的時間副詞有：

1. 始（16 例）

《説文·女部》："始，女之初也。"其義素特徵是［＋人的生命階段］、［＋始點］，後投射到時間域表示時間起點、開端。"始＋動詞"的結構是"始"虛化爲時間副詞的重要條件，"始"通常出現在句中動詞前，一個句子裡只能有一個核心動詞，因此語法重新分析，具有時間特徵的"始"具有認知優勢，"始"的實詞地位開始動搖，並讓位於後面的動詞，"始"開始虛化，其意義也發生了變化。如：

（1）浴瞖（蠶）必以日毚（纔）始出時浴之，十五日乃已。（《周簡》369—370）

（2）起門：八歲始富，男子若木攻土。（《放簡·日書乙種》17 叁）

① 解惠全《論實詞的虛化》，載於吳福祥《漢語語法化研究》，商務印書館，2005 年，頁 130。

2. 初（12 例）

《説文·刀部》:“初，始也。从刀从衣。”段注:“用刀則爲製之始。引申爲凡始之偁。”以段玉裁的觀點“初”的本義是“以刀爲製衣之始”，它的義素特徵可以寫作［十製衣］、［十始點］，再泛化到一般事物的開始，如《爾雅·釋詁上》:“初，始也。”再通過隱喻投射到時間域表示時間的開始。如:

（1）新工初工事，一歲半紅（功），其後歲賦紅（功）與故等。（《睡簡·秦律十八種》111）

（2）任人爲丞，丞已免，後爲令，今初任者有罪，令當免不當?（《睡簡·法律答問》145）

3. 新（5 例）

《説文·斤部》:“新，取木也。”段注:“新，引申爲凡始基之偁。”即“剛出現的或剛經歷到的。”其核心義素爲［十剛出現的］，在秦簡中的“新”也有這層含義，如:“夢衣新衣乃傷於兵。（《嶽簡〔壹〕》39/1500）”這和表示時間的“剛開始”一致，因此“新”由表實物性質的“開始出現”，通過隱喻投射到時間域，成爲時間副詞，表示“剛開始”，完成了由表事物性質的形容詞源域到目標域即時間域的語法化改變。如:

（1）其子新生而有怪物其身及不全而殺之，勿罪。（《睡簡·法律答問》69）

（2）軍新論攻城，城陷，尚有棲未到戰所。（《睡簡·秦律雜抄》35—36）

4. 甫（2 例）

甫，甲骨文寫作𤰔，《説文·用部》:“甫，男子美稱也。”段注:“甫，以男子始冠之偁，引申爲始也。”徐中舒認爲“甫”當爲圃之初文，後隸定甫爲圃。"甫"的"男子美稱"爲假借義。後加口爲"園圃"之"圃"。"甫"由園圃義假借爲對男子的美稱。根據段注"甫"由"男子始冠之稱"再引申爲"始"也。"甫"的義素特徵是［十人生階段］、［十開始］，後投射到時間域表示時間起點、開端。如：

（1）今而誧（甫）曰謁問覆獄卒史、義。（《里簡〔壹〕》8—135）

（2）葆子以上，未獄而死若已葬，而誧（甫）告之，亦不當聽治，勿收，皆如家罪。（《睡簡·法律問答》107）

5. 毚（纔）（2例）

《説文·糸部》："纔，帛雀頭色，一曰微黑色如紺，纔，淺也。""纔"由顏色淺泛化爲一般的"淺"，沈家煊認爲泛化是實詞虛化的一種機制，泛化是一個實詞的語義成分消失，從而造成自身使用的範圍擴大①。而"纔"的詞義擴大就是泛化的結果。再由一般意義形容詞"淺""少"義投射到時間域表示時間"剛剛"、"剛"。如：

（1）浴䲣（蠶）必以日毚（纔）始出時浴之，十五日乃已。（《周簡》369—370）

（2）甲乙雅不相智（知），甲往盗丙，毚（纔）到，乙亦往盗丙。（《睡簡·法律答問》12）

蔣冀騁、吴福祥在《近代漢語綱要》中指出："纔"在古漢語裡，通常用爲範圍副詞，義同於"盡"。用於時間副詞，可能

① 沈家煊《實詞虛化的機制——〈演化而來的語法〉評介》，《當代語言學》1998年第3期。

要晚至唐代[①]。根據秦簡，此説法似有欠妥當。

6. 乃$_1$（25 例）

“乃”用作副詞，表示某種情況具備了，纔……清王引之《經傳釋詞》卷六：“乃，猶方也，裁也。”《大戴禮記·保傅》：“古之王者，太子乃生，固舉之禮。”王聘珍解詁：“乃，始也。”《漢書·揚雄傳上》：“列宿乃施於上榮兮，日月纔經於柍桭。”如：

(1) 甲殺人，不覺，今甲病死已葬，人乃後告甲，甲殺人審，問甲當論及收不當？（《睡簡·法律問答》68）

(2) 以乞鞫及爲人乞鞫者，獄已斷乃聽，且未斷猶聽殹（也）？獄斷乃聽之。失鋈足，論可（何）殹（也）？（《睡簡·法律問答 115）

五、先發

以動作發生之間的先後爲基礎，將動作發生在先的稱爲先發。秦簡中表先發的時間副詞有：

1. 先（35 例）

甲骨文寫作，楊樹達《積微居小學述林》：“按：‘古之與止爲一文，龜甲文先字多从止……止爲人足。先从兒（古人字），从止，而義爲前進。’”“先”的本義是“前進”，爲動詞，其義素特徵是［＋位移］、［＋方向］。“前進”表示空間上的位移，前進是一個具體的動作，聯繫了兩個域——活動域和目標域，目標域是“位置在前的”，再由空間上的“位置在前”，投射到時間域表示“時間在前”。如：

① 蔣冀騁、吳福祥《近代漢語綱要》，湖南教育出版社，1997 年，頁 413。

(1) 欲人敬之必先敬人，欲人愛之必先愛人。(《嶽簡〔壹〕》63/1534 肆—64/1496 肆)

(2) 司寇盗百一十錢，先自告，可(何)論? 當耐爲隸臣，或曰貲二甲。(《睡簡·法律答問》8)

(3) 陰，是胃(謂)乍陰乍陽，先辱而後又(有)慶。(《睡簡·日書乙種》42 正)

2. 前(13 例)

《説文·止部》:“歬，不行而進謂之歬。从止在舟上。”《廣雅·釋詁二》:“前，進也。”王莉認爲“前”由“前進”聯繫兩個領域——活動域和目標域，引申爲目標域“位置在前”，表空間方位的“前”再轉爲時間領域的“在……之前”①。如:

(1) 曲門，前富後貧，五歲更，凶。(《睡簡·日書甲種》125 正貳)

(2) 凡有入毆(也)，必以歲後；有出毆(也)，必以歲前。(《睡簡·日書乙種》50 貳—51 貳)

六、後發

以動作發生之間的先後爲基礎，將動作發生在後的稱爲後發。秦簡中表示後發的時間副詞有:

後(28 例)

“後”甲骨文寫作𢓍，林義光《文源》:“夊象足形，足有所繫，故後不得前。”按:“夊、彳同義，从彳爲復，亦猶複、復之例。後字本義謂行而遲在人後也。”从“後”的本義可知，“後”

① 王莉《漢語方位詞“前、後、裡、外”研究》，河南大學碩士學位論文，2008 年。

本是以自身爲參照物，表示空間上的後面。表示空間的“後”通過隱喻的推動投射到時間域，義爲“時間較晚，與‘先’、‘前’相對。”如：

(1) 後節（即）不備，後入者獨負之。(《睡簡·秦律十八種》25)

(2) 稻後禾孰（熟），計稻後年。(《睡簡·秦律十八種》38)

(3) 雲門：其主富三渫之後，乃宜畜生，利爵禄。(《放簡·日書甲種》14 貳)

“先”、“前”、“後”本義都是帶有方向性的動詞。此處的“方向”並不是客觀空間方向，方向是指要有起點和終點，這樣就能確定“方向”。“先”、“前”、“後”的方向取決於説話人。

Lakoff 將隱喻分爲結構隱喻（structural metaphor）、方位隱喻（orientational metaphor）和本體隱喻（ontological metaphor）。而“先”、“前”、“後”所產生的隱喻義屬於方位領域，是空間水平層面的方位表達，由空間域投射到時間域。

七、繼發

以動作發生之間的先後爲基礎，動作後來繼續發生爲繼發。秦簡中表示繼發的時間副詞有：

1. 猶（2 例）

《爾雅·釋獸》：“猶如麂，善登木。”郝懿行義疏：“猶之爲獸，既是猴屬，又類麂形。”《説文·犬部》：“玃屬。从犬酋聲。”表示實詞的“猶”和本義沒有關係，屬於假借字[1]。“猶”作副

① 中國社會科學院語言研究所古代漢語研究室編《古漢語虛詞詞典》，商務印書館，1999 年。

詞，表示“仍然”、“還”。如：

(1) 以乞鞫及爲人乞鞫者，獄已斷乃聽，且未斷、聽殹(也)。(《睡簡·法律答問》115)

(2) 阬閬强肮(伉)以視(示)强，而上猶智之殹(也)。(《睡簡·語書》12)

2. 行(1例)

《睡簡》中“行”用作時間副詞，位於動詞謂語之前，表示“仍然”。“行”表示“持續”、“仍然”的意思在《漢語大字典》、《古代漢語虚詞詞典》等辭書中沒有出現。在這些辭書中“行”作副詞講，有兩個意思：①表示事情就要發生。可譯爲“就要”、“即將”；②用於數量詞前，表示“將近”、“快”。但在秦簡中“行”表示“仍然”、“還”，如：

主擅殺、刑、髡其子、臣妾，是謂“非公室告”，勿聽。而行告，告者罪。(《睡簡·法律答問》104)

3. 即$_1$(50例)

甲骨文“即”寫作㚻。《玉篇·皀部》：“卽，今作即。”《字彙·卩部》：“即，俗卽字。”

《説文·皀部》：“卽，即食也。从皀卪聲。”徐鍇繫傳：“卽，猶就也，就食也。”林義光《文源》：“卪，即人字。卽，就也……象人就食之形。”“即”的本義是“就食”，如《周易·鼎》：“鼎有實，我仇有疾，不我能即。”由此可知“即”的義素特徵是[+動作]、[+靠近目標]，“即”的語義由表示顯性的實義“吃飯”逐漸漂白，“即”的“靠近目標”義由隱性變成顯性，詞義泛化爲“接近、靠近”，如《詩經·衛風·氓》：“匪我貿絲，來即我謀”。鄭玄箋：“卽，猶，就也。”

"即"的及物能力越來越大，後能跟謂詞性賓語，這時句中就出現了兩個動詞，但根據一個句子一個核心動詞的原則，"即"的句中核心動詞地位讓位於後面的動詞，句法功能重新分析。"即"表示"接近"，具有一定的抽象性，"接近"具體目標點是一種"客觀刻度"，當用來指"接近"時間點時，就變成了"主觀刻度"表示"就、即刻。"如：

(1) 春三月庚辰可以築（築）羊卷（圈），即入之，羊必千。（《睡簡·日書甲種》87正貳）

(2) 人毋（無）故而𩬊（髮）撟若蟲及須（鬚）𦣝（眉），是是恙氣處之，乃𤈦（煮）𡙙（賁）屨以紙（抵），即止矣。（《睡簡·日書甲種》60背貳—61背貳）

4. 乃$_2$（45例）

清王引之《經傳釋詞》："乃，猶於是也。"又"乃，猶然後也。""乃"用於動詞性謂語前，作狀語，表示動作行爲或事情前後相繼的關係，一部分爲時間上的前後相繼，一部分是事理的相繼，表示前一事件發生之後，接着發生另一件事，可釋爲"然後、就"。如：

(1) 郡九歲乃往歲田厭失當坐論即。（《里簡〔壹〕》8—758）

(2) 其它人是增積，積者必先度故積，當堤（題），乃入焉。（《睡簡·秦律十八種》24—25）

(3) 出錢，獻封丞、令，乃發用之。（《睡簡·秦律十八種》64—65）

5. 尚（3例）

《説文·八部》："尚，曾也，庶幾也。"徐灝注箋："曾猶重也，亦加也。"《廣雅·釋詁二》："尚，加也。"《禮記·中庸》：

“《詩》曰：‘衣錦尚絅’，惡其文之著也。”孔穎達疏：“衣著錦衣，爲其文之大著，尚著禪絅加於錦衣之上。”表示在原來的基礎上持續增加，其義素特徵是［十繼續增加］，投射到時間域表示動作行爲或狀況在時間上的持續，用於謂語動詞之前，可譯爲“仍”、“仍然”、“還是”。如：

(1) 禾粟雖敗而尚可食毆（也），程之，以其秏（耗）石數論負之。(《睡簡·秦律十八種》165—166)

(2) 禾粟雖敗而尚可飤（食）毆（也），程之，以其秏（耗）石數論𧵳（負）之。(《睡簡·效律》24)

6. 乃（仍）(1例)

《爾雅·釋詁下》：“仍，因也。”清朱駿聲《説文通訓定聲·升部》：“乃，叚借爲仍。”“乃”是“仍”的假借字。《周禮·春官·司几筵》：“凡吉事變几，凶事仍几。”鄭玄注：“故書仍爲乃。”“仍”用在動詞謂語前，表示動作行爲持續不變。可譯爲“仍然”、“還是”等。如：

三枼（世）之後，欲士（仕）士（仕）之，乃（仍）署其籍曰：故某慮贅壻某叟之乃（仍）孫。(《睡簡·爲吏之道》20伍—21伍)

7. 已$_2$ (1例)

“已”不僅有表示動作行爲完成的意思，還可表示一種情況或動作發生不久，便出現後一種情況或動作，表示時間靠後的，相當於“已而”、“隨後”。如：

甲告曰：“甲，尉某私吏，與戰刑（邢）丘城。今日見丙戲旞，直以劍伐痍丁，奪此首，而捕來詣。”診首，已診丁，亦診其痍狀。(《睡簡·封診式》31—33)

八、急發

表示動作突然發生、所用時間短暫爲急發，秦簡中表示急發的時間副詞有：

1. 立（1例）

甲骨文“立”寫作☐，徐中舒認爲：“立，象人正面站立之形，一表所立之地也。”林義光《文源》：“象人正立地上形。”《説文·立部》：“立，往也。”“立”的本義是“站立”。“立”原指“站着做事一會就能完成”，通過語義推理，表示所用的時間短。如：

（1）苟爲無本，七八月之間雨集，溝澮皆盈，其涸也，可立而待也。（《孟子·離婁》）

（2）孤獨而有之，故其亡可立而待。（《史記·秦始皇本紀》）

（3）或七十説而不遇，或立談間而封侯。（《漢書·揚雄傳》）

“可立而待也”、“立談間”的意思是“站做某事，很快就會實現。”其義素特徵是［＋動作］、［＋時間］，但這幾句中的“立”仍有實義“站立”，若去掉句中的“而”，例1爲“立待”，如：“若舍之而出，後無鎮重，易京之危，可立待也。”（《後漢書·公孫瓚》“立”逐漸發生語法重新分析。“立”在戰國後期已出現作時間副詞的用法。如：

處臣妾逃逋出財租ロ舌者☐非爲頭＝其黑如烏，皆相食，斲立死，其☐之目不乘得數☐☐（《放簡·日書乙種》296）

2. 遽（2例）

《爾雅·釋言》：“馹、遽，傳也。”《説文·辵部》：“遽，傳也。”“遽”即爲“驛站、驛馬”，《周禮·秋官·行夫》：“行夫掌邦國傳遽之小事。”古代官府傳驛制度比較嚴格，如《里簡

〔壹〕》中將每一次的文書送達時間標注得很清楚，說明文書對傳驛時間的記載要求嚴格。“遽”的義素特徵是［＋驛車］、［＋行走］、［＋疾速］，所以“遽”由驛站、驛馬義，泛化爲形容詞表示“疾速”，如《禮記·檀弓》：“故喪事雖遽，不陵節。”“疾速”再通過隱喻至時間域成爲時間副詞，表示“立刻、馬上”。如：

（1）人毋（無）故而憂也，爲桃更（梗）而敃（播）之，以癸日日入投之道，遽曰：“某。”免於憂矣。（《睡簡·日書甲種》54背貳—55背貳）

（2）人毋（無）故而弩（怒）也，以戊日日中而食黍於道，遽則止矣。（《睡簡·日書甲種》56背貳）

3. 輒$_1$（10例）

“輒$_1$”表示動作前後相繼。《說文·車部》：“輒，車兩輢也。”段注：“車必有兩輢，如人必有兩耳。”朱駿聲《說文通訓定聲·車部》：“輒，謂車兩旁可倚處。”“輒”的本義和時間副詞似乎並無直接引申關係。董志翹和蔡鏡浩引劉淇《助字辨略》卷三：“凡云動者，即兼動輒之義，乃省文也。動，舉動也，輒，即也。”[①] 如：

（1）自封印，皆輒出，餘之索而更爲發户。（《睡簡·秦律十八種》22）

（2）宦者、都官吏、都官人有事上爲將，令縣貣（貸）之，輒移其稟縣，稟縣以減其稟。（《睡簡·秦律十八種》44）

4. 亟（27例）

甲骨文寫作，于省吾《甲骨文字釋林》認爲：“‘亟’，古

① 董志翹、蔡鏡浩《中古虛詞語法例釋》，吉林教育出版社，1994年，頁472。

‘極’字……‘亟’字中從‘人’，而上下有二横畫，上極於頂，下極於踵，而‘亟’之本義昭然可睹也。”徐中舒指出：“象側視之形立於地上，頂部加一畫表示人之頂極。”“亟”的本義是頂極，後假借爲“敏疾、急”的“急”①，“亟”是見母職部，“急”爲見母緝部，古音相近，這種語法化方法是“轉借”。如：

（1）若晝夢亟發，不得其日，以來爲日。（《嶽簡〔壹〕》01/1523＋1522）

（2）禁苑嗇夫、吏數循行，垣有壞決獸道出，及見獸出在外，亟告縣。（《龍簡》39）

5. 匇（忽）（1例）

《説文·心部》：“忽，忘也。”段注：“古多假曶爲之，曶，俗作曶。”“忽”的本義和表示疾速義似乎沒什麼關係。

《説文·曰部》：“曶，出氣詞也。从曰，象氣出形。《春秋傳》曰：‘鄭太子曶。’回，籀文曶。”段注：“出氣者，其意也。曰者，其言也。意内言外謂之詞，此與心部忽音同義異，忽，忘也。若羽獵賦‘蠁曶如神’，傅毅舞賦‘雲轉飄曶’，漢樊敏碑‘奄曶滅形’皆出氣之義，倏奔之貌。本當用此字，不當作忽忘字也。揚雄傳‘於時人皆作曶之’則假曶爲忽……今則忽行而曶廢矣。”可知現行的“忽”本寫作“曶”，“曶”本義是呼吸，因爲呼吸頻率快，一次呼吸時間較短，通過投射到時間域表示“疾速”，如《文選·揚雄〈羽獵賦〉》：“昭廣振燿，蠁曶如神”李善注：“蠁曶，疾也，曶與忽同。”根據段注“忽”和“曶”音同義

① 中國社會科學院語言研究所古代漢語研究室編《古漢語虚詞詞典》，商務印書館，1999年，頁265。

異，這種因聲假借的方法和前面的“亟”相同。如：

鬼入人宫室，勿（忽）見而亡，亡（無）已，以脩（滫）康（糠），寺（待）其來也，沃之，則止矣。（《睡簡·日書甲種》59背貳）

6. 乍（1例）

甲骨文“乍”寫作乡，“亡”甲骨文寫作乡或乡，甲骨文中“乍”和“亡”的字形相似。《説文·亡部》：“乍，止也。一曰亡也。”段注：“乍者，有人逃亡而一止之，其言曰乍，皆咄咄逼人之語也。亡與止亡者皆必在倉猝，故引申爲倉猝之稱。”應從段説，“亡”和“止亡”二者皆倉促，因此引申爲“突然、倉促”。如：

陰，是胃（謂）乍陰乍陽，先辱而後又（有）慶。（《睡簡·日書甲種》59背貳）

案：“乍陰乍陽”由“乍”鑲嵌在兩個反義詞“陰”、“陽”中間。

7. 趣（1例）

《説文·走部》：“趣，疾也。”承培元《廣潛研堂説文答問疏證》：“趣，疾走也。……凡言走之疾速者，皆以趣爲正字。”《廣雅·釋詁一》：“趣，遽也。”由此可知“趣”的本義是“快走”，義素可分爲［＋走路］、［＋快速］，由走路的快速投射到時間域表示動作快速，一般位於動詞謂語之前。如：

以牡棘刀刊其宫蘠（牆），謼（呼）之曰：“復疾，趣（趨）出。（《睡簡·日書甲種》25背叁—26背叁）

8. 即$_2$（23例）

“即”除了表示“接近”的意思外，用於謂語動詞前，表示動作在很短的時間内很快地發生。王引之《經傳釋詞》卷八："即，猶遂也。"相當於"就"、"即刻"，突出動作出現的速度快，時間短。這是由"即$_1$"表示"接近"進一步引申而來。如：

(1) 孝文王元年，立即死。(《睡簡·編年記》4貳)

(2) 叚(假)試即正。(《睡簡·秦律十八種》100)

9. 輒$_2$ (10例)

"輒"除了表示動作的相接外，用於謂語動詞前，表示動作在時間上相繼很快發生，《增韻·葉韻》："輒，忽然也。"可譯爲"立刻、馬上"，這是由"輒$_1$"表示"事件動作的相繼"進一步引申而來。《史記·商君書》："有一人徙之，輒予五十金。"秦簡中的用例如下：

(1) 行命書及書署急者，輒行之；不急者，日觱(畢)，勿敢留。(《睡簡·秦律十八種》183)

(2) 行傳書、受書，必書其起及到日月夙莫(暮)，以輒相報殹(也)。(《睡簡·秦律十八種》184)

九、徐發

動作緩慢發生、所用時間較長爲徐發。秦簡中表示"徐發"的時間副詞有：

稍(4例)

《説文·禾部》："稍，出物有漸也。"清朱駿聲《説文通訓定聲·小部》："稍，按此字當訓禾末。"本義爲禾末，如《周禮·天官·大府》："四郊之賦，以待稍秣。"根據《説文》的釋義，"稍"的義素特徵爲：[+禾的運動]、[+小的連續性變化]，引申爲小，本來爲隱性的詞義"小的連續性變化"變爲顯性，通過隱喻投射到時間域，虚化爲副詞，表示"逐漸"。核心義爲"小的連續性變化”，既可以指變化速度慢，也可指變化動作幅度小。如：

(1) 晦起，即以酒賁（噴），以羽漬，稍去之，以粉傅之。(《周簡》320)

(2) 縣所葆禁苑之傅山、遠山，其土惡不能雨，夏有壞者，勿稍補繕，至秋毋（無）雨時而以繇（徭）爲之。(《睡簡·秦律十八種》119—120)

十、常發

頻率是指動作發生的頻率，經常發生爲“常發”。在秦簡中表示常發的時間副詞有：

1. 雅（1例）

《説文·隹部》:“雅，楚鳥也。”段注:“楚鳥，鳥屬，其名楚烏，非荊楚之楚也。”《玉篇·隹部》:“雅，正也。”《漢語大字典·隹部·雅》:“雅，此字常借爲雅正義，後世遂別構‘鴉’字。”《論語·述而》:“子所雅言，《詩》、《書》、執禮，皆雅言也。”何晏集解引孔安國曰:“雅言，正言也。”《古代漢語虛詞詞典》認爲“雅”的虛詞用法是從實詞義“高雅”、“文雅”引申而來，可從。“雅”的核心意義爲[十事物]、[十正統的]，泛化到動作的狀態、性質，表示“一向”、“素來”。楊樹達《詞詮》卷六:“趣，時間副詞，亟也。”如：

甲乙雅不相智（知），甲往盗丙，毚（纔）到。(《睡簡·法律問答》12)

2. 時（2例）

《説文·日部》:“時，四時也。”從《説文》可知，“時”的本義是“四季”，再引申到“季度”、“時間”、“時候”等。“時”

作名詞表示“時間”等義，在句中作主語，通常位於謂語動詞之前，這樣的位置更容易出現實詞虛化的現象。許衛東在《〈高僧傳〉時間副詞研究》中認爲：“如果篇章語義使‘時’和句子的動詞或動詞性成分不能構成陳述關係時，‘時’的句法功能就發生了重新分析，其意思也會發生改變。”① 意合機制使句子重新分析並且發生語義調整。“時＋謂語”是“時”發生重新分析的語法環境，如漢班固《漢書·高帝紀》：“時飲醉臥，武負、王媼見其上常有怪。”而當“時”之前出現新的主語形成“主語＋時＋謂語”結構，由於新主語的出現，“時”的主語功能逐漸弱化，即發生重新分析如《莊子·秋水》：“秋水時至，百川灌河。”當句子“秋水”和“時”同時出現，“時”的競爭力沒有“秋水”強，故“時”發生虛化。“時”語法化之後表示“時常”、“經常”。如：

不時怒，民將姚去。（《睡簡·爲吏之道》42 肆—43 肆）

3. 恒（33 例）

《説文·二部》：“恒，常也。从心，从舟，在二之閒上下，心以舟施恒也。……《詩》曰：‘如月之恒。’”商承祚《〈説文〉中之古文考》：“（甲骨文、金文）皆从月。既云古文从月，又引《詩》釋之。”② 商承祚認爲“亙”在甲骨文、金文中象月之形，並以《詩》作例證，可從。“恒”由表示月亮的永恒，通過隱喻投射到時間域表示時間上“常常”、“經常”。如：

（1）恒以臘日塞禱如故。（《周簡》352—353）

---

① 許衛東《〈高僧傳〉時間副詞研究》，山東大學博士學位論文，2006 年，頁 46。

② 商承祚《〈説文〉中之古文考》，上海古籍出版社，1983 年。

(2) 恒會四月朔日泰（太）守府。（《里簡〔壹〕》8—62）

十一、長發

頻率是指動作發生的頻率，動作長期發生稱爲“長發”。表示秦簡中表示長發的時間副詞有：

久（7例）

《説文·久部》：“久，以後灸之，象人兩脛後有距也。”楊樹達《積微居小學述林》：“古人治病，燃艾灼體謂之灸，久即灸之初字也。字形从臥牀也。末畫象以物灼體之形。許不知字形从人，而以爲象兩脛，誤矣。”《漢語大字典·丿部·久》：“久、灸，古今字，假借爲長久義；另加火作灸，以表原義。”“久”表示“針灸”的意思在秦簡中仍有保存，如：其腹有久故瘢二所。（《睡簡·封診式》60）

第一，“久”由表示“針灸”引申爲“標記”。如：

(1) 公甲兵各以其官名刻久之，其不可刻久者，以丹若鬃書之。（《睡簡·秦律十八種》102）

(2) 久刻職（識）物，倉庫禾粟。（《睡簡·爲吏之道》19叁—22叁）

第二，“久”表示“長久”是它的假借義，如：

(1) 賦下田官，久矣。（《里簡〔壹〕》8—594）

(2) 雖久病必已。服藥時禁毋食彘肉。（《里簡〔壹〕》8—1290＋8—1397）

(3) 縣、都官以七月糞公器不可繕者，有久識者靡蚩之。《睡簡·秦律十八種》86）

(4) 所弗問而久毄（繫）之，大嗇夫、丞及官嗇夫有罪。（《睡簡·秦律十八種》135—136）

秦簡時間副詞統計表：

已發：嘗、既、已$_1$、以	繼發：猶、行、乃（仍）、即$_1$、乃$_2$、已$_2$、尚
現發：方	急發：立、遽、輒、亟、勿（忽）、乍、趣、即$_2$、輒$_2$
將發：將、且、一睹（曙）	徐發：稍
始發：始、初、新、甫、毚（纔）、乃$_1$	常發：雅、時、恒
先發：先、前	長發：久
後發：後	

秦簡時間副詞的特點：

1. 秦簡時間副詞已經比較完善。經筆者統計，時間副詞可分爲 11 種，不僅包含了表時時間副詞即三時時間副詞，已發的“嘗”、“既”、“已”、“以”，表現發的“方”，將發的“將”、“且”、“一睹（曙）”。還有表示動作發生的時序、時態、頻率的時間副詞，類型已經非常豐富。

2. 秦簡時間副分工明確，但部分時間副詞功能有交叉。

秦簡時間副詞大部分分工明確，表義比較單一，然而有部分時間副詞内部功能交叉的現象，如：“已、即、輒”。

3. 秦簡中 39 個時間副詞多由動詞、形容詞等通過隱喻、推理、泛化、漂白、重新分析等認知方法虛化而來。由動詞虛化而來的較多，如：“嘗”、“既”、“已”、“先”、“前”、“將”、“始”等；由名詞虛化而來的有：“一睹（曙）”、“雅”；由假借而來的有："且"、"久"；由形容詞虛化而來的有："毚（纔）"。我們還可以發現詞彙的語法化通常不是由一種特定的方法虛化，而是同時伴隨着具有好幾種虛化的方法。

四、甲骨文、金文、秦簡時間副詞比較

甲骨文中的時間副詞比較少，且各家本有爭議，如沈培先生認爲甲骨文時間副詞有：此、遟、迅、先、後、延、並①。張金玉認爲時間副詞有：既、咸、鼎、延、迺、先、後、並②；張國艷認爲時間副詞有：既、咸、鼎、延、迺、乃、先、後、並、暨③；王娟認爲時間副詞有：既、咸、鼎、竝、先、後、迺、乃、延④，各家的説法不一，説明在甲骨文時期，時間副詞並不發達，不能十分確定。綜合各家觀點，我們暫且取王娟的説法以作比較。

武振玉認爲兩周金文中的時間副詞有：既、咸、初、方、將、畯、永、先、忽然、適⑤。表示動作發生的時間有：既、咸、初、方、將，表示動作發生的狀態有：畯、永、先、忽然、適。合計僅10個。

爲了更好地比較現將各時期出土文獻中的時間副詞列表如

① 沈培《殷墟甲骨文辭語序研究》，文津出版社，1992年，頁161－163。

② 張玉金《甲骨文語法學》，學林出版社，2001年，頁50－56。

③ 張國艷《甲骨文副詞研究》，西南師範大學碩士學位論文，2002年，頁56－62。

④ 王娟《甲骨文時間範疇研究》，西南師範大學碩士學位論文，2004年，頁24－29。

⑤ 武振玉《兩周金文詞類研究（虛詞篇）》，吉林大學博士學位論文，2006年，頁136－146。

下：

副詞的分類	情狀	甲骨文	金文	秦簡	繼承率	創新率
表時間的時間副詞	已發	既、咸	既、咸	嘗、既、已$_1$、以	25%	75%
	現發	鼎、並	方	方	100%	0
	將發		將	將、且、一 睹（曙）	33%	67%
表狀態的時間副詞	始發		初	始、初、新、甫、毚（纔）、乃$_1$	17%	83%
	先發	先	先	先、前	50%	50%
	後發	後		後	100%	0
	繼發	廼、乃、延		猶、行、乃（仍）、即$_1$、乃$_2$、已$_2$、尚	14%	86%
	急發		忽	立、遽、輒$_1$、亟、勿（忽）、乍、趣、即$_2$、輒$_2$	11%	89%
	徐發			稍	0%	100%
	常發			雅、時、恒	0%	100%
	長發		畯、永	久	0%	100%
	適發		適		0%	0%
合計	12 類	9 個	10 個	39 個	20.5%	79.5%

下面逐一分析表示各情狀的時間副詞情況：

1. 表示“已發”的時間副詞，甲骨文中有“既、咸”，金文繼承了甲骨文的副詞，秦簡中，“咸”消失，“既”保存下來，出現新的表示"已發"的時間副詞"嘗、已$_1$、以"，其中"已"出現85例，"既"7例，"嘗"4例，"以"1例，"已"是表示"已發"的主要詞語。

2. 表示"現發"的時間副詞，甲骨文有"鼎、並"，金文有"方"，秦簡繼承了金文的用法，仍用"方"，且僅有1處用例，我們可以看出表示"現發"的詞語少，用例也很少。

3. 表示"將發"的時間副詞，甲骨文中無，金文中有"將"，秦簡中有"將、且、一睹（曙）"，秦簡不僅繼承了金文中的時間副詞，還新出現兩個時間副詞"且、一睹（曙）"，"一睹（曙）"作爲時間副詞的出現，表明詞語逐漸出現複音化。

4. 表示"始發"的時間副詞，甲骨文中無，金文有1個"初"，秦簡有6個"始、初、新、甫、㲋（纔）、乃$_1$"。我們可以發現表示"始發"的時間副詞發展得很快。

5. 表示"先發"的時間副詞，甲骨文中有"先"，金文繼承甲骨文的用法，秦簡中繼承了"先"，出現了新的時間副詞"前"。

6. 表示"後發"的時間副詞，甲骨文中有1個"後"，金文中無。秦簡中也僅有1個"後"。

7. 表示"繼發"的時間副詞，甲骨文中有"迺、乃、延"，金文中無，秦簡中有"猶、行、乃（仍）、即$_1$、乃$_2$、已$_2$、尚"，從甲骨文到秦簡僅"乃"仍然保存下來表示"繼發"，其他6例全爲新產生的詞。

8. 表示"急發"的時間副詞，甲骨文中無，金文中有1個"忽"，而秦簡中有9個，"立、遽、輒$_1$、亟、勿（忽）、乍、趣、即$_2$、輒$_2$"。我們可以知道到秦代，表示"急發"狀態的時間副詞是各種表情狀中最多的一類。

9. 表示“徐發”、“常發”的時間副詞僅在秦簡中有，甲金文中無。

10. 表示“長發”的時間副詞，甲骨文中沒有，金文中有 2 個“畯、永”，秦簡中有 1 個“久”，這是唯一一類完全沒有繼承之前已存有的時間副詞，又完全新生的時間副詞，且用例較多，達 7 例。

11. 表示“適時”的時間副詞，甲骨文中無，金文中有 1 個，秦簡中無。

根據上面的分析，我們可以發現如下規律：

一、時間副詞數量的繼承和發展。

上表採用的材料均爲出土文獻，甲骨文時間副詞僅 9 個，金文時間副詞 10 個，秦簡時間副詞有 38 個，秦簡總的時間副詞創新比例即新詞比例達 79.5%，比例非常大，這有可能是由於甲金文出土數量有限，導致發現的時間副詞不多，但不可否認的是到秦簡時期，時間副詞在數量上有了比較大的發展。每一類時間副詞的數量基本都增加，如表示“已發”的時間副詞增加了“嘗、已$_1$、以”，表示“將發”的時間副詞，增加了“且、一睹(曙)”，每一類的時間副詞數量的增加，説明語言的精確度提高，人們對時間的表達概念越來越強。

二、時間副詞類型的繼承和發展。

從甲金到秦簡，副詞的類型多以繼承爲主，甲金文中的時間副詞已經完善，有完整的表示過去、現在、將來的類，説明人們已經將時間看作是一條從身邊流過的河，並且時間是直線型指向未來的發展。表示狀態的時間詞也有較大的發展，完全新產生的時間類有兩種徐發、常發。秦簡中表示徐發類有“稍”，表示常發的有“雅、時、恒”，時間副詞詞類的增加，表示人們對時間的敏感度更高，語言精確度更高。甲骨文中的時間副詞更加古老，如“鼎、竝”，到秦簡中的時間副詞更加接近現代漢語。

甲骨文中表時間的時間副詞有 4 個，如：既、咸、鼎、竝，金文中有 4 個，如：既、咸、方、將，秦簡中 8 個，如：嘗、既、已$_1$、以、方、將、且、一睹（曙）。表狀態的時間副詞比表時間的時間副詞多，甲骨文中有 5 個，如：先、後、廼、乃、延，金文中 6 個，如：初、先、忽、畯、永、適。秦簡中 30 個，如：始、初、新、甫、毚（纔）等。通過數量的對比，我們知道秦簡中表示狀態的時間數量較大，其中又以表示“始發”、“繼發”、“急發”狀態的時間副詞最多。

三、時間副詞的交叉使用情況。

甲金時間副詞比較少，且基本無詞義交叉情況，而秦簡中時間副詞的交叉情況比較多，如：“已、乃、即、輒”。“已”既可以表示已發，也可以表示繼發，“乃”既可以表示始發，也可以表示繼發，“即”既可以表示繼發，也可以表示急發等。

參考文獻：

［1］吳國盛《時間的觀念》，中國社會科學院出版社，1996 年。

［2］吳福祥《漢語語法化研究》，商務印書館，2005 年。

［3］楊樹達《高等國文法》，上海古籍出版社，2007 年。

［4］楊伯峻《古漢語虛詞》，中華書局，1981 年。

［5］楊伯峻、何樂士《古漢語語法及其發展》，語文出版社，2001 年。

［6］楊樹達《詞詮》，中華書局，1954 年。

［7］張顯成《簡帛文獻學通論》，中華書局，2006 年。

［8］張國艷《居延漢簡虚詞通釋》，中華書局，2005 年。

［9］張玉金《出土戰國文獻虚詞研究》，人民出版社，2011 年。

［10］張誼生《現代漢語副詞研究》，學林出版社，2006 年。

［11］沈家煊《實詞虚化的機制——〈演化而來的語法〉評介》，《當代語言學》1998 年第 3 期。

［12］尚民傑《雲夢〈日書〉十二時名稱考辨》，《華夏考古》1997 年第 3 期。

［13］宋會群、李振宏《秦漢時制研究》，《歷史研究》1993 年第 6 期。

［14］許衛東《〈高僧傳〉時間副詞研究》，山東大學博士學位論文，2006 年。

［15］王莉《漢語方位詞“前、後、裡、外”研究》，河南大學碩士學位論文，2008 年。

［16］王松茂《漢語時體範疇論》，《齊齊哈爾師院學報》1981 年第 3 期。

［17］張誼生《論與漢語副詞相關的虚化機制——兼論現代漢語副詞的性質、分類與範圍》，《中國語文》2000 年第 1 期。

［18］褚俊海《漢語副詞的主觀化歷程——指示、限制和關聯》，湖南師範大學博士學位論文，2010 年。

西北屯戍漢簡副詞連用考察

田佳鷺*

摘　要：通過對五宗西北屯戍漢簡的考察，在統計出了其中的副詞個數、類別及其用法的基礎上，着重對其中的副詞連用現象進行描寫和分析，歸納出兩種副詞連用的現象即同類副詞連用和異類副詞連用，並對這兩類副詞連用現象的類別、特點及其演變規律、發展原因進行分析説明。

關鍵詞：西北屯戍漢簡；副詞連用；類型；特點

副詞連用，是指兩個或兩個以上的副詞，在形式上同時相連出現在同一個謂語之前來修飾限定謂語的現象。和現代漢語一樣，古代漢語也有副詞連用的現象，衹是沒有現代漢語那麼靈活多樣。本文主要就“居延漢簡”、“居延新簡”、“敦煌漢簡”、“額

* 田佳鷺，西南大學漢語言文獻研究所　博士研究生　重慶北碚　400715。

濟納漢簡”和“肩水金關漢簡”① 等五批西北屯戍漢簡中的副詞連用進行考察。據我們統計，上述西北屯戍漢簡中共有154個副詞。其中居延漢簡出現113個；居延新簡132個；敦煌漢簡85個；額濟納漢簡28個；金關漢簡50個。在這些副詞中存在一些兩個或三個副詞連用的現象。

一、西北屯戍漢簡同類副詞連用

同類副詞連用，即屬於同一類別的兩個副詞連用現象。同一類別，指其功能特徵和語義特徵相同或相近。

(一) 同類副詞連用的類型

在西北屯戍漢簡中用例不多，共有如下四種類型：

1. 語氣副詞＋語氣副詞

(1) 充伏地再拜：中卿足下，辱幸賜記，教以屬。（居延漢簡34.22）

2. 範圍副詞＋範圍副詞

(2) ·凡並直六千五百一十二。（居延新簡EPT50.136）

(3) 第廿五隊卒唐憙自言：貰賣白紬襦一領，直千五百，交錢五百。·凡並直二千☐（居延新簡EPT51.302）

(4) 七月十日，鄣卒張中功貰買皁布章單衣一領，直三百五十三，堠史張君長所，錢約至十二月盡畢已，旁人臨桐史解子房，知券□☐（居延漢簡262.29）

① 由於肩水金關漢簡尚未出齊，本文統計數據僅源自《肩水金關漢簡（壹）》（中西書局，2011年）一書，不代表整批金關漢簡的最終數據。

(5) 常，及客民趙閎、范翕一等五人俱亡。皆共盜官兵，(居延新簡 EPT68.60)

(6) 謹驗問，恩辭，不當與粟君牛，不相當穀廿石。又以在粟君所器物直錢萬五千六百；又為粟君買肉，糴穀三石；又子男欽為粟君作，賈直廿石；皆盡償所負粟君錢畢。(居延新簡 EPF22.31—EPF22.32)

3. 時間副詞＋時間副詞

(7) 第五：隧表書插，顛願重該，已起臣僕，發傳約載，趣遽[①]觀望(居延漢簡 9.1A)

以上三種同類副詞連用表達的意義相當於連用的單個副詞的意義，如"凡並"，範圍副詞"凡"和"並"連用，"凡"和"並"都是用來統計事物數量的範圍副詞，二者連用表達的意義與"凡"和"並"是相同的。

4. 否定副詞＋否定副詞

(8) 明詔有驩欣嘉詳吉事，賞賜未尚[②]不蒙恩也，恩德固可毋報哉？(居延新簡 EPT59.9A)

(9) 兼甲臨兵，兩軍相當，兩期相望。鼓以前，未毋乍，方此步賢(敦煌 1410A)

(10) 累偉少，多請，已足之，不敢忽它。毋勿可已。(居延新簡 EPT51.98A)

(11) ☑令一當雜身，忠心非不慄，然次何時。(居延漢簡 551.4A)

---

① "趣"和"遽"都用作時間副詞，表示動作行爲迅速發生。
② "尚"，通"嘗"。

否定副詞連用，即在形式上連用兩個表示否定的副詞。這與前三種同類副詞連用是不同的。在結構上，否定副詞連用的兩個副詞之間並不是並列的，二者有層次的區別；在表達的意義上，前三種同類副詞連用表達的意義與連用的單個副詞的意義是相同的，但否定副詞連用表達的意義與單個否定副詞的意義相反，即表達肯定的意思。如例（8）中的“未尚不”，“未尚”是一個獨立的複合詞，表示謂語所述的事情過去從未實施，是對動作或形狀的全然性否定。“未尚”和否定副詞“不”連用，在結構上，“不”修飾動詞謂語“蒙恩”，“未尚”修飾的是“不蒙恩”；表達的意義是肯定的，相當於“一直都”，“未尚不蒙恩”即“一直都蒙恩”。肯定的語氣用兩個否定副詞連用來表達，比一般的肯定句的語氣更加委婉、平和。因此這種用法一經產生，就具有很強的生命力，且一直沿用到現代漢語中。

（二）同類副詞連用的特點

通過整理，我們可以發現同類副詞連用有如下幾個特點：

1. 從意義上來看，除否定副詞連用以外，其他同類副詞連用表達的意義與單個副詞的意義是一樣的，去掉其中任何一個對句子的表達不會造成影響。但否定副詞連用表達的意義與單個副詞的意義是相反的，去掉其中任何一個將會使句子意義截然相反。

2. 從句法結構上來看，除否定副詞連用以外，其他同類副詞連用的兩個副詞之間是並列的，共同修飾謂語，無層次區分。但否定副詞連用的兩個副詞之間並不是並列的，二者有層次的區別。

3. 連用的副詞都是很常用的，單個的使用頻率都相當高，至少有一個是同類副詞中使用頻率極高的詞。如“不”是西北屯戍漢簡中使用頻率最高的副詞，用例高達1218次。使用頻率高，説明常用，自然就容易被人用來連用。

(三)同類副詞連用在後世消失的原因

現代漢語還有兩個否定副詞連用以表肯定的現象，並且還很常見，但其他同類副詞連用的現象已經消失了。據楊榮祥先生(2005)考察，副詞並用現象先秦時已出現，兩漢六朝迅速發展，宋朝開始走向衰落。楊榮祥先生講的副詞並用，即除開否定副詞連用的其他同類副詞連用的現象。同樣是同類副詞連用，否定副詞可以沿用至今，而其他同類副詞連用卻僅僅存活了幾百年。究其原因，我們認爲有以下三個方面：

1. 除否定副詞以外的其他同類副詞連用現象，不符合語言經濟性原則。

可以用一個副詞就能表達的意義，卻用兩個副詞連用來表達，這就違反了語言的經濟性原則，必然有所淘汰。如“凡並”，連用時表示對事物數量的統計，這和“凡”或“並”單獨來用時表達的意義是完全一致的，並且在語用上也完全沒有區別。所以它的存在是沒有必要的。而否定副詞連用不一樣，兩個否定副詞連用表達的是肯定的意義，且比一般的肯定表達顯得更加委婉，語調更加平緩，有時還含有些許強調的意味。這完全符合歷來崇尚禮儀、講求中庸之道的中國人的需求，因而幾千年來受到人們的青睞，沿用至今。

2. 除否定副詞以外的其他同類副詞連用現象，不利於人們長期交際。

古代漢語以單音節爲主，現代漢語以雙音節爲主，在詞彙發展史上，這種從單音節爲主到多音節爲主的發展趨勢頗具影響，而副詞連用現象應該也是在這一趨勢下出現的。一般認爲，漢語雙音節化是爲了使詞義更加明確，避免單音節詞語因多義而導致歧義的現象出現。但長遠來看，除否定副詞以外的其他同類副詞連用卻不能起到這樣的效果，反而會加重語言交際的負擔。連用的副詞單個使用，其意義和功能都很明確，且一般衹有一個意義，不會使語言交際產生歧義。而在這樣的情況下去連用，衹會造成意義上的多餘，人們在交際時，直接可以用一個副詞去準確表達意義，卻要找一個同類的副詞連在一起表達，這加重了人們使用語言的負擔，是不利於人們長期交際，因此最終被人們所淘汰。

3. 從語言本身來講，除否定副詞以外的其他同類副詞連用現象也是不科學的。

連用的副詞都是很常用的副詞，單個使用的頻率相當高，説明其獨立性相當強。但連用時，一個副詞可以和多個同類副詞連用，如“皆盡”、“盡畢”，“盡”可以和“皆”連用，也可以和“畢”連用，結構比較鬆散。單個使用與連用之間，幾個同義副詞連用比較，要説連用比單個使用更具有優勢，或者哪個連用更好，無從判別，因此在語言發展的優勝劣汰中，毫無競爭力，必然要被淘汰。

二、西北屯戍漢簡異類副詞連用

異類副詞連用，即屬於不同類別的兩個或多個副詞連用現象。不同類別，指其功能特徵和語義特徵不同。

（一）異類副詞連用的類型

由於異類副詞的連用不是單一的，一類副詞往往可以和其他多類副詞連用，且時間頻率副詞和肯定否定副詞與其他副詞連用時連用順序比較靈活，有時甚至可以互換。如在西北屯戍漢簡中，語氣副詞可以和時間頻率副詞或否定副詞連用，且語氣副詞和時間副詞連用時，語氣副詞的位置可前可後。據我們統計，西北屯戍漢簡中的異類副詞連用的類型有如下諸類。

1. 關聯副詞＋否定副詞

（1）取之，甚善，曰道遠毋車牛載，即不肯予▨（居延漢簡 18.11）

即，關聯副詞，表示前後兩件事緊緊銜接。

2. 語氣副詞＋時間副詞

（2）遣卒來言辦渡道，謹即時往辦之，教欲為酒勞夫子（居延漢簡 231.13A）

3. 語氣副詞＋否定副詞

（3）●書即日起候官。行兵使者幸未到。願豫自辯，毋為諸部殿。（居延漢簡 10.16B）

（4）▨宜里，謹毋留，如律令。（居延漢簡 112.26）

4. 時間副詞＋語氣副詞

（5）蕭晏白：李子真屬見，頃伏前暑，不敢卒倍來。（居延漢簡 35.20A）

5. 頻率副詞＋語氣副詞

（6）▨起居得毋有它，數辱賜記。（居延漢簡 231.115A）

（7）▨毋已又幸賜記志，以卒爰壽不□謹叩右前候（居延漢簡 339.21A，146.56，146.95A）

6. 範圍副詞＋時間副詞

（8）弘、勝之皆謝賢曰：會坐文事殹論，用自給，請今具償責。弘未得責。勝之已得粟二石，直三百九十；糜三石，直三百六十；交錢三百五十；凡已得千一百，少二千四百。（居延漢簡26.9A）

（9）斧刃二，破。斧頭一，破。皆已易。（居延漢簡112.23）

（10）察微隧長卑赦之，負夏幸錢五百卅，·負呑北卒□□□□，負吕昌錢二百，五百五十皆□□。皆已入畢，前所移籍，當去。（居延新簡 EPT51.77）

（11）□辭所，唯亟報，毋留，如律令。（居延漢簡 72.11）

7. 範圍副詞＋情態副詞

（12）隧長候倉、候長樊隆皆私去署。（居延新簡 EPF22.424）

（13）檄到，各相與邸校，定吏當坐者，言，須行法。（居延漢簡 55.13，224.14，224.15）

（14）□□它□陰者忍此難，□胡珠玻瓊琚，□托王石，它皆具予之，此三。（敦煌 715B）

8. 範圍副詞＋頻率副詞

（15）以檄□史殘曰：食皆常詣官廪，非得廪城官。（居延漢簡 284.4A）

（16）常為衆所欺侮，但數以行亭，君行，以病未能視事。（居延新簡 EPT51.230）

9. 範圍副詞＋否定副詞

（17）及欲請擊者，皆毋得因厩置，騎置驛騎上書言。（居延漢簡※233.2）

(18) 居延甲渠第卅八隧長王承明，未得五鳳元年十月盡二年正月辛酉積三月八日奉用錢千九百六十·凡未得積十二月十九日奉用錢七千五百八十。(居延新簡 EPT51.238)

(19) ☐□□□不辨，吉凶自在，皆毋犯。(居延新簡 EPF22.299)

(20) 律曰：諸使，而傳不名取卒、甲、兵、禾稼簿者，皆勿敢擅予。(敦煌 2325)

(21) 兵、守御器，弩折傷，承弦、糒少，甲、鞮瞀毋裏，皆不應簿。(敦煌 1036)

(22) 卒長盡勿言官署，甲渠候長郭謹白長史☐ (居延漢簡 206.17)

(23) ☐報，唯毋留，如律令。(居延新簡 EPT51.463)

(24) ·詰尊：省卒作十日，輒休一日。於獨不休，尊何解□☐ (居延新簡 EPT59.357)

10. 否定副詞＋範圍副詞

(25) 若貪利，欲不盡予安定等錢。(居延新簡 EPT51.120)

11. 程度副詞＋否定副詞

(26) 吏，令後歸，尚意中甚不安也。(敦煌 244B)

(27) 告弟子，皆如前，甚毋失期。(敦煌八八 DYTGC：五 B)

(28) ☐□言不敬，謾，非大不敬。(居延新簡 EPF22.416)

12. 程度副詞＋否定副詞＋情態副詞

(29) 又尉卿怒，壹何不相克乎？(居延新簡 EPT49.4A、B)

13. 時間副詞＋時間副詞

(30) ☐酒一石，丞致。朕且時使人問存☐ (居延漢簡

5.13)

(31) 檄到，循行部界中，嚴教吏卒，驚蓬火，明天田，謹跡候候望，禁止往來行者，定蓬火輩送，便兵戰鬥具，毋為虜所萃槧。已先聞知，失亡重事，毋忽，如律令。（居延漢簡278.7A)

(32) ☒四千，已先得錢千☒（居延漢簡17.42)

(33) 聞見，輒亟言。（居延新簡 EPF22.397)

14. 時間副詞＋頻率副詞

(34) 二卿時時數寄記書，相問音聲，意中快也。（居延漢簡502.14B、505.38B、505.43B)

(35) ☒即復取來，輒計為度，遣使記□。（居延新簡EPT51.325B)

15. 時間副詞＋否定副詞

(36) 隧長，代樊志卅二日，當得奉、衣數，詣縣自言，訖不可得。（居延新簡 EPT49.47)

(37) 臣厶竊不自糧愚奴，誠忿忿。逆虜狡黠忸狀，輒不立殄滅。（敦煌 104)

16. 時間副詞＋範圍副詞

(38) ☒□為吞北隧長，官令乘第四，積且一歲，常獨居亭。（居延新簡 EPT44.35)

17. 時間副詞＋程度副詞

(39) 案戍田卒受官袍衣物，貪利貴賈，貰予貧困民，吏不禁止，浸益多，又不以時驗問。（居延漢簡4.1)

18. 時間副詞＋情態副詞

(40) 蕭晏白：李子真屬見，頃伏前暑，不敢卒倍來。（居延

漢簡35.20A）

（41）若郡農如玄、便等捕斬反羌免者，不應法令，皆收還玄、便等，及其妻子。其木官已具言。（居延新簡EPF22.691）

（42）□□叩頭□，頃相見，頃聞馮卿起載□，伏及。（居延新簡EPT52.192B）

19. 頻率副詞＋否定副詞

（43）將軍復不忍，令得念誨至今。（敦煌125）

20. 頻率副詞＋範圍副詞

（44）刀、劍及鈹各一。又各持錐、小尺白刀箴各一。（居延新簡EPT68.62）

（45）數皆畢已，書到遣如律令☐（金關73EJT7：112）

21. 頻率副詞＋情態副詞

（46）不以時遣，遣吏卒又私留，不詣官署，以證為解☐（居延新簡EPT52.401A）

（47）主吏七人、卒十八人，其十一人省作校，更相伐，不離署，堠上不乏人，敢言之。（居延漢簡127.27）

22. 頻率副詞＋程度副詞＋否定副詞

（48）☐□使，亦大不敬，不☐（居延漢簡146.59）

23. 肯定副詞＋否定副詞

（49）李君房記告成君，齊效卒持葛橐來，須戍急＝，必毋亡也。（敦煌1135）

（50）務毋令有譴，必坐，願毋忽，毋忽如☐（居延漢簡257.15）

24. 肯定副詞＋語氣副詞

（51）六月四日□□□□□□□□□□☐□獨焦心□□□舉身在

羅罔，誠幸為過塞▨□□今承□地□□作此輩甚蒙□□□▨叩頭，悉言白。（居延新簡 EPT5.76B）

25. 肯定副詞＋情態副詞

（52）▨以月十七日辛丑，遣奉領隊奉。誠私留衆騐田舍，解緩衣，積七日（居延新簡 EPT51.254）

26. 否定副詞＋時間副詞

（53）▨□□□□□不即時誅滅，貰貸榜箠，復反得生見日月，恩澤誠深。（居延新簡 EPF22.645）

27. 否定副詞＋頻率副詞

（54）至二月中，從庫令史鄭忠取二月奉，不重得正月奉。（居延漢簡 178.30）

（55）不復與循會，證知者如牒。（居延新簡 EPF22.62A）

28. 否定副詞＋肯定副詞

（56）▨七丞官穀十五石，便取。▨其出入毋必令將軍見。（居延漢簡 501.8）

29. 否定副詞＋程度副詞

（57）羣輩賊殺吏卒，毋大爽，宜以時伏誅，願設購賞，有能捕斬嚴、歆、君闌等渠率一人，購錢十萬，黨與五萬。（居延漢簡 503.17，503.8）

30. 否定副詞＋情態副詞

（58）案府籍宣不史，不相應，解何？（居延漢簡 129.22，190.30）

（59）候長不相與郢校，而令不相應，解何？（居延新簡 EPF22.454）

（二）異類副詞連用的順序

任何事物的連用或套用都不是任意的，就像多層定語修飾中心語一樣要遵循一定的原則，所以副詞的連用應該也有一個規律可循。

袁毓林先生（2002）根據現代漢語分析，認爲多項副詞共現有三條語序原則：一是範圍原則，即語義統轄範圍大的副詞排在語義統轄範圍小的副詞前面；二是接近原則，即語義上有述謂關係等語義聯繫緊密的成分盡可能接近；三是語篇原則，即在語篇上有銜接功能的副詞盡可能排在最前面。這三條原則是相當科學而合理的，對我們研究西北屯戍漢簡副詞連用的順序很有啟發。結合西北屯戍漢簡的實際情況，我們認爲西北屯戍漢簡中的副詞連用，其總的規律應該是管轄域大的副詞在前，管轄域小的副詞在後，如果有在上下文中起銜接功能的副詞則排在最前面。根據分析，我們認爲，西北屯戍漢簡中副詞連用的順序大致是：關聯副詞、語氣副詞、範圍副詞、程度副詞、情態副詞。時間副詞、頻率副詞和肯定否定副詞位置比較靈活，有時甚至可以位於語氣副詞前面。

1. 關聯副詞

關聯副詞表示順承、轉折或加重等，有時還有連接小句的作用。因此它有連接前後分句的作用，管轄的區域是前後句子，起承上啟下的作用。按理論上來說，如果連用，關聯副詞會位於最前面，但由於材料有限，我們僅找到一個與否定副詞連用的例子。

2. 語氣副詞

語氣副詞是表示說話人的態度和情感的副詞，它管轄的區域可以是整個句子，因此如果連用，它的位置應該僅次於關聯副詞。西北屯戍漢簡由於材料有限，因此語氣副詞與其他副詞連用的用例不多。通過整理，西北屯戍漢簡中語氣副詞衹有和時間副詞、頻率副詞、否定副詞連用的情況，且其位置可前可後，這是因爲時間副詞和否定副詞相對比較靈活。但卻未曾發現有其他副詞位於語氣副詞之前的情況，這說明語氣副詞幾乎位於連用的最前面，僅次於關聯副詞這一順序是無誤的。據我們統計，西北屯戍漢簡中語氣副詞與其他異類副詞連用的情況有如下四種，即"語氣副詞＋時間副詞"、"語氣副詞＋否定副詞"、"時間副詞＋語氣副詞"、"頻率副詞＋語氣副詞"。

3. 範圍副詞

範圍副詞是表示主語、賓語或謂語範圍的副詞，它的語義指向應該是句子的某個成分，故其位置應該在語氣副詞之後，其他副詞之前。據我們考察，在西北屯戍漢簡中，範圍副詞可以和時間副詞、頻率副詞、否定副詞和情態副詞連用，且除了否定副詞的位置可前可後外，範圍副詞都位於上舉副詞之前。據我們統計，西北屯戍漢簡中範圍副詞與其他異類副詞連用的情況有如下五種，即"範圍副詞＋時間副詞"、"範圍副詞＋情態副詞"、"範圍副詞＋頻率副詞"、"範圍副詞＋否定副詞"、"否定副詞＋範圍副詞"。

4. 程度副詞

程度副詞是表示動作或狀態的程度的詞。其管轄的區域不及語氣副詞和範圍副詞，故在其之後。在西北屯戍漢簡中程度副詞與其他副詞連用的用例很少，但鑒於其管轄的區域大小，且未曾出現用於情態副詞之後的用例，故我們將其排在範圍副詞之後，情態副詞之前。據我們統計，西北屯戍漢簡中程度副詞與其他異類副詞連用的情況有如下兩種，即“程度副詞＋否定副詞”、“程度副詞＋否定副詞＋情態副詞”。

5. 情態副詞

情態副詞是表示動作行爲實施時所採取的方式，或動作行爲進行時所呈現出來的狀態。其管轄的區域比程度副詞更小，所以與其他副詞連用，皆位於後面。據我們統計，西北屯戍漢簡中情態副詞與其他異類副詞連用的情況有如下六種，即“範圍副詞＋情態副詞”、“程度副詞＋否定副詞＋情態副詞”、“時間副詞＋情態副詞”、“頻率副詞＋情態副詞”、“肯定副詞＋情態副詞”、“否定副詞＋情態副詞”。

6. 時間頻率副詞

時間頻率副詞是表示動作行爲或事件發生的時間、次數的副詞。一般位於主語之後、謂語中心語之前，個別也可用於句首，在句中作狀語起修飾限制的作用。從時間頻率副詞的規律可以看出時間副詞在句子中的位置是靈活的，當然它與副詞連用時也表現出這一特性，但沒有出現在程度副詞和情態副詞之後的情況。據我們統計，西北屯戍漢簡中時間頻率副詞與其他異類副詞連用的情況有如下十種，即“時間副詞＋時間副詞”、“時間副詞＋頻率副詞”、“時間副詞＋否定副詞”、“時間副詞＋範圍副詞”、“時間副詞＋程度副詞”、“時間副詞＋情態副詞”、“頻率副詞＋否定副詞”、“頻率副詞＋範圍副詞”、“頻率副詞＋情態副詞”、“頻率副詞＋程度副詞＋否定副詞”。

7. 肯定否定副詞

肯定否定副詞表示對所陳述的事情或狀態的肯定或否定態

度。可以表示對謂語所陳述的事情的態度，也可以表示對事情的狀態的態度，其統轄的範圍可大可小，這也就決定了在與其他副詞連用時位置可前可後，有些甚至可以在語氣副詞之前，但不能位於情態副詞之後。據我們統計，西北屯戍漢簡中肯定否定副詞與其他異類副詞連用的情況有如下八種，即"肯定副詞＋否定副詞"、"肯定副詞＋語氣副詞"、"肯定副詞＋情態副詞"、"否定副詞＋時間副詞"、"否定副詞＋頻率副詞"、"否定副詞＋肯定副詞"、"否定副詞＋程度副詞"、"否定副詞＋情態副詞"。

（三）異類副詞連用的特點

西北屯戍漢簡中副詞連用的現象雖不普遍，但用例也不少。通過分析可以看出，其副詞的連用並非雜亂無章，而是有律可循的。其特點表現在如下四個方面：

1. 連用的副詞都是常用的，至少有一個副詞的使用頻率很高。由於常用，因此很容易被人們用來連用。

2. 異類副詞連用的生命力很強。異類副詞連用，將所要表達的意義表達得更加準確，這完全符合語言表達的準確性原則，並且順應語言發展的需要，因此現代漢語中副詞連用現象也十分普遍。

3. 連用的異類副詞之間有很強的粘合性，少數甚至已經演變成一個合成詞。如"更相"、"未必"等等。要判斷一個詞組是否凝結爲詞，歷來標準不一。我們綜合各家之言，認爲有如下三個標準：意義上，合成詞的意義要不同於構成成分的任何一個意義；結構上，合成詞的兩個音節結合緊密，不能拆開或隨意擴展；頻率上，合成詞不僅在某一個時期使用頻率很高，而且使用時間要很長。三個標準中，意義標準佔首要，輔以結構和頻率標準。意義上，異類副詞的連用完全符合，此不贅言。因此衹要符合結構和頻率標準的我們都將其視爲合成詞。當然在雙音節化還不發達的漢代，有些合成詞還處於詞組向詞的過渡階段，我們將其視爲副詞的連用，或者視爲合成詞都是合理的。

4. 異類副詞連用的順序是相對的，而不是絕對的。規律衹是在諸多語言事實的基礎上總結出來的，衹適用於大多數，並不是絕對的。語言是靈活的，異類副詞的連用也是如此。異類副詞連用的順序，在不影響語義表達的前提下，可以根據使用者的習慣、風格等進行調整。

（四）異類副詞連用在後世沿用的原因

異類副詞連用的生命力很強，後世一直沿用，甚至在現代漢語中這種現象還普遍存在。究其原因，我們認爲有如下三個方面：

1. 異類副詞連用符合語言表達的準確性原則。異類副詞連用，即屬於不同類别的兩個或多個副詞連用現象。不同類别是指其功能特徵和語義特徵不同。如“凡已得千一百”，即表總括的範圍副詞“凡”和表過去的時間副詞“已”連用，這樣不僅從範圍上去修飾限定，而且從時間上去修飾，這比衹用其中一個副詞所表達的意義要更加準確，更加全面，因此它的生命力很強，一直沿用至今。

2. 異類副詞連用有利於人們的長期交際。異類副詞連用中的副詞都是比較常用的，連在一起會使語言表達得更加準確，且異類副詞連用具有一定的靈活性，不必拘泥於一種固定的格式或順序，因此人們可以根據自己表達的需要去選擇不同類的副詞進行連用，這樣有利於人們的長期交際。古往今來，凡是有利於人們長期交際的東西都具有極強的生命力，在後世相沿習用而經久不衰。異類副詞連用也不例外，因而沿用至今。

3. 異類副詞連用順應了語言發展的需要。在詞彙發展史上，漢語是在單音節爲主到多音節爲主這一趨勢下發展的，而異類副詞連用的現象應該也是在這一趨勢下產生的，因而順應了語言發展的需要。

三、小結

通過分析可知，西北屯戍漢簡中也存在副詞連用現象，衹是沒有現代漢語靈活。西北屯戍漢簡中連用的副詞都是比較常用的，連用的副詞單獨使用的頻率相當高，至少有一個是同類副詞中使用頻率極高的詞。副詞的連用分爲同類副詞連用和異類副詞連用。

首先，同類副詞連用的情況不多，衹有語氣副詞、範圍副詞、時間副詞和否定副詞有同類副詞連用的情況。

否定副詞連用與其他同類副詞連用在意義和句法結構上表現出來的特點是完全不同的。從意義上來看，否定副詞連用表達的意義與單個副詞的意義是相反的，去掉其中任何一個將會使句子意義截然相反。從句法結構上來看，否定副詞連用的兩個副詞之間並不是並列的，二者有層次的區別。

現代漢語還有兩個否定副詞連用以表肯定的現象，並且還很常見，但其他同類副詞連用的現象已經消失了。究其原因，我們認爲，除否定副詞以外的其他同類副詞連用現象，不符合語言經濟性原則，是不科學的，不利於人們長期交際。

其次，由於異類副詞的連用不是單一的，一類副詞往往可以和其他多類副詞連用，且時間頻率副詞和肯定否定副詞與其他副詞連用時連用順序比較靈活，有時甚至可以互換，因此異類副詞連用的類型較多。異類副詞連用的生命力很強，且連用的異類副詞之間有很強的粘合性，少數甚至已經演變成一個合成詞。

根據分析，我們認爲，西北屯戍漢簡中副詞連用的順序大致是：關聯副詞、語氣副詞、範圍副詞、程度副詞、情態副詞。時間副詞、頻率副詞和肯定否定副詞位置比較靈活，有時甚至可以位於語氣副詞前面。當然，這個順序衹是相對的，而不是絕對的。

連用是合成詞形成的一個重要因素，大多數的合成詞都經過了連用的階段，特別是副詞連用，它對合成副詞有着重大意義。因此對各個階段的副詞連用進行研究是十分必要而科學的。

參考文獻：

［1］何樂士《古代漢語虚詞詞典》，語文出版社，2006 年。

［2］楊榮祥《近代漢語副詞研究》，商務印書館，2005 年。

［3］袁毓林《多項副詞共現的語序原則及其認知解釋》，《語言學論叢》第二十六輯，商務印書館，2002 年。

簡帛醫書連詞研究

程文文*

摘　要：窮盡性地考察了先秦兩漢簡帛醫書中連詞的用法。簡帛醫書有 16 個單音連詞和 11 個複合連詞，全部承襲先秦漢語而來。出現一些新的用法特點：單音詞“亦”在簡帛醫書中爲選擇連詞；簡帛醫籍中結果連詞“所以”的產生否定了上古時期“所以”僅作介詞結構的觀點；連詞性短語數量的增多表明了虛詞也在朝著複音化的方向發展。

關鍵詞：簡帛醫書；連詞；語法特點

20 世紀以來，出土了大量的口語性較強的簡帛醫藥文獻，本文依據的出土醫藥文獻主要爲：（1）馬王堆漢墓帛書［肆］，它包含 15 種醫籍：《足臂十一脈灸經》、《陰陽十一脈灸經甲本》、《脈法》、《陰陽脈死候》、《五十二病方》、《卻穀食氣》、《陰陽十一脈灸經乙本》、《導引圖題記》、《養生方》、《雜療方》、《胎產

* 程文文，西南大學漢語言文獻研究所 博士研究生 重慶北碚 400715。

書》、《十問》、《合陰陽》、《雜禁方》、《天下至道談》；(2) 張家山漢簡《脈書》和《引書》；(3) 武威漢簡《武威漢代醫簡》；(4) 阜陽漢簡《萬物》。這些醫藥文獻不僅對中醫藥學具有重要的意義，而且在語言學和文字學方面也有著重要的價值。

本文對這 19 種醫籍中的連詞進行全面性的封閉式研究，定性、定量分析，以簡帛醫籍連詞爲切入點，對簡帛醫籍的語言現象作專題調查。

一、簡帛醫籍連詞介紹

連詞是古漢語詞彙系統中比介詞、副詞意義更虛的一類詞，在句法結構中衹起到連接作用，連詞可以連接詞與詞、短語與短語、句子與句子並揭示它們之間的相互關係。《馬氏文通》："故連字界說，明分四宗：曰提起，曰承接，曰轉捩，曰推展。四宗連字，其不爲義而有當虛字之稱者蓋寡，蓋皆假借動字、狀字以爲用。"[①] 連詞不能獨立作句子成分，不單獨成句，沒有修飾作用，也不受其他詞修飾。簡帛醫籍中的連詞主要有並列連詞、順承連詞、選擇連詞、讓步連詞、因果連詞、遞進連詞、假設連詞和轉折連詞 8 類。

(一) 並列連詞

並列連詞連接的成分之間，無主次輕重之分，它們可以互相調換位置而不影響語義。簡帛醫籍中的並列連詞主要有"且"、"與"、"及"、"既……有（又）……"、"於"、"而" 6 個。

① 馬建忠《馬氏文通》，中華書局，1898 年，頁 354。

1. 且

“且”在簡帛醫籍中僅3例。“且”作爲並列連詞，可以用在句首，連接句子與句子（1例），可以用在句中，連接詞與詞（2例）。如：

（1）以白□□□□□□□□□□□□□□□□□□□□□縣（懸）茅比所，且塞壽（禱），以為☐（《五十二病方》231）

（2）夫接手者，欲腹之傅也；信（伸）村（肘）者，欲上之摩（摩）且距也；（《合陰陽》121）

（3）信（伸）紂（肘）者，欲上之麻（摩）且據（距）也；（《天下至道談》52）

2. 與

“與”是並列連詞中比較重要的一個，簡帛醫籍中共有62例。“與”主要連接詞和短語，多用在單句中，它與前後兩項所構成的聯合結構大多數在句中作賓語，也可作主語、定語、謂語等。如：

（4）齒脈，起於次指與大指上，出臂上廉，入肘中，乘臑，穿頰，入齒中，夾（挾）鼻。（《脈書》31）

（5）□□，心煩，死；心痛與複（腹）張（脹），死；（《陰陽十一脈灸經甲本》56）

（6）食穀者食質而□，食氣者為昫（呴）炊（吹），則以始臥與始興。（《卻穀食氣》1）

3. 及

“及”在簡帛醫籍中共出現30例。“及”可連接三個詞（1例），可連接兩個詞（25例），亦可連接短語與短語（2例），連接句子與句子（2例）。如：

(7) 服藥時毋禁，及治病毋時。·令。(《五十二病方》336)

(8) 治加(痂)及久(灸)創(瘡)及馬[方]方：取陳駱蘇一[升]，付(附)子廿枚，蜀椒一升，乾當歸二兩，皆父(㕮)且(咀)之；以駱蘇煎之，三沸。(《武威漢代醫簡》牘87甲)

(9) 引虖及欬(咳)，端立，將壁，手舉頤，稍去壁，極而已。(《引書》77)

4. 既……有(又)……

"既……有(又)……"作爲固定短語，在古代"或"可能亦讀作"又"①，早在《詩經》中就出現了"既……或……"的用法，"既立之監，或佐之史。"(《詩經·小雅·賓之初筵》)簡帛醫籍中這種用法出現1例，連接單個動詞。如：

(10) 故覺侵(寑)而引陰，此胃(謂)練筋；旣(既)信(伸)有(又)詘(屈)，此胃(謂)練骨。(《十問》71)

5. 於

《經傳釋詞》："於猶越也，與也。連及之詞。""於"作爲並列連詞，意思同"與"、"和"。早在甲骨文時就有這種用法②。簡帛醫籍中"於"的這種用法僅有2例。如：

(11) 辟(譬)臥於食，如火於金。(《十問》87)

(12) 苦兩手少氣，舉之不鈐〈鈞〉，指端湍〈浸〉湍〈浸〉善畀(痹)，賈(假)縛兩胕於兩脅，而力揮之，朝、日中、夜半皆為千，旬而已。(《引書》48)

① 李明曉《戰國楚簡語法研究》，武漢大學出版社，2010年，頁104。
② 趙誠《甲骨文虛詞探索》，《中國語文研究》1986年第8期。

6. 而

簡帛醫籍中“而”作並列連詞共37例。可以連接詞與詞、短語與短語、句子與句子。如：

(13) 間（癇）者，身熱而數驚，頸脊強而複（腹）大。(《五十二病方》50)

(14) 氣上面熱，徐昫（呴）；乳堅鼻汗，徐葆（抱）；舌薄而滑，徐傅；(《天下至道談》54)

(二) 順承連詞

順承連詞連接的各成分具有時間上的先後相承性。簡帛醫籍中的順承連詞主要有“因”、“則”、“然後”、“且”、“乃”、“乃若”、“於是”、“而”共8個。

1. 因

《古書虛字集釋》卷八(80頁)：“‘因’猶‘則’也。”經常用於句首，連接前後兩個句子，表示順承，可譯爲“於是”、“就”、“接著”等。簡帛醫籍中“因”作順承連詞共19例。如：

(15) 益陰氣，恒坐誇（跨）股，勿相悔食，左手據地，右手把飯，垂到口，因吸飯氣，極，因飯之；(《引書》54)

(16) 冶陵樠一升，漬美醯一參中，【五】宿，去陵樠。因取禹熏、□□各三指大最（撮）一，與肝并入醯中，再□□□□□□以善絜□□□□□□□盡醯，善臧（藏）筒中，勿令歇。(《雜療方》12—13)

2. 則

“則”簡帛醫籍共81例。“則”作順承連詞是由上古傳承而來，既可以連接詞與詞、短語與短語，也可以連接句與句，“則”的基本作用是表示上下文承接，當“則”所在的句子主語不出現時，“則”的後接成分一般爲單音節詞。如：

(17) 不能食，不能臥，強吹（欠），三者同則死；唐（溏）泄，死；【水與】閉同則死，為十病。（《陰陽十一脈灸經甲本》56—57）

(18) 熱則舉，適下。（《五十二病方》31）

(19) 五者扁（徧）有，則不沽〈活〉矣。（《陰陽脈死候》88）

3. 然後

“然後”，《助字辨略》云：“乃也，繼事之辭也。”譯爲“這樣之後”，作爲順承連詞，常用在句首，表示接下來的動作行爲。簡帛醫籍僅1例。如：

(20) 然後熱（埶）十動，接十莭（節），雜十修。接刑（形）已沒，遂氣宗門，乃觀八動，聽五音，察十已之徵。（《合陰陽》110）

4. 且

《古書虛字集釋》卷八（664頁）：“‘且’猶‘則’也。”簡帛醫籍中“且”作爲順承連詞僅有2例。如：

(21) 莫（暮）息之志，深息長除，使耳勿聞，且以安祲（寢）。（《十問》36）

(22) 敬以豚塞，以為不仁，以白□□□□□□□□□□□□□□□□□□□縣（懸）茅比所，且塞壽（禱），以為☐。（《五十二病方》230—231）

5. 乃

“乃”在簡帛醫籍中共49例。“乃”主要作爲順承連詞，可以用在句中，也可用在句首。如：

(23) 穴（穿）地長與人等，深七尺，横五尺，用白羊矢榦之十餘石，置其坑中，從（縱）火其上，羊矢盡（燼），索横木坑上，取其臥，人臥其坑上，熱氣盡乃止。（《武威漢代醫簡》48—49）

（24）其氣乃多，其血乃淫，氣血腐闌（爛），百節皆沈，款廿末，反而走心。（《脈書》56）

6. 乃若

《經傳釋詞》卷六（124 頁）："乃若，亦轉語詞也。《墨子・兼愛》篇曰：'然而今天下之士子君曰然，乃若兼則善矣。'《孟子・離婁》篇曰：'乃若所憂則有之。'"簡帛醫簡中的"乃若"用在句首，承接上文的語義，所以本文將其視爲順承連詞。簡帛醫籍中出現 1 例。如：

（25）□語：□見三月吉日在□，禹乃□□入於璇（璿）房，其狀變，色甚雄以美，乃若臺（始）壯。（《養生方》205）

7. 於是

"於是"作爲順承連詞，簡帛醫籍中出現 1 例。如：

（26）禹於是飲湩，以安後姚，家乃復寧。（《十問》72）

8. 而

"而"表順承，主要是指兩個動作行爲發生的先後順序具有相承性。簡帛醫籍出現 169 例。如：

（27）燔所穿地，令之乾，而置艾其中，置柳蕈艾上，而燔其艾、蕈；而取，穿其斷，令其大圜（圓）寸，以複（覆）之。（《五十二病方》262）

（28）治病之法，視先發者而治之。數脈俱發病，則擇其甚者而先治之。（《脈書》66）

（29）凫沃者，反昔（錯）手北（背）而揮頭。・旋信（伸）

者，昔（錯）手，撟而後揮。（《引書》15）

(三) 選擇連詞

選擇連詞連接的成分之間具有“捨一而取其餘”的特點，有的是“或此或彼”，取捨未定的狀態，有的爲“捨此取彼”的狀態。簡帛醫籍中的選擇連詞主要有“或”、“若”、“亦”3個。

1. 或

“或”用作連詞，一般用在句中，表示並列的幾種情況，可以連接多項，簡帛醫籍中的“或”最多可以連接四項，表示四種不同的情況。簡帛醫籍出現2例。如：

(30) 冥（螟）者，蟲，所齧穿者□，其所發毋恒處，或在鼻，或在口旁，或齒齦，或在手指□□，使人鼻抉（缺）指斷。（《五十二病方》134）

(31) 有嬴肉出，或如鼠乳狀，末大本小，有空（孔）其中。（《五十二病方》239）

秦簡中沒有選擇連詞“或”，衹有“且”、“若”、“乃”、“將”、“不……則……”①。據李明曉考察，先秦傳世文獻中的選擇連詞有“將”、“與”、“與其”、“抑”、“意亦”、“與其……不如……”、“與其……豈如……”，出土文獻中，秦至西漢簡牘以“若”爲主。簡帛醫籍文獻中的“或”可作選擇連詞。

2. 若

《詞詮》卷五（251頁）：“選擇連詞，或也。”簡帛醫籍共12例。簡帛醫籍中“若”作爲選擇連詞可以用在句中連接詞與詞或

① 魏德勝《睡虎地秦墓竹簡語法研究》，首都師範大學出版社，2000年，頁228—230。

短語與短語（11例），或者用在句首（1例）。如：

（32）以人泥塗之，以犬毛若羊毛封之。（《五十二病方》306）

（33）令病者每旦以三指三最（撮）藥入一桮（杯）酒若鬻（粥）中而飲之，日壹飲，盡藥，已。（《五十二病方》439—440）

（34）【一曰】：□汁，以牛若鹿肕殽，令女子自罙（探）入其戒▨（《養生方》53）

3. 亦

"亦"在簡帛醫籍中出現1例，連接兩個句子。如：

（35）引之之方，右手把丈（杖），鄉（向）壁，毋息，左足蹱（蹠）壁，卷（倦）而休；亦左手把丈（杖），右足蹱（蹠）壁，亦卷（倦）而休；（《引書》36）

許理和、蔣冀騁、張延成、龍國富、徐朝紅等先生認爲："並列連詞'亦'是早期漢譯佛經裏特有的連詞。"① 《漢語大字典·亠部·亦》（P281）："③連詞。相當於'假如'。"書證《詩·小雅·雨無正》。連詞"亦"在古漢語中可以表示假設和並列關係，但"亦"在簡帛醫書中可以作選擇連詞。

（四）讓步連詞

在讓步分句中，讓步複句中常用讓步連詞。複句中的一個分句爲退讓一步後所設想的條件，另一個分句爲則是話語的正意所在。簡帛醫籍讓步連詞有"雖"、"雖……而……"、"雖……猶……"、"然"4個。

① 徐朝紅《中古漢譯佛經連詞研究——以本緣部連詞爲例》，湖南師範大學博士學位論文，2008年，頁39。

1. 雖

“雖”《玉篇》：“雖，詞兩設也。又，推也。”“雖”作爲讓步連詞，可以用在句中，也可用在句首。簡帛醫籍出現8例。如：

(36) 繳以肎，鳥雖高，射之必及也。(《萬物》49)

(37) □□鳥毆（也），其卵雖有人（仁），猶可用毆（也）。(《五十二病方》125)

(38) 卅日知（愈），六十日須（須）麋（眉）生，音（聲）雖（嘶）敗，能復精。(《武威漢代醫簡》68)

2. 雖……而……

“雖……而……”作爲固定短語連接動詞和動詞短語，簡帛醫簡出現1例。如：

(39) □□□□□□之於□□□□□熱弗能支而止，而止施□□雖俞（愈）而毋去其藥。(《五十二病方》122)

3. 雖……猶……

“雖……猶……”作爲固定短語連接動詞短語，簡帛醫籍出現1例。如：

(40) □□鳥毆（也），其卵雖有人（仁），猶可用毆（也）。(《五十二病方》126)

4. 然

“然”表示讓步關係在簡帛醫籍中有1例。如：

(41) 然有不如子言者，夫春跌寫人人以韭者，何其不與酒而恒與卵邪？(《十問》83)

(五) 因果連詞

因果連詞連接的各成分之間的關係是：一爲事件發生的原因，一爲在這一原因下所產生的必然結果。簡帛醫籍因果連詞主要有“而”、“因”、“因而”、“故”、“是故”、“所以”、“之所以”、“是以”、“以”共9個。

1. 而

“而”作爲因果連詞，連接動作行爲發生的原因和結果，“而”前面的句子成分表原因，後面的成分表結果，簡帛醫籍出現12例。如：

（42）民何失而（顔）色鹿〈狸〉黧，黑而蒼？民何得而奏（腠）理靡曼，鮮白有光？（《十問》8）

（43）行山中而疕出其身，如牛目。（《五十二病方》423）

2. 因

“因”用在主語和謂語之間，加重語氣，可譯爲“因此”、“所以”。簡帛醫籍出現1例。如：

（44）節（即）用之，操以循（揗）玉筴（策），馬因驚矣。（《養生方》83）

3. 因而

“因而”作爲因果連詞，義同“所以”，且“因果”前面有關聯詞“故”與之關聯。簡帛醫籍出現1例。如：

（45）文執（摯）合（答）曰：“後（稷）半鞣，草千歲者唯韭，故因而命之。（《十問》78）

4. 故

“故”是一個常用的結果連詞，語法功能比較單一，屬於典型的後置定位連詞，常位於後面一個分句的句首，後面一個分句往往表示前面一個分句造成的結果。簡帛醫籍出現30例。如：

（46）【利】益氣，食飲恒移音（陰）撞（動）之，臥有（又）引之，故曰：飲□□，有（又）教謀（誨）之。（《養生方》

219—220)

(47) 人之所以得病者，必於暑濕風寒雨露，奏（腠）理啟闔，食歙（飲）不和，起居不能與寒暑相癒（應），故得病焉。(《引書》103)

(48) 夫六痛者皆存於身而人莫之智（知）治，故君子肥而失其度，是胃（謂）筋骨不勝其任。(《脈書》55)

5. 是故

“是故”是典型的後置定位連詞，當分句出現主語時，一般位於主語的前面，且前面一個分句中沒有表示原因的關聯詞與之對應，可譯爲“所以”、“因此”等。簡帛醫籍出現5例。如：

(49) 是故君公大人，毋使朱（侏）儒，不觀木（沐）候（猴），不食茵（蔥）薑，不食兔羹。(《胎產書》4)

(50) 竣（朘）之葆愛，兼予成（佐），是故道者發明唾手循辟（臂），靡（摩）腹從陰從陽。(《十問》50)

6. 所以

徐朝紅先生認爲，“所以”所在的複句裏，一般以單用爲主，前面分句沒有能與之搭配的關聯詞。結果連詞“所以”從產生之初就以單用的形式爲主，這種情況一直保存到現代漢語裏。王力先生指出：“在上古漢語裏，‘所以’不但不是‘因此’的意思，而且正相反，有時候它被用來引起下文，用來追究原因，‘所以’所構成的名詞性仂語成爲說明和解釋的對象。”① 簡帛醫籍中有3例，亦用來表示原因或結果。如：

(51) 春日，蚤（早）起之後，棄水，澡漱（漱），灑齒，泃

① 王力《漢語史稿》，中華書局，1980年，頁400。

(呴),被發,游(遊)堂下,逆潞(露)之清,受天之精,歓(飲)水一棓(杯),所以益讎(壽)也。(《引書》2)

(52)發,即以刀剝(劙)其頭,從顛到項,即以犬矢【濕】之,而中剝(劙)雞□,冒其所以犬矢濕者,三日而已。(《五十二病方》112)

(53)此所以論有過之脈殹(也),其餘謹視當脈之過。(《脈書》64)

《中國語文》1981年第3期刊登了吳兆吉先生《所以》一文,認爲:連詞"所以"是在近代漢語裏產生的;此後,張萬起先生提出:"'所以'是指在魏晉南北朝時代的中古漢語裏就產生了。祇是這種用法尚不普遍,在中古漢語裏還不是一種佔優勢的用法。"① 簡帛醫書中"所以"作爲因果連詞足可證明其產生時代應爲上古時期。

7. *之所以*

"之所以"作爲連詞和連詞"所以"的功能一致,主要用來引起下文,用來説明原因,並且當分句的主語出現時,往往位於主語之後。簡帛醫籍出現3例。如:

(54)人之所以得病者,必於暑濕風寒雨露,奏(腠)理啟闔,食歓(飲)不和,起居不能與寒暑相癕(應),故得病焉。(《引書》103)

(55)人之所以善蹶(瘚),蚤(早)衰於陰,以其不能節其氣也。(《引書》106)

(56)貴人之所以得病者,以其喜怒之不和也。(《引書》107)

① 張萬起《連詞所以產生的時代》,《語文研究》1984年第4期。

8. 是以

“是以”屬於典型的後置定位連詞，當分句的主語出現時，一般位於主語之前，而且，“是以”所在的分句，主語往往一般都會出現，“是以”一般譯爲“因此”等。簡帛醫籍出現 9 例。如：

(57) 合（答）曰：益產者食也，損產【者色】也，是以聖人必有法廁（則）：(《養生方》201)

(58) 是以雄杜（牡）屬，為陽，陽者外也。(《天下至道談》64)

(59) 是以春夏秋冬之閑，亂氣相薄遝也，而人不能自免其閑（間），故得病。(《引書》103)

9. 以

“以”所在的複句裏，一般不單用，前面分句一般有能與之搭配的關聯詞，用來表示結果，如“之所以”，“以”主要用來引起下文，用來追究原因。簡帛醫籍出現 2 例。如：

(60) 人之所以善蹶（瘚），蚤（早）衰於陰，以其不能節其氣也。(《引書》106)

(61) 貴人之所以得病者，以其喜怒之不和也。(《引書》107)

(六) 遞進連詞

遞進連詞所連接的各成分之間在語義上有層層推進的意思，即後一分句的意思比前一分句更進一層。簡帛醫籍遞進連詞有“且”、“而”2 個。

1. 且

《詞詮》卷六（310 頁）：“且，提起連詞。”簡帛醫籍出現 3

例。如：

(62) 膝脛寒，手足熱，且煩臥不安床，涓目泣出，⋯白下常恿（痛），溫溫下溜（溜）旁（膀）急□蘇□□者□□陰⋯。（《武威漢代醫簡》84甲）

(63) 兄父產大山，而居□谷下，□□□不而□□□□□而鳳鳥□□□□□□□尋尋豕且貫而心。"（《五十二病方》83）

(64) 取白杬（芫）本，陰乾而冶之，以馬醬和，□丸，大如指【端】，□□□□□□□空（孔）中，張且大。（《養生方》110）

2. 而

"而"作爲遞進連詞，簡帛醫籍出現75例。如：

(65) 入玄門，御交筋，上欲精神，乃能久視而與天地牟（侔）存。（《合陰陽》104）

(66) 五病有而心煩，死，勿治殹（也）；有陽【脈】與之俱病，可治也。（《脈書》38）

(67) 苦兩足步不能鈞（均）而厀（膝）善痛，兩胻善塞〈寒〉，（《引書》40）

(七) 假設連詞

假設連詞的各分句之間的關係是：一爲假設的條件，一爲在這種假設條件下產生的結果。簡帛醫籍假設連詞有"如"、"若"2個。

1. 如

"如"表假設，可譯爲"如果"、"假如"等。簡帛醫籍出現2例，均用在句首。如：

(68) 索痙者，如產時居濕地久，其肎（肎）直而口扣（拘），筋攣（攣）難以信（伸）。（《五十二病方》45）

（69）旦飲藥一刀圭，以�美（滿）閉塞十日壹飲藥，如有征，當出。（《武威漢代醫簡》45）

2. 若

《詞詮》卷五（252頁）："假設連詞，如也。今言'假若'，'若使'。簡帛醫籍出現6例。""若"作假設連詞一般放於句首，位於主語前面（5例），也可在句中，位於主語後面（1例）。如：

（70）其中有如兔髕（實），若有堅血如抇末而出者，即已。（《五十二病方》245）

（71）大（太）上埶遇，廱（壅）坡（彼）玉竇，盛乃從之，員駘送之；若不埶遇，置之以麷。（《十問》12—13）

（72）若膿出，去死肉，藥用代盧如（茹）、巴豆各一分，併合和，以絮裹藥塞鼻，諸息肉皆出。（《武威漢代醫簡》69）

（八）轉折連詞

轉折連詞將前後兩項有轉折關係的詞與詞、短語與短語、句子與句子連接在一起。簡帛中的轉折連詞僅有1個"而"。

而

"而"作爲轉折連詞，"而"前後連接的是動作行爲或者事物的正反兩方面，"而"後一般有否定詞"不"、"勿"等否定詞，簡帛醫籍出現43例。如：

（73）汗出如絲，傅而不流，則血先死；（《陰陽脈死候》88）

（74）痙者，傷，風入傷，身信（伸）而不能詘（屈）。（《五十二病方》30）

（75）廁（側）比以利耳，陽見以利目，啟口以卬（仰）以利鼻，秏（吒）而勿發以利口，（《引書》99—100）

二、簡帛醫簡連詞語法功能及特點

簡帛醫籍中的連詞主要有並列連詞、順承連詞、選擇連詞、讓步連詞、因果連詞、遞進連詞、假設連詞和轉折連詞 8 類。其中並列連詞、順承連詞和遞進連詞數量最多，使用頻率也最高。現將簡帛醫籍中的連詞的用法列表如下：

表一：簡帛醫籍單音節連詞表

	且	與	及	亦	於	而	因	則	乃	或	若	雖	然	故	以	如	總計
並列	3	62	30		2	37											134
順承	2					169	19	81	49								320
選擇				1						2	12						15
讓步												8	1				9
因果						12	1							30	2		45
遞進	3					75											78
假設											6					2	8
轉折						43											43
總計	8	62	30	1	2	336	20	81	49	2	18	8	1	30	2	2	652

從上表中可以看出簡帛醫籍單音節連詞依照使用頻率的多少依例排列爲：順承連詞（320 例）、並列連詞（134 例）、遞進連詞（78 例）、因果連詞（45 例）、轉折連詞（43 例）、選擇連詞（15 例）、讓步連詞（9 例）、假設連詞（8 例）。

從功能上看，簡帛醫籍中連詞存在“一詞多功能”的現象，

“且”可作並列連詞、順承連詞及遞進連詞；“而”可作並列連詞、順承連詞、因果連詞、遞進連詞和轉折連詞；“因”可作順承連詞和因果連詞；“若”可作選擇連詞和假設連詞。其中單音詞“而”336例，用法最活躍，可以連接多種語義關係；“則”81例，全部表順承關係。

表二：簡帛醫籍複合連詞表

	既……有（又）	然後	乃若	於是	雖……而	雖……猶	因而	是故	所以	之所以	是以	總計
並列	1											1
順承		1	1	1								3
讓步					1	1						2
因果							1	5	3	3	9	21
總計	1	1	1	1	1	1	1	5	3	3	9	27

簡帛醫籍中複合連詞共27例，表示因果關係的連詞“是以”用例較多，共9例，屬於典型的後置定位連詞，當分句的主語出現時，一般位於主語之前。連詞“然後”和“乃若”各出現1例，表示順承關係；“之所以”出現3例，和連詞“所以”的功能一致，主要用來引起下文説明原因，並且當分句的主語出現時，往往位於主語之後。

與先秦相比，連詞的用法既有繼承也有發展。醫籍中的連詞包括單音節連詞“且”、“與”、“及”、“亦”、“於”、“而”、“因”、“則”、“乃”、“或”、“若”、“雖”、“然”、“故”、“以”、“如”16個和“然後”、“於是”、“因而”、“是故”、“所以”、“是以”、“乃若”“之所以”等11個複合連詞，這表明了漢語詞彙複音化不衹限於實詞，虛詞也在朝著複音化的方向發展。虛詞的複音化使得虛詞的語義功能單一化，連詞性短語的出現爲虛詞的複音化奠定了基礎。單音連詞可連接詞、短語或句子；同時出現了一些新的複合連詞如：“雖……而”和“雖……猶”，不僅可以連接分句和句子，還可連接詞或短語。

功能上看，簡帛醫籍中連詞存在“一詞多功能”的現象，主要有：“且”、“而”、“因”、“若”；連詞“而”出現頻率最高，連接的語義關係最多，用法最活躍。

簡帛醫籍中，單音詞“亦”可作選擇連詞，連接句子；因果連詞“所以”產生的時代爲上古時期。

先秦傳世文獻中單音詞“或”不表選擇關係，在出土醫籍文獻中“或”可以作選擇連詞，彌補了傳世文獻用例的不足。

楚簡帛助動詞研究

雍宛苡*

摘　要：全面搜集楚簡帛中帶有助動詞的語句，共得到表示可能、意願、應當三類意義的助動詞15個，計625例。上篇據各助動詞在句中的基本意義分類觀察，再按結構關係，對每個助動詞的句法結構、語義類型及特殊之處進行描寫和闡釋，並對相近相似的各組助動詞，從句法和語義等方面進行比較分析。在此基礎上，下篇運用三個平面理論進行宏觀研究，包括句法層面的句法結構總結和特殊句式分析、語義層面的類別語義核心和各種關係、語用層面的語用目的及語用效果分析等。

關鍵詞：楚簡帛；助動詞；句法；語義；語用

緒　論

從《馬氏文通》首次提出“助動字”概念以來，助動詞在語

* 雍宛苡，西南大學漢語言文獻研究所　碩士研究生　重慶北碚　400715。

法研究中一直備受爭議。從名稱、詞性到分類、範圍，可謂聚訟紛紜。對助動詞的研究主要集中於現代漢語，古代漢語中又以先秦漢語助動詞的研究最爲薄弱。然而，先秦漢語助動詞在個數詞例、句法結構、語義特徵等方面和中古、現當代助動詞都有很大的不同，值得探討。目前，研究者們對助動詞所探討的語料均是傳世文獻，傳世文獻在流傳過程中的"失真"將會導致認識結果的偏差。所以，對出土文獻楚簡帛助動詞的研究對瞭解先秦時期助動詞的面貌有重要價值。

一、研究材料

所謂楚簡帛，是指楚地出土的、先秦時期寫成的簡帛文獻。自 20 世紀 40 年代楚帛書出土以來，已公佈了二十多批，多達十萬餘字。圍繞這些文獻，學者們從文獻學、語言學、文字學、民俗學等角度，進行了文字、詞彙、思想文化等諸多方面的研究和探索，其研究已從初辟草萊到蔚成氣象。

楚簡帛的詞彙研究已涉及否定副詞、複音詞等，但迄今爲止，還沒有人對其中的助動詞進行研究，即使單篇的論文也沒有。陳寅恪[①]認爲："一時代之學術，必有其新材料與新問題。取用此材料，以研究問題，則爲此時代學術之新潮流。"[②] 楚簡帛正是研究先秦助動詞可遇而不可求的新材料。

我們所研究的楚簡帛材料包括 15 宗：子彈庫楚帛書（以下簡稱《楚帛書》）、五里牌楚簡（以下簡稱《五里牌》）、仰天湖楚簡（以下簡稱《仰天湖》）、楊家灣楚簡（以下簡稱《楊家灣》）、

---

① 爲行文簡潔，對各位先生徑呼其名，誠望諒解。
② 陳寅恪《陳寅恪史學論文選集》，上海古籍出版社，1992 年，頁503。

長臺關楚簡（以下簡稱《長臺關》）、望山楚簡（以下簡稱《望山》）、曾侯乙墓楚簡（以下簡稱《曾侯乙墓》）、九店楚簡（以下簡稱《九店》）、夕陽坡楚簡（以下簡稱《夕陽坡》）、包山楚簡（以下簡稱《包山》）、曹家岡楚簡（以下簡稱《曹家崗》）、郭店楚簡（以下簡稱《郭店》）、葛陵楚簡（以下簡稱《葛陵》）、上博簡（包括《上海博物館藏戰國楚竹書》（一、二、三、四、五、六、七、八、九），以下分別簡稱《上博一》《上博二》《上博三》《上博四》《上博五》《上博六》《上博七》《上博八》《上博九》）、清華簡（包括《清華大學藏戰國竹簡》（壹、貳、叁），以下分別簡稱《清華簡一》《清華簡二》《清華簡三》）。

迄今，較爲重要的楚地竹簡還有《上海博物館藏戰國楚竹書（十）》《清華大學藏戰國竹簡（肆）》及《浙江大學藏戰國楚簡》。《上博十》和《清華簡四》公佈時，論文的資料收集工作已完全結束，故未收。《浙大楚簡》的真僞至今未蓋棺論定，爲保持材料的純淨，故排除在外。

二、助動詞研究概述

關於助動詞的研究，歷史上出現過兩次高潮：第一次是 20 世紀 50 年代末到 60 年代初，第二次是 20 世紀 90 年代中至今。前輩學者從各個角度對助動詞進行了研究，取得了豐碩的研究成果。現就具有代表性的著作列表如下：

表 1：助動詞的名稱、詞性、分類、詞目簡表

作者	著作	出版年	名稱	詞性	分類	詞目
馬建忠	馬氏文通	1898	助動字	動詞	——	可、足、能、得
章士釗	中等國文典	1907	助動詞	動詞	——	欲、可、足、能、得、當、宜、必
陳承澤	國文法草創	1922	限制副字	副詞	表測度者、表推斷者、表容許者、表願意者	必、蓋、殆、當、應、可、足、能、得、宜、寧
黎錦熙	新著國語文法	1924	助動詞	動詞	——	可以、不妨、能夠、能、會、不至於、夠、足、配、要、想、打算、願意、肯、敢、屑、試、應該、應當、須要、須得、務必、一定、必定、決定、斷、一準、準、許、恐怕、被、見、挨、來、得、著、來著、來、起來、去、下去
楊樹達	高等國文法	1930	助動詞	動詞	——	可、能/而/耐、克、任、足、得、當、宜、如、職、合、容、庸、須、至、將、敢、忍、屑、肯、見、爲、所、相、與、遑、皇、暇

作者	著作	出版年	名稱	詞性	分類	詞目
高名凱	漢語語法論	1948	能詞	虛詞	可能、許可、意欲、應然、必然	可、而、得、可以、能夠、能、會、容、願、敢、肯、願意、情願、希望、盼望、想、宜、合、應、當、應當、該、應該、必、須、必須、須要、要
張志公等	暫擬漢語教學語法系統	1956	能願動詞	動詞	——	能、敢、肯、會、必須
周法高	中國古代語法·造句編	1961	助謂詞	虛詞	——	可、得、能、足、敢
陳望道	文法簡論	1978	衡詞	用詞①	——	應該、應當、能夠、可以、敢、會、肯
王力	中國語法理論	1983	助動詞	副詞	可能式、意志式	能、可、必、該、要、欲、肯、敢
太田辰夫	漢語史通考	1991	補動詞（能願動詞）	動詞	可能、義務、當然、意欲、難易、適否	可得、堪能、堪任、能得、能善、善能、巧能、解、得、當、規、欲得、於擬、意欲、思欲、樂、願樂、願得、喜、難可、中

① 用詞是用以陳述情況或事理的實詞，包括動詞、形容詞、斷詞、衡詞四種。詳見《文法簡論》，上海教育出版社，1978年，頁68。

作者	著作	出版年	名稱	詞性	分類	詞目
楊伯峻 何樂士	古漢語語法及其發展	1992	助動詞	自成一類	可能、意志、應當、遑暇	可、可以、可用、可而、可得、能、克、克能、克堪、得、堪、足、足以、足用、肯、忍、欲、敢、願、屑、憖、要當、要須、要、宜、當、應、應須、合、須、會、會當、會須、任、職、遑、暇
劉利	先秦漢語助動詞研究	2000	助動詞	動詞	可能、意願、必要、被動	可、足、能、克、得、獲、堪、可以、足以、敢、肯、欲、願、憖、忍、屑、宜、當、見、爲、被
段業輝	中古漢語助動詞研究	2002	助動詞	動詞	可能、意願、應當	可、可以、能/耐/而、克、足、足以、得、欲、敢、肯、願、應、當、宜、須、必須、當須、須當、必當、當必、必宜、宜當、宜應、應當、必應、應須、要當、要須
史存直	漢語史綱要	2008	助動詞	動詞	前置、後置	可、能、足、得、當、應、合、宜、須、欲、願、肯、敢、見、被、了、著、過、來、去

作者	著作	出版年	名稱	詞性	分類	詞目
周有斌	現代漢語助動詞研究	2010	助動詞	動詞	可能、意願、必要、能力	可能、能、會、要、情願、願意、願、應、該、應該、應當、必須、得、能夠、可、可以

時至今日，學界對助動詞的名稱、詞性等諸多問題仍有分歧，主要表現在以下幾個方面。

（一）名稱問題

在助動詞研究的一百多年裏，先後共出現了助動詞、限制副字、能詞、能願動詞、助謂詞、衡詞、補動詞等多種名稱。“助動詞”最早由馬建忠提出，稱“助動字”。章士釗在《中等國文典》中改“字”爲“詞”。後來的《新著國語文法》《古漢語語法及其發展》等著作都採用了這一名稱。“限制副字”由陳承澤提出，認爲是專以限制或修飾動字者。“能詞”由高名凱提出，“所謂‘能’就是説明歷程或動作到底是屬於可能或是屬於應然，或是屬於允許的等等。”① 高先生的觀點未爲學者們接受，其後無人再用過“能詞”這一名稱。“能願動詞”最早見於《暫擬漢語語法教學系統》，在語法學界影響甚大，現在許多現代漢語教材都採納了這一名稱。“助謂詞”由周法高提出，後人沒有採用。“衡詞”由陳望道提出，因爲“一般所謂助動詞都是衡量或評議事理的趨勢的，所以稱爲‘衡詞’。”② 後衹有陳光磊沿用“衡

① 高名凱《漢語語法論》，商務印書館，2011年，頁234。
② 陳望道《文法簡論》，上海教育出版社，1978年，頁71。

詞”之名。“補動詞”是日本漢學家太田辰夫在《漢語史通考》中的擬名，書中衹列舉了許多中古的詞例，並未詳細闡釋。

在這多個名稱中，爲研究者接受和廣泛使用的是“助動詞”和“能願動詞”，其他名稱已被淘汰。我們採用“助動詞”之名。首先，“能願動詞”是以意義爲標準的分類，雖然可以描述出詞性和意義，但一個詞的詞性和它所概括的意義並不完全對應。如此能願動詞將會是一個不同功能的混合體，所以“能願動詞”這一說法欠妥。其次，助動詞中除了表“可能”“意願”外，還包括不含“能願”義的詞，所以“能願動詞”衹代表助動詞中的部分類別。再次，“助動詞”這一名稱是從語法功能的角度的分類，助動詞在句中不似動詞那樣不可或缺，故“助動詞”這一稱呼既能表明助動詞具有動詞性質，又能與一般動詞相區別。

（二）詞性問題

助動詞的詞性問題簡單地說有三種觀點：一是動詞說。馬建忠把助動詞放在了動詞這一卷中來闡述，可看出他認爲助動詞是動詞的一個小類。後來繼承並發揚動詞說的代表學者有章士釗、朱德熙、趙元任、吕叔湘、張斌等。二是副詞說。陳承澤在《國文法草創》中首倡把助動詞歸入副詞。王力在《中國語法理論》中把常用的助動詞“可”“欲”“要”“敢”“肯”等歸入“能願末品”，即副詞性的詞語。吕叔湘把“能”“可”“足”“得”等歸入限制詞，爲副詞的一小類。三是主張自成一類。楊伯峻在《古漢語虛詞》中把助動詞歸入副詞，但在與何樂士合著的《古漢語語法及其發展》中，觀點發生變化，主張助動詞自成一類。胡裕樹、陳望道、劉叔新、高名凱等將助動詞從動詞中獨立出來，自成一類，但總的是歸入了實詞。

助動詞與副詞衹需兩條標準就可以區分：能否單獨回答問題；能否受“不”的否定。兩條皆能者爲助動詞。因此，現在大家已不再把它們混爲一談。然而，助動詞和動詞的區別究竟有多大？這些區別能否讓助動詞自立門戶？我們認爲區別詞類應當以語法功能爲基礎，再適當結合其語法意義。因此，助動詞應當歸入動詞，爲動詞的一個小類。

（三）內部分類問題

由於對助動詞意義範疇認識的不同，所以各家對其內部分類也是衆説紛紜。最少的是史存直分爲前置、後置兩類，最多的是太田辰夫分爲可能、義務、當然、意欲、難易、適否六類。楊伯峻《古今漢語詞類通解》也分爲六類（可能、應當、會當、意志、被動、遑暇）。段業輝分爲可能、意願、應當三類。陳承澤、王力、楊伯峻、劉利等分爲四類，但所列類目各有差別。高名凱分爲可能、許可等五類。

（四）範圍問題

最少的是馬建忠，僅“可”“能”“足”“得”4個。最多的是馬慶株《漢語動詞和動詞性結構》一書中列舉了現代漢語助動詞58個。[①] 在古漢語助動詞方面，周法高5個，王力8個，史存直20個，劉利和太田辰夫21個，段業輝28個，楊伯峻、何樂士37個。

助動詞多由動詞虛化而來，既藴含了虛詞的特性，又保留了實詞的痕跡，所以要想精準地把握其語義和語法功能，是很有難

---

① 具體參看馬慶株《漢語動詞和動詞性結構》，北京語言學院出版社，1992年，頁49—50。

度的。再者，對助動詞的界定標準寬嚴不同、主觀認知的差别，這些因素導致了助動詞的範圍有大有小。

三、本文對助動詞的定義及認定標準

助動詞的研究已取得了長足的發展，但對助動詞的定義和認定標準仍無法統一。本文在確定助動詞的定義及認定標準時既綜合參照前輩學者的觀點，也結合楚簡帛助動詞的實際情況。

（一）助動詞的定義

馬建忠認爲助動詞是“不直言動字之行，而惟言將動之勢”，黎錦熙認爲助動詞是附在動詞前面或者後面的詞類。他們雖把助動詞納入動詞的範圍之内，但把助動詞視爲“輔助動詞的詞”。吕叔湘認爲“那是誤會”，並更正爲“輔助性的動詞”。後劉利、段業輝繼承了此觀點。楊伯峻、何樂士認爲助動詞是“常位於動詞前，表示可能、意願、應該、遑暇等”的詞類。各家的論述有些許差異，但都抓住了助動詞的意義和功能方面，只是側重點有所不同。楊、何注意到了兩者的結合，因此，我們認爲他們給助動詞下的定義是比較科學的。

結合前輩們的研究成果，將意義和功能兩項功能相互參照，我們認爲助動詞的定義是：一般出現在謂詞性結構前面，從可能、意願、應當等方面對其後的謂詞性結構加以修飾或限制的輔助性動詞。

（二）助動詞的認定標準

劉堅《論助動詞》提出 2 條，梁式中《關於助動詞》列出 3 條，劉利《先秦漢語助動詞研究》列出 4 條，朱德熙《語法講義》列出 5 條，丁聲樹《現代漢語語法講話》列出 7 條，趙元任《漢語口語語法》多達 12 條。研究楚簡帛助動詞不能死板地套用，而應該在前輩學者提出劃分標準的基礎上，結合語料的實際表現，兼顧語法和意義功能，確定助動詞的劃分標準。

1. 後面必須爲謂詞性成分，典型地分佈於“助動詞＋動詞”的語法框架

前輩學者在討論助動詞語法特徵的時候，都會提到“助動詞＋動詞”這一語法框架，如劉利“祇出現在動詞或動詞性成分的前頭”，段業輝中庸地表述爲“均能進入‘助動詞＋動詞’的語法框架”。其實，助動詞也可在形容詞性成分前出現，祇是情況不如動詞性成分普遍，故我們作此歸納。這條標準具有周遍性，適合所有的助動詞。

關於“助動詞＋謂詞”結構的句法功能，專門論及此問題的古代漢語語法著作很少，且籠統地說助動詞起輔助作用或者“合成謂語”等。對現代漢語這一結構的討論要多些，主要有狀語說、謂賓說、合成謂語說和雙謂語說四種觀點。立足於楚簡帛助動詞的用例，考慮到助動詞的情態意念，我們主張雙謂語說，並認爲助動詞在句中作輔助謂語，謂詞及其後續成分作主要謂語，可表示爲：

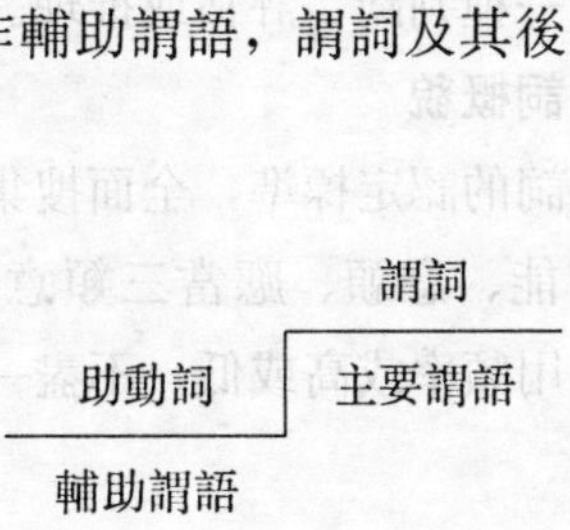

2. 在一定的語言環境中，可以單獨充當謂語中心語，即可單用

可單用是漢語助動詞與英語助動詞最主要的區別特徵。早在

《文通》時就注意到了此特徵，馬先生説："助動諸字，亦可單用，而無其他動字爲續者，蓋所助動字已見前文，故不重言也。前文無所助動字而亦單用者，則非助動字矣。"[①] 馬先生不僅注意到了漢語助動詞與西方助動詞的一大區別，同時注意到了語境這一重要因素。

3. 部分助動詞能進入"不X不"的表達方式

前輩學者提出"不X不"格式作爲辨别方法，是很有見地的。雙重否定表達肯定意義，但這與數學中的"負負得正"理論不同，雙重否定並不等於單純肯定。楚簡帛中此種句式不多，且衹體現在少數助動詞身上。到了中古時期，助動詞的這一句式已廣泛使用並走向成熟。

4. 語義上對句子表述的命題施加判斷、評估、推理等情態意義

這一點是助動詞與副詞的本質區別。副詞在句子中的管轄範圍主要是某一種句子成分，而助動詞在一般情况下則覆蓋全句，是對整個句子施加的一種判斷、評估或推理。

四、楚簡帛助動詞概貌

根據本文對助動詞的認定標準，全面搜集楚簡帛中帶有助動詞的語句，共獲表可能、意願、應當三類意義的助動詞15個，計625例。它們的使用頻率或高或低，不盡一致。

---

① 馬建忠《馬氏文通》，商務印書館，1983年，頁187。

表 2：可能類助動詞統計表

數量 助動詞 / 語料	可	可以	能	克	得	可得	足	足以
清華簡一	2	1	5	6				
清華簡二	1		4	2				
清華簡三	5		7		1			
上博一	28	1	7	1	0			
上博二	15		7		2	3	1	
上博三	14	1	2		1		1	
上博四	6	8	16	4				4
上博五	10	3	17		3	1		3
上博六	17	2	9	1	5	1		
上博七	7	0	10		16	2		
上博八	4	0	12					
上博九	4	1	11					
包山	4		1					
郭店	81	10	50	1	2	6	7	9
望山		2	2					
九店	1	11						
長臺關	2							
楚帛書		15						
合計	201	55	160	15	30	13	9	16

表 3：意願類助動詞統計表

數量 \ 助動詞 \ 語料	敢	欲	願	肯
清華簡一	4	1		2
清華簡二	1			
清華簡三	4			3
上博一		6		
上博二	8	6		
上博三	2	1	1	
上博四	6	5	1	
上博五	1	9		
上博六	4	1		
上博七	7	5		
上博八	1	7		
上博九	1	2		
包山	2			
郭店	10	6		
九店	1	1		
葛陵	2			
楚帛書	1			
合計	55	50	2	5

表 4：應當類助動詞統計表

數量 助動詞 語料	當	宜	用
清華簡三		1	
上博二		1	
上博三		1	4
上博四	2		
上博五	2		
上博八	1		
包山	1		
郭店		1	
合計	6	4	4

上三個統計表的數據説明了以下問題：

第一，楚簡帛助動詞的使用不平衡。可能類助動詞個數最多，有“可”“可以”“能”等 8 個；意願類次之，有“敢”“欲”“願”“肯”4 個；應當類最少，有“當”“宜”“用”3 個。它們出現的例數與個數呈正相關，可能類最多，共 499 例；意願類次之，共 112 例；應當類最少，共 14 例。楚簡帛助動詞連用的情況比較少，僅有“可得”一個，爲同類連用。

第二，各類助動詞的内部使用也不平衡。可能類中，以“可”爲最，多達 201 例；其次爲“能”，有 160 例；“可”“能”共 361 例，佔該類總數 72.3%。意願類中，“敢”“欲”使用次數大致相當，分別爲 55 例和 50 例，分別佔該類總數的 49.1% 和 44.6%；“願”“肯”使用次數較少，分別爲 2 例和 5 例。應當類中，“當”有 6 例，“宜”和“用”各 4 例。

上篇：楚簡帛助動詞微觀研究

80 年代，前輩們將研究興趣從靜態的歸納定性轉移到了對單個助動詞的考察上來，着重考察一些助動詞在句法結構中的位置、功能，以求達到共識。代表性文章有文煉《“會”的兼類問題》、朱有明《上古漢語中的“可”“可以”》、張維耿《助動詞“想”和“要”的區別》、盧甲文《説“必須”的詞性》等等。個案研究不僅有助於瞭解單個助動詞的特點，也有助於進行探索性研究，發現其隱含的個性。

上篇擬從微觀的角度對助動詞進行個案研究，先從句法結構及語義類型進行概括，然後再根據每個助動詞的實際情況展開討論，諸如比較分析、釋義訂正、產生軌跡等，以期對每個助動詞的個性有全面準確的把握。

第一章　可能類助動詞研究

可能類助動詞是對人、物或動作行爲的可能與不可能作出客觀判斷或主觀推理的詞。楚簡帛可能類單音節助動詞有“可”“能”“克”“得”“足”五個，雙音節助動詞有“可以”“可得”“足以”三個，其中“可得”爲同類連用。可能類是楚簡帛三大類助動詞中個數和用例最多的一類。

第一節　可　可以

楚簡帛中，助動詞"可"和"可以"的使用頻率較高。它們詞彙意義相似，都表示許可、能夠之義，但語法功能卻不盡相同。因此，將其放在一起討論，分析其異同，以期對正確理解古文有所裨益。

一、"可"的句法結構及語義類型

殷墟甲骨文中"可"字作"ㄎ"。《說文·可部》："可，肯也。"段注："可、肯雙聲。"朱駿聲通訓定聲："可、肯、堪，一聲之轉。""可"的本義是"肯"，爲"許可""同意"之義，動詞。後又聲轉爲"堪"，有"能"之意。"可"用作助動詞，殷商甲骨文已有用例，如：

(1) 貞：其可？(《合》18897)

(2) 惠可用於宗父甲，王受佑？(《英》2267)①

楚簡帛中"可"共225例，用作助動詞有201例，主要用於陳述句和疑問句。根據分佈和組合能力，其句法結構可概括爲以下幾種類型("NP"表名詞性短語，"VP"表動詞性短語，"Neg"表否定副詞，"[ ]"表該成分可以不出現。下同)。

(一) [NP] ＋可＋VP

共99例，其中《上博一》11例，《上博二》13例，《上博三》3例，《上博四》3例，《上博五》7例，《上博六》8例，《上

① 《合》指郭沫若主編《甲骨文合集》，中華書局，1978－1982年。《英》指李學勤等著《英國所藏甲骨集》，中華書局，1992年。下同。

博七》5 例，《上博八》2 例，《上博九》1 例，《包山》1 例，《郭店》43 例，《長臺關》2 例。“NP” 可以是名詞、代詞、名詞性短語，也可省略；“VP” 可以是動詞、形容詞、動賓短語，也可以是連動短語。此句式一般用於陳述句中，表示三種不同的語義：

1. 能夠

此義是從高一級的層次上概括出來的，若根據具體的語言環境又可進一步細分爲三種有着細微差別的語義：客觀上許可、事理上許可和推理上許可。如：

(1) 禹通淮與沂，東注之海，於是乎競州、莒州始可處也。(《上博二・容成氏》25)①

(2)《大雅》云：“白珪之玷，尚可磨也。此言之玷，不可爲也。”(《郭店・緇衣》35—36)

(3) 子思曰：“亟稱其君之惡者，可謂忠臣矣。”(《郭店・魯穆公問子思》1—2)

(4) 孔子曰：“善哉！商也，將可教詩矣。”(《上博二・民之父母》8)

(5) 夏臺之下而聞焉，曰：“九邦者亓可來乎？”(《上博二・容成氏》47)

(6) 與其溺於人，寧溺於淵，溺於淵猶可游，溺於人不可救。(《上博七・武王踐阼》8)

---

① 爲行文方便，一律採用通行體，與討論有關的助動詞，下加着重號以突出顯示。所引簡文使用以下符號：“□”表示原簡字跡漫漶無法辨識者，一“□”表示一字；字外加“□”表示根據上下文補出的文字，如“華”；“……”表原簡殘斷而無法確定其字數者。

例（1）（2）表客觀上許可。在此語義結構中，一定要有具有表示客觀條件的成分存在，且條件都處在“可”分句的外部語境中，如例（1）的條件是“禹通淮與沂，東注之海”，例（2）的條件是“白珪之砧”。例（3）（4）表事理上許可。“可”表對一事理加以評判，屬於認知的範疇。此語義最常用的結構是“可謂”。據考察，“可謂”結構中“可”都表示事理上許可，沒有例外。這與“謂”含有“評價”的語義分子分不開。例（5）（6）表推理上許可。“可”前分句所述的條件爲虛擬的，在這一虛擬的條件下能推導出“可 VP”這一動作行爲。

2. 值得

此義屬認知範疇，表主觀上認爲被評價對象具備某種條件。如：

（1）忠積則可親也，信積則可信也。（《郭店·忠信之道》1）

（2）仁爲可親也，義爲可尊也，忠爲可信也，學爲可益也，教爲可類也。（《郭店·尊德義》3—4）

3. 應該

多用於發表見解或幫助策劃，其核心語義是強調一種帶有議策性質的主張，即人主觀認爲應該如何。如：

（1）子曰：爲上可望而知也，爲下可類而志也。（《上博一·緇衣》2）

（2）是以民可敬導也，而不可弇也；可御也，而不可牽也。（《郭店·成之聞之》15—16）

（二）［NP］＋Neg＋可＋VP

共 74 例，其中《清華簡一》1 例，《清華簡二》1 例，《清華簡三》3 例，《上博一》12 例，《上博二》2 例，《上博三》7 例，

《上博四》2例，《上博五》1例，《上博六》8例，《上博七》2例，《上博九》2例，《包山》3例，《郭店》29例，《九店》1例。一般來説，能出現在“［NP］＋可＋VP”構式中的“NP”和“VP”也可以出現在此結構中。“Neg”多由“不”充當，也可由“未”“弗”充當。“Neg”出現在“可”前，表達的語義即是對“［NP］＋可＋VP”所表達語義的否定。如：

（1）與其仇，有怨不可證。同社、同里、同官不可證。（《包山》138背）

（2）巧言令色，未可謂仁也。（《上博五·弟子問》附簡）

（3）如天降疾，旨味既用，不可藥，時不遠。（《清華簡一·程寤》5）

（4）惡之而不可非者，達於義者也。（《郭店·性自命出》54—55）

（5）君子言有物，行有格，此以生不可奪志，死不可奪名。（《上博一·緇衣》19）

前3例表不能夠，也可分爲三種次級語義：例（1）表客觀條件的不許可，例（2）表事理上不許可，例（3）表推論上不許可。例（4）表不值得，例（5）表不應該。

（三）［NP］＋可＋Neg＋VP

共2例，《上博三》《郭店》各1例。“可不”用例較少，且都出現在反詰問中，表事理上許可。如：

（1）所學皆崩，可不慎乎？（《上博三·中弓》25）

（2）反此道也，民必因此重也以復之，可不慎乎？（《郭店·成之聞之》18—19）

此句式與“Neg＋可”不同，此“Neg”是對“VP”進行否定，表“NP”能夠不發生“VP”所表的動作行爲。

（四）［NP］＋Neg＋可＋Neg＋VP

共10例，其中《上博一》3例，《上博三》3例，《上博四》1例，《郭店》3例。“Neg”全由“不”充當，“VP”可以是動詞、形容詞，且都爲單音節。如：

（1）將中之言不可不畏也。（《上博一·孔子詩論》17）

（2）夫行，巽華學本也，所以立生也，不可不慎也。（《上博三·中弓》23）

雙重否定的格式表示肯定，從語義細分，“不可不”可以分爲兩類：一類表客觀的必須，一類則表事理的必須。客觀的必須相當於劉淇《助字辨略》所説的“決辭”，如例（1）；事理的必須則相當於“勉辭”，如例（2）。

（五）［NP］＋豈＋可＋VP

僅1例，見於《上博六》。“可”與疑問副詞“豈”連用，表示反問。如：

（1）寺四鄰是之賞，□後之人，豈可保之？（《上博六·申公臣靈王》2）①

（六）NP＋［Neg］＋可＋介賓短語＋VP

共12例。介詞可由“以”“與”充當。“可＋以”有8例，其中《清華簡一》1例，《上博五》1例，《上博八》2例，《郭店》4例；“可＋與”有4例，其中《清華簡三》2例，《上博一》1例，《郭店》1例。助動詞“可”和介詞“以”“與”加賓語構

① 整理者原題爲《莊王既成 申公臣靈王》，因助動詞全見於《申公臣靈王》，故本文徑出《申公臣靈王》。

成的介賓短語組合起來對“VP”加以修飾或限制，賓語多省略。否定式有 2 例，否定副詞均爲“未”。此結構衹表示客觀上許可和事理上許可兩種語義。如：

（1）尊德義，明乎民倫，可以爲君。（《郭店·尊德義》1）

（2）周公曰：“未可以戚吾先王。”（《清華簡一·金縢》1—2）

《馬氏文通》卷四：“助動之後，往往介以‘以’字，而直接所助之動字者，明其所以助也。”① 馬先生揭示了助動詞的語法性質。先秦時期，不是所有的“可以”都是“可”加介詞“以”組成，它也可以是一個詞，“表示在某種情況下可以做到的事”②。

（七）［NP］＋［Neg］＋可

共 23 例，包含了兩種情況：

第一種情況是“NP＋可＋VP”的省略形式。多在問答句或否定句的語言環境下，上文已出現“可”所助的“VP”，第二次爲敘述簡潔，便把“VP”省略，直接用“可”來表示對某事的判斷和推理，此情況“可”作助動詞。共 3 例，其中《上博二》1 例，《上博五》1 例，《上博九》1 例。如：

（1）“九邦者亓可來乎？”文王曰：“可。”（《上博二·容成氏》47）

（2）聞令尹、司馬既死，將至郢。葉之諸老皆諫曰：“不可，必以師。”（《上博九·邦人不稱》4）

---

① 馬建忠《馬氏文通》，商務印書館，1983 年，頁 185。

② 王力《漢語語法史》，見《王力文集》第 11 卷，山東教育出版社，1990 年，頁 339。

例（1）中“可”後省略了動詞“來”，例（2）根據語境可知“可”後省略了動賓短語“至郢”。這兩個例子中，例（1）值得注意，前一句沒有語境，於是出現了“可”，後一句因有前面的語言環境就省略了動詞。

另一種情況是“可”後沒有“VP”，但也不是省略。此時“可”是不及物動詞或形容詞，獨自承擔了句子述位的任務，分別表示“許可”“適宜”等義，後無法補出任何語言成分，故古人運用時，常在其後用“也”“矣”等語氣詞煞句。有20例。如：

（1）善則從之，不善則止之；止之而不可，憐而任不可。（《上博四·内豊》6—7）

（2）衆則方由而弗可矣。（《上博六·用曰》17—7）

二、“可以”的句法結構及語義類型

太田辰夫認爲古漢語中的“可以”是“可用以”之意。張之強認爲“它常是‘可以之……’的省略用法”。然而，張月明通過對《論語》《孟子》《左傳》三部古籍中“可以”的調查發現：與現代漢語殆無差異的助動詞“可以”佔所有“可以”的72.92%，助動詞“可以”和“可＋以”的比例爲175∶61[①]。劉利另統計了《戰國策》《國語》，發現助動詞“可以”和“可＋以”的比例爲334∶107[②]。由此可見，先秦時期雙音節助動詞“可以”佔絕對優勢。楚簡帛中“可以”共63例，作助動詞用有55例，高達87.3%。“可以”的產生時間很難確定，但可以肯定

① 張月明《〈論語〉〈孟子〉〈左傳〉中的“可以”》，《古漢語研究》1997年第2期。

② 劉利《先秦漢語助動詞研究》，北京師範大學出版社，2000年，頁36。

的是“可以”在戰國時期就已經形成並廣泛運用。

（一）［NP］＋可以＋VP

共17例，其中《上博三》1例，《上博四》1例，《上博五》1例，《郭店》8例，《望山》1例，《九店》1例，《楚帛書》4例。其語義的負荷量比“可”要小得多，僅表示能夠義。此義也可進一步細化爲三次類：客觀上許可、事理上許可以及推論上許可。如：

（1）三軍出境必勝，可以有治邦，《周志》是存。（《上博四·曹沫之陳》40—41）

（2）昔者仲尼緘徒三人，弟徒五人，芫萊之徒者，皆可以爲諸侯相矣。（《上博五·弟子問》10—18）

（3）有狀昆成，先天地生，敓穆，獨立不改，可以爲天下母。（《郭店·老子甲》21）

例（1）“有治邦”的客觀條件是“三軍出境必勝”；例（2）是説話者對仲尼之徒能爲侯爲相的評判，屬於認知的範疇；例（3）“可以”前分句所述的事實爲虛擬的，在這一虛擬條件下推導出“爲天下母”的動作行爲。

（二）［NP］＋Neg＋可以＋VP

共31例，其中《清華簡一》1例，《上博一》1例，《上博四》5例，《上博六》1例，《郭店》1例，《望山》1例，《九店》10例，《楚帛書》11例。“Neg”全由“不”充當，是對“［NP］＋可以＋VP”句式的否定，表不能夠之義。如：

（1）君王臺始內入室，君之服不可以進。（《上博四·昭王毀

室》2)①

(2) 爲民之故，仁之至，是以君子向方，知道不可以疑。(《上博六·愼子曰恭儉》6)

(3) 不和於邦，不可以出豫。不和於豫，不可以出陳。不和於陳，不可以戰。(《上博四·曹沫之陳》18—19)

(4) 凡五亥，不可以畜六牲。(《九店·五六號墓》39貳)

例(1)表“君之服”這一客觀條件的不許可，例(2)表事理上的不許可，例(3)表推論上的不許可，例(4)表在亥時不能發生“畜六牲”的動作行爲。

(三)[NP] +Neg+可以+Neg+VP

共7例，其中《上博四》2例，《上博五》1例，《上博六》2例，《上博九》1例，《郭店》1例。僅1例爲“不可以弗”，其他6例爲“不可以不”。如:

(1) 鄰邦之君明，則不可以不修政而善於民。(《上博四·曹沫之陳》5)

(2) 君子不可以不强，不强則不立。(《上博五·季庚子問於孔子》8—9)

(3) ……不可以弗戒。(《上博九·史蒥問於夫子》11)

這一雙重否定格式爲“可以”是一個詞提供了有力的證據。雖然“不可以不”與“不可不”所表達的意義相同，但還是有區別的。首先，“不可以不”後面可接的成分較“不可不”更多樣，可接動詞、形容詞及動賓短語；其次，在語氣上，“可以”是雙

① 原篇題爲《昭王毁室 昭王與龔之脽》，爲行文簡潔，省寫爲《昭王毁室》。下同。

音節詞，其表達的語氣較“不可不”舒緩、委婉；其三，不論是在上古還是中古，“不可以不”使用頻率都遠低於“不可不”。

三、“可”“可以”語法功能差異

“可”和“可以”的句法結構很容易描述也爲大家所公認，但是對其語法功能的描述卻相當棘手而且各家觀點也存在分歧。王力在《漢語語法史》論及能願式的發展時解釋到：

1.“可”字後面的動詞是被動意義的，“可以”後面的動詞是主動意義的。

2.“可”字後面的動詞不能帶賓語，而“可以”後面的動詞經常帶賓語①。

我們承認古漢語中的助動詞“可”及“可以”確實有這一傾向，但也不缺乏否定這一論斷的用例。鑒於這種情況，對楚簡帛助動詞“可”“可以”的語法特徵作一個相對全面的分析，以期更客觀、更準確地區別二者的語法特徵。

（一）被動與主動

被動與主動反映的是主語和謂語的語法關係。所謂主動，是指主語是句中行爲動作的發出者，即施事。被動與之相反，是指主語是句中行爲動作作用的對象，即受事。根據這一語義特徵，對“可”“可以”句式的主被動情況進行分析。

1.“可”字句主被動情況

楚簡帛中，助動詞“可”共201例，除去單用3例，“可＋形容詞”10例，剩餘“可＋VP”188例，可以分爲被動與非被動兩大類。

---

① 王力《漢語語法史》，商務印書館，1989年，頁243－244。

首先，被動有117例，佔62.2%。如：

（1）白圭之砧尚可磨，此言之砧不可爲。（《上博一·緇衣》18）

（2）夫唯是，故德可易而施可遭也。（《郭店·尊德義》37）

其次，非被動有71例，佔37.8%。根據語義分爲與動、係動和主動三類。所謂與動，是指主語爲動作行爲實現的工具、方式、行爲參與者等；所謂係動，是指主語與動詞行爲之間是存現、判斷、稱述等關係。

與動有11例，如：

（1）謀無小大，而器不再利，乇可與忨，而鮮可與惟。（《清華簡三·芮良夫毖》25—26）

（2）君子言有物，行有格，此以生不可奪志，死不可奪名。（《郭店·緇衣》37—38）

係動有16例，如：

（1）禹通淮與沂，東注之海，於是乎競州、莒州始可處也。（《上博二·容成氏》25）

主動有44例，如：

（1）故帥不可思奔，奔則不行。（《上博四·曹沫之陳》38）

（2）與其仇，有怨不可證。同社、同里、同官不可證。（《包山》138背）

2."可以"句主被動情況

助動詞"可以"共55例，除去"可以＋形容詞"1例，剩餘"可以＋VP"54例，分爲主動與非主動兩類。

首先是主動類，有26例，佔48.1%。如：

（1）昔者仲尼緘徒三人，弟徒五人，芫萊之徒者，皆可以爲

諸侯相矣。(《上博五·弟子問》10—18)

(2) 君子不可以不强，不强則不立。(《上博五·季氏問於孔子》8)

其次是非主動類，包括與動、係動和被動。共28例，佔51.9%。

與動有3例，如：

(1) 君王臺始内入室，君之服不可以進。(《上博四·昭王毀室》2)

(2) 夫夏繒氏之道，可以知善否，可以知無災，可謂有道乎。(《上博八·成王既邦》14)

係動有23例，如：

(1) 凡菀日，可以爲小社。(《九店·五十六號》23貳)

(2) 曰如：可以出師、築邑。不可以嫁女、娶【妾】。(《楚帛書·丙篇》2)

被動有2例，如：

(1) 人之所畏，亦不可以不畏。(《郭店·老子乙》5)

按常理而言，係動不應該有如此多的用例。這一反常現象是語料所造成的，《九店楚簡》中的六甲禁忌、"遷四方、行四維"之辭等使用"可以"10例，《楚帛書》所講的月令禁忌使用11例，這21例均爲係動，所以係動偏多。

王力認爲："'可'字後面的動詞是被動意義的，'可以'後面的動詞是主動意義的"，並言此現象"沒有另外"①。通過對二者主被動的分析可以發現王力的這一論斷有失偏頗。"可"和

① 王力《漢語語法史》，商務印書館，1989年，頁244腳註。

“可以”後面所接的表動作行爲的動詞並不具有主動意義和被動意義上的對立，衹是説“可”後的動詞多被動意義，“可以”後的動詞多主動意義。

（二）無賓和有賓

“可”和“可以”後動詞帶賓語的情況是否涇渭分明呢？對楚簡帛中“可”及“可以”後面是否帶賓語情況進行了統計。

1.“可”後動詞帶賓語情況

其一，帶賓語有44例，佔23.4%。如：

（1）孔子曰：善哉！商也，將可教詩矣。（《上博二·民之父母》8）

（2）六五：弗經，尻貞，吉，不可涉大川。（《上博三·周易》25）

其二，不帶賓語有144例，佔76.6%。如：

（1）子曰：可言不可行，君子弗言；可行不可言，君子弗行。（《上博一·緇衣》16）

（2）不可爲也，而不可不爲也。（《郭店·語叢一》56—57）

2.“可以”後動詞帶賓語情況

其一，帶賓語有39例，佔72.2%。如：

（1）曰如：可以出師、築邑。不可以嫁女、娶【妾】。（《楚帛書·丙篇》2）

（2）鄰邦之君明，則不可以不修政而善於民。（《上博四·曹沫之陳》6）

其二，不帶賓語有15例，佔27.8%。如：

（1）爲民之故，仁之至，是以君子向方，知道不可以疑。（《上博六·慎子曰恭儉》6）

（2）九三：恭救不食，爲我心塞，可以汲，王明，並受其福。（《上博三·周易》45）

通過以上分析，發現“可”及“可以”後的動詞能否帶賓語情況也不具有對立性。“可”後動詞23.4%帶了賓語，76.6%沒帶賓語；“可以”後動詞72.2%帶了賓語，27.8%沒帶賓語。因此，“可”和“可以”後的動詞都能帶賓語，衹是存在量的差别。

（三）單用與非單用

所謂單用與非單用，即是在有語言環境的情況下，能否單獨充當謂語中心語。楚簡帛中“可”單用有3例。如：

（1）“九邦者亓可來乎？”文王曰：“可。”（《上博二·容成氏》47）

（2）葉之諸老皆諫曰：“不可，必以師。”（《上博九·邦人不稱》4）

例（1）是對是非問所作的肯定回答，例（2）“可”與“不”連用構成否定，用來對前述行爲作出否定性的回答。

“可”能單用，而“可以”卻不能。楚簡帛助動詞“可以”不能單用；段業輝《中古漢語助動詞研究》一書中“可以”沒單用用例；明代《儒林外史》也沒有出現“可以”單用的現象①。此外，據我們統計，清代《紅樓夢》中“可以”出現了125次，也沒有一處單用。

第二節 能

《説文·能部》：“能，熊屬。……能獸堅中，故稱賢能；而

① 詳見李明暉《〈儒林外史〉助動詞研究》，廣西民族大學碩士學位論文，2009年，頁10—11。

强壯，稱能傑也。”段玉裁注：“能獸堅中，故稱賢能。賢，古文作臤。臤，堅也。而強壯，稱能傑也。此四句發明假借之恉。賢能，能傑之義行而本義幾廢矣。”朱駿聲通訓定聲：“凡事力堪勝任之意。”由此可知，“能”本義是“熊一類的獸”，假借爲“賢能”“能傑”，又引申爲“善（擅長）”“勝任”等義。“能”作助動詞用，現最早見於西周金文，共2例，均用於否定句。如：

（1）汝覓我田牧，弗能許𣪕從。（𣪕攸從鼎，西周晚期）

（2）唯司馬賙訢詻戰怒，不能寧處。（㚤䖵壺，戰國早期）

一、句法結構及語義類型

楚簡帛“能”共188例，作助動詞有160例，約佔85.1%。下面以句法結構爲綱來敘述其用法。

（一）［NP］＋能＋VP

共67例，其中《清華簡一》5例，《清華簡三》2例，《上博一》3例，《上博二》4例，《上博三》1例，《上博四》2例，《上博五》9例，《上博六》1例，《上博七》7例，《上博八》4例，《上博九》3例，《郭店》26例。“NP”可由名詞、代詞、名詞性短語充當，“VP”可由動詞、形容詞及動詞性短語充當。有兩種語義：

1. 能夠

在此也是高一層級的概括意義，在具體的語言環境中，可細分爲三類：

第一，客觀條件許可。如：

（1）無父母能生，無君不能生。（《清華簡三·芮良夫毖》27）

（2）百川既導，天下能恒。（《上博九·舉治王天下》31—

32)

以上兩例中的“能”表示某客觀條件許可“NP”所代表的主體從事或施行“VP”所表示的動作行爲。

第二，推論上許可。表示在某虛擬條件下，“NP”能夠發生“VP”所表示的動作行爲。如：

(1) 必危其邦家，則能潰於禹湯，禹湯則舉自□……（《上博九·史蒥問於夫子》3）

(2) 能差池其羽，然後能至哀。（《郭店·五行》17）

第三，能力上許可。表示“NP”有能力從事“VP”，故“NP”必爲有生命的施事體。此義具有判斷性，使用頻率較高。如：

(1) 予，汝能慎始與終，斯善矣，爲君子乎?”（《上博五·弟子問》11）

(2) 王就之曰：“夫彭徒能勞，爲吾謚之”。（《上博八·王居》5）

2. 肯願

表示“NP”肯或者願意從事“VP”所表示的動作行爲，“NP”必爲有生命的施事體。如：

(1) 五殺不舉，其民能相分餘。（《上博九·舉治王天下》13）

(二) [NP] ＋Neg＋能＋VP

共65例，其中《清華簡二》3例，《清華簡三》3例，《上博一》3例，《上博二》1例，《上博三》1例，《上博四》11例，《上博五》5例，《上博六》3例，《上博七》2例，《上博八》3例，《上博九》6例，《包山》1例，《郭店》21例，《望山》2例。

“能”同否定詞的組合能力强於“可”，可同“不”“弗”“亡”“毋”“莫”“非”“未有”“未或”組合。表示對“能夠”“肯願”義的否定。如：

(1) 反納於禮，不亦能改乎？(《上博一·孔子詩論》12)

(2) 耇老二拜稽首曰：“朕孳不敏，既得聞道，恐弗能守。”(《上博三·彭祖》8)

(3) 吾亡能治也，而因以害君，不義，刑莫大焉。(《上博五·姑成家父》4)

(4) 駒之克降堂而誓曰：“所不復訽於齊，毋能涉白水。”(《清華簡二》68)

(5) 金玉盈室，莫能守也。(《郭店·老子甲》38)

(6) 怨并之衆人也，非能合德於世者也。(《上博九·舉治王天下》28)

(7) 君子曰：疾之，行之不疾，未有能深之者也。(《郭店·成之聞之》22—23)

(8) 有民以來，未或能栽粒於地之上。(《上博九·史蒥問於夫子》10

在“能”前的八個否定詞中，以“不”與“能”的組合最爲常見，有44例，且其中能插入狀態副詞“亦”，如例(1)。“弗能”11例，“亡能”3例，“毋能”2例，“莫能”2例，“非能”1例，“未有能”1例，“未或能”1例。

(三)［NP］+［Neg］+能+介賓短語+VP

共7例。肯定4例，其中《上博八》3例，《郭店》1例；否定3例，其中《上博七》《上博八》《郭店》各1例。如：

(1) 思遊於愛含兮，能與余相惠含兮。(《上博八·有皇將

起》1)

(2) 以其不爭也，故天下莫能與之爭。(《郭店·老子甲》5)

此否定句式的否定詞較少，有“不”“莫”兩個，其中《上博七》《上博八》的否定詞爲“不”，《郭店》否定詞爲“莫”。

(四)［NP］＋能＋Neg＋VP

僅1例，見於《上博六》。表示在某一條件下，才能夠不產生某一結果。如：

(1) 繼□流滤，其自能不涸，用曰：脣亡齒寒。(《上博六·用曰》6)

(五)［NP］＋Neg＋Neg＋能＋VP

僅1例，見於《上博五》。“能”的雙重否定格式“不能不”在中古已普遍運用，但在楚簡帛中卻無一用例。但有否定副詞“毋”和“不”共同修飾“能”，構成雙重否定。如：

(1) 毋不能而爲之，毋能而易之。(《上博五·三德》15)

(六)［NP］＋豈/孰/焉＋能＋VP

有7例，其中“豈能”2例，見於《上博一》《郭店》；“孰能”3例，見於《上博四》；“焉能”2例，見於《上博五》。此句式都爲疑問句，“能”所表示的意義都與事理有關。如：

(1) 唯君子能好其匹，小人豈能好其匹。(《郭店·緇衣》42)

(2) 今天下之君子既可知已，孰能并兼人哉？(《上博四·曹沫之陳》4—5)

(3) 弗王，善矣，夫焉能王人繇。(《上博五·弟子問》17)

(七)［NP］＋Neg＋能

共2例，見於《上博六》。“能”後“VP”可省略，在楚簡帛中都用於否定句。如：

(1) 王曰："不能。"鄭壽："如不能，君王與楚邦懼難。"(《上博六·平王問鄭壽》2—3)

(八) [NP] ＋莫＋之＋能＋VP

共10例，其中《清華簡二》1例，《清華簡三》2例，《上博二》2例，《上博六》2例，《上博八》1例，《上博九》2例。否定詞"莫"和"能"組合時，賓語若爲代詞"之"，代詞需前置。如：

(1) 堯以天下讓於賢者，天下之賢者莫之能受也。(《上博二·容成氏》10)

(2) 蘭有異物，蓼則簡逸，而莫之能效矣。(《上博八·蘭賦》5)

二、典型否定結構"不能VP"

"能"的句法結構較爲多樣，其中以肯定句式和否定句式最爲常見。"能"前的否定詞有8個，以"不"用例最多，共44例。現運用三個平面理論對"不能VP"結構進行探討。

(一)"不能VP"的句法

主要從"不能VP"的句法成分和同現成分兩個方面來闡釋：

1. "不能VP"的句法成分

現代漢語中"不能VP"結構可充當句子的主語、動語、賓語、定語和補語。楚簡帛中可充當動語、定語兩種句子成分。如：

(1) 不仁，思不能清。不智，思不能長。(《郭店·五行》9—10)

(2) 故為人父者，言人之父之不能畜子者，不與言人之子之不孝者；故為人子者，言人之子之不孝者，不與言人之父之不能畜子者。(《上博四·內豊》2—3)

例(1)中"不能VP"充當動語，例(2)"不能VP"充當定語。前者爲其主要用法，有33例，佔"不能VP"結構總數的75%。

2."不能VP"的同現成分

"不能"與"VP"的連接並不緊密，中間可以插入修飾成分。這是因爲"能VP"結構較爲鬆散的緣故，這一點與"可以+VP"不同。現代漢語中"不能VP"之前、"不能"和"VP"之間都能插入狀語，此外"不能VP"也可以和動態助詞"著""了""過"連用。楚簡帛中，衹能在"不能"和"VP"之間插入介賓短語充當狀語，有2例，見於《上博七》《上博八》。如"不能以牧民而反志"，"以牧民"充當狀語修飾後面的動賓短語"反志"。

(二)"不能VP"的語義

助動詞"能"語義頗豐。渡邊麗玲、魯曉琨、王偉、郭昭軍等對其進行了探討。王偉分類最細，首先分爲能力、條件等六大類，再細分爲善於、應該等11小類。渡邊麗玲分爲10類，與王偉不相上下。

1."能"的情態語義

王偉在《"能"的個案：現代漢語情態研究的認知維度》一文中將"能"的語義類型歸納爲能力、條件、該允、可能、意願、祈使六大類，並在這六大類基礎之上又分出若干小類，總共

11 類[1]。其後《情態動詞“能”在交際過程中的義項呈現》一文延續了這一分類方法。王偉構建了“能”的統一的抽象意念，通過不同語境，獲取了“能”具體的語義呈現。但是祈使是一種言語行爲，屬於語用説明，而其他五項屬於語義説明，這樣就混用了語義和語用標準。同時，他給各義項分配了“使能條件”（祈使除外），實乃疊床架屋。通過對楚簡帛助動詞“能”的所有用例的義項進行分析和歸納，概括爲以下三類：

第一，可能性。表示對某一情況或者狀態存在的可能性的判斷，可以是主觀可能也可以是客觀可能，其後面的“VP”多具有積極意義。有 39 例，如：

（1）百川既導，天下能恒。（《上博九·舉治王天下》31—32）

（2）兩者不廢，舉天下之爲也，無舍也，無與也，而能自爲也。《上博三·亙先》11

第二，許可。即情理或環境允許某狀態存在或某行爲發生。有 20 例，如：

（1）駒之克降堂而誓曰：“所不復訽於齊，毋能涉白水。”（《清華簡二》68）

（2）湯乃魅之，小臣乃昧而寢於路，視而不能言。（《清華簡三·赤鴼之集湯之屋》5—6）

第三，潛力。即能力、條件和用途，包括有生命的個體所具備的使某種行爲得以實現的素質、無生命個體所具備的某種性質

① 王偉《“能”的個案：現代漢語情態研究的認知維度》，中國社會科學院碩士學位論文，1998 年。

或者用途等。有101例，如：

(1) 㥓而劃於背而生，生而能言，是禹也。(《上博二·子羔》10)

(2) 王就之曰："夫彭徒能勞，爲吾謚之。"(《上博八·王居》5)

在分析助動詞"能"的義項時，發現有些用例中的"能"可作多種解釋，這種語義模糊現象的存在是正常的，在一定的語言環境下，並不會影響閱讀者對話語的理解。

2. "VP"的構成及語義特徵

"不能VP"表示的是對可能性、許可、潛力三種情態語義的否定。第一種義項的否定是對主客觀可能性的否定，屬於認識情態[①]。第二種義項的否定表示情理或環境上不允許，屬於道義情態。第三種義項的否定表示不具備某種能力、用途或者不具備實現某一狀態、行爲的條件，屬於動力情態。認識情態屬於所有助動詞乃至所有情態義的核心成員，而動力情態則處於最邊緣地位。

"不能VP"結構中"VP"的構成成分可以是活用爲動詞的名詞、形容詞、意動用法的形容詞短語、動詞、動賓短語。分別舉例如下：

(1) 君幼，未可奉承也，毋乃不能邦？(《清華簡二》50)

(2) 不仁不智，未見君子，憂心不能惙惙；既見君子，心不能悦。(《郭店·五行》9—10)

---

① 柯理思把情態義分爲認識情態(表可能、必要，是説話人對命題的判斷)、道義情態(表義務、許可)和動力情態(表能力、意願，是命題内成分)。

(3) 古君子寡言而行，以成其信，則民不能大其美而小其惡。(《上博一·緇衣》17—18)

(4) 無父母能生，無君不能生。(《清華簡三·芮良夫毖》27)

(5) 一人不能治政，而百姓以絕。(《上博四·柬大王泊旱》14)

觀察以上五例中"VP"所蘊含的意義，便會發現例(2)(3)爲負向義，其他三例爲正向義。通過對所有"不能VP"結構進行考察，發現有12例"VP"爲負向義，約佔27.3%；在"能+VP"結構中祇有2例"VP"爲負向義，約佔2.8%。如：

(1) 能差池其羽，然後能至哀。(《郭店·五行》17)

(2) 及必危其邦家，則能潰於禹湯，禹湯則舉自□……(《上博九·史蒥問於夫子》3)

由此可見，在肯定陳述句中，"能"一般不與負向義"VP"搭配，在否定陳述句中卻可以。鄭天剛認爲："'能'所表示的情況均具有合意性，即該情況或對説話人或對聽話人或對該VP的施事來説是合乎意願的。"[1] 渡邊麗玲也指出："'能'與'可以'不選擇'失敗、失去、擔心、抱怨、墮落、淪陷、缺乏、誤解、敗露、墜毀……等'這類非期待語義的動詞或動詞結構，來作它們的賓語。"[2] 魯曉琨也提過類似的觀點。總之，在肯否陳述句中助動詞"能"對正向義詞語的傾斜是其語義限制的結果。

① 鄭天剛《釋能——兼談對外漢語教學助動詞釋詞的系統化》，《南開語言學刊》，商務印書館，2003年，頁102。

② 渡邊麗玲《助動詞"可以"與"能"的用法比較分析》，《第六屆國際漢語教學討論會論文選》，北京大學出版社，2000年，頁544。

（三）“不能VP”的語用

運用語言時，爲了表達説話者某一特定的主觀意向，常將主謂顛倒或言語重複。助動詞不存在這兩種現象，故從句類選擇和否定焦點兩方面來闡述。

1. “不能VP”對句類的選擇

現代漢語中“不能VP”結構可用於陳述句、疑問句、祈使句和感歎句。如：

（1）人驢不能相愛，賢妻，再見吧。（莫言《生死疲勞》）

（2）爲什麽我就不能少吃一點呢？（莫言《會唱歌的墻》）

（3）（老董）説：“老管，這頭牛不能閹了！”（莫言《牛》）

（4）這絶對不能怪你！我説。（莫言《蛙》）

楚簡帛中“不能VP”結構衹能出現在疑問句和陳述句中。疑問句衹有2例。如：

（1）君幼，未可奉承也，毋乃不能邦？（《清華簡二》50）

（2）反納於禮，不亦能改乎？（《上博一·孔子詩論》12）

剩餘的42例均爲陳述句，佔95.5%。由此可見，“不能VP”的句類選擇性較強，絶大多數情況下用於陳述句，偶爾用於疑問句。

2. “不能VP”的否定焦點

否定焦點即是説否定的中心，是説話者意欲引起聽話者注意的部分。沈開木認爲“不＋助動詞＋VP”結構的否定中心是“助動詞”而不是“VP”①，吕叔湘認爲“焦點一般是末了一個

① 沈開木《“不”字的否定範圍和否定中心的探索》，《中國語文》1984年第6期。

成分，即句末重音所在（除去語助詞，人稱代詞等）。”但是，他也說“否定的焦點也可能在‘不’或‘沒’之前，這樣就把否定的範圍擴大到‘不’或‘沒’的前邊去了”①。後來錢敏汝、徐傑、李英哲、宋永圭等也對此問題進行了探討。

通過對先輩們著作的拜讀，我們認爲在“不能 VP”結構中否定副詞“不”與助動詞組合成短語，這時“不”的否定分子並不會終止於助動詞“能”，而是再生成一個新的否定載體“不能”，再在句子的層級上形成新的否定焦點。如：

（1）邦人其謂我不能稱人，朝起而夕廢之。（《上博八·志書乃言》6）

（2）一人不能治政，而百姓以絕。（《上博四·柬大王泊旱》14）

此兩例中的否定載體“不”在短語層面上的否定焦點是助動詞“能”，而在句子層面上的否定焦點爲“稱人”“治政”。

第三節　克

《説文·克部》：“克，肩也。”段玉裁注：“肩謂仩，任事以肩，亦謂之克。”甲骨文“克”作。李孝定云：“象人躬身以兩手拊膝之形，上从象所肩之物，……此字當以‘肩也’爲本誼，引申之遂有任也、勝也、能也諸義。”李先生精當地解釋了助動詞“克”的來源，學者多從之。

何樂士、楊伯峻説：“表示可能的助動詞最早出現的有‘克’

① 呂叔湘《疑問·否定·肯定》，《中國語文》1985 年第 4 期。

字，以後有‘能、堪、得、足’。”①“克”作爲助動詞，甲骨文已見用例，爲可能義。如：

(1) 乙亥卜：今日克以？（《合》20574）

(2) 貞：呼衆人出麋，克？（《合》15）

例（1）的“以”字，動詞，當“致送”講，意爲“今天是否能夠送來？”例（2）是商王想讓衆族人拿出麋作爲祭祀的犧牲品，“克”後省略動詞而獨立使用，揆其文意，“克”即“克出麋”的省略。

一、句法結構及語義類型

楚簡帛中“克”共48例，用作助動詞有15例，佔31.3%。句法結構有“［NP］＋克＋VP”“［NP］＋Neg＋克＋VP”兩種，“NP”多爲有生命的主體（有11例），“VP”多爲動賓短語（有13例）。

（一）［NP］＋克＋VP

共11例，其中《清華簡一》6例，《清華簡三》4例，《上博六》1例。在這種句式中，“克”有三種語義：

第一，肯願。表示“NP”主觀上願意從事“VP”所表示的動作行爲。如：

(1) 摯告湯曰：“我克協我友，今惟民遠邦歸志。”（《清華簡一·尹誥》2）

(2) 余克享於朕辟。（《清華簡三·説命下》4—5）

此類“克”在傳世文獻中，能與同義助動詞“堪”“能”連用，組成“克堪”“克能”，如：

---

① 楊伯峻、何樂士《古漢語語法及其發展》，語文出版社，2001年，頁210。

(1) 惟我周王靈承於旅，克堪用德，惟典神天。(《尚書·多方》)

(2) 周其有頾王，亦克能修其職，諸侯服享，二世共職。(《左傳·昭公二十六年》)

“克”與其他助動詞連用是極爲個別的現象。從語義上看，並沒給句子帶來任何新的信息，因此我們估計這種情況衹是爲了和諧音節而增加的臨時的羨餘。但是，多羨畫字的楚簡帛卻沒有這種現象的存在。

第二，表示在某種條件下可出現某種結果。這類“克”字句前常有條件分句，條件也可用“惟……”格式，如：

(1) 方臧方武，克燮仇讎。(《清華簡一·耆夜》5—6)

(2) 我亦惟有若祖周公暨祖召公，兹迪襲學於文武之曼德，克夾紹成康，用畢成大商。(《清華簡一·祭公之顧命》5—6—7)

第三，能力許可。表示“NP”有能力從事“VP”所表示的動作行爲。如：

(1) 説，昔在大戊，克漸五祀，天章之用九德，弗易百姓。(《清華簡三·説命下》8)

(二) [NP] ＋Neg＋克＋VP

共4例，其中《清華簡三》2例，《上博一》1例，《郭店》1例。“Neg”可由“不”“罔”“弗”充當。如：

(1) 惟時大戊謙曰：“余不克辟萬民。”(《清華簡三·説命下》8—9)

(2) ……罔克用之，是墜於若。(《清華簡三·周公之琴舞》15)

(3)《君陳》云：“未見聖，如其弗克見，我既見，我弗迪

聖。”(《郭店·緇衣》19)

據劉利統計，在傳世的先秦文獻中，“克”有複式否定句，凡二見，如“爾罔不克臬”(《尚書·多方》)，“汝亦罔不克敬典，乃由裕民”(《尚書·康誥》)。楚簡帛中未見其複式否定用例。

二、“克”與“能”

張玉金認爲在殷商時代，衹有一個助動詞“克”。但據黄天樹考證殷商甲骨文中的助動詞除“克”外，還有“肩”“可”“宜”“若”[①]。這反映出“克”在上古時期作爲助動詞是無可非議的。漢代的注疏家在給先秦文獻注疏時常以“能”釋“克”，由此可見二者關係密切。先看看助動詞“克”和“能”在出土和傳世的先秦文獻中的分佈情況。

表1：出土文獻助動詞“克”“能”的分佈情況[②]

助動詞 文獻	克	能
甲骨文	20	0
金文	42	2
楚簡帛	15	160
秦簡	0	67
漢簡	0	42

① 黄天樹《殷墟甲骨文助動詞補説》,《古漢語研究》2008年第4期。

② 表中甲骨文統計數據來自黄天樹《殷墟甲骨文助動詞補説》,《古漢語研究》2008年第4期；金文來自武振玉《兩周金文助動詞釋論》,《殷都學刊》2008年第4期。秦簡包括天水放馬灘秦簡，嶽麓書院秦簡一、嶽麓書院秦簡二、睡虎地秦簡，里耶秦簡一；漢簡包括居延漢簡、敦煌漢簡、張家山漢簡、額濟納漢簡。

表 2：傳世文獻助動詞“克”“能”的分佈情況①

助動詞／文獻	克	能
詩經	35	29
國語	12	272
左傳	22	502
論語	0	60
墨子	0	4
孟子	0	115

表内的統計結果顯示，不管是出土文獻還是傳世文獻，“克”和“能”的用例都呈現出歷時性的差異，這種差異具體表現在：殷商甲骨文時期，有“克”無“能”；西周金文時期“能”開始出現，與“克”並存，但用例極少；春秋時期，二者並存；戰國時期，“克”用例逐漸減少，“能”的用例逐漸增多，最後“能”完全取代了“克”。劉利認爲“能”取代“克”發生在戰國中期，何樂士認爲“能”在《論語》時代就已經完全取代了“克”。楚簡帛中“克”出現在《郭店》《清華簡》和《上博簡》中，它們的書寫時期分別是戰國中期、戰國中期偏晚、戰國晚期，秦漢簡牘中“克”已經消失得無影無蹤，因此我們保守地將“能”替代“克”的時間定爲戰國晚期。

① 《國語》《左傳》《墨子》《孟子》的統計數目來自於劉利《先秦漢語助動詞研究》，北京師範大學出版社，2000 年，頁 123。《詩經》《論語》來自孫冬妮《上古漢語助動詞研究》，武漢大學碩士學位論文，2005 年，頁 17。

漢代以“能”釋“克”，反映了訓詁學家認爲這兩個詞幾乎完全等值，但若真等值，它們爲何會並存那麽長時間？當然，一個詞取代另一個詞不是一蹴而就的，但除此之外還有沒有别的原因呢？從楚簡帛中“克”“能”的句法結構和語義類型兩方面來分析。

表 3：“克”“能”句法結構表

	克	能
句法結構	［NP］＋克＋VP	［NP］＋能＋VP
	［NP］＋Neg＋克＋VP	［NP］＋Neg＋能＋VP
		［NP］＋能＋Neg＋VP
		［NP］＋Neg＋Neg＋能＋V
		［NP］＋能＋介賓短語＋VP
		［NP］＋Neg＋能＋介賓短語＋VP
		［NP］＋豈/孰/焉＋能＋VP
		［NP］＋莫＋之＋能＋VP
		［NP］＋Neg＋能

表 4：“克”“能”語義分佈表

義項		克	百分比	能	百分比
許可	條件	4	26.7%	39	24.4%
	推論		20	12.5%	
	能力	2	13.3%	89	55.6%
肯願		9	60%	12	7.5%
總計		15		160	

上兩表可以看出：在句法方面，“克”有2種句式，爲肯定句和否定句，而“能”多達9種，且有複式否定、否定倒裝等特殊句式。在語義方面，“克”主要表示肯願和條件，較少表示能力，而“能”主要表示能力，其次表示條件。當然這並不是説二者就沒有共同點，除去助動詞的共性，它們在語義上也有重合的地方，都能表示肯願、條件和能力。因此，我們認爲：

第一，“克”“能”之所以能並用，是因爲它們意義的側重點不一樣。

第二，“能”的句法結構和語義多樣，且涵蓋了“克”的句法結構和語義，這是它日後取代“克”的基礎條件。

第四節　得　可得

“得”字甲骨文作（五〇四正）、（八九二八），觚文作（得觚），金文作（舀鼎）。字形上“得”从又持貝，純屬“獲得”之義。《説文·彳部》：“得，行有所得也。”《玉篇·彳部》：“得，獲也。”故從“得”的字形和辭典釋義可知“得”的本義是“獲得”。助動詞“得”是從表“獲得”義的動詞“得”演變來的。

甲骨文、金文及《詩經》中“得”都是實義動詞，其助動詞用法大約産生於春秋戰國之交。楚簡帛中，“得”共221例，用作助動詞有30例，約佔13.6%，可見戰國時期“得”雖然兼有普通動詞和助動詞兩種用法，但仍以普通動詞爲主。

一、“得”的句法結構及語義類型

楚簡帛助動詞“得”可用於肯定句、否定句和疑問句。劉利認爲先秦漢語中“得”可表示客觀條件或事理上許可，不能表示行事者自身能力①。通過對楚簡帛助動詞"得"的考察，發現楚簡帛中"得"衹表客觀條件許可，可譯爲"能夠""可以"。下面以"得"的句法結構爲綱依次敘述其用法。

（一）［NP］＋得＋VP

共8例，其中《清華簡三》1例，《上博二》1例，《上博三》1例，《上博五》2例，《上博六》3例。"NP"往往因爲上文已經交待而省略，衹有2例出現了"NP"。"VP"可爲動詞、動賓短語、連動短語。如：

（1）耇老二拜稽首曰："朕孳不敏，既得聞道，恐弗能守。"（《上博三·彭祖》8）

（2）王笑："如我得免，後之人何若。"（《上博六·平王問鄭壽》7）

此句型多用於陳述句，表客觀條件許可，但若細分，有已然條件和未然條件兩種。已然條件如例（1），未然條件如例（2）。

（二）［NP］＋Neg＋得＋VP

共6例，其中《上博二》1例，《上博五》1例，《上博六》2例，《郭店》2例。"Neg"可由"不"、"未"、"弗"、"莫"充當，衹用於陳述句，均表客觀條件的不許可。如：

（1）臣雖欲試或不得見公，沽弗僕人之生，三食色憂。（《上博五·鮑叔牙與隰朋之諫》5）

（2）二夫可不受皇印，則未得與聞。（《上博六·競公瘧》12）

（3）仁爰仁而進之，不仁人弗得進矣，治得不可人而歟？（《上博六·孔子見季桓子》9）

① 劉利《先秦漢語助動詞研究》，北京師範大學出版社，2000年，頁157。

（4）莫得善其所。（《郭店·語叢三》47）

“不”與助動詞“得”常搭配，但卻不能與動詞“得”搭配。究其原因，是“不”與“得”語義選擇的結果。“得”的本義是“獲得”，表示在瞬間發生的一個動作，具有不持續性，而“不”衹能否定表持續性動作的動詞，二者在語義上是不相容的。因此，在“不＋得＋VP”的結構中，“得”衹能作助動詞解釋。

（三）［NP］＋奚＋得＋而＋VP

共16例，均見於《上博七·凡物流形》。如：

（1）凡物流形，奚得而成？流形成體，奚得而不死？（《上博七·凡物流形甲》1）

（2）陰陽之尻，奚得而固？（《上博七·凡物流形乙》2）

此式一律表示疑問，表示客觀條件的許可。雖“得”與“VP”之間有“而”爲介，但“得”仍修飾“VP”，“VP”可爲動詞、形容詞，但都是單音節的。與“不＋得＋VP”結構不同，在“得＋而＋VP”結構中“得”也可能爲實義動詞。如：

（1）得而解之，上視於天，下審於國。（《上博七·凡物流形甲》28－15）

此例中的“得”是與“解”並列的實義動詞，爲“曉悟”“瞭解”之義，與助動詞“得＋VP”不同的是此式“VP”多爲動賓結構，爲加以區別表示爲“得＋而＋V＋O”。用框式分析法對二者加以區別。

得 ＋ 而 ＋ VP　　　得 ＋ 而 ＋ V ＋ O

前一種情況去掉“而”後，不影響表達，且語法結構亦合理。第二種若去掉連接兩個動作的“而”，前面表動作的“得”

就變成了助動詞，語法結構雖合理，但影響了表義。因此，它們實爲兩個異質結構，衹是表達形式出現重合罷了。

二、“得”與“可”、“能”

關於“得”意義，《古漢語常用字字典》解釋爲“表示情況允許，有‘能夠’‘可以’的意思”[1]。呂叔湘在《與動詞後“得”與“不”有關之詞序問題》一文中說：“‘得’之表可能，又可判别‘可’‘能’之二義。”[2]《古代漢語虚詞通釋》釋助動詞“得”：“用在動詞前面，表示動作行爲的可能性。可譯作‘可以’‘能’‘會’等。”[3] 由此可見，一般都認爲“得”表示“可以”“能夠”之義。但是，助動詞“得”與“可”、“能”之間真能畫等號嗎？如果不能，它們之間又有什麽區别呢？

（一）“得”與“可”

助動詞“可”有“能夠”、“值得”、“應該”三種語義。“得”的語義負載量較小，衹能表示“能夠”中的“客觀條件許可”。除了語義負載量的大小之外，“得”是否有特殊之處以致能與“可”並存至今？且看以下用例：

（1）禹通淮與沂，東注之海，於是乎競州、莒州始可處也。（《上博二·容成氏》25）

（2）上六：鳴謙，可用行師，征邦。（《上博三·周易》13）

（3）雖得免而出，以不能事君，天下為君者，惟欲畜汝者哉？（《上博五·姑成家父》4）

---

① 王力、岑麒祥、林燾等編《古漢語常用字字典》（第四版），商務印書館，2010年，頁75。

② 呂叔湘《與動詞後“得”與“不”有關之詞序問題》，《漢語語法論文集》（增訂版），商務印書館，1984年。

③ 何樂士等《古代漢語虚詞通釋》，北京出版社，1985年，頁97。

(4) 耇老二拜稽首曰:"朕孳不敏,既得聞道,恐弗能守。"(《上博三·彭祖》8)

此四例都表示客觀條件許可。通過比較可發現,"可"祇表示在某一客觀條件下能從事某事,而"得"卻表示在某種客觀條件下能實現某一動作行爲所表示的結果。如例(3)中説話者是"免"的受事,得到的是别人給予的結果。例(4)的主語"朕"也是"聞道"的受事,與例(3)不同,"聞道"是已經實現某種的結果。如:

(1)臣雖欲試或不得見公,沽弗僕人之生,三食色憂。(《上博五·鮑叔牙與隰朋之諫》5)

(2)王笑:"如我得免,後之人何若。"(《上博六·平王問鄭壽》7)

"不得見公"不是説不能見公,而是説沒見到公。當動作是未然的時候,"得"表示的是能實現某種動作的結果。如例(2)。

楚簡帛中還有"得乎"用例,是説能實現嗎?此時"得"的作用明顯不同於"可",不能用"可"來替換。如:

(1)文王唯裕也,得乎?此命也。(《上博一·孔子詩論》7)

總之,楚簡帛助動詞"得"的語義包含於"可"之中,但其深層語義不同於"可"。"得"並不是單純地表示客觀條件許可,而是表示在客觀條件下能實現或達到某種結果,可用於已然和未然兩種時態。用於已然常表示主體經過努力方能實現或達到某種結果;用於未然表示可能實現、達到某種結果。

(二)"得"與"能"

關於"得"與"能",楊伯峻認爲:"'得'可表示可能,用於動詞之上。一般和'能'略有區别。能如何,表示主觀條件的可能；得如何，表示客觀條件的可能。”① 祝敏徹認爲：“助動詞‘得’的語法作用，與能願動詞‘能’字同，經常用於動詞之前。意義也含有‘可能’的意思，與‘能’字很相近；但它與‘能’有所分工，‘得’字一般是表示客觀條件的許可（可能），而‘能’字專表示人的主觀可能性。”② 兩位先生一語破的。楚簡帛“得”與“能”的分工亦很明顯。

（1）仁爰仁而進之，不仁人弗得進矣，治得不可人而歟？（《上博六·孔子見季桓子》9）

（2）陳功尚賢。能治百人，使長百人；能治三軍，使率……（《上博四·曹沫之陳》36）

例（1）是在“不仁人”的客觀條件之下不能夠進仕，而例（2）是説陳功的主觀所能。楚簡帛也有將“得”和“能”對用的例子，如：

（1）耇老二拜稽首曰：“朕孳不敏，既得聞道，恐弗能守。”（《上博三·彭祖》8）

此例的“聞”是客觀條件所致，所以用“得”；“守”是耇老二主觀所能，所以用“能”。總之，在楚簡帛中，“得”與“能”在客觀與主觀方面的分工是很明顯的，兩者混用的例子尚未見到。

三、可得

關於“可得”的結構和意義，學者們各執己見。呂叔湘、祝敏徹、程鵬認爲“得”是助動詞，“可得”爲同義連用，共同修飾後面的動詞；曹海東、王紹新認爲“得”爲一般動詞；賈齊華

① 楊伯峻《古漢語虚詞》，中華書局，1981年，頁23。
② 祝敏徹《“得”字用法演變考》，《祝敏徹漢語史論文集》，中華書局，2007年，頁40。

認爲同義連用“可”、“得”，表“能夠”、“可能”之義，是其主流用法，但“得”爲及物動詞，表“能夠得到”也是不爭的語言事實①。我們欲從言語行爲的角度對“可得”所在用例的句法結構和語義關係進行分析，以確定其結構及意義。

(一)“可得”辨析

一個句子從言語行爲角度可分爲命題和判斷兩個部分。命題的内容包含述及的對象及對對象的陳述，大致對應句子的主語和謂語。命題成分是句子的核心内容，不能去掉，若去掉以後句子便不再完整。判斷是言語者對所述及對象的態度，若去掉，句子仍完整，爲非命題成分。如：

(1) 桓子曰："二道者可得聞歟?"(《上博六·孔子見季桓子》2)

此例的命題成分爲“二道者聞”，“可得”是對此命題能否實現的可能性給予肯定判斷，“歟”用於句末，表疑問語氣。如抽掉“可得”，對句子的表義沒有實質性的影響。因此，“可得”與命題是一種離散的關係，它是遊離於句子之外的，爲助動詞。

(二)“可得”的句法結構及語義類型

楚簡帛“可得”共15例，2例因簡殘缺而無法判定，剩餘的13例均爲助動詞，句法結構可分爲以下三類：

1. [NP] +可得+VP

僅1例，見於《上博六》。如：

(1) 桓子曰："二道者可得聞歟?"(《上博六·孔子見季桓

① 詳見賈齊華《〈呂氏春秋·察今〉“可得”辨正》，《信陽師範學院學報》2001年第2期，頁83。

子》2）

2. ［NP］＋可得＋而/以＋VP

共3例，“可得＋而”2例，見於《上博二》《上博五》；“可得＋以”1例，見於《上博七》。助動詞“可得”與動詞連用時，一般情況下會有“而”連接。這種情況在上古漢語屢見不鮮，即使現代漢語也能找到其痕跡，如“不得而知”。在“可得而”結構中，“可得”表客觀條許可，“而”是連詞，去掉後並不影響語義。在“可得＋以”結構中，“以”作連詞，用法相當於“而”。如：

（1）子夏曰：“□可得而問歟？”（《上博二·民之父母》10）

（2）武王曰：“其道可得以聞乎？”（《上博七·武王踐阼》11—12）

3. ［NP］＋Neg＋可得＋而＋VP

共9例，其中《上博二》2例，《上博七》1例，《郭店》6例。“Neg”均爲“不”，“VP”由及物動詞、不及物動詞、形容詞充當。如：

（1）明目而見之，不可得而見也。（《上博二·民之父母》6—7）

（2）故不可得而親，亦不可得而疏；不可得而利，亦不可得而害；不可得而貴，亦可不可得而賤。（《郭店·老子甲》27—28—29）[①]

① “亦可不可得而賤”中第一個“可”爲衍文。

何樂士等認爲"'可得'連用，意同於'可'"[①]。劉利、程鵬等也持此説，認爲"可得"連用表"可能"之義。通過上文對"可"與"得"的對比，知道二者是有區别的，因此又怎能説"可得"等於"可"呢？仔細分析"可得"用例，可以發現"可得"並不簡單地表"可能"，而是表"可實現或達到某一結果"。如"可得聞歟"義爲"能聽到嗎"；"可得而事"爲"能夠奉事"；"不可得而親，亦不可得而疏"即"不能夠親近，也不能夠疏遠"。因此，嚴格地説"可"、"得"的連用不是同義連用，固定結構"可得"中的"可"表"可能"，"得"表"實現或達到某一結果或程度"，它們的意思和作用不完全相同。

第五節　足　足以

足，甲骨文中無，金文作（師兑簋）。《説文·足部》："足，人之足也。""足"的本義是指人體的下肢，後引申爲形容詞，表示"足夠"、"充足"。助動詞"足"是形容詞"足"虚化而來的，産生時間較"可"、"能"晚，但是在春秋戰國時期就已産生，並一直沿用。

一、"足"的句法結構及語義類型

楚簡帛中"足"共58例，可作名詞、形容詞、助動詞。作助動詞用有9例，有"能夠"、"值得"兩種語義："能夠"表"NP"在客觀條件下能做某事；"值得"表某一動作行爲具有進行的價值。

（一）［NP］＋足＋VP

① 何樂士等《古代漢語虚詞通釋》，北京出版社，1995年，頁328。

僅1例，見於《郭店》。此例中“足”爲“能夠”義。如：

(1) 不奪而足養者，地也；不期而可要者，天也。(《郭店·忠信之道》4—5)

所陳述的對象爲“地”，爲強調“地”而採用了倒裝結構。“足”、“可”同義對文，意義用法相同。

(二) [NP] +Neg+足+VP

共5例，其中《上博二》1例，《郭店》4例。“Neg”均爲“不”，有“能夠”、“值得”兩種語義。

(1) 視之不足見，聽之不足聞，而不可既也。(《郭店·老子丙》5)

(2) 政之不行，教之不成也，則刑罰不足恥，而爵不足勸也。(《郭店·緇衣》27—28)

(3) 叁王者之乍也，皆人子也，而其父賤而不足偁也歟？(《上博二·子羔》9)

例(1)表“能夠”義，例(2)(3)表“值得”義，前兩例爲陳述句，後一例爲疑問句。

(三) [NP] + [Neg] +足+以+VP

共3例，其中《上博三》1例，《郭店》2例。表“能夠”義。如：

(1) 孔子曰：“善哉，聞乎足以教矣。”(《上博三·中弓》15)

(2) 一言之善，足以終世。三世之富，不足以出亡。(《郭店·語叢四》25—3)

“足+以”可用於肯定、否定的陳述句，“NP”可由指人的名詞、指事或指物的名詞性短語充當，“VP”由動詞、動賓短語、連動短語充當。“以”後面省略“之”，表示“NP”能夠或不能夠作爲從事“VP”這一行爲的憑藉。

二、“足以”的句法結構及語義類型

單音節助動詞“足”和介詞“以”經常連用，以至“以”的介引功能逐漸弱化而最終凝固成雙音節助動詞“足以”，形成過程與“可以”相似。楚簡帛中，雙音節助動詞“足以”共16例，使用頻率多於單音節助動詞“足”。句法結構有肯定、否定兩種，但語義衹有“能夠”一種。

（一）[NP] ＋足以＋VP

共9例，其中《上博四》4例，《上博五》3例，《郭店》2例。“NP”由名詞、名詞性短語充當。“VP”由動詞、形容詞和動詞短語充當。如：

（1）莊公曰：“此三者足以戰乎？”（《上博四·曹沫之陳》49）

（2）知天足以順時，知地足以固材，知人足以會親。（《上博五·三德》17）

（二）[NP] ＋Neg＋足以＋VP

有7例，見於《郭店》。否定詞均爲“不”，全用於陳述句，表“能夠”義。如：

（1）弗大笑，不足以爲道矣。（《郭店·老子乙》9—10）

（2）均不足以平政，寬不足以安民，勇不足以沬衆，博不足以知善，決不足以知倫，殺不足以勝民。（《郭店·尊德義》34—35—36）

通過對“足”、“足以”句法結構和語義的描寫，可知它們的共同點爲：句法方面，都可用於肯定、否定陳述句和疑問句；“NP”多爲指事或指物的名詞。語義方面，都能表“能夠”這一語義。

三、“足”“足以”語法功能差異

“足”和“足以”的共同點可謂一目了然，但不同之處又是什麽呢？關於此問題少人問津。“足”和“足以”是否也像“可”和“可以”那樣，在主被動、能否帶賓語及是否單用等方面存在着差别呢？通過用例可知，“足”和“足以”都不能單用，故擬從被動與主動、無賓與有賓兩方面展開比較。

（一）被動與主動

“足”和“足以”是否在被動與主動方面存在差别？提及此問題的目前祇有白曉紅，她在《先秦漢語助動詞系統的形成》一文中説：“‘足’後面的V常帶被動意，而‘足以’則正相反。”[①] 她僅此一句，並未給出翔實的證據。楚簡帛助動詞“足”、“足以”後“VP”的主被動情況，統計結果如下：

表 1：“足”“足以”主被動用例統計表

<table>
<tr><th>助動詞</th><th colspan="2">主被動義</th><th>例數</th><th>百分比</th></tr>
<tr><td rowspan="4">足</td><td colspan="2">被動</td><td>3</td><td>33. 3%</td></tr>
<tr><td rowspan="3">非被動</td><td>主動</td><td>1</td><td>11. 1%</td></tr>
<tr><td>與動</td><td>3</td><td>33. 3%</td></tr>
<tr><td>係動</td><td>2</td><td>22. 3%</td></tr>
<tr><td rowspan="4">足以</td><td colspan="2">主動</td><td>2</td><td>12. 5%</td></tr>
<tr><td rowspan="3">非主動</td><td>被動</td><td>0</td><td>0%</td></tr>
<tr><td>與動</td><td>13</td><td>81. 3%</td></tr>
<tr><td>係動</td><td>1</td><td>6. 2%</td></tr>
</table>

① 白曉紅《先秦漢語助動詞系統的形成》，南開大學中文系《語言研究論叢》編委會編《語言研究論叢》第七輯，語文出版社，1997 年，頁 26。

1. “足”字句主被動情況

“足”共9例，可分爲被動與非被動兩大類。被動有3例，佔33.3%。如：

(1) 叁王者之乍也，皆人子也，而其父賤而不足偁也歟?”(《上博二·子羔》9)

(2) 視之不足見，聽之不足聞，而不可既也。(《郭店·老子丙》5)

非被動有6例，佔66.7%。據語義分爲主動、與動和係動三類。

主動有1例，佔11.1%。如：

(1) 不奪而足養者，地也；不期而可要者，天也。(《郭店·忠信之道》4—5)

與動有3例，佔33.3%。如：

(1) 一言之善，足以終世。三世之富，不足以出亡。(《郭店·語叢四》25—3)

係動有2例，佔22.3%。如：

(1) 子曰：政之不行，教之不成也，則刑罰不足恥，而爵不足勸也。(《郭店·緇衣》27—28)

2. “足以”句主被動情況

楚簡帛中“足以”共16例，可分爲主動與非主動兩類。

首先是主動類，有2例，佔12.5%。如：

(1) 因而施祿焉，使之足以生，足以死，謂之君。(《郭店·六德》14—15)

其次是非主動類，包括被動、與動和係動，共14例，佔87.5%。其中被動無用例，與動有13例，佔81.3%。如：

（1）均不足以平政，寬不足以安民，勇不足以沫衆，博不足以知善，決不足以知倫，殺不足以勝民。（《郭店·尊德義》34—35—36）

係動有1例，如：

（1）弗大笑，不足以爲道矣。（《郭店·老子乙》9—10）

總之，“足”、“足以”後面的“VP”並不具有被動意義和主動意義上的差別，而且，其“NP”與“VP”之間常爲與動關係，尤其是“足以”，高達81.3%。這與“足”、“足以”的語義有關，也與“NP”多爲指事或指物的名詞有關。因爲，動作行爲多爲有生命的主體發出，而指事或指物名詞性詞語多爲施事施行某一動作行爲的工具或方式。

（二）無賓和有賓

對楚簡帛中“足”及“足以”後面動詞是否帶賓語情況進行了統計。結果如下：

表2：“足”、“足以”後動詞帶賓語情況統計表

助動詞	帶賓語	百分比	不帶賓語	百分比
足	1	11.1%	8	88.9%
足以	13	81.3%	3	18.7%

1.“足”後面的動詞帶賓語情況

其一，帶賓語有1例，佔11.1%。如：

（1）一言之善，足以終世。（《郭店·語叢四》25—3）

其二，不帶賓語有8例，佔88.9%。如：

（1）視之不足見，聽之不足聞，而不可既也。（《郭店·老子丙》5）

(2) 子曰：政之不行，教之不成也，則刑罰不足恥，而爵不足勸也。(《郭店·緇衣》27—28)

2. “足以”後面的動詞帶賓語情況

其一，帶賓語有13例，佔81.3%。如：

(1) 知天足以順時，知地足以固材，知人足以會親。(《上博五·三德》1)

(2) 均不足以平政，寬不足以安民，勇不足以沫衆，博不足以知善，決不足以知倫，殺不足以勝民。(《郭店·尊德義》34—35—36)

其二，不帶賓語有3例，佔18.7%。如：

(1) 莊公曰：“此三者足以戰乎?”(《上博四·曹沫之陳》49)

(2) 因而施祿焉，使之足以生，足以死，謂之君，以義使人多。(《郭店·六德》13—14—15)

通過以上分析，可知“足”及“足以”後動詞能否帶賓語情況雖不具有絕對的對立性。但是，其量的差別還是較大的。在絕大多數情況下，“足”後動詞不帶賓語，“足以”後動詞帶賓語。

第二章　意願類助動詞研究

意願類助動詞是對人在實施動作行爲時的心態作出判斷、説明或描述的詞。楚簡帛中，意願類助動詞有“敢”、“欲”、“願”、“肯”四個，它們在結構上位於動詞前，語義上表達主觀願望或要求，是助動詞中較爲重要的一類。

第一節　敢

“敢”金文作（井侯簋）、（守簋）。《説文·攴部》：“敢，進取也。”《三蒼》：“敢，必行也。”《廣雅·釋詁》：“敢，勇也。”因此，多數人認爲“敢”字本義爲“勇敢”、“有膽量”，形容詞。然而，林義光、高田忠周、高鴻縉①、陳絜②等認爲許慎等人的解釋不盡妥當，並對“敢”的音、形、義重新作了解釋，取得了種種新的認識。陳絜在《説“敢”》一文中認爲“敢”的本義爲徒手迎面搏擊或獵殺野豬，《説文》所謂“進取”之義乃抽象本義之後的引申義。今我們從之。如此，“敢”本爲動詞，後虛化爲助動詞。

“敢”的助動詞用法產生較早，金文已見用例，如：

（1）𠭰！淮夷敢伐内國。（録㦰卣，西周中期）

（2）效不敢不萬年夙夜奔走揚公休。（效卣，西周中期）

（3）我乃至於淮，小大邦亡敢不𡡰俱逆王命。（駒父盨蓋，西周晚期）

上三例“敢”都表示“膽敢”之義，例（1）（3）言外敵入侵之事，句子的主語不是作器者；例（2）的主語爲説話者。

一、句法結構及語義類型

楚簡帛中“敢”共 83 例，其中作人名 2 例、謙敬副詞 26 例、助動詞 55 例。可見，助動詞是“敢”的主要用法。助動詞

---

① 分別參見周法高《金文詁林》“敢”字條，香港中文大學，1974 年，頁 2587、2587－2590、2590－2591。

② 陳絜《説“敢”》，《史海偵跡——慶祝孟世凱先生七十歲文集》，新世紀出版社，2006 年。

"敢"，不僅表示"有膽量做某種事情"，還可以表"可以"、"能夠"義。下面就以這兩種語義爲綱來闡釋"敢"的用法。

首先，"敢"可表示"有膽量做某種事情"，其句法結構有以下六種：

（一）［NP］＋敢＋VP

共3例，其中《上博二》1例，《上博七》2例。如：

（1）禹乃五讓以天下之賢者，不得已，然後敢受之。（《上博二·容成氏》17—18）

（2）衍敢居我江干！（《上博七·吳命》5）

（3）孤也，敢至，先王之福，天子之靈。（《上博七·吳命》8）

（二）［NP］＋Neg＋敢＋VP

共25例，其中《清華簡一》1例，《清華簡二》1例，《清華簡三》4例，《上博二》2例，《上博四》2例，《上博六》3例，《上博七》5例，《上博八》1例，《上博九》1例，《郭店》4例，《楚帛書》1例。否定副詞可爲"弗（弼）"[①]"不"、"毋"、"莫"、"勿"五個，其中"弗敢"9例（含"弼敢"2例），"不敢"8例，"毋敢"6例，"莫敢"1例，"勿敢"1例。此結構表"NP"沒有膽量從事"VP"所表的動作行爲。如：

（1）王弗敢占，詔太子發，俾靈名凶，祓。（《清華簡一·程寤》2）

（2）九啟曰："於乎！弼敢荒德。"（《清華簡三·周公之琴

① "弗"物幫入，"弼"物並入，二者音近，故"弗"寫作"弼"，共2例，均見於《清華簡三·周公之琴舞》。

舞》15)

(3) 左行蔑、隨會不敢歸，遂奔秦。(《清華簡二》54—55)

(4) 故用使其三臣，毋敢有避速之旗，敢告視日。(《上博七·吳命》7)①

(5) 莫敢㦺憧。(《清華簡三·芮良夫毖》12)

(6) 噫，公命我勿敢言。(《清華簡一·金縢》11)

在此結構中，若代詞充當賓語，賓語須前置。僅1例，見於《上博八》。如：

(1) 雖鋪於鋪步，命勿之敢違，如以僕之觀見日也。(《上博八·命》3)

(三) [NP] +敢+Neg+VP

共5例，其中《上博二》2例，《上博七》1例，《葛陵》2例。"Neg"由否定詞"不"、"勿"充當，多用於疑問句。如：

(1) 雖君亡道，臣敢勿事乎? 雖父亡道，子敢勿事乎?(《上博二·容成氏》46)

(2) 兩君之弗順，敢不喪?(《上博七·吳命》3正)

(四) [NP] +Neg+敢+Neg+VP

共10例，其中《清華簡一》1例，《上博二》1例，《包山》2例，《郭店》6例。否定詞除了"不"以外，還有"非"、"弗"、"莫"三個。如：

(1) 肆朕沖人非敢不用明刑，惟莫開余嘉德之說。(《清華簡一·皇門》1—2)

(2) 僕不敢不告於視日。(《包山》135)

---

① 毋敢：不敢，豈敢；避：避免，防止；速：召，請；旗：指軍隊。

(3) 心曰唯，莫敢不唯；諾，莫敢不諾；進，莫敢不進；後，莫敢不後；深，莫敢不深；淺，莫敢不淺。(《郭店·五行》45—46)

"Neg＋敢＋Neg"後可接單音節動詞，如例(3)；也可接動賓短語，如例(1)；還可以由介詞"於"引進行爲的對象，如例(2)。"Neg＋敢＋Neg"譯爲"一定得""不得不"，表達的是一種道義情態，表示主語所採取的行爲受到了某種外在力量或客觀情況的驅使，以致主語不得不實施某行爲，暗含無奈的感情色彩。

(五) [NP]＋[Neg]＋敢＋介賓短語＋VP

共5例，其中否定4例，肯定1例。否定句式分佈於《上博二》《上博四》，各2例。"Neg"均由"不"充當。如：

(1) 撞鼓，禹必速出，冬不敢以蒼辭，夏不敢以暑辭。(《上博二·容成氏》22)

(2) 臣是故不敢以故答。(《上博四·曹沫之陳》7)

肯定式很少見，僅1例，見於(《九店》。如：

(1) 今日某將欲飤食，某敢以其妻□妻汝(《九店·五六號墓》43)

助動詞"可"後的介賓短語可以省略賓語，但"敢"後的介賓短語在楚簡帛中還没有發現省略賓語的情況。

(六) [NP]＋孰/安/豈/何＋敢＋VP

共4例，其中《上博四》《上博五》《上博六》《上博九》各1例。"敢"前可爲疑問代詞，如"孰"，直接表示反問；也可爲疑問副詞"安"、"豈"、"何"，此時"NP"可有可無。如：

(1) 未足，孰敢譸之？(《上博六·孔子見季桓子》20)

(2) 釐尹答曰："楚邦有常故，安敢殺祭？"（《上博四·柬大王泊旱》5—7）

(3) 且夫厕今之先人，喪三代之傳史，豈敢不以其先人之傳等告。（《上博五·季庚子問於孔子》14）

(4) 臣爲君王臣，君王免之死，不以辰扶步，何敢心之有。（《上博六·申公臣靈王》8—9）

其次，"敢"還能表示客觀條件的許可，爲"可以"、"能夠"之義。

在對楚簡帛中"敢"字用例進行分析的時候，發現有些用例中的"敢"既不作表敬副詞、形容詞，也不表"膽敢"義，而表"NP"在某環境中不可以或不能夠從事"VP"所表的動作行爲。共3例，其中《清華簡一》2例，《上博四》1例。如：

(1) 乃命執事人曰："勿敢言。"（《清華簡一·金縢》5—6）

(2) 如君王修郢郭，方若然理。君王毋敢栽介蓋。（《上博四·柬大王泊旱》13—15）

此義在楚簡帛中均用於否定句。例(1)中"勿敢言"是周公之誡"命"，周公是要"執事人"不能將"武王有疾周公所自以代王之志"説出去，這是周公謙虚低調的表現，不存在"敢"與"不敢"的問題。例(2)意爲君王示以恭順之心而不可立於庇廕大傘之下，"毋敢"猶言"不可"。

"敢"的"可以"、"能夠"義在現代漢語的方言中仍在使用。如晉方言"小孩兒不敢動刀，怕割著咧"，即是説"小孩子不能動刀子，怕割著呢"。閩南方言"不敢食，儂客還無來"，即是説"不能吃，客人還沒來"。普通話也保留了其痕跡，如"不敢恭維"、"不敢苟同"等。

綜合上面的分析，對助動詞“敢”可得到以下兩點認識：

首先，就句法結構而言，“敢”的句法結構多樣，但每一種結構的用例並不均勻，較多用於否定句，較少用於肯定句；能用於雙重否定格式，表達一種無奈的感情色彩；“敢＋介賓短語”結構中的賓語不能省略；“敢”不能單獨作謂語。

其次，就語義而言，“敢”不僅僅表有膽量從事“VP”所代表的動作行爲，也可以表“能可”義。表“能可”時衹用在否定句中，多爲訓誡勸勉之辭。因此，助動詞“敢”不僅可理解爲表意願的助動詞，也可理解爲表可能的助動詞，但以表意願爲主。

二、“敢”釋義訂正

“敢”字義項較爲豐富，各工具書對其釋義最少 4 條，最多 10 條。有一條讓我們疑惑，即將“敢”釋爲“不敢”。因釋爲此義的用例中“敢”爲助動詞，故特提出來討論。現將一些常用辭書的釋義列舉如下：

(1)《漢語大字典》⑤：“不敢；豈敢。《左傳·莊公二十二年》：‘敢辱高位，以速官謗。’杜預注：‘敢，不敢也。’”[①]

(2)《漢語大詞典》⑤：“不敢；豈敢。《書·盤庚上》：‘予敢動用非罰?’《左傳·昭公二年》：‘寡君命下臣來繼舊好，好合使成，臣之祿也。敢辱大館?’杜預注：‘敢，不敢。’”[②]

(3)《辭源》③：“反語。猶言‘不敢’‘豈敢’。左莊公二二

① 漢語大字典編輯委員會《漢語大字典》第二版，崇文書局、四川辭書出版社，2010 年，頁 1568。

② 羅竹風主編《漢語大詞典》（第五卷），漢語大詞典出版社，1994 年，頁 470。

年：‘敢辱高位。’注：‘敢，不敢也。’”①

(4)《辭海》③：“不敢、豈敢的省詞。《左傳·莊公二十二年》：敢辱高位，以速官謗?”②

(5)《中華大字典》⑨：“猶言不敢也。《儀禮·聘禮》：‘非禮也。敢。’”③

如此看來，將“敢”釋爲“不敢”在辭書中已具有普遍性，甚至已成定論。然而仔細琢磨，卻令人費解。將一個詞釋爲在其前加否定的釋義方法，在漢語中是絕無僅有的。如“美”的意思是“不美”，這肯定是所有人都不能認同的。但若將“美”配以反問語氣，則表達不美之義了，這點不難理解。以上六例中的“敢”也都用於反問句。衆所周知，反問句所表達的意義恰與其陳述句相反。也就是説，含“敢”的反問句，其所表達的實質意義是不敢。但這否定意義是反問句式所賦予的，並不是“敢”本身所具的意義。那麽，爲什麽“敢”會釋爲“不敢”，而且沿用至今呢?

現今可查證的最早將“敢”釋爲“不敢”的是鄭玄。《儀禮·聘禮》：“辭曰：‘非禮也，敢?’對曰：‘非禮也，敢辭?’”鄭玄注：“辭，不受也。對，答問也。二者皆卒曰‘敢’，言不敢。”④ 三國時期韋昭、晉代杜預也繼承了這一説法。《國語·晉語八》：“臣敢忘其死而叛其君，以煩司寇?”韋昭注：“敢。不敢

① 廣東、廣西、湖南、河南辭源修訂組、商務印書館編輯部編《辭源》，商務印書館，1980年，頁1348。

② 辭海編輯委員會編《辭海》，上海辭書出版社，1989年，頁3858。

③ 中華書局編輯部《中華大字典》（上册），中華書局出版社，1978年，頁885。

④ 清阮元校刻《十三經注疏》，中華書局，1980年影印本，頁1073。

也。言不敢忘死而叛其君，煩君司寇以刑臣。”《左傳·莊公二十二年》：“敢辱高位，以速官謗?”杜預注：“敢，不敢也。”唐代孔穎達認爲乃是古語。《左傳·定公五年》：“子西曰：‘不能，如辭。’”孔穎達正義：“敢爲不敢，如爲不如，古人之語然也。”又如《左傳·僖公二十二年》：“若受重傷，則如勿傷；愛其二毛，則如服焉。”孔穎達正義：“如猶不如，古人之語然，猶似敢即不敢。”明清之際，顧炎武《日知錄》第三十二卷：“古人多以語急省其文者。”後俞樾《古書疑義舉例》：“古人語急，……有以‘敢’爲‘不敢’者。莊二十二年《左傳》：‘敢辱高位。’《注》曰：‘敢，不敢也’是也。”至此，“敢，不敢也”的解釋已上升到了理論的高度。

縱觀各家注釋，鄭玄、韋昭、杜預都沒有說“敢”有“不敢”義，它們衹是臨時的隨文釋義。到了孔穎達便錯誤地把“敢，不敢也”固定化，後來俞樾等人繼承了孔的錯誤，並用理論鞏固了其錯誤。那麼，古人將“敢”釋爲“不敢”，造成這種錯誤的原因有哪些呢？我們認爲主要有以下兩個方面。

首先，在先秦典籍中，“敢”前常加“不”、“弗”、“莫”、“非”等否定副詞，表示“不敢”義。楚簡帛中有 32 例，傳世的先秦文獻中，今文《尚書》44 例，《詩經》19 例，《左傳》127 例，《論語》11 例，《孟子》16 例[①]。在“Neg＋敢”的結構中，“Neg”又以“不”最多。故古人誤以爲“不敢”乃古語。

其次，句子的語氣可借助語氣詞，但也可不借，而僅僅依靠

① 先秦文獻的統計數據來自孫冬妮《上古漢語助動詞研究》，武漢大學碩士學位論文，2005 年，第 54 頁。

説話者的語氣來表達。如“敢”的反問語氣可借助疑問詞“孰”、“安”、“豈”、“何”來表達，也可僅靠上升的語調來表示。據統計，楚簡帛中，“敢”爲“不敢”義的有7例，4例含有疑問詞。不含疑問詞的3例均爲“敢+Neg”結構。因此，能將“敢”釋爲“不敢”的句子，都爲反問句。有反問標志的反問句，一看便知，但沒有反問標志的反問句，句子結構與一般陳述句相同。所以，在沒有句讀的古書中，很容易誤認爲陳述句。

總之，漢語中“敢”沒有“不敢”這一義項，也沒有因語氣而省“不敢”爲“敢”的情況。在陳述句中要表示“不敢”義，定會在“敢”前加上否定副詞。可將“敢”理解爲“不敢”義的定爲反問句，所表達的否定意義是反問句式所賦予的，並不是“敢”本身所具的意義。

第二節 欲

《説文・欠部》：“欲，貪欲也。”這是“欲”的本義，爲名詞，指一種尚待實現的心理狀態，後由此發展爲動詞。“欲”作動詞在先秦已廣泛運用，到漢代時，爲了區別名詞“欲”和動詞“欲”，於是造“慾”字以代名詞“欲”。1955年中國文字改革委員會把“慾”作爲異體字而廢除，統一作“欲”，至此，“欲”回歸先秦。

一、句法結構及語義類型

助動詞“欲”是由動詞“欲”發展而來的，楚簡帛“欲”共89例，用作助動詞的有50例，約佔56.2%。楚簡帛助動詞“欲”的語義比較單純，衹有“想要”一種語義，表示有生命的主體想要施行“VP”所表示的動作行爲，但尚未施行。《助字辨略》："凡云'欲'者，皆願之而未得。"① "欲"在楚簡帛中有三種句法結構。

（一）［NP］＋欲＋VP

共41例，其中《清華簡一》1例，《上博一》6例，《上博二》3例，《上博三》1例，《上博四》4例，《上博五》8例，《上博六》1例，《上博七》3例，《上博八》7例，《上博九》2例，《郭店》4例，《九店》1例。此結構爲助動詞"欲"最常用的結構，佔82%。一般用於陳述句（有38例），偶爾也用於疑問句（有3例）。如：

（1）舜乃欲會天地之氣，而聽用之，乃立□以爲樂正。（《上博二·容成氏》30）

（2）欲衣而惡枲含兮，鸛鶔之羽含兮。（《上博八·鸛鶔》1）

（3）君爲王臣，王將墜邦弗能止，而或欲得焉？（《上博九·靈王遂申》5）

前兩例爲陳述句，後一例爲疑問句。段業輝說："主語是有生命的人、動物或由人構成的集體時，'欲'是助動詞；主語是無生命的物時，'欲'是副詞。"② 先生所言不假。以上三例中，例（1）的主語爲"舜"；後兩例雖沒直接出現"NP"，但從句義可推斷其敘述對象都是有生命的。"VP"可爲動詞、形容詞、動賓短語或活用爲動詞的名詞。

（二）［NP］＋Neg＋欲＋VP

僅1例，見於《上博八》。如：

---

① 劉淇《助字辨略》卷五，商務印書館，中華民國二十六年，頁141。

② 段業輝《中古漢語助動詞研究》，南京師範大學出版社，2002年，頁42。

(1) ……示則斤，而毋欲得焉？（《上博八·顔淵問於孔子》14）

據劉利統計，傳世的先秦文獻中，“Neg＋欲”有52例，“欲＋Neg”有25例，“Neg”可由“不”“非”“無”“勿”充當①。楚簡帛無“欲＋Neg”的用例，在“Neg＋欲”中否定副詞也僅“毋”一個。

（三）［NP］＋［Neg］＋欲＋介賓短語＋VP

共8例，其中肯定7例，否定1例。肯定句見於《上博二》3例，《上博四》1例，《上博五》1例，《上博七》2例。否定句見於《郭店·老子甲》。“欲”和介詞“以”“與”加賓語構成的介賓短語組合起來修飾或限制“VP”。如：

(1) 堯有子九人，不以子爲後，見舜之賢也，而欲以爲後。（《上博二·容成氏》12）

(2) 以道佐人主者，不欲以兵强於天下。（《郭店·老子甲》6—7）

(3) 沫曰：“吾欲與齊戰，問陳奚如？守邊城奚如？”（《上博二·曹沫之陳》13）

介詞由“以”、“與”充當，其中“以”較爲多見，有7例；“與”僅1例，即例（3）。助動詞“欲”後的介賓短語可以省略賓語，衹出現介詞，如例（1）。例（2）爲否定式，僅此1例。

通過對助動詞“欲”句法語義的分析，可知楚簡帛助動詞“欲”有以下特點：

① 劉利《先秦漢語助動詞研究》，北京師範大學出版社，2000年，頁196—198。

在句法方面，主要用於肯定陳述句，極少用於否定陳述句及疑問句。“NP”不管是名詞、代詞抑或省略，但一定爲有生命的主體；“VP”較爲多樣，可以是動詞、形容詞、動賓短語、連動短語或活用爲動詞的名詞；此外，當“VP”是連動結構時，多用連詞“而”連接。

在語義方面，“欲”語義單純，僅“想要”一種語義。表示“NP”想要從事“VP”所表示的動作行爲，且這一動作行爲尚未發生。這爲“欲”後來語法化爲將來時標記奠定了基礎。

二、“欲”的句類選擇

楚簡帛助動詞“欲”共50例，其中陳述句有47例，佔94%。擬就這一現象展開分析，爲直觀起見，對其句法結構列表如下：

表1：助動詞“欲”句類分佈情況統計表

——	［NP］＋欲＋VP	［NP］＋欲＋介賓短語＋VP	［NP］＋Neg＋欲＋介賓短語＋VP	［NP］＋Neg＋欲＋VP
陳述句	38	7	1	1
疑問句	3	0	0	

從表1可知，“欲”主要用在“［NP］＋欲＋VP”和“［NP］＋欲＋介賓短語＋VP”中。它們都爲肯定句。即是説，助動詞“欲”常分佈在肯定的陳述句中。

究其原因，與其語義特徵有關。“欲”的語義爲“想要”，是有生命的主體希望實施的動作行爲，暗含了主語積極正向的語義因子。如此一來，其與否定句所表達的消極負向的語義是相背的。因此，凡是“欲”所在的分句多以肯定陳述式出現。但是，這並不意味着“欲”衹出現在肯定陳述句中，在少數情況下，也可以出現在“Neg＋欲”的結構中，如：

(1) 以道佐人主者，不欲以兵强於天下。(《郭店·老子甲》6—7)

雖然這一例爲否定結構，但就其所表達的語義而言，卻是説話者希望看到的結果，仍有積極正向的語義因子。這也反映出語義與句法結構之間並不是一一對應的關係，同一語義可以採用不同的句法結構，同一句法結構並不一定衹負載了一種語義。

助動詞“欲”少用於否定陳述句。楚簡帛否定陳述有 2 例，相對於 45 例肯定陳述句而言，已經極少，這驗證了上述觀點的正確性。那麽，萬一“欲”前有否定詞，其應選擇什麽句類呢？衆所周知，否定反問句表示肯定語氣。如此，“Neg＋欲”結構應多用於反問句。楚簡帛中“欲”的否定式僅 2 例，不足以證明。其他文獻是否如此，還有待考證。

三、助動詞“欲”的産生軌跡

楚簡帛中，助動詞“欲”除寫作“欲”外，還可寫作“穀”或“谷”[①]。如“黄鳥則困而穀（欲）反其古也，多恥者其忿之乎”(《上博一·孔子詩論》9)；又如“王謂：‘吾谷（欲）速。’”(《上博八·王居》6) 三字音近，故先秦時期常見其通假用法。

“欲”本爲名詞，指一種尚待實現的要求，如“食慾”、“求知慾”。楚簡帛中不乏“欲”作名詞的用例。如：

---

① 上古時期，“穀”、“谷”都屬見母屋部入聲，“欲”屬余母屋部入聲，屬於特殊通假現象。

(1) 義勝欲則從，欲勝義則兇。(《上博七·武王踐阼》4)

(2) 獨凥而同欲含兮。(《上博八·有皇將起》4)

段玉裁注："從欠者，取慕液之意；從谷者，取虛受之意。""慕液"是指想得垂涎，"虛受"則想"實得"。從這些詮釋可聯繫到有關的動作行爲"想"，因此"欲"便引申出動詞性用法，在楚簡帛中用例豐富，多爲"所"字結構。如：

(1) 察察天地，紛紛而復其所欲。(《上博三·亙先》4—5)

(2) 民之所欲，鬼神是祐。(《上博五·三德》20)

"所欲"是一個名詞性結構，"所"之後的成分爲動詞或動詞性短語，故"欲"在此定爲動詞。但這並不是說其名詞用法消失，二者是並存的。後來動詞進一步引申爲助動詞用法，常用在動詞前，表意願義。這一用法在戰國時代就已相當成熟了。動詞"欲"在句子中處於核心地位，而助動詞"欲"則居於相對次要地位，用以輔助説明其後的動詞，表達出一種將然語義。因此，助動詞"欲"的產生軌跡應爲：

名詞 ⟶ 動詞 ⟶ 助動詞

助動詞雖是動詞的一個小類，但在句子中卻是有差別的。就"欲"字句而言，動詞"欲"字句所陳述的狀態是靜態的，如"民之所欲"。然而，助動詞"欲"字句則與之相反，如"如欲識貌，糾而視之，任而伏之"(《上博七·凡物流形甲》23)。助動詞"欲"所在的分句表達的是還未發生卻希望發生的動作行爲，具有動態性和未然性，"動態的語境表現主要取決於動詞，而非助動詞‘欲’”[①]。關於助動詞“欲”語義的靜態性在下節中將具體闡述。

第三節　願

《説文·頁部》：“願，大頭也。从頁，原聲。”段玉裁注：“本義如此，故从頁，今則本義廢矣。”《爾雅·釋詁下》：“願，思也。”爲動詞。助動詞“願”是由動詞“願”發展而來的，爲“願意”之義。“愿”在古文中是存在的，《説文·心部》：“愿，謹也。从心，原聲。”爲“老實”、“恭謹”之義。《書·皋陶謨》：“柔而立，愿而恭。”孔穎達疏：“愿者，慤謹良善之名。”20世紀50年代，我國推行簡化漢字，將“願”簡化爲“愿”，兩字字形合爲一體。現在“愿”的“恭謹”義已消亡，原本屬“願”的“願意”義卻成爲其核心語義。

一、句法結構及語義類型

“願”在楚簡帛中共4例，其中作人名1例，作名詞1例，作助動詞2例。“願”用作助動詞時表“願意”，語義中含有“希望”義。楚簡帛中衹用於“［NP］＋願＋VP”結構。共2例，見於《上博三》《上博四》。如：

(1) 恐貽吾子羞，願因吾子而辭。(《上博三·中弓》26)

(2) 陵尹與虘尹有故乎？願聞之。(《上博四·柬大王泊旱》20—21)

兩例中“NP”均省略，例(1)的“VP”爲偏正結構，例

---

① 莊惠茹《商周金文助動詞詞組研究》，國立成功大學碩士論文，中華民國九十二年，頁123。

(2) 的"VP"爲動賓結構。"願"用於"VP"前，表示動作行爲是一種主觀願望。

對助動詞"願"可作如下概括：語義方面，僅表"願意"一種語義；句法方面，句式單一，出現頻率很低。這一點不僅體現在出土文獻中，在傳世文獻中亦是如此。據孫冬妮統計，《左傳》26 例、《論語》7 例、《孟子》16 例、《詩經》和今文《尚書》無一用例①。

二、"願"與"欲"

"願"和"欲"都是表有生命的主體心理上意願的助動詞，楚簡帛中"欲"作助動詞有 50 例，而"願"才 2 例，但是仍能從相差懸殊的用例中管窺二者在句法和語義方面的異同。

(一) 句法異同

句法結構較爲形象直觀，因此，助動詞"願"和"欲"在句法結構方面的異同可謂一目了然。

1. 句法共性

助動詞"願"祇有"［NP］＋願＋VP"這一句式，助動詞"欲"有"［NP］＋欲＋VP""［NP］＋［Neg］＋欲＋介賓短語＋VP""［NP］＋Neg＋欲＋VP"三種。兩者共同擁有肯定陳述句式。

2. 句法區別

首先，"願"沒有否定句式，而"欲"則有。在傳世的先秦文獻中，"願"否定句式的使用頻率也相當低。在孫冬妮統計的《尚書》、《詩經》、《左傳》、《論語》、《孟子》中都無"Neg＋願"

① 孫冬妮《上古漢語助動詞研究》，武漢大學碩士論文，2005 年，頁 42。

的否定用例，而“Neg＋欲”在《尚書》1例，《左傳》15例，《論語》7例，《孟子》8例[①]。又據劉利統計“願＋VP”有124例，“Neg＋願＋VP”11例；而“欲”的肯定句式有859例，否定有78例[②]。因此，我們保守地認爲，助動詞“願”用於否定句頻率遠遠低於“欲”。

其次，“願”衹用於陳述句，而“欲”還可以用於疑問句。楚簡帛中“願”衹用於陳述句，而“欲”則有疑問句存在。此外，在劉利統計的五部典籍中，“願”的135例均爲陳述句，而“欲”有29例爲疑問句，其中正反問27例，是非問2例。

再次，“願”的主語均爲第一人稱，而“欲”的主語多爲第一和第三人稱。如：

（1）吾欲誅諸祝、史。（《上博六·競公瘧》2正）

（2）其欲雨，或甚於我，何必恃乎名乎？（《上博二·魯邦大旱》4—5）

（二）語義異同

“願”和“欲”都屬意願類助動詞，因此，它們的語義一定存在共同點，但它們在句法結構方面有着諸多不同，因此，它們的語義也必定存在區別於對方的特徵。

1. 共性特徵

從所表達的語義上看，“願”所表達的意願衹停留在心願上，與是否按此行動無關。如“願因吾子而辭”，但不一定“因吾子而辭”，又如“願聞之”，也不一定“聞之”。因此，“願”衹是説

① 孫冬妮《上古漢語助動詞研究》，武漢大學碩士論文，2005年，頁49。
② 劉利統計的語料爲《論語》、《國語》、《左傳》、《孟子》、《戰國策》。

話者的心願，且行爲不一定與心願一致。“欲”也是如此，如：

(1) 出欲殺人，不歆不食。(《上博五·三德》12)

(2) 我左患右難，吾欲達中持道。(《上博九·舉治王天下》5—6)

(3) 其欲雨或甚於我，何必恃乎名乎？(《上博二·魯邦大旱》4)

例(1)“出欲殺人”，但不一定就去實施了“殺人”這一行爲；例(2)“達中持道”也是文王的心願；例(3)是説山想要天下雨，是山的心願。值得注意的是前兩例中“欲”的主語和“欲”後面“VP”所表動作行爲的實施者是一致的，但例(3)不一致。

另外，現代漢語中“願”多用於問答中，具有回應選擇性。試比較“我願吃蘋果”與“我想吃蘋果”，會發現“想”是主動提出，而“願”則是接受對方的提問，具有回應選擇性。然而，古代漢語中“願”卻不一定是接受他人的要求。楚簡帛助動詞“願”的兩個用例均是説話者自發的意願。所以，“願”和“欲”的語義共性特徵可概括爲：所表達的意願都衹停留在心願階段，且都具有自發性。

2. 區别特徵

雖然“願”和“欲”在語義上有着共性，但還是具有各自的個性，以區别使用。主要有：

第一，意願性的强弱。“願”和“欲”都可表意願，但二者在强度方面卻存在差别。古漢語的“願”除了“願意”的意思外，還有“希望”的含義；“欲”表示意願，更側重於表示意志，即“想”“要”。因此，“欲”的意願性遠遠强於“願”。

第二，急切性的差異。“願”所表達意願含“希望”義，是積極的，但説話者“並不是急切地要實施某種行爲或實現某個結果”[1]，而助動詞“欲”，主體積極且急切地意欲自己或他人行動。“欲”的行爲急切性大於“願”。因此，其動作實現的可能性也遠大於“願”。

第三，請求性的有無。“願”常用在對話中，説話者在表明自己意願實施的行爲時，同時也委婉地表達了對聽話者的請求。如“陵尹與釐尹有故乎？願聞之”，説話者在表明自己願意聽聞二尹是否有故的同時也完成了請求聽話者回答二尹是否有故。這一委婉的請求，也可以是説話者希望自己從事某種動作行爲，但這一動作行爲定與聽話者有關，如“願因吾子而辭”。

正是因爲語義區別特徵的對立，“願”和“欲”才能夠並行不悖，長久地存在於古漢語中。如“其欲雨或甚於我”中的“欲”不能換爲“願”，“陵尹與釐尹有故乎？願聞之”。中的“願”也不能換成“欲”。但是“恐貽吾子羞，願因吾子而辭”中的“願”卻可以換爲“欲”。這兩種現象的合理性會讓人誤以爲“願”和“欲”不可以互換是因爲二者的語義存在差别，二者可以互换是因爲它們具有共同的語義特徵。其實不然。魯曉琨認爲助動詞在語用中可交叉使用是人們對外部世界的主觀解釋不同而造成的，我們贊同此説。一種意願，由於説話者的立場不同，其意願性和急切性的强弱便有所差别。如果意願性和急切性强，而沒有請求性，便會選擇“欲”，反之，則選擇“願”。因此，“願”

① 貝羅貝、李明《漢語意願動詞的歷史演變》，《漢語史學報》第八輯，上海教育出版社，2009年，頁18。

和“欲”可替换不是因爲它們具有共同的語義特徵，而是因爲説話者的認知角度有差異。

第四節 肯

《説文·肉部》：“肎，骨間肉肎肎箸也。”“肯”本義是指附着在骨間的肉。“肯”用作動詞表示“贊同”、“許可”。助動詞“肯”是動詞“肯”虚化而來的，現代漢語助動詞“肯”表示接受要求，而楚簡帛助動詞“肯”的意義與之大相徑庭，應理解爲“願意”之義。甲金文未見其助動詞用例。

一、句法結構及語義類型

楚簡帛中“肯”共5例，均用作助動詞，其中《清華簡一》2例，《清華簡三》3例。句法結構單一，僅用於否定陳述“［NP］＋Neg＋肯＋VP”結構，表示説話者或行事者不願意去做某事。如：

（1）至於厥後嗣立王，廼弗肯用先王之明刑。（《清華簡一·皇門》7）

（2）不肯惠聽無罪之辭，乃惟不順是治。（《清華簡一·皇門》7—8）

（3）用莫能止，欲而莫肯齊。（《清華簡三·芮良夫毖》4—5）①

（4）如關柭不閉，而繩斷失楑，互相不疆，罔肯獻言。（《清華簡三·芮良夫毖》22—23）

---

① 該句整理者讀爲“用莫能止欲，而莫肯齊好”。上一句爲支部韻，本句若斷於“好”處則爲幽部韻，如此便失韻了。我們參看了注釋及方家觀點，認爲此句當讀爲“用莫能止，欲而莫肯齊”，如此便支脂相押。

"NP"均爲有生命的人。"Neg"可由"弗"、"不"、"莫"、"罔"充當。"VP"可爲動賓短語，如例（1）（2）（4）；也可爲形容詞，如例（3）的"齊"，爲"莊重恭敬"之義。

通過上文對"肯"的描述，可知：在句法結構方面，衹用於否定陳述句，沒有疑問句和肯定陳述句式存在。在語義方面，表義單純，僅"願意"一種語義。

二、"肯"與"願"

助動詞"肯"、"願"的產生軌跡都是從名詞到動詞再到助動詞，也都表示"願意"之義，然而二者卻存在着較大的區別。

（一）句法區別

"肯"和"願"在句法上幾乎沒有共同點，若硬要尋求二者的共同之處的話，那就是都能用於陳述句。因此，它們的句法區別才是探討的焦點。主要體現在以下兩個方面。

其一，"肯"可用於疑問句，而"願"不能。楚簡帛中"肯"和"願"衹用於陳述句。在劉利統計的五部傳世文獻中，助動詞"肯"共82例，其中陳述句有67例，疑問句有15例，而"願"的135例均爲陳述句。

其二，"肯"多用於否定句，而"願"多用於肯定句。關於"肯"，楚簡帛的5例均爲否定句；在傳世的先秦文獻中也以否定句居多。《尚書》有5例，其中3例爲否定；《詩經》有12例，其中9例爲否定；《左傳》有9例，其中7例爲否定。關於"願"，楚簡帛2例，全爲肯定；傳世文獻《左傳》有26例，《論語》有7例，《孟子》16例，也全爲肯定。

表 1：助動詞“肯”“願”句類用法統計表

數量 助動詞 文獻	肯		願	
	陳述句	疑問句	陳述句	疑問句
楚簡帛	5	0	2	0
傳世文獻	67	15	135	0

表 2：助動詞“肯”“願”肯否用法統計表①

數量 助動詞 文獻		肯		願	
		肯定式	否定式	肯定式	否定式
出土	楚簡帛	0	5	2	0
傳世	尚書（今文）	2	3	0	0
	詩經	3	9	0	0
	左傳	2	7	26	0
	論語	0	0	7	0
	孟子	0	0	16	0

（二）語義異同

“肯”“願”都表願意，但“願”的語義構成中還含有“希望”的語義因子，雖然研究者常把二者等同，但它們還是存在着一些差別。

① 表 1 中的傳世文獻數據來源於劉利《先秦漢語助動詞研究》，北京師範大學出版社，2000 年，頁 193、203；表 2 中的傳世文獻數據來源於孫冬妮《上古漢語助動研究》，武漢大學碩士學位論文，2005 年，頁 42、50。

1. 共性特徵

"肯""願"和"欲"都是表意願的助動詞，先秦文獻已廣泛使用。然而，它們在意願性的強弱程度上存在差別。"欲"的意願性遠遠大於"肯"和"願"，也就是説，"肯"和"願"在語義上的共性特徵是：意願性均較弱。

2. 區別特徵

首先，直接性差異。"肯"一般不表示説話者的意願，而"願"則常表示説話者的意願，積極性大於"肯"。"肯"在楚簡帛中的5例，可表示王的意願，也可表示一般人的意願，但沒一例是表示説話者的意願。"願"則與之相反，都表示説話者自己的意願。傳世文獻亦是如此。如：

(1) 吾願得範中之良臣。(《國語·晉語九》)

(2) 顔回對曰："不願仕。……回不願仕。"(《莊子·讓王》)

(3) 武侯曰："先生病矣，共於山林勞，故乃肯見於寡人。"(《莊子·徐無鬼》)

(4) 小人可以爲君子而不肯爲君子，君子可以爲小人而不肯爲小人。(《荀子·性惡》)

例(1)(2)"願"的施事分別指説話者"吾"和"顔回"，例(3)(4)"肯"的施事分別指"先生"、"小人、君子"，都不是説話者。因此，"願"不論是用於肯定還是否定，都直接表示説話者的意願，而"肯"都不表示説話者的意願。

其次，自發性差異。"願"表的願意是説話者自發的願意，而"肯"則是在他人或外在條件有所要求的前提下的願意。"願"的自發性前文已述及，此不重複。"肯"用例如：

(1) 不肯惠聽無罪之辭，乃惟不順是治。(《清華簡一·皇

門》7—8）

《皇門》是一篇記周公旦告群臣助己勤國之辭。例（1）中的治理者卻不願意聽信善言。“迺弗肯用先王之明刑”也是新王對“先王之明刑”選擇了不用。這表明“肯”是在外在要求的前提下的願意。

再次，一致性差異。“願因吾子而辭”、“願聞之”都表示停留在心願階段的意願，“願因吾子而辭”意爲中弓願意藉助孔子而辭掉季桓子的聘任，但卻不一定真的辭掉季桓子的聘任；“願聞之”但説話者也不一定真的聽聞。這説明“願”所表示的意願和行動可以一致，也可以不一致。“肯”所表的意願與行動卻是一致的。如：

（1）如關柭不閉，而繩斷失楑，互相不疆，罔<u>肯</u>獻言。（《清華簡三·芮良夫毖》22—23）

→如關柭不閉，而繩斷失楑，互相不疆，罔<u>願</u>獻言。

把“肯”替换爲“願”，“罔肯獻言”説民衆不願意獻言，那麼民衆就不會獻言；“罔願獻言”衹是説民在意願上是不願意獻言的，但行動上也許會獻言。

因此，“肯”和“願”的語義區别特徵是：“肯”一般不表示説話者的意願，而“願”則常表示説話者的意願；“肯”表有所要求的前提下的意願，而“願”表自發的意願；“肯”主體的行動一定和意願一致，而“願”則不一定，主體的行動和意願可一致，也可不一致。

三、“敢”、“欲”、“願”、“肯”的家族相似性

所謂“家族相似性”，是指“有一類概念範疇是以家族相似性的原則組織起來的，其中類别的成員就如同一個家族的成員，每個成員都和其他一個或數個成員共有一項或數項特徵，但幾乎沒一項特徵是所有成員共有的，這樣以環環相扣的方式通過相似性而繫聯起來成爲一類"[①]。

楚簡帛意願類助動詞有"敢"、"欲"、"願"、"肯"四個。除了"欲"外，另三個都表示主體敢於或意願實施某種動作行爲，但這種意願並不積極，也不是主體急切地要實施的行爲。從認知語言學的角度，"敢"、"欲"、"願"、"肯"之間的語義聯繫體現了"家族相似性"，現將它們的語義特徵概括爲下表：

表 3："敢""欲""願""肯"的語義特徵表

語義特徵 / 助動詞	意願性	急切性	請求性	直接性	自發性	一致性
敢	＋	－	－	±	－	±
欲	＋＋	＋	－	±	＋	±
願	＋	－	＋	＋	＋	±
肯	±	－	－	－	－	＋

"敢"、"欲"、"願"、"肯"是意願類助動詞，故都表意願性，但在意願的程度上存在差異。"欲"的意願性最强。在後面的五個特徵中，沒有一項語義特徵爲這四個助動詞所共有，但也沒有一個助動詞所擁有的特徵其他三個都沒有。"肯"和"敢"都不擁有急切性和請求性；"願"和"肯"都不擁有急切性，可擁有

① 具體理論詳見張敏《認知語言學與漢語名詞短語》，中國社會科學出版社，1998年，頁139—188。

一致性；“欲”和“敢”、“肯”都不擁有請求性，但和“願”都擁有一致性。它們的語義特徵，可用下圖來表示。

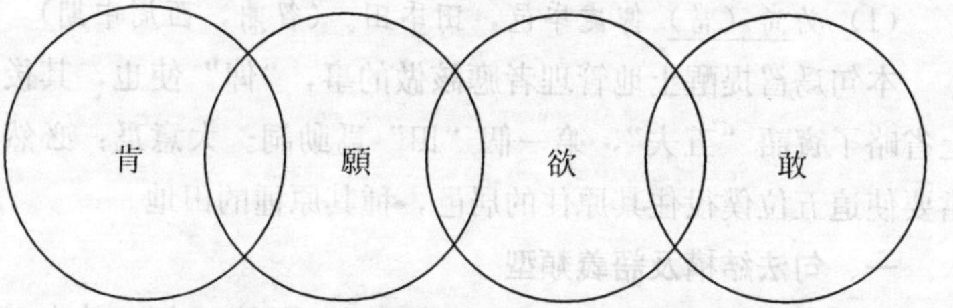

正是由於這種“家族相似性”，這四個助動詞在意義上並不是剪不斷理還亂地交織着，它們都在自己的領域中承擔着自己的職責。但是，它們之間的界限也並不像上圖一樣明晰。在它們之間，任何兩個的助動詞都會因爲語境、認知以及説話者自身的角度而出現“出軌”的現象，這種界限模糊的現象不僅僅在這四個助動詞身上存在。可以説，語義界限模糊客觀而普遍地存在着，世界上的任何語言都存在這一現象。

第三章　應當類助動詞研究

應當類助動詞多表示對人、事物或動作行爲的合理性作出主客觀判斷、推理或説明的詞。楚簡帛中表應當的助動詞有“當”、“宜”、“用”三個，它們的句法結構和語義類型相對於前兩類來説簡單很多，在楚簡帛中用例也較少。

第一節　當

甲骨文中沒有助動詞“當”，其作助動詞最早見於金文。兩周金文中也不見"當"字，凡釋爲"應當"義的"當"常寫作通假字"尚"。僅1例。如：

(1) 必尚（當）俾處氒邑，田氒田。（曶鼎，西周中期）

本句爲曶提醒土地管理者應該做的事，"俾"使也，其後承上省略了賓語"五夫"，第一個"田"爲動詞。大意爲：必然應當要使這五位僕役住其原住的居邑，種其原種的田地。

一、句法結構及語義類型

楚簡帛中"當"共17例，用作助動詞的有6例，其中《上博四》2例，《上博五》2例，《上博八》1例，《上博九》1例。句法結構有以下兩種：

(一) [NP] ＋當＋VP

共5例，其中《上博四》1例，《上博五》2例，上博八》1例，《上博九》1例。"NP"可由名詞和偏正短語充當，亦可省略。"VP"可由動詞、形容詞和動賓短語充當。在這一句式中，"當"的"應當"義可細分爲兩種：

一種是表説話者對某種情況進行情理評價。此義衹在事理，而不在事實，故不表"情理必要"，而是表情理評價。究其原因是此義的"當"衹是對某一情況是否合乎情理進行評價，並不一定要按照情理行動。因此，表此義的後一分句可以逆接。如：

(1) 公曰："當在吾，不濡二三子。"（《上博五·競建内之》6）

(2) 令尹曰："當善，焉誅坐右三人，立右三人?"（《上博八·命》10—11）

此義衹進行情理評價，故動作行爲和情理可相同，如例(1)；也可相悖，如例（2）後一分句出現逆接。此句法結構中的"NP"多爲無生命的事物或事件，常省略；"VP"可爲動賓短語，也可爲形容詞。

另一種表根據情理推測某種情況的存在或者出現。此義的“當”和“能”有着相似之處，都可表示説話者的主觀推測，衹是“當”必須根據情理來推測。如：

(1) 欲祭於楚邦者乎，當蔽而卜之於大夏。(《上博四·柬大王泊旱》3—4)

(2) 賢人當其曲以成之。(《上博五·季庚子問於孔子》22—23)

“NP”全爲有生命的人，可省略；“VP”由連動結構充當。例(2)在“當”和“VP”之間插入了句中語氣詞“其”，表示説話者的期望。

(二)［NP］＋當＋介賓短語＋VP

僅1例，見於《上博四》。如：

(1) 君王當以問大宰。(《上博四·柬大王泊旱》10

此例中的“當”表“應當”。“NP”爲君王，“VP”爲動賓短語“問太宰”，介詞“以”後省略“之”，代指君王所做的夢。

基於上面的分析，可以得出以下結論：

第一，戰國時期，“當”作助動詞的頻率並不高，佔35.3%。作助動詞時，句法結構較爲單一，僅“［NP］＋當＋VP”“［NP］＋當＋以＋VP”兩種，都爲肯定結構。

第二，語義負載量較小，衹有兩類，一表説話者對某情況進行情理評價，二表根據情理推測某種情況的存在或者出現，譯爲“應該”、“應當”。

二、助動詞“當”的語法化

《説文·田部》：“當，田相值也。”段玉裁注：“值者，持也，田與田相持也。引申之，凡相持、相抵皆曰當。”“田相值”是指在井田時代人們劃兩塊面積相等的土地，可知“當”本爲動詞，義爲“相當”。那麽“當”是怎麽由動詞虚化爲助動詞的呢？

（一）外部條件

劉堅、楊榮祥等都認爲句法位置在實詞語法化的過程中有著重要的作用。試比較楚簡帛中“當”作動詞和助動詞的用例，如：

（1）雖不當世，以義毋舊，立死何傷哉？（《上博五·姑成家父》7）

（2）當退而思之，亓唯賢民乎！（《上博九·文王訪之於尚父舉治》7）

例（1）的結構爲“當＋名詞”，而例（2）爲“當＋VP”。當一個實詞經常處於謂語動詞之前並且對它起修飾限定作用，久而久之，它的詞義、詞性很可能發生變化。

“當”作助動詞時，定是位於動詞性結構之前，且多是動賓短語。在動賓短語中，動詞對賓語直接起作用。如此一來，一個句子中，就存在着兩個動詞，且這兩個動詞是同一時間位置的。時間具有一維性，在同一時間位置上衹能有一個指示“時間信息”的動詞，這就是主要動詞，其他的則退到次要地位。“當”即是如此，處於次要地位，用來輔助主要動詞。若去掉“當”，句子的句法結構和基本意義都没大的改變，但並不是没有區别。有“當”，後面的動作行爲多未發生；無“當”，後面的動作行爲多已發生。

（二）内部因素

“當”在金文中有用例，如：

（1）毋載金、革、黽、箭，如馬、如特，屯十以當車；車如棒徒，屯二十棒以當一車，車以毁於五十乘之中。（《鄂君啟車節》）

此例中的兩個“當”都爲動詞，表示“相當”、“相等”。

"當"本指兩塊土地的相對等，但此例不是指土地，而是指牛馬。

不管是土地還是牛馬，這種"相當"、"相等"都體現在具體事物之上，是客觀的。從認知學的角度來説，人的認識總是從一個客觀具體的認知域投射到一個主觀抽象的認知域。"當"在人們的使用過程中由表示客觀具體物體的"相當"漸漸地向主觀抽象的"相當"轉移。如此，表示對某種行爲的情理評價和推測就首當其衝了。這個引申的過程是一種隱喻的投射。

"當"的第一類意義表情理評價，是説話者就某種情況是否合乎情理的判斷，因此屬於道義情態，但是其第二類意義是建立在道義情態的基礎上，並對某種情況進行推測，故其又屬於認識情態。所以我們認爲"當"的第一種意義祇是道義情態，第二種意義兼顧了道義和認識兩種情態。斯威徹爾（Eve Sweetser）認爲從道義情態到認識情態的演變，其機制是轉喻。因此，"當"由動詞演變爲助動詞的機制如圖所示：

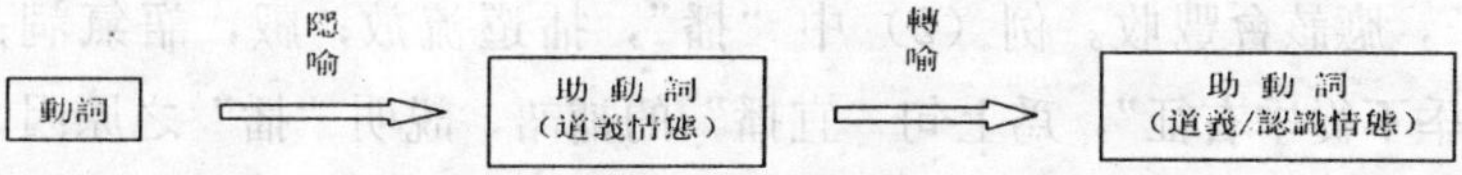

第二節　宜

甲骨文"宜"字作（三一八）、（一四五五二），金文作（矢簋）。關於"宜"的本義，學者們觀點並不統一。唐蘭、金祥恒、姚志豪等認爲其本義爲"俎"，切肉之器。張玉金等認爲本義爲"陳肉之器"①。我們贊同張玉金的觀點。在殷商時代，

---

① 具體參見張玉金《釋甲骨文中的"宜"字》，《殷都學刊》2008年第2期。

人們常把祭祀用的牲品放在宜中進行祭祀，因此，“宜”作名詞時，還可以爲祭祀名，即“宜祭”。祭祀讓神人各得其所，故“宜”引申出“適宜”之義。《説文·宀部》：“宜，所安也。”爲其引申義。後來“宜”進一步演變爲動詞，後面直接帶賓語，義爲把祭牲陳設在肉案上進行祭祀。後動詞虚化爲助動詞，用在動詞前，表情理上應該如此，可譯爲“應當”。“宜”作助動詞在甲金文中可見用例，悉數列舉如下：

（1）□□［卜］賓貞：呼黍於敦，宜受［年］？（《合》9537）

（2）懋父令曰：義（宜）播，叡！氒不從氒右征。（師旂鼎，西周中期）

（3）我義（宜）鞭汝千。（倂匜，西周晚期）

（4）宜曲則曲，宜直則直。（鳥書箴銘帶鈎，戰國晚期）

“宜”、“義”在上古同屬歌部疑母字，故可通。例（1）中“黍”活用爲動詞；敦，地名。此句意爲：商王呼籲敦地種植黍子，應該會豐收。例（2）中“播”，播遷流放；叡，語氣詞；“氒不從氒右征”，爲上句“宜播”的補語，説明“播”之原因。此句“宜”前面省略主語“衆僕”，直書“宜播”以加強語氣。例（3）中“鞭”爲動詞，施以鞭刑之義。此句意爲：我應該對你施以鞭刑 1000 下。例（4）較易理解。

一、句法結構及語義類型

楚簡帛中“宜”共 72 例，其用法多様，可作動詞、形容詞、助動詞、地名、人名、祭名、姓氏，還可以與同紐同部的“義”相通（有 35 例）。楚簡帛中“宜”作助動詞用例較少，均表示情理上應該如此，可譯爲“應當”、“應該”。

共 4 例，其中《清華簡三》、《上博二》、《上博三》、《郭店》

各1例。其句式單一，僅“［NP］＋宜＋VP”一種。如：

（1）曰其罰時償，其德刑宜利。(《清華簡三·芮良夫毖》22)

（2）民乃宜怨，虐疾始生，於是乎有喑、聾、跛、瘻、宲、僂始起。(《上博二·容成氏》36—37)

（3）君宜導之至者，教而使之，君子亡所猖人。(《上博三·中弓》15—16)

（4）父聖，子仁，夫智，婦信，君義，臣宜忠。(《郭店·六德》34—35)

例（1）中“時”即“是”，此種用法於《書》系篇章多見。賞罰必當的觀念也頻見於先秦諸書。例（3）言君子應該順應民衆，教化民衆。“NP”可爲有生命的“民”“君”“臣”，也可爲無生命的“德刑”。“VP”可爲動詞、形容詞及動賓短語。

二、“宜”與“當”

“宜”和“當”作助動詞用歷史久遠，“宜”可上溯到甲骨文，“當”可上溯到金文，現將二者異同作以下比較。

（一）共性

不論是楚簡帛，還是甲金文，“宜”和“當”的用例都十分有限，且多以通假字爲之，“宜”多作“義”，“當”多作“尚”。它們的語義都不似前兩類助動詞那樣表義豐富，僅釋作“應該”或“應當”義。此外，在傳世的先秦文獻中使用頻率也都很低。據孫冬妮統計助動詞“宜”在《詩經》5例，《左傳》1例，《孟子》4例，《論語》和《尚書》無一用例。助動詞“當”在《詩經》0例，《左傳》2例，《孟子》1例，《論語》1例，《尚書》2例。

（二）區別

“宜”和“當”都常用於動詞之前，它們作爲助動詞是毋庸置疑的。關於“宜”和“當”作爲助動詞在先秦文獻中的使用趨勢，少人論及。劉利曾簡單談及，但並未給出翔實的證據。現將傳世的先秦文獻中“宜”和“當”的使用情況搜集起來，以期對“宜”和“當”有更加全面透徹的認識。

表 1：先秦文獻中“宜”“當”使用情況統計表①

文獻	宜			當			備註
	總例數	助動詞例數	比例	總例數	助動詞例數	比例	成書時間
甲骨文	—	1		0	0		商
金文	—	3		—	1		夏
詩經	35	5	14.3%	0	0	0%	西周－春秋前中期
左傳	55	1	1.8%	27	2	7.4%	先於戰國
論語	1	0	0%	3	1	33.3%	戰國初期
尚書	3	0	0%	2	2	100%	戰國
楚簡帛	72	4	5.6%	17	6	35.3%	戰國
孟子	15	4	26.7%	24	1	4.2%	戰國
韓非子	41	23	56.1%	138	5	3.6%	戰國末期
管子	62	15	24.2%	106	17	16.1%	戰國－秦漢
合計	284	53	18.7%	317	35	11.1%	

① 今文《尚書》、《詩經》、《左傳》、《論語》、《孟子》的數據來自孫冬妮《上古漢語助動詞研究》，武漢大學碩士學位論文，2005 年，頁 37；《韓非子》的數據來自李傑《〈韓非子〉助動詞研究》，山東師範大學碩士學位論文，2004 年，頁 32；《管子》的統計數據來自孔春英《〈管子〉助動詞研究》，西南大學碩士學位論文，2008 年，頁 28。

通過上文的分析，可知：

第一，助動詞“宜”在甲骨文中已見用例，助動詞“當”的用例現最早見於西周中期的曶鼎。可見，助動詞“宜”較助動詞“當”先產生，但使用並不廣泛。

第二，在春秋戰國時期，兩者有一個交替發展的過程。“當”在春秋戰國之交使用頻率遠高於“宜”，但是，到了戰國末期，“宜”又迎頭趕上並超過了“當”。自秦漢往下，“當”再次超過了“宜”，並一直佔據着絕對優勢。據孫冬妮統計，《史記》中“當”有 277 例，“宜”有 97 例。到了中古，二者的用例都十分豐富，但以“當”爲多。據段業輝統計，“宜”在《論衡》275 例，《三國志》85 例，《南齊書》92 例，《世説新語》29 例，《六度集經》12 例，《百喻經》2 例，共 495 例；“當”在《論衡》379 例，《三國志》83 例，《南齊書》89 例，《世説新語》155 例，《六度集經》101 例，《百喻經》14 例，共 821 例。後來“當”和中古產生的助動詞“應”結合成雙音節助動詞“應當”，一直沿用至今，而“宜”則逐漸較少使用，最終銷聲匿跡。

第三，劉利認爲：“《詩經》以下，‘宜’曾一度消失，後來又在文獻中復出。”① 劉利並未給出證明此觀點的證據，現據所搜集的數據顯示，劉利的觀點值得商榷。

第三節 用

“用”甲骨文作“[illegible]”（前四六四）、金文作“[illegible]”（商尊）。《説文·用部》：“用，可施行也。从卜从中。”段注：“卜中則可

① 劉利《先秦漢語助動詞研究》，北京師範大學出版社，2000 年，頁 20。

施行，故取以會意。”其“施行”“使用”義，在殷商甲骨文中已有用例，如：

（1）于來乙亥用屯。（《合》32189）

（2）丙辰卜，狄貞□以執先用。（《合》26983）

（3）貞今庚辰夕用鬳小臣卅，小妾卅於婦。九月。（《合》629）

“施行”、“使用”義項一直沿用，並由此滋生了一系列意義上有區別的動詞用法，如“奉行”、“治理”、“處置”等義。同時，其又虛化滋生出以“憑藉”義爲核心的種種介詞用法，相當於“以”、“於”、“因”。在所介引對象需要較多的詞語才能表達清楚時，它就移前獨立成句讀，然而“用”仍留在後句動詞謂語前，表示前後語段的原因、結果、目的等關係，相當於“因爲”、“於是”、“爲的是”等。

李明認爲：“‘用’較早出現在魏晉南北朝時期，且衹以否定或反詰用法中出現，表示‘不必要’‘不可以’之義。”① 中國社會科學院語言研究所古代漢語研究室編的《古代漢語虛詞詞典》在解釋“用”時首先談及其助動詞詞性，闡釋爲：“用在動詞性成分之前，表示認定所述事實是可以施行的，可譯爲‘可’‘要’‘宜’等”②，並列舉了傳世本《周易》中的七例加以佐證。楚簡帛中“用”共出現 122 例，對其進行了仔細的分析和嚴格的判定，最終確定有 4 例衹能作助動詞解。這些用例説明“用”在戰

① 李明《漢語助動詞的歷史演變研究》，北京大學博士學位論文，2001 年，頁 36。

② 中國社會科學院語言研究所古代漢語研究室編《古代漢語虛詞詞典》，商務印書館，1999 年，頁 738。

國時期就已可作助動詞用，故李明關於助動詞“用”的時間的觀點是欠妥的。同時，根據“用”在楚簡帛中的用例，可知戰國時期“用”的用法已相當成熟，除作助動詞外，還可以用作動詞、介詞、連詞以及名詞。本節衹探討“用”的助動詞用法，主要從句法、語義、語用三個層面展開分析。

一、句法結構及語義類型

楚簡帛中，“用”的助動詞用例均見於《上博三·周易》。根據分佈和組合能力，其句法結構可概括爲以下兩種：

（一）［NP］＋用＋VP

（1）初六，謙君子，用涉大川，吉。（《上博三·周易》12）

僅1例。其中“NP”是偏正短語“謙君子”，“VP”是動賓短語“涉大川”。此句意爲：初六，謙謙君子，可以涉越大的河流，吉。

（二）［NP］＋Neg＋用＋VP

（1）六三：勿用取女；見金夫，不有躬，無攸利。（《上博三·周易》1）

（2）初六：遯其尾厲，勿用有攸往。（《上博三·周易》30）

（3）姤：女藏，勿用娶女。（《上博三·周易》40）

“Neg”均由“勿”充當。“NP”均省略，據上下文可知“NP”皆爲問卦者。“VP”結構與上一句式的結構相同，都爲動賓結構。

二、語義分析

丁聲樹、胡裕樹等對助動詞進行了語義上的分類，這爲瞭解助動詞的語義奠定了基礎。非典型助動詞“用”表達“可”、“宜”之義，擬從語義特徵和語義指向兩方面進行分析。

（一）語義特徵

美國著名語言學家唐·奈爾森（Nielsen Don）和愛蓮·奈爾森（Nielsen Oi—lin）在給英語動詞的語義特徵分類時談到了情態動詞的語義特徵，他們認爲情態動詞的語義基礎是人們的主觀感受。段業輝也認爲中古助動詞的前提義素是"主觀感受"①。通觀助動詞"用"的用例，可以發現其語義表示的是在某一客觀條件下，人們可以做某事或者不應該做某事。如"謙君子"客觀條件下，才可以涉越大河巨流；"勿用取女；見金夫，不有躬，無攸利"的意思是見了美貌男子就一心追求而不顧禮義廉恥的女子是不宜娶的；"遯其尾厲，勿用有攸往"是説"遯其尾厲"的客觀前提下，不宜有所前往；"女藏，勿用娶女"也是説某一種女子是不可娶的。其實，關於"用"表客觀條件這一語義特徵，呂叔湘早有灼見。他認爲現代漢語中"用"與"必"一樣，表示客觀必要，如"天還沒黑，不用開燈"。楚簡帛助動詞"用"與現代漢語不同，表示客觀可以或應該，其義素式爲：

[＋客觀條件][＋可以]/[＋應該]

（二）語義指向

呂叔湘在《漢語語法分析問題》一書中説助動詞是"高一級的謂語"。這對研究助動詞的語義指向具有指導性意義。李臨定繼承並闡發了其觀點，在《動詞分類研究説略》一文中説："助動詞是和除它之外的整個句子發生關係的。"②"用"的語義指向有以下兩種情況。

① 段業輝《中古漢語助動詞研究》，南京師範大學出版社，2002年，頁71—73。

② 李臨定《動詞分類研究説略》，《中國語文》1990年，頁248—257。

1. 指向除去助動詞“用”以外的整個句子

李的論述指的就是這一情況，主要存在於肯定句中，即“［NP］＋用＋VP”結構之中。如“初六，謙君子，用涉大川，吉”一句，可變換爲：

（1）初六，謙君子，涉大川，吉，用。

運用朱德熙的平行性原則變換法，將“用”拉後，發現基本句義未變，“用”仍是對前面行爲的一種許可性評價。因此，此例中“用”在語義上指向除去它自身之外的整個句子。

2. 指向除去助動詞及其前面修飾詞以外的整個句子

這一指向體現在“［NP］＋Neg＋用＋VP”結構之中。助動詞前的否定副詞是限定助動詞的，這一點通過變換可知。如“初六：遯其尾厲，勿用有攸往”，可變換爲：

（1）初六：遯其尾厲，有攸往，勿用。

卻不能變換爲：

（1）初六：遯其尾厲，勿有攸往，用。

其他用例亦是如此，故“勿用”應看作一個整體，它在語義上指向除去“勿用”之外的整個句子。也就是説，助動詞的語義轄域不包含它前面的否定副詞。所以説李臨定的觀點是不全面的。

三、允準語境分析

長久以來，人們對助動詞的研究都停留在“詞”的範疇上，並沒有將它放在語境的層面上進行考察。擬對助動詞的允準語境及分佈動因作一個簡要探討，以期對“用”能有一點新的認識。

（一）允準語境

通過對其句法結構的分析，可知助動詞“用”的允準語境有肯定句和否定句兩種。

1. 肯定句

趙元任、吕叔湘和李明等一致認爲現代漢語中助動詞“用”不用在肯定句中，語言事實證明先生們的觀點是毋庸置疑的。但是，楚簡帛助動詞“用”卻可以用在肯定句中，它不像現代漢語中的“用”表示客觀必要，而是表示客觀許可。

2. 否定句

否定句是助動詞“用”出現的最頻繁的語境。現代漢語普通話中助動詞“用”衹與“不”連用，衹有在極個别方言中可與“弗”連用，如吴方言中的温州方言。然而，楚簡帛助動詞“用”衹與否定副詞“勿”連用。

爲什麼楚簡帛助動詞“用”衹與否定副詞“勿”連用呢？我們認爲是“勿”的語義造成的。張玉金認爲：“‘勿’最初是不宜、不應該的意思”。[①] 此義在殷墟甲骨文中常見，如“王入？勿入?”（《合》914）又如“我勿以戠牛?”（《合》8969）這些“勿”是對行動必要性的否定。既然“不宜”、“不應”，那麼就不要去做，故後來引申表示禁止或勸阻。“不宜”、“不應”與“不”的意思接近，所以後來“不”才可以取代“勿”。

（二）助動詞“用”多出現在否定句的允準動因

石毓智提出“肯定和否定的頻率不對稱”[②]。褚智歆在碩士學位論文《能願動詞肯否不對稱問題分析》一文中提到了“自然

① 張玉金《出土戰國文獻中的否定副詞“勿”》，《古漢語研究》2012年第4期，頁73—84。

② 石毓智《肯定和否定的對稱與不對稱》，北京語言文化大學出版社，2001年，頁346。

語言的肯定和否定公理”，他説：“語義程度極小的詞語衹能用於否定結構，語義程度極大的詞語衹能用於肯定結構，語義程度居中的詞語可自由用於肯定和否定兩種結構之中。”[①] 並在文章中分析得出“用”是一個語義程度極小的詞。據此推論，現代漢語中“用”除疑問句外衹用於否定句是理所當然的，那麼，楚簡帛助動詞“用”多出現在否定句中就無可厚非了。

此外，西方語言學家在研究英語的情態動詞時發現了它們具有極性分佈的特徵。所謂極性是指命題情態的肯定和否定的歸向性。極性詞項分爲正負極兩類，正極性詞項多分佈於肯定句，負極性詞項多分佈於否定句。漢語中的助動詞也具有此特徵。助動詞“用”屬於負極性助動詞。伊斯雷爾（Israel）據命題信息的相對力度而把極性詞分爲語氣增强型和語氣減弱型。“用”所在的命題經常被其他命題所藴含，屬於語氣減弱型。也就是説，助動詞“用”是一個減弱型負極性詞。語氣減弱型的“用”就要求所在的語境也要契合減弱功能，在肯定句和否定句中，否定含義的語境就更能滿足它。

另外，助動詞“用”多出現在否定句，甚至衹出現在否定句中，不僅是其本身減弱語氣的需要，同時也是語言優選的結果[②]。語言交際的取向是以最小的努力獲得最大的語境效果。霍恩（Horn）綜合了齊普夫（Zipf）的省力原則和格賴斯（Grice）的合作原則，認爲在交談中説話方和聽話方都追求最大程度的省

① 褚智歆《能願動詞肯否不對稱問題分析》，廣西師範大學碩士學位論文，2008年，頁36。

② 優選論理論：20世紀90年代初期由美國音系學家普林斯（Prince）和認知科學家史莫倫斯基（Smolensky）於1991年在美國亞利桑那大學音系學會上共同提出，後這一理論被借鑒運用到生成句法領域。

力。這兩種力量相互衝突。因此，交談雙方必須在語言形式和語義這兩種力量的矛盾中尋求最佳的表達方式，從而達到最好的交際效果。即是雙向優選才能使交談得以完滿實現。如：

(1) 姤：女藏，勿用娶女。(《上博三·周易》40)

“姤”是卦名，下巽上乾，象徵相遇。“女藏”今作“女壯”，即是言卦中六爻有“一女遇五男”之象，故稱“女壯”過勝，並戒人不宜娶此女子。若把“用”換成戰國時期的其他近義助動詞，如“可”、“能”、“宜”，那麼它們就構成了競爭對手，於是這裡就涉及了一個優選的過程。首先，從整個句子來看，當是説話者對聽話者的勸戒，是在客觀條件下人們可做某事或不應做某事，“用”的語義滿足此要求，而“可”、“能”、“宜”三詞的前提義素均是人的主觀感受，與客觀條件相悖。其次，“勿”是不與助動詞“可”、“能”、“宜”搭配的。即使否定詞爲“不”，“不可”、“不能”都帶有很強的主觀性，而“不用”則是側重於客觀條件的要求來説的。結合前面對否定副詞“勿”的分析，可言“勿用”是所有候選項中的最優選項。

助動詞“用”語義單一，從古至今使用頻率極低，因而常被人們忽略。通過上文對楚簡帛助動詞“用”的句法、語義和語用三個層面的分析，可知：句法方面，楚簡帛助動詞“用”有“［NP］＋用＋VP”“［NP］＋Neg＋用＋VP”兩種結構，以“［NP］＋Neg＋用＋VP”結構居多。語義方面，助動詞“用”表“可”、“宜”之義，具有“［＋客觀條件］［＋許可］/［應該]”的語義特徵；其語義有兩種指向，一是除去助動詞“用”以外的整個句子，二是除去助動詞及其前面修飾詞以外的整個句子。語用方面，助動詞“用”的允準語境有肯定句和否定句兩種，否定句佔絕對優勢，這一現象不僅是因爲助動詞“用”本身語義程度極小，是一個減弱型負極性助動詞，同時也是語言優選的結果。

下篇：楚簡帛助動詞宏觀研究

上篇對楚簡帛助動詞逐一進行了多維的微觀分析，下篇擬從宏觀上運用三個平面理論進行探討，以加深理解的深廣度。三個平面的語法理論產生於 20 世紀 80 年代漢語多角度多平面研究的語法分析思潮之下，是國外語言學理論和國內漢語語法研究綜合作用的必然結果。利用三個平面來分析語言，“有助於語法學科的精密化、系統化和實用化”①。關於三個平面理論，有兩種說法：一種是句法、語義、語用；另一種是語法、語義、語用。可圖示爲：

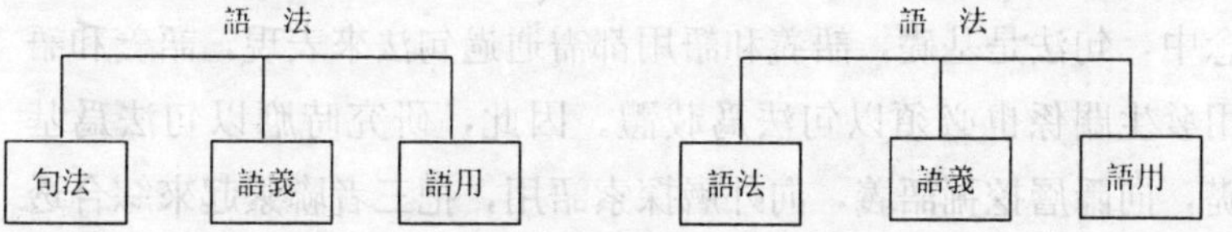

第一種說法的代表有胡裕樹、張斌、范曉等。他們認爲“語法”是三個平面的上位概念，是一種包含關係。其中的語義和語用不是指所有的語義因素和語用因素，而是指和句法有關的語義

① 胡裕樹、范曉《試論語法研究的三個平面》，《新疆師範大學學報》1985 年第 2 期。

因素和語用因素。

第二種説法中兩個“語法“的涵義令人費解。如果涵義不同，則應加以説明，而不同涵義卻採用同一個術語，會產生諸多不便，應努力避免。如果此説中兩“語法”的同一性不容懷疑，這又有悖邏輯。因爲“語法”並不是這三個平面的上位概念，也就是説“語法”不能包含“語法”、“語義”和“語用”這三個平面，這三個平面的上位概念應該是言語。此説的三個平面，指的是研究言語的三個平面或三個維度。因此，這兩種説法雖祇相差一字，但兩者的含義卻大相徑庭。“句法”“語義”“語用”並提，“在理論上、邏輯上就顯得更加嚴密”①。其關係可圖示爲：

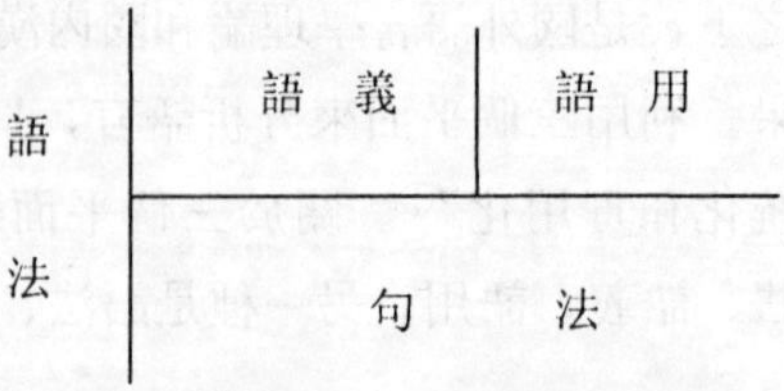

在三個平面中，語法是種概念，其餘三個都是屬概念。屬概念中，句法是基礎，語義和語用都需通過句法來表現，語義和語用發生關係也必須以句法爲載體。因此，研究時應以句法爲基礎，向隱層挖掘語義，向外層探索語用，把三者聯繫起來綜合透視，以至對楚簡帛助動詞有一個科學的認識和把握。

① 胡裕樹《漢語語法研究的回顧與展望》，《復旦學報》1994 年第 5 期。

第一章　句法研究

句中詞和詞按照一定的方式組合起來，構成一定的句法結構，對這種結構進行研究，就是句法研究。句法研究着眼於句子（短語）的結構，既研究結構關係，也注重類型分析。但無論是哪一種，都偏重於形式，這也是句法研究的基本特點。本章擬結合楚簡帛助動詞在句法方面的特性，首先對其句法進行一個總的概括，然後就否定句和疑問句兩種句式進行深層次的分析。

第一節　助動詞的句法

句法是語法的核心。因此，在研究詞語時，定要緊扣句法，並以句法爲基礎。關於楚簡帛助動詞的句法，主要從其句法結構、句法分佈和句法定位三方面來展開探討。

一、助動詞的句法結構

上篇根據分佈和組合能力，對每個助動詞的句法結構進行了概括，下面以表格形式對其作以下總結。

（一）可能類助動詞

楚簡帛可能類助動詞的句法結構，統計如下表：

表 1：可能類助動詞句法結構統計表

助動詞 句法結構	可	可以	能	克	得	可得	足	足以	合計
［NP］＋助動詞＋VP	99	17	67	11	8	1	1	9	213
［NP］＋Neg＋助動詞＋VP	74	31	65	4	6		5	7	192

助動詞 / 句法結構	可	可以	能	克	得	可得	足	足以	合計
［NP］＋助動詞＋Neg＋VP	2		1						3
［NP］＋Neg＋助動詞＋Neg＋VP	10	7							17
［NP］＋Neg＋Neg＋助動詞＋VP			1						1
［NP］＋疑問詞＋助動詞＋VP	1		7		16				24
［NP］＋助動詞＋介賓＋VP	10		4			12	2		28
［NP］＋Neg＋助動詞＋介賓＋VP	2		3				1		6
［NP］＋Neg＋之＋助動詞＋VP			10						10
［NP］＋助動詞	1								1
［NP］＋Neg＋助動詞	2		2						4
合計	201	55	160	15	30	13	9	16	499

在五個單音節助動詞中，以“可”和“能”的句法結構最爲多樣。“能”可用於九種句法結構，以否定結構最多，有 82 例。“能”可單用，也可用於倒裝句。楚簡帛中能用於倒裝句的有且衹有“能”一個。“可”除了不用於“［NP］＋Neg＋Neg＋助動詞＋VP”和倒裝結構之外，其他八種句式都有用例，其中肯定句式和否定句式用例較多，分别爲 110 例和 90 例。“克”、“得”、“足”句法結構類型較少，其中“克”最少，僅“［NP］＋助動詞＋VP”“［NP］＋Neg＋助動詞＋VP”兩種。用例方面“可”最多，有 201 例，“足”最少，有 9 例。

在三個雙音節助動詞中，“可以”有三種句法結構，“足以”、“可得”均有兩種句法結構。“可以”用例最多，有 55 例；其次爲“足以”，有16例；“可得”用例最少，有13例。

就整體情況而言，不論是結構方式還是用例，單音節助動詞都比雙音節助動詞要豐富的多，佔絕對優勢。

（二）意願類助動詞

楚簡帛意願類助動詞的句法結構，統計如下表：

表2：意願類助動詞句法結構統計表

句法結構＼助動詞	敢	欲	願	肯	合計
［NP］＋助動詞＋VP	3	41	2		46
［NP］＋Neg＋助動詞＋VP	27	1		5	33
［NP］＋助動詞＋Neg＋VP	5				5
［NP］＋Neg＋助動詞＋Neg＋VP	10				10
［NP］＋疑問詞＋助動詞＋VP	4				4
［NP］＋助動詞＋介賓＋VP	1	7			8
［NP］＋Neg＋助動詞＋介賓＋VP	4	1			5
［NP］＋Neg＋之＋助動詞＋VP	1				1
合計	55	50	2	5	112

句法結構方面，“敢”的句法結構最爲豐富，有肯定、否定、疑問等，其中否定結構最多，共47例。其次爲“欲”，有四種句法結構。“願”、“肯”較爲單一，都衹有一種，但又有所不同，“願”衹用於肯定結構，而“肯”與之相反，衹用於否定結構。

用例方面，雖然“欲”的句法結構和“敢”相較簡單很多，但用例卻和“敢”不相上下。“願”、“肯”用例都較少。

（三）應當類助動詞

楚簡帛應當類助動詞的句法結構，統計如下表：

表 3：應當類助動詞句法結構統計表

助動詞 / 句法結構	當	宜	用	合計
［NP］＋助動詞＋VP	5	4	1	10
［NP］＋Neg＋助動詞＋VP			3	3
［NP］＋助動詞＋介賓＋VP	1			1
合計	6	4	4	14

句法結構都較爲單一。“當”有“［NP］＋助動詞＋VP”和“［NP］＋助動詞＋介賓＋VP”兩種，均爲肯定；“宜”僅“［NP］＋助動詞＋VP”一種，爲肯定；“用”可用於肯否結構中，有“［NP］＋助動詞＋VP”“［NP］＋Neg＋助動詞＋VP”兩種。

用例都較少，“當”6 例，而“宜”、“用”各 4 例，總共 14 例。與前兩類助動詞相比，應當類助動詞勢力相當薄弱。

二、助動詞的句法分佈

助動詞的句法分佈，是指助動詞在句子中的位置。助動詞在句中的位置較爲靈活，既可以居於句中，也可以居於句首和句末，其中以句中最爲常見。

（一）助動詞居於句中

助動詞居於句中，既可以是單句，也可以是複句的主句或從句。如：

(1) 賢者能理之。(《郭店·語叢一》54)

(2) 稚人弗敢止。(《上博四·昭王毀室》2)

(3) 禹通淮與沂，東注之海，於是乎競州、莒州始可處也。(《上博二·容成氏》24—25)

(4) 如欲識貌，糾而視之，任而伏之。(《上博七·凡物流形甲》23)

(5) 白圭之砧尚可磨，此言之砧不可爲。(《上博一·緇衣》18)

例(1)(2)爲單句，助動詞和後面的成分一起充當句子的謂語；後三例爲複句，例(3)爲順承複句；例(4)爲假設複句，助動詞用於偏句；例(5)較爲特殊，可理解爲並列複句，也可理解爲轉折複句。若理解爲並列複句，兩部分爲平列關係；若理解爲轉折複句，後面分句是説話者所要表達的正意。

(二) 助動詞居於句首

在楚簡帛助動詞句中，助動詞居於句首有以下兩種情況：單句或構成複句的分句省略了主語；助動詞結構作定語來修飾主語。如：

(1) 欲衣而惡枲含兮，鷗鷞之羽含兮。(《上博八·鷗鷞》1)

(2) 當蔽而卜之於大夏，如表將祭之，釐尹許諾。(《上博四·柬大王泊旱》3—4)

(3) 可言不可行，君子弗言；可行不可言，君子弗行。(《郭店·緇衣》30—31)

(4) 欲惟柏夢，徒庶言達，弜有勿亡。(《清華簡一·程寤》

5—6)[①]

（5）是乎作爲九成之臺，寘盂炭亓下，加圜木於亓上，思民蹈之，能遂者遂，不能遂者入而死，不從命者從而桎梏之。（《上博二·容成氏》44）

前兩例爲單句省略主語，例（1）省略了主語“鶹鷅”，例（2）省略主語“大王”；例（3）（4）爲假設複句；例（5）的助詞“者”位於動詞性成分之後，組成名詞性結構，提示後面“遂”的實體，其中“能遂”作“者”定語。

（三）助動詞居於句尾

楚簡帛中用於句尾的助動詞僅“可”“能”2個。如：

（1）夏臺之下而聞焉，曰：“九邦者亓可來乎？”文王曰：“可。”（《上博二·容成氏》47）

（2）苦成家父曰：“不可。君貴我，而授我衆，以我爲能治政。”（《上博五·姑成家父》2—3）

（3）葉之諸老皆諫曰：“不可，必以師。”（《上博九·邦人不稱》4）

（4）鄭壽辭不敢答，王固繇之答：“汝毀新都鄢陵，臨陽，殺左尹，□少師亡忌。”王曰：“不能。”鄭壽：“如不能，君王與楚邦懼難。”（《上博六·平王問鄭壽》2—3）

助動詞能否用於句尾是要受到語義和句法限制的。楚簡帛中用於句尾的助動詞較少，即便是到了中古這一現象也存在。中古時助動詞有30個，能用於句尾的助動詞有“可”、“能”、“得”、

① 該釋文採用子居的觀點，詳見子居《清華簡〈程寤〉解析》，《學燈》2011年第3期。

“欲”、“敢”、“肯”、“願”[①]，約佔 23.3%。現代漢語中亦是如此。

三、助動詞的句法定位

大文豪蘇軾有言曰“横看成嶺側成峰”，若轉换一下視角來審視助動詞在句中的位置，或許會有一番新的理解。因此，擬用生成語法對助動詞在句中位置作淺陋的探析。

傳統語法根據詞的語法性質將詞劃分爲實詞和虚詞兩大類，再對這兩大類各自進行細分，實詞有名詞、動詞、形容詞等，虚詞有介詞、連詞、助詞等。生成語法依據詞的語法特徵也首先將詞分爲兩類：詞彙語類和功能語類[②]。能表示實際的物體、動作或性質的名詞、動詞、形容詞屬於詞彙語類；而衹具語法意義而沒描述性内容的詞屬於功能詞彙。因此，史密斯（Smith）説：“詞彙語類，也稱内容詞，它們有獨立於句子之外的意義和内容，而功能語類則沒有描述性内容。”[③] 漢語助動詞爲動詞的一小類，自然而然地屬於詞彙語類。那麼，助動詞處在句法結構的什麼位置呢？

X 階標理論是喬姆斯基（Chomsky）轉换生成語法的一個子理論。因其理論誕生於英語研究的基礎之上，故先簡單闡述英語助動詞在句中的句法定位。在英語中，助動詞在句中的位置如圖所示：

英語助動詞處於 IP 節點之下，IP 是連接主語（NP）和謂語（VP）的紐帶。圖中的“I”代表一組句法功能，是情態、時

① 段業輝《中古漢語助動詞研究》，南京師範大學出版社，2002 年。
② 語類，即擁有一系列共同語法特性的一類詞。
③ 史密斯《喬姆斯基：思想與理想》，劍橋大學出版社，1999 年，頁 83。

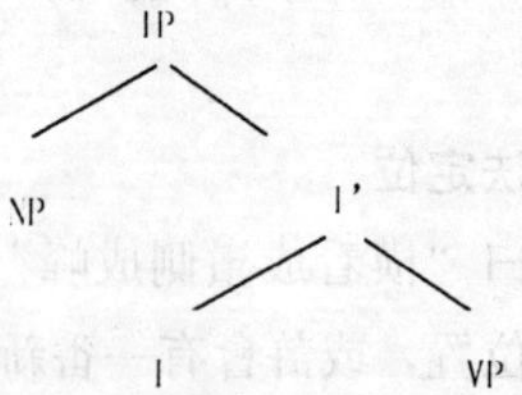

態、疑問等許多句法功能的總和。漢語助動詞的句法位置在哪裡呢？是否也是處於 IP 之下抑或其他位置？要解決這個問題，首先要明確漢語是否有 IP。徐傑等認爲，漢語並無經典的曲折範疇，沒有 IP。今從其説，但爲了保持術語的一致性，還是以 IP 來標記句子中心。在漢語中，不僅有句子中心，而且其永不爲空。那麼，漢語助動詞是否處於 IP 之下呢？

助動詞屬於動詞的一個小類，很多助動詞也是由動詞虚化而來，因此其語義較虚，不像一般動詞那樣實在。因此助動詞不居於IP之下，而且在一般情況下，助動詞位於 VP之前，故可將助動詞（AV）的句法位置用下圖表示爲：

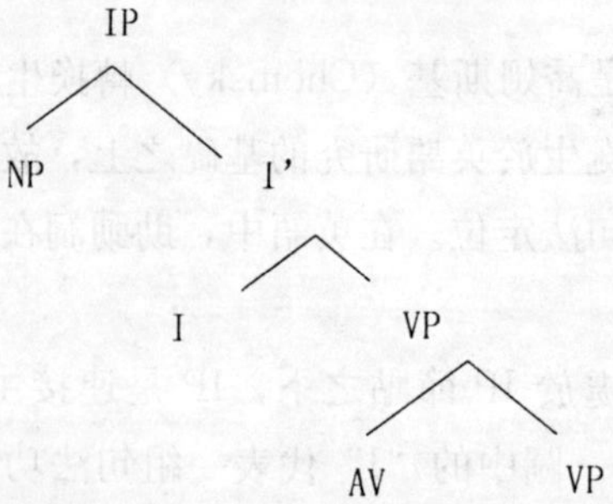

由上圖可知，漢語助動詞的位置與英語不同，其所處的 VP 在綫性語序上是離句子中心最近的位置，但是如若有需要，助動詞隨時可移入，並臨時擔負起句子中心的角色。

第二節　否定句式

否定句式在語言中有着舉足輕重的作用。正因如此，語言哲學大師維特根斯坦（Wittgenstein）始終强調“凡語言必須有否定句的存在，否則就不能稱爲語言”①。然而，關於否定句式的界定，浩如煙海的語法著作並沒有列專章討論。金兆梓、吕叔湘認爲衹需看表詞中是否有否定副詞；黄伯榮、廖序東從句子的邏輯意義出發，認爲“對事物作出否定判斷的句子叫否定句”②。判别否定句式若純粹從形式或意義標準出發，有時會陷入困境。根據弗格森（Ferguson）的“斷定力”觀點③，我們認爲衹有對句子謂語進行的否定才能稱之爲否定句。助動詞屬謂語成分，因此可根據形式標準來界定否定句，即在助動詞前後使用了否定詞的陳述句爲助動詞的否定句式。

楚簡帛中，除了“願”、“當”、“宜”、“可得”，其他助動詞都有各種否定句式出現。但是，這並不意味着先秦時期它們不存在否定句式。在傳世的先秦文獻中，單音節助動詞“願”、“當”、“宜”的否定句式俯拾即是，如《莊子》“［NP］＋Neg＋願＋VP”有 2 例，《荀子》“［NP］＋Neg＋Neg＋願＋VP”有 9 例；《管子》“［NP］＋Neg＋當＋VP”有 5 例；《韓非子》“［NP］＋

① 胡清國《否定形式的格式制約》，華中師範大學出版社，2010 年，頁 1。
② 黄伯榮、廖序東主編《現代漢語（下）》（增訂四版），高等教育出版社，2007 年，頁 181。
③ 斷定力主要體現在述語特别是謂詞上。

Neg＋宜＋VP”有 2 例[①]。“可得”前也可加否定副詞“不”，如“子貢曰：‘夫子之文章，可得而聞也；夫子之言性與天道，不可得而聞也。’”（《論語·公冶長》）由此可見，先秦時期助動詞用於否定句式已經具有普遍性。

一、否定句式分類

否定句式可以是情態結構層面的分類，也可以是邏輯判斷的分類。我們分類的依據較爲直觀，即是否使用否定詞。根據否定詞出現的位置細分爲以下三類。

（一）前附否定

所謂前附否定，是指否定詞位於助動詞之前。與英語不同，漢語基本上都屬於前附否定。楚簡帛否定句共 288 例，其中前附否定有 254 例，約佔 88.2%。其又可細分爲“Neg＋助動詞＋VP”“Neg＋助動詞＋介賓＋VP”“Neg＋之＋助動詞＋VP”“Neg＋助動詞”四種結構。

1. Neg＋助動詞＋VP

楚簡帛“可”、“可以”等 11 個助動詞有前附否定句式。否定詞可由“不”、“未”、“弗（弼）”、“莫”、“毋”、“亡”、“罔”、“勿”、“非”充當，其中“不”和助動詞的結合能力最強，“弗”次之。助動詞“用”不和否定詞“不”組合，但有些助動詞卻衹與“不”結合，如“可以”、“足”、“足以”。不同的助動詞，與之結合的否定詞的個數也不盡相同，其中“能”前的否定詞最

① “願”的否定用例數來自劉利《先秦漢語助動詞研究》，北京師範大學出版社，2000 年，頁 202；“當”的否定用例數來自孔春英《〈管子〉助動詞研究》，西南大學碩士學位論文，2008 年，頁 28；“宜”的否定用例數來自李傑《〈韓非子〉助動詞研究》，山東師範大學碩士學位論文，2004 年，頁 30。

多，有“不”、“莫”、“弗”、“未”、“毋”、“亡”6個；其次爲“敢”和“得”，“敢”有“不”、“弗（弼）”、“毋”、“莫”4個，“得”有“不”、“未”、“弗”、“莫”4個；“可以”、“足”、“足以”、“用”僅受1個助動詞修飾，前3個受“不”否定，“用”只受“勿”否定。略如：

(1) 九啟曰：“於乎！弗（弼）敢荒德。”（《清華簡三·周公之琴舞》15）

(2) 子曰：君子言有物，行有格，此以生不可奪志，死不可奪名。（《上博一·緇衣》19）

(3) 聖，如其其弗克見，我既見，我弗貴聖。（《上博一·緇衣》11）

(4) 此心目無極，富而無涚，用莫能止欲，而莫肯齊好。（《清華簡三·芮良夫毖》4—5）

(5) 六三：勿用取女；見金夫，不有躬，無攸利。（《上博三·周易》1）

“不”、“弗”與助動詞結合能力較强。用“不”否定的助動詞，它所聯繫的事實可以是偶發性的，也可以是恒常性或真理性的事實；而受“弗”否定的助動詞，所聯繫的事實是偶發性的。但總的來説，不論是哪種事實，前附否定句式都可用於陳述句，且其判斷義表示完全否定，如“不可奪志”、“不可奪名”是對“VP”成分“奪志”、“奪名”的完全否定，而“弗敢荒德”、“弗克見”是對“荒德”“見”的完全否定。

另外，楚簡帛中還出現了複式否定詞“未有”、“未或”，其後的助動詞由“可”、“能”充當。“未有＋助動詞＋VP”共2例，見於《郭店》；“未或＋助動詞＋VP”僅1例，見於《上博九》。如：

(1) 苟不從其由，不反其本，未有可得也者。(《郭店·成之聞之》12)

(2) 君子曰：疾之，行之不疾，未有能深之者也。(《郭店·成之聞之》22—23)

(3) 有民以來，未或能栽粒於地之上，抑或不免有滑，猾否？(《上博九·史蒥問於夫子》10)

《廣雅·釋詁一》："或，有也"，"或"與"有"通用[①]，所以"未有"偶或寫作"未或"。它們是"還沒有"、"從來沒有"的意思，是對以往的完全否定。

2. Neg+助動詞+介賓+VP

此結構是"Neg+助動詞"和"助動詞+介賓"兩結構的融合。能用於此結構的助動詞有"可"、"能"、"足"、"欲"四個，"Neg"由"未"、"不"、"莫"充當。"可"只與"未"搭配，"能"可與"不"、"莫"搭配，"足"和"欲"只與"不"搭配。介引賓語的介詞有"以"、"與"兩個，主要爲"以"，"與"僅1例。如：

(1) 周公曰："未可以戚吾先王。"(《清華簡一·金縢》1—2)

(2) 以此前後之猷，不能以牧民而反志，下之相擠也，豈不佑哉！(《上博七·吳命》5)

(3) 以其不爭也，故天下莫能與之爭。(《郭店·老子甲》5)

(4) 三世之富，不足以出亡。(《郭店·語叢四》3)

① "有"上古屬於之部匣母入聲，"或"上古屬職部匣母入聲，二者音近可通。

(5) 以道佐人主者，不欲以兵强於天下。(《郭店・老子甲》6—7)

3. Neg＋之＋助動詞＋VP

古漢語中，賓語爲代詞“之”的助動詞否定句，常採用倒裝結構。用於此句式的助動詞有“能”、“敢”兩個。“能”衹用“莫”來否定，構成“莫之能＋VP”，共10例；“敢”用“勿”否定，構成“勿之敢＋VP”，僅1例。如：

(1) 堯以天下讓於賢者，天下之賢者莫之能受也。(《上博二・容成氏》10)

(2) 蘭有異物，蓼則簡逸，而莫之能效矣。(《上博八・蘭賦》5)

(3) 雖鋪於鋪步，命勿之敢違，如以僕之觀見日也。(《上博八・命》6)

衹用於陳述句，其所表示的判斷義與“Neg＋助動詞＋VP”同，表示完全否定。

4. Neg＋助動詞

衹有“能”可用於此結構，“Neg”由否定副詞“不”充當，有2例。均見於《上博六》。如：

(1) 王曰：“不能。”鄭壽：“如不能，君王與楚邦懼難。”(《上博六・平王問鄭壽》2—3)

(二) 後附否定

後附否定，與前附否定相反，即否定詞在助動詞之後的否定。衹有一種構式，即“助動詞＋Neg＋VP”。出現在此句式中的助動詞比較少，有“能”、“敢”兩個，否定詞均爲“不”。如：

(1) 繼□流淲，其自能不涸，用曰：脣亡齒寒。(《上博六・

用曰》6）

（2）敢☐城窒瘳速瘥，敢不速☐（《葛陵》零300、零85、零593）

“助動詞＋Neg”結構，若用於反問句，其判斷義表示完全肯定，如“所學皆崩，可不慎乎”（《上博三·中弓》25）；若用於陳述句，其判斷義表示完全否定或傾向性否定。如例（1）的“能不涸”，“能”在模態義上表示實然，此又爲陳述句，其判斷義表示完全否定，即“沒有乾涸”；例（2）的“敢不速”，其判斷義表示傾向性否定，“不速”的可能性要大些。

（三）雙重否定

關於雙重否定句式範圍的界定，個別學者主張除了連用兩個否定形式表達肯定意義的句式之外，也應將一般的否定形式與反問語氣連用考慮在內。如“這不是很偉大的奇觀嗎”（巴金《海上日出》），鑒於反問句衹能在具體的語言環境中判斷其是否表達反問語氣，而不能在句法層面進行操作。因此，反問句不宜作爲特定句法格式的一部分而納入雙重否定的範疇。值得注意的是，並不是兩個否定形式連用就一定是雙重否定，如“無憂無慮”。也就是說，雙重否定的肯定義必須是一個否定成分對另一個否定成分的否定，即否定的否定。楚簡帛中用於雙重否定句的有“可”、“可以”、“能”、“敢”四個。其句法結構可分爲以下兩類：

1. Neg＋助動詞＋Neg＋VP

用於此結構的有“可”、“可以”“敢”三個。“可”全由“不”來否定；“可以”多由“不”來否定，構成“不可以不”，僅一例爲“不可以弗”；“敢”的否定詞較多，可爲“不”“非”“弗”“莫”四個，其中以“不”最多。如：

（1）不可爲也，而不可不爲也。（《郭店·語叢一》56—57）

（2）鄰邦之君亡道，則亦不可以不修政而善於民。（《上博四·曹沫之陳》6）

（3）……不可以弗戒。（《上博九·史蒥問於夫子》11）

（4）肆朕沖人非敢不用明刑，惟莫開餘嘉德之説。（《清華簡一·皇門》1—2）

（5）進，莫敢不進；後，莫敢不後；深，莫敢不深；淺，莫敢不淺。（《郭店·五行》45—46）

此句式在楚簡帛中都用於陳述句，表示完全肯定。從例（4）（5）可以看出“敢”前的否定詞較爲多樣，其後的否定詞都爲“不”。

2. Neg＋Neg＋助動詞＋VP

用於此結構的助動詞衹有“能”。“Neg＋能＋Neg”在楚簡帛中無一用例，即使到了中古“不能不”構式的運用也十分有限。否定副詞“毋”和“不”共同修飾“能”，構成雙重否定，表完全肯定。僅1例，見於《上博五》。如：

（1）毋不能而爲之，毋能而易之。（《上博五·三德》15）

二、否定句與肯定句的不對稱性

否定和肯定是一相對的語義範疇，其意義相互對應，聯繫相當緊密。也正是因爲如此，它們的差異也在所難免，呈現出明顯的不對稱性。

（一）句法結構不對稱

否定和肯定在邏輯上是對稱的，但是在言語中，卻不能一一對應，較爲直觀地體現在句法結構上。楚簡帛助動詞句法結構的不對稱表現爲標記不對稱和有無不對稱。

所謂標記不對稱，是指否定的有標記性和肯定的無標記性。在肯否範疇中，肯定無標記項，但否定卻有。表現在句法結構中，多出的否定詞即爲否定標記。世界上的大多數語言的否定句都是存現着形式標記的，衹是標記的數目不等罷了。楚簡帛助動詞的否定標記有“不”、“未”、“弗（弜）”、“莫”、“毋”、“亡”、“罔”、“勿”、“非”九個。

所謂有無不對稱，是指助動詞存在有肯無否或者有否無肯的空位現象。如“願”、“當”、“宜”衹有肯定式，而“肯”衹有否定式。

（二）意義不對稱

助動詞本身就有多個義項，這一點在現代漢語中也可見。如“他會説話。”單看此句話可有三種理解：一可理解爲“他善於説話”；二可理解爲“他沒有生理方面的障礙而會説話”；三可理解爲“幼兒發育到一定階段而能講話”。現代漢語助動詞尚且如此，古漢語助動詞一詞多義就更爲明顯。如固定結構“可謂”中“可”的意義可作多種解釋。《漢語大字典》釋“可”時在其“副詞”項下解釋到：“表示強調。相當於‘真’‘確實’。《契丹國志·天祚帝本紀》：‘觀夫孱主，可謂痛心。’”[①]《漢語大詞典》對“可謂”解釋爲“可以稱爲，可以説是”[②]。我們認爲“可謂”中的“可”爲助動詞，可理解爲事理上許可，也可理解爲值得，都表示人的主觀認知。這與“謂”含有“評價”的語義因素有關。楚簡帛中“可謂”共10例，其中肯定9例，否定1例。如：

① 漢語大字典編輯委員會《漢語大字典》，四川辭書出版社、湖北辭書出版社1987年，頁568。

② 羅竹風主編《漢語大詞典》（第三卷），漢語大詞典出版社，1995年，頁39。

(1) 孔子曰：舜其可謂受命之民矣，舜，人子也。(《上博二·子羔》7)

(2) 子思曰："亟稱其君之惡者，可謂忠臣矣。"(《郭店·魯穆公問子思》1—2)

(3) 巧言令色，未可謂仁也。(《上博五·弟子問》附簡)

例 (1) (2) 爲"可謂"的肯定句式，此兩例中的"可謂"可有"可以"、"值得"兩種解釋，但是在其否定形式例 (3) 中，祇有"可以"一種意思，表示事理上的許可。

(三) 使用頻率不對稱

與肯定句相較，否定句只是多加了一個否定標記，但就其所蘊含的意義而言，卻經歷了肯定到否定的轉換，故否定句的使用比相應的肯定句要複雜一些，這也就造成了肯定句的使用頻率遠遠高於否定句。據統計，楚簡帛中助動詞用例共 625 例，肯定句約 310 例，否定句共 288 例，肯定句的使用頻率約是否定句的 1.1 倍。

三、否定的跨層級性

一些否定詞與助動詞組合時其位置是固定的，比如"未"、"莫"、"毋"、"亡"、"罔"、"非"祇能位於助動詞之前，而"不"、"弗"、"勿"卻能位於助動詞前或助動詞後，其中以"不"位於助動詞之後的用例最多。這與否定標記的黏着度高低和活動能力強弱有密切關係。以"不"爲例：

(1) 無父母能生，無君不能生。(《清華簡三·芮良夫毖》27)

(2) 繼□流滤，其自能不涸，用曰：唇亡齒寒。(《上博六·用曰》6)

從理論上講，句子的助動詞和動詞都能被否定，但在實際的語言中，不同的語義陳述往往採用不同的否定形式。例（1）直接否定的是助動詞“能”，例（2）否定的是動詞“涸”。假定否定標記“不”是一束不定量的否定分子，它活躍在句子結構的各個層面。這樣，句子中的詞、短語、小句，甚至語段都可以成爲其否定對象。

否定語義的跨層級性，不僅表現在否定標記可在語言單位的各個層面活動，更體現在“Neg＋助動詞”結構中的否定分子，會溢出助動詞這一直接語言單位，擴展到高一級的語言單位。比如“不可”、“弗敢”等，“不”和“弗”等否定標記的否定功能並沒有止於構詞過程，而是溢出了詞這一層面，構成新的否定載體，從而在句子層面上進行否定。正如錢敏汝所言：“‘不’的否定範圍和否定焦點既存在於短語層面上，又延續到句子層面。”①

綜上，通過對楚簡帛助動詞否定句式的梳理，可知助動詞的否定句式在戰國時期已運用得十分普遍，句式種類也趨近成熟。否定句與肯定句，在語言中都有着重要的地位，二者關係密切，但也有着莫大的區別，呈現出明顯的不對稱性。此外，否定句在形式上衹是比肯定句多了一個否定標記，但其語義卻比肯定句要複雜得多，否定語義不限於助動詞，在句子層面上亦構成否定。

第三節　疑問句式

疑問句是依據句子語氣而作的分類，它與陳述、祈使、感歎

① 錢敏汝《否定載體“不”的語義——語法考察》，《語用研究論集》，中國社會科學院語言研究所“漢語運用的語用原則”課題組編著，1994年。

的區别在於它具有疑問語氣。對疑問句的研究，可追溯到《馬氏文通》。馬先生按照助詞所表達的語氣將句子分爲傳信和傳疑兩類，對疑問句作了粗綫條的勾勒。首次對疑問句作深入細緻研究的是吕叔湘。他不僅討論了疑問句的分類，還就疑問點、間接問句等問題進行了深入的探討。20世紀80年代，學者們不再費心於詞類、句法結構的描寫，開始把目光投向疑問句的微觀描寫研究和相關理論的探討，以范繼淹《是非問句的句法形式》（《中國語文》1982）、吕叔湘《疑問·否定·肯定》（《中國語文》1985）、朱德熙《漢語方言里的兩種反復問句》（《中國語文》1985）等文章爲代表。近年來，疑問句的研究運用了國外一些新的語法理論和研究方法，越來越受到語法學界的重視，正向着縱深化方向發展。

對古漢語疑問句式的研究，取得了較爲豐碩的成果。學位論文有葉建軍《〈祖堂集〉疑問句研究》（2008）、李娜《殷墟卜辭命辭疑問句性質研究》（2009）、胡光庭《〈吕氏春秋〉疑問句考察》（2010）、楊帆《〈韓非子〉中的疑問句研究》（2012）等；期刊論文有段業輝《〈世説新語〉疑問句分析》（《南京大學學報》1998）、祝敏徹《〈國語〉〈國策〉中的疑問句》（《湖北大學學報》1999）、李焱《〈醒世姻緣傳〉正反疑句問研究》（《古漢語研究》2003）等。他們的重點集中在對疑問句的分類、使用情況、疑問副詞及語氣詞的描寫上，對我們瞭解當時疑問句的面貌及發展脈絡具有重要作用。然而，他們並未就助動詞疑問句進行專門討論。

出土文獻楚簡帛中用於疑問句的助動詞有“可”、“能”、“得”、“足”、“足以”、“克”、“欲”、“敢”8個，共48例。擬從以下幾個方面展開討論。

一、助動詞疑問句的使用概況

含有助動詞的疑問句在楚簡帛中使用得並不頻繁，對它們在各簡中出現的情況作了統計，結果如下：

表 1：楚簡帛助動詞疑問句統計表

文獻＼數量＼助動詞	可	能	得	足	足以	克	敢	欲
清華簡一						1		
清華簡二		1						
上博一		2						
上博二	2		1	1			2	
上博三	1							
上博四	1	1			1		1	1
上博五	1	2					1	1
上博六	3		1				2	
上博七			16				1	
上博九								1
郭店	2	1						
合計	10	7	18	1	1	1	7	3

楚簡帛中含助動詞的疑問句用例不多，且呈現嚴重的不平衡。首先表現在三類助動詞的使用不平衡。可能類最多，有 38 例，佔總數的 79.2%；意願類有 10 例，佔總數的 20.8%；應當

類無一用例。其次，每一類內部的使用也不平衡。可能類中以“得”用例最多，有 18 例；其次爲“可”，有 10 例；“足”、“足以”、“克”用例較少，都衹有 1 例；意願類有“敢”、“欲” 2 個助動詞，其中“敢” 7 例，“欲” 3 例。

二、疑問句式分類

20 世紀 40 年代，呂叔湘在《中國文法要略》中，將疑問句分爲特指問和是非問兩類；50 年代初，在《漢語學習》中又分爲特指問、是非問和選擇問三類；1985 年，在《疑問·否定·肯定》（《中國語文》1985）一文中進一步細分爲特指問、是非問、正反問及選擇問四類。繼呂先生之後湧現了許多語言學者對疑問句的關注，但學者們也是見仁見智。20 世紀 50 年代，黃伯榮根據提問的手段和語義情況分爲是非問、特指問、選擇問和正反問，這一分類一直延續到高校教材《現代漢語》中。范繼淹從語言的交際功能出發，分爲選擇問和特指問。陸儉明首先分爲是非問和非是非問兩大類，而特指問和選擇問爲非是非問句的小類。袁毓林着眼於結構方式和語義表達，分爲特指問與非特指問兩大類，非特指問包括是非問和非是非問。邵敬敏則認爲所有的疑問句都可看成是一種選擇，而選擇又可分爲是非選擇和特指選擇。

目前，四分法在語法學界得到了較大的認同，但仍然存在缺陷。四分法並不能囊括語言中的所有疑問句類型，如附加疑問句和嘆詞疑問句。因此，對楚簡帛助動詞疑問句的分類，將以四分法爲主要依據，同時兼顧特殊句式，分爲六類——特指問、是非問、選擇問、正反問、反詰問和揣度問。楚簡帛助動詞衹出現在特指問、是非問、反詰問和揣度問四類之中。

（一）特指問

特指問句是用特指疑問詞來表示疑問點，説話者希望聽話者能就疑問點作出答復，疑惑程度最強。其重要標誌是特指疑問詞和疑問語氣詞。特指疑問詞爲整個句子的焦點，可由"何"、"奚"等充當。共21例，其中"可"3例，"得"17例，"欲"1例。如：

（1）魯穆公問於子思曰："何如而可謂忠臣？"（《郭店·魯穆公問子思》1）

（2）凡物流形，奚得而成？流形成體，奚得而不死？既成既生，奚呱而鳴？既本既根，奚後之奚先？陰陽之處，奚得而固？水火之和，奚得而不厚？（《上博七·凡物流形甲》1—2）

值得注意的是例（2），爲疑問句群。楚簡帛助動詞能用於疑問句群的有"得"、"敢"2個，共18例，其中"得"16例，"敢"2例。幾個句子在話語中連接組成句群，句子與句子之間定具備某種邏輯語義關係。疑問句也是如此，楚簡帛助動詞的疑問句群的句際關係衹有一種，均爲並列。

（二）是非問

是非問是説話者針對一個命題進行提問，要求聽話者作出肯定或否定答復。其命題部分爲一陳述句，沒有疑問副詞或代詞等疑問標志。正因爲如此，它必須通過一定的形式手段以讓聽話者明曉這是一個問句。在形式上一般都會在句末加上疑問語氣詞，在言語中則可不加疑問語氣詞，但必須加疑問語氣。共7例，"可"3例，"能"1例，"足"1例，"足以"1例，"欲"1例。如：

（1）夏臺之下而聞焉，曰："九邦者亓可來乎？"（《上博二·

容成氏》47)

(2) 吾子皆能有待乎?(《上博五·弟子問》14)

(3) 叁王者之乍也,皆人子也,而其父賤而不足偁也歟?(《上博二·子羔》9)

(4) 莊公曰:"此三者足以戰乎?"(《上博四·曹沫之陳》49)

(5) 無有名山名溪,欲祭於楚邦者乎?(《上博四·柬大王泊旱》2—3)

正如李佐豐所言,是非問句"如果不加語氣詞,就與一般的敘事句非常接近,所以這種問句一般要用疑問語氣詞"①。是非問的語氣詞可由"乎"、"與(歟)"及雙音節"也歟"充當,其中以"乎"較多。不過在言語交際中,是非問可不用疑問語氣詞,根據説話者的語調和語境,聽話者就可以做出準確的判斷。

(三) 反詰問

也叫反問句,能以多種形式表現出來,如疑問詞、語氣副詞、句末語氣詞、反問語氣甚至語境等。反詰問的疑問代詞有"孰"、"何"、"誰"等;疑問副詞有"豈"、"焉"等;句末語氣詞有"乎"、"歟"、"哉"等。共19例,其中"可"4例,"能"5例,"克"1例,"得"1例,"敢"7例,"欲"1例。如:

(1) 所學皆崩,可不慎乎?(《上博三·中弓》25)

(2) 子曰:唯君子能好其匹,小人豈能好其匹?(《郭店·緇衣》42)

(3) 譬如戎夫,驕用從禽,其猶克有獲?(《清華簡一·皇門》9)

① 李佐豐《古代漢語語法學》,商務印書館,2005年,頁422。

（4）雖君亡道，臣敢勿事乎？雖父亡道，子敢勿事乎？（《上博二・容成氏》46）

黄、廖認爲反問句是"無疑有問，不要求回答"①。我們認爲這一説法值得商榷，一般疑問句是有疑有問，所以要求聽話者給出明確的回答。然而，反問句是無疑有問，所以並不是要求聽話者不回答，而是要求聽話者的回答應與自己的觀點意願保持一致，其對答語具有明顯的導向性。反問句的反問語氣相當於否定語氣，故反問句沒有否定詞時表否定，有否定詞時則表肯定。

（四）測度問

測度句是"對事態現狀或未來作出推測的句子：用問句的形式可能表示沒有充分把握，或表謙虛和委婉的語氣，或帶有自言自語的味道"②。其表示説話者猜度和懷疑，介於疑信之間，所以又稱爲"半問"。測度句衹是"疑而不問"，所以並不要求聽話者回答。

僅1例，見於《清華簡二》。如：

（1）君幼，未可奉承也，毋乃不能邦？（《清華簡二》50）

"毋乃"，由副詞"毋"和"乃"構成，"毋"以否定形式表示揣測，"乃"起連接作用。"毋乃"相當於"莫非"、"恐怕"、"只怕"，表示委婉測度的語氣。在傳世的先秦文獻中已見其用例。如《論語・雍也》："居敬而行簡，以臨其民，不亦可乎？居簡而行簡，無乃太簡乎？"

① 黄伯榮、廖序東《現代漢語》（下冊）（增訂四版），高等教育出版社，2007年，頁100。

② 楊伯峻、何樂士《古漢語語法及其發展》（下冊），語文出版社，2001年，頁892。

三、疑問標志

所謂疑問標志，即句子中能負載疑問信息的語言成分，是對疑問句式外在形式特點的概括。關於疑問標志，學者們的觀點不盡相同。范曉、陳呂來分爲疑問副詞、疑問代詞、句末語氣詞和語調；李宇明分爲疑問語調、疑問語氣詞、特指疑問詞語和疑問句法結構①；張伯江分爲特指疑問詞、析取連詞、謂語反覆形式和句末疑問語氣詞。他們的觀點雖有出入，但都是從外在形式進行分類的。對此問題標新立異的是王娟。她在博士學位論文《疑問語氣範疇與漢語疑問句的生成機制》中從語言類型學角度出發，將疑問標志歸納爲詞彙、句法及語音三個層面。其中句法層面是疑問語氣的主要標志層面，詞彙層面的標志具有先決性，語音層面則和其他兩層面互補。擬採用李宇明的分類方法對楚簡帛助動詞的疑問標志展開分析。

（一）疑問語調

具有不同句法結構和交際功能的疑問句，其語調形式也各有千秋，故大多數學者在研究疑問語調時多對其進行了分類。吳宗濟分爲平敘、疑問和加強三類；勁松分爲詢問、求證、質問、詫異四類。我們採用美國語言學家鮑林格（Bolinger）的觀點。鮑林格對世界上 250 種語言進行了考察，發現 70%的語言用句尾上升作爲疑問標志，另 30%則用提升整句音高的方式來標記。因此，疑問語調即整句或者部分音高上升。

若將一般陳述句的陳述語調換成上揚的疑問語調，那麼這個句子就變成了是非問句。如：

① 其中疑問句法結構主要以"X 不""沒有 X"及"是 P 還是 Q"爲典型代表。

(1) 有狀昆成，先天地生，敓穆，獨立不改，可以爲天下母。(《郭店·老子甲》21)

(2) 有狀昆成，先天地生，敓穆，獨立不改，可以爲天下母?

例 (1) 是對"爲天下母"這一動作行爲可能性的評價，例 (2) 衹是將句末的句號改爲了問號，帶上上升的疑問語調，則變爲對"爲天下母"這一行爲動作可能性的詢問。

疑問語調分佈最廣，可以出現在一切問句之中。它所負載的疑問信息量最少，僅僅標明句子是疑問句。它不是疑問句的必用成分，衹有在一句子沒有其他疑問標志情況下才必須使用。若例 (1) 不是陳述句而是是非問句，沒有其他疑問標志的情況下，疑問語調必須使用，單獨負載疑問信息。

（二）疑問語氣詞

楚簡帛中可與助動詞搭配的單音節疑問語氣詞有"乎"、"與(歟)"、"焉"、"哉"4 個，其中"乎"9 例，"與(歟)"2 例，"哉"2 例，"焉"1 例；兩個語氣詞連用的有"也歟"、"而歟"。"也歟"較爲常用，多用於是非問和測度問句末；"而歟"較少見，其作用和"也歟"相同，都是助疑問語氣。

助動詞疑問句中所使用的疑問語氣詞共 16 例。其中特指問 1 例，佔 6.2%；是非問 7 例，佔 43.8%；反詰問 8 例，佔 50%；測度問沒有使用疑問語氣詞。由此可再證明，在不含特指疑問詞語的是非問中，必須要有疑問語氣詞來標記，則其他疑問句式則可有可無。

（三）特指疑問詞

所謂特指疑問詞，是指帶有疑問特徵的特定詞彙，可分爲疑問代詞和疑問副詞兩類。疑問代詞，馬建忠稱之爲“詢問代字”，定義爲“所以求知夫未知者也，故無前詞”。後來語法學家大多從其說。關於疑問副詞，王力、吕叔湘等認爲不設此類，並將其歸入疑問代詞；黎錦熙、趙元任、楊樹達等認爲二者詞彙意義、語法功能均存在差異，應獨立成類①。今從黎、趙等先生的觀點。

疑問詞可兼類，既可作疑問代詞，也可作疑問副詞。如“何”：

（1）子羔曰：“何故以得爲帝?”（《上博二·子羔》1）

（2）臣爲君王臣，君王免之死，不以辰扶步，何敢心之有?（《上博六·申公臣靈王》8—9）

例（1）疑問代詞“何”和名詞“故”組成偏正詞組，用於詢問原因，可譯爲“什麼緣故”；例（2）“何”用在助動詞“敢”之前，爲疑問副詞，表示反詰語氣，可譯爲“怎麼”。

楚簡帛助動詞疑問句中的疑問代詞有“孰”、“何”、“誰”三個，疑問副詞有“焉”、“奚”、“豈”、“安”、“何”以及固定結構“不亦……乎”。在四類疑問句中，特指問句和反詰問句既可用疑問代詞，也可用疑問副詞。特指疑問詞語，它們所攜帶的疑問特徵在未成句前就已擁有，即是說它們本身就表示疑問，其疑問特徵是先決的，當它們進入句子時，整個句子也就隨之而帶上了疑問特徵。因此，含疑問代詞或疑問副詞的句子和句法層面的疑問標志（疑問語氣詞）一般不連用。如：

① 參見王玉鼎《論疑問副詞和疑問代詞的區別》，《固原師專學報》1993年第1期。

（1）凡物流形，奚得而成？流形成體，奚得而不死？（《上博七·凡物流形甲》1）

（2）魯穆公問於子思曰：“何如而可謂忠臣？”（《郭店·魯穆公問子思》1）

（3）豈敢不以其先人之傳等告？（《上博五·季庚子問於孔子》14）

現將助動詞與特指疑問詞語的搭配情況作出統計：

表 2：楚簡帛助動詞與特指疑問詞情況統計表

數量＼疑問詞＼助動詞	疑問代詞			疑問副詞					
	孰	何	誰	焉	奚	豈	安	何	不亦……乎
可	1	2				1			
能	1			1		2			1
得		1			16				
敢						2	1	1	
欲			1						

楚簡帛中使用特指疑問詞語的助動詞句有 31 例。助動詞有可能和意願兩類，可能類助動詞有“可”、“能”、“得” 3 個，共 26 例，佔絕對優勢；意願類有“敢”、“欲” 2 個，“敢” 4 例，“欲” 1 例。另外，助動詞“能”與特指疑問詞的組合能力較強，有 4 個；其次爲“可”、“敢”，都有 3 個；“得”次之；“欲”相對最弱。

（四）疑問句法結構

首先注意到疑問句的句法手段和結構位置的是徐傑，提出三種語法手段和三個敏感位置。三種語法手段是“添加”、“移位”和“重疊”，三個敏感位置是句首、謂頭和句尾。他認爲疑問句是通過三種語法手段和三個敏感位置的組合來實現的，並概括總結了疑問語氣表達的五種拼盤組合——句首添加、句尾添加、謂頭添加、謂頭移位、謂頭重疊。現就楚簡帛助動詞疑問句的句法結構進行逐一地分析。

句首添加，是指在句子的開頭添加疑問語氣詞。不論是古代漢語還是現代漢語都無此表疑方式。

句尾添加，是指在句子的末尾加詞。古漢語句尾添加以表疑問語氣有兩種方式：一是句尾加疑問語氣詞，二是句尾添加否定詞。前者較爲常用，上古時期可表疑問的語氣詞有“乎”、“與”、“邪”等；後者雖不如前者常用，但歷史悠久，可追溯到西周，五祀衛鼎銘文：“正乃訊厲曰：‘汝賈田不?’”楚簡帛助動詞句祇採用句尾加疑問語氣詞的方式表疑問語氣，主要出現在是非問和反詰問中。如：

（1）公曰：“然，則可奪與?”（《上博五·競公瘧》5）

（2）反此道也，民必因此重也以復之，可不慎乎?（《郭店·成之聞之》18—19）

謂頭添加，是指在句子謂語開頭的位置加詞。古漢語常在“VP”前加一個疑問副詞來表疑問。在楚簡帛助動詞句中，常在助動詞前加上疑問副詞“奚”、“豈”。如：

（1）土奚得而平?水奚得而清?卉木奚得而生?（《上博七·凡物流形甲》12）

（2）子曰：惟君子能好其匹，小人敳能好其匹。（《上博一·緇衣》21）

現代漢語也可在助動詞前加上疑問副詞表疑問語氣，如："你怎麼能去?" 但更多的是在 "VP" 前加上疑問副詞，如："你怎麼去?" 方言中亦是如此。如四川攀枝話："那個蘋果咯香?" 即是問 "那個蘋果香不香"，又如昆明話："你格曉得?" 即是説 "你曉得不曉得"。

謂頭重疊，即將謂頭詞語重疊表疑，如："你罵不罵衣服?" 但是當有助動詞出現的時候，衹能重疊助動詞。如陳述句 "你能去商店"，轉變爲含助動詞的疑問時，不能説 "你能去不去商店"，衹能説 "你能不能去商店"。上古漢語、中古漢語乃至近代漢語都沒有 "助動詞＋不＋助動詞" 格式以表疑問的現象。

謂頭移位，漢語無此表疑方式。英語的是非問和 Wh－問句常用移位來表示疑問，可將謂頭助動詞移至句首，如 "Is lucy dancing?" 但如果句中沒有助動詞，就需根據時態補出一個助動詞，如 "What did lucy say?"

綜上，楚簡帛助動詞的疑問句法結構衹有句尾添加和謂頭添加兩種。古漢語不用謂頭重疊來表示疑問，而現代漢語中常用。至於句首添加和謂頭移位，不論古漢語還是現代漢語都不用此二法表疑。

四、疑問標志的復用

根據上文對疑問標志的分析，可知每一種疑問標志都可單獨使用以表疑問語氣，下面探討它們在疑問句中的復用情況。

（一）兩種標志復用

包括：疑問語調＋疑問語氣詞；疑問語調＋特指疑問詞；疑問語調＋疑問句法結構；特指疑問詞＋疑問語氣詞、特指疑問詞＋疑問句法結構。分別舉例如下：

(1) 所學皆崩，可不慎乎（↑）?（《上博三·中弓》25）[1]

(2) 子曰：惟君子能好其匹，小人豈能好其匹（↑）。（《上博一·緇衣》21）

(3) 卉木奚得而生？禽獸奚得而鳴（↑）?（《上博七·凡物流形乙》9）

(4) 孰能並兼人哉（↓）?（《上博四·曹沫之陳》4—5）

(5) "大宰弗可為，歲焉熟（↓）?"（《上博四·柬大王泊旱》13）

"疑問語氣詞＋疑問句法結構"在楚簡帛無此復用現象。但是，"疑問語氣詞＋疑問句法結構"在現代漢語中是存在的，如："你想不想去呢（↓）?"值得注意的是，"特指疑問詞＋疑問句法結構"在現代漢語中沒有，如："誰想不想去?"這一句子是不合法的。這一差異是由於特指疑問詞位置不同而造成的，古漢語特指疑問詞居於謂頭，與句法結構重疊，而現漢其居於句首，故不能再用疑問句法結構。

（二）三種標志復用

包括：特指疑問詞＋疑問語氣詞＋疑問語調；特指疑問詞＋疑問句法結構＋疑問語調。

(1) 孰能並兼人哉（↑）?（《上博四·曹沫之陳》4—5）

(2) 禽獸奚得而鳴（↑）?（《上博七·凡物流形乙》9）

"特指疑問詞＋疑問句法結構＋疑問語氣詞"、"疑問句法結構＋疑問語氣詞＋疑問語調"這兩種復用在楚簡帛中沒有。前置

---

① （↑）原簡文中無，爲我們所添加，（↑）表語調上揚，爲疑問標志，（↓）表語調下降，不爲疑問標志。下同。

在現代漢語中也沒有，後者則有，如："你想不想去呢？（↑）"

由此可見，助動詞疑問句的疑問標志復用情況有兩種復用和三種復用，其中以兩種復用最多。疑問標志最多復用三個。這一點在現代漢語中也是如此，如"你想不想去呢（↑）"是合法的，但"誰想不想去呢（↑）"就變得不合法了。

一個句子使用一種疑問標志即可表達疑問語氣，那麼復用疑問標志是否是一種多餘呢？我們認爲是否定的。因爲疑問標志的復用可能會造成疑問信息的羨餘，但是這並不等於標志的羨餘。疑問標記的復用不僅加強提問者的疑問強度，還可以傳遞其他的語言信息。此外，語言交際也需要一定程度的羨餘。因此，復用疑問標志並不羨餘。

第二章　語義研究

"語義是語言的決定性因素。有了語義表達的需要，才會有形式的變化和改進。"① 語義有廣狹之分。廣義的語義包括詞彙語義、句法語義、應用語義和文化語義等；狹義的語義則是指詞語進入句子後，詞語與詞語之間形成的詞彙意義之外的一種關係意義，與句法關係相比，具有相對穩定性。要正確理解句子的含義，不僅要弄清詞語之間的句法結構，還要弄清詞語本身的涵義以及詞語之間的語義關係。對楚簡帛助動詞的語義研究是狹義的，即是研究句子結構中助動詞與其他實詞之間的語義關係。

① 馬清華《語義的多維研究·邵敬敏〈序〉》，語文出版社，2006年，頁4。

第一節 語義特徵

語義特徵分析法來源於語義學中的語義成分分析法。1955年，美國語言學大師布龍菲爾德（Bloomfield）提出了“語義特徵”這一術語。1956年人類學家威廉·古迪納夫（W. H. Doodenough）在《成分分析以及意義研究》中提出了語義成分分析法，並從文化的角度研究親屬稱謂語等的意義。這一方法被語言學家卡茨（Katz）和福德（Fodor）借鑒，用來爲轉換生成語法尋求語義特徵，從而引起了語法學界和語義學界的關注。我國最早將語義特徵分析法運用到漢語語法研究的當推朱德熙，他在《現代漢語形容詞研究》(《語言研究》1956）中對形容詞進行分類，並發現了它們“性質”和“狀態”的對立，這在本質上是形容詞語義特徵的體現。後來，馬慶株、陸儉明、邵敬敏等也對語義特徵分析法進行了不同角度的探討，涉及了語義特徵的屬性、作用及提取方法等重要課題。

談到語義特徵，就不得不涉及另外一個語言學概念——義素。長期以來，人們對這兩個概念是混用的。黃伯榮、廖序東認爲：“義素是構成詞義的最小意義單位，也就是詞義的區別特徵，所以又叫詞的語義成分或語義特徵。”① 張志毅、張慶雲認爲：“義素是結構主義語義學用來描寫語義的最小的意義單位，是義位的組成成分，也叫區別性語義特徵。”② 胡明揚認爲：“由分析

① 黃伯榮、廖序東主編《現代漢語》(增訂四版)，高等教育出版社，2007年，頁237。

② 張志毅、張慶雲《詞彙語義學》，商務印書館，2001年，頁23。

義項得到的詞義的語義特徵叫做‘義素’。”① 由此可見，一些學者對二者是不加區别的。其實，義素和語義特徵都是建立在詞彙學、詞義學基礎上的概念，它們的相同點在於都是義位中最小的語義成分，但是側重點不一致。“義素”側重於一個詞語中某一義項的語義要素的分解，而“語義特徵”則側重於不同詞語之間的語義要素的對比，以此確定它們相同或者相異的語義要素。

關於古漢語助動詞語義特徵的考察，首推段業輝。他在《中古漢語助動詞研究》一書中將助動詞的語義分爲前提義素和斷言義素，這一分析方法得到了許多研究者的認可和借鑒。我們擬以個體助動詞的語義類型爲基礎，對楚簡帛中各類助動詞進行分析，以探討它們的語義特徵。

一、可能類助動詞

根據上篇第一章對可能類助動詞的每一個成員的語義類型的分析，現對它們的語義特徵進行總結，如下表：

表 1：可能類助動詞義徵分析表

義徵 助動詞	主觀認知	主觀評價	主觀意志	主觀能力	客觀條件	虛擬條件	許可	值得	主張	能夠	結果
可	++	+			+	+	+++	+	+		
可以	+				+	+	+++				
能			+	+	+	+	++			++	
克			+	+						++	

① 胡明揚《語言學概論》，語文出版社，2000 年，頁 206。

助動詞＼義徵	主觀認知	主觀評價	主觀意志	主觀能力	客觀條件	虛擬條件	許可	值得	主張	能夠	結果
得					＋		＋				＋
可得					＋		＋				＋
足	＋				＋		＋	＋			
足以					＋		＋				

第一，“可”、“可以”、“能”、“得”、“可得”、“足”、“足以”的相同點是都具有［＋客觀條件］和［＋許可］的語義特徵，而“克”這兩個語義特徵都不具有。因此“克”不能與這七個助動詞換用。如：

（1）禹通淮與沂，東注之海，於是乎競州、莒州始可處也。（《上博二·容成氏》25）

（2）曰如：可以出師、築邑。不可以嫁女、娶【妾】。（《楚帛書·丙篇》2）

（3）王用有監，多憲政命，用克和有成，王用能承天之魯命。（《清華簡一·皇門》4）

（4）耇老二拜稽首曰：“朕孳不敏，既得聞道，恐弗能守。”（《上博三·彭祖》8）

（5）桓子曰：“二道者可得聞歟?”（《上博六·孔子見季桓子》2）

（6）不奪而足養者，地也；不期而可要者，天也。（《郭店·忠信之道》4—5）

（7）知天足以順時，知地足以固材，知人足以會親。（《上博五·三德》17）

以上七個用例中的助動詞均不能換用爲“克”，但是用“克”的例子一般都能用“可”、“可以”、“能”等替换，如：

(1) 方臧方武，克燮仇讎。(《清華簡一·耆夜》5—6)

“克燮仇讎”中的“克”若换用爲“可”、“能”，文義皆通；也可以换爲“可以”，義通，但在此例中音節失去了對稱。

第二，“可”、“可以”、“能”、“得”、“可得”、“足”、“足以”在表“[＋客觀條件][＋許可]”義時是可以互换的，但是當説話者着意突出表結果的許可時，“得”、“可得”不能换爲“可”、“可以”、“能”、“足”、“足以”。如例(4)的“既得聞道”，意在强調在客觀條件下實現了“聞道”這一結果，若换爲“可”、“可以”、“能”、“足”、“足以”中的任何一個，則衹表示對可能性的一般判斷，“結果”義就喪失了。

第三，“可”、“可以”和“能”擁有的義徵最多，因此它們的使用頻率也較高。同時，因爲它們所擁有的相同義徵最多，所以在絕大多數情況下是可以互换的。例(1)(2)(3)即是明證。

第四，可能類助動詞的前提義素可概括爲“主觀感受”和“客觀條件”。

第五，“可得”並不單純地表示“可以”、“可能”，其表示“可以達到或實現某種結果。“結果”這一特徵在可能類助動詞衹有“得”所有。

二、意願類助動詞

根據上篇第二章對意願類助動詞個體語義類型的分析，現對它們的語義特徵進行總結，如下表：

表 2：意願類助動詞義徵分析表

義徵 / 助動詞	主觀感受	意願	膽量	許可	自發性	請求性	一致性
敢	+	−	+	+	−	−	−
欲	+	+	−	−	+	−	±
願	+	+	−	−	+	+	±
肯	+	±	−	−	±	−	+

楚簡帛中意願類助動詞的共性較小，“敢”、“欲”、“願”、“肯”相同的義徵是［＋主觀感受］，除此之外，其他義徵的區别十分明顯。“敢”與其他三個最大的區别在於其有［膽量］和［許可］兩個語義特徵。衹有“欲”具有動作行爲的一致性。“願”和“肯”有相同的義徵，這説明除了“願”和“肯”之間可以“有限互換”①。“敢”、“欲”、“願”及“敢”、“欲”、“肯”是不能換用的。其原因在對單個助動詞的分析時，已經做了較爲詳細的闡述，此不贅述。

三、應當類助動詞

根據上篇第三章對應當類助動詞個體語義類型的分析，現對它們的語義特徵進行總結，如下表：

---

① 所謂“有限互换”，指的是“願”和“肯”有時可互换，但有時卻不能。

表 3：應當類助動詞義徵分析表

義徵 助動詞	主觀認知	客觀事理	應該	比較	主動性
當	＋	＋	＋	－	＋
宜	＋	＋	＋	＋	－
用	＋	＋	＋	－	－

“當”、“宜”、“用”都具有［＋主觀認知］［＋客觀事理］［應該］的語義特徵，它們不同的語義特徵用二元對立的方法表示爲［±比較］［±主動性］。“當”的語義中含有“主動性”，而“宜”則表示説話者經過比較而做出的主觀判斷。因此，“當”和“宜”在一般情況下不能互相换用。

四、語義特徵的對立性與模糊性

楚簡帛的三大類助動詞，每一類都有自己的基本語義特徵。可能類的語義特徵是［許可］［能夠］等；意願類的基本語義特徵是［想要］［願意］等；應當類的基本語義特徵是［應該］等。正是因爲各自不同的基本語義特徵，才讓它們各司其職，並行不悖。不管是在楚簡帛，抑或是在其他語料中，三大類助動詞都處於三足鼎立之勢。擬下圖表示：

在楚簡帛的三大類助動詞中，每一類都分别與其他兩類構成語義上的對立。换句話説，一個句子在肯定一類助動詞出現的資格的同時就否定了另外兩類助動詞出現的可能。如：

(1) <u>可</u>言不<u>可</u>行，君子弗言；<u>可</u>行不<u>可</u>言，君子弗行。(《上博一·緇衣》16)

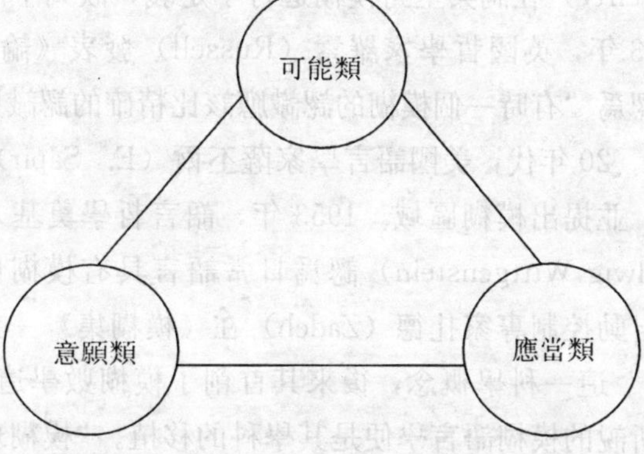

（2）欲行之不能，欲去之而不可，吾是以惰也。（《上博五·君子為禮》3）

（3）當退而思之，亓唯賢民乎！（《上博九·文王訪之於尚父舉治》7）

以上三例分別代表楚簡帛的三大類助動詞，因爲三者之間是兩兩互相排斥，因此它們不能互換。如例（1）的“可言不可行”，“許可”義濃重，既不能説成“欲言不欲行”，也不能説成“當言不當行”。若是作如此改換，其原本意欲表達的“許可”義便蕩然無存。例（2）和例（3）亦是如此，不能換用。

拋開語言環境，“欲言不欲行”、“當言不當行”的説法未必不能成立。造成這種現象的原因是什麼呢？我們認爲是語義界限的模糊性造成的。因此，需要強調的是，助動詞基本語義對立的關係圖，是就助動詞的各自的核心義徵（簡稱“義核”）而言的。我們承認楚簡帛助動詞類別之間的語義關係是對立的，但是，也不否認語義的邊界具有模糊性。

關於“模糊理論”可追溯到 20 世紀初。1902 年美國哲學家皮爾斯（Peirce）在詞典里對模糊進行了定義，談到了語言的模糊性。1923 年，英國哲學家羅素（Russell）發表《論模糊性》一文，他認爲“有時一個模糊的認識應該比精確的認識更有可能是真實的”。20 年代，美國語言學家薩丕爾（E. Sapir）探討詞的模糊性，並提出模糊區域。1953 年，語言哲學奠基人維特根斯坦（Ludwig Wittgenstein）認爲日常語言具有模糊性。1965 年，美國自動控制專家扎德（Zadeh）在《模糊集》一文中首創“模糊集合”這一科學概念，後來其首創了模糊數學這一學科。現在我們所說的模糊語言學便是其學科的移植。“模糊理論”給了我們很大的啟示，故嘗試着把它借鑒過來以解釋助動詞三大類之間亦此亦彼的現象。

現代漢語中一詞多義的現象舉不勝舉，在單音節詞佔主要地位的上古漢語中就更是不言而喻。客觀世界和主體認識的模糊造成了語言的模糊性，那麼助動詞也無法擺脫模糊性這一特點。據上文的分析，可能類、意願類、應當類之間也有一些相同的語義特徵。可能類和意願有共同擁有［許可］義徵；應當類和意願類共同擁有［主動性］義徵；可能類和應當類則共同擁有［應當］義徵。因此，三大類助動詞之間並不能一刀切得乾淨俐落，而是有着千絲萬縷的聯繫，衹是說這些共性相對於對立而言，力量十分微弱。

第二節　語義搭配

“漢語是一種非形態語言，組合法則中沒有，或極少詞形變化的約束，因而語義搭配問題就顯得格外突出。”[①] 助動詞在句子中出現不僅是表意的需要，同時也是句中某些成分的需要。這一節將在段業輝對中古助動詞語義搭配的研究基礎之上，運用配價語法、語義分析等理論對楚簡帛助動詞的語義搭配作初步的探討，以求對楚簡帛助動詞有更深層次的認識。

一、“配價”理論簡述

配價語法概念是 20 世紀 50 年代法國語言學家特思尼耶爾（Lucien Tesniere）提出的。1953 年，他在《結構句法概要》一書中引入了化學中“價”這一概念，1959 年問世的《結構句法基礎》則標誌着配價語法的正式形成。特思尼耶爾認爲動詞是句子的核心，是句子的“結”。句子是以動詞爲中心關聯着前後與之有語義聯繫的名詞性成分和副詞性成分，而動詞卻不受其他任何成分的支配。與動詞直接發生語義聯繫的名詞性成分稱爲“行動元”，副詞性成分則稱爲“狀態元”。動詞的“價”，就決定於動詞所支配的不同性質的名詞性詞語（行動元）的數目。配價語法形成之初衹用於分析動詞，現已擴展到名詞、形容詞的研究以及人工智能、自然語言處理等領域。此外，還產生了許多與之關聯的新興語法理論，如轉換生成語法、格語法、層次語法、關係語法等，擴大了語言學的研究領域。

將配價語法用於漢語研究的首推朱德熙。1978 年，朱先生在《“的”字結構和判斷句》一文中運用配價理論對“的”字結構的歧義指數進行了分析，首次明確提出“向”這一概念。1983

---

① 林杏光、菲白編《簡明漢語義類詞典 · 張志公〈序〉》，商務印書館，1987 年，頁 1。

年，先生在《自指和轉指》中又引進了句法空位和成分提取概念。這些研究引起了語法界許多學者的興趣和重視。張斌、袁毓林、范曉、張國憲、瀋陽、陸儉明等先後發表文章，運用配價理論來探討漢語的語法現象。期刊論文有吳爲章《單向動詞及其句型》（《中國語文》1982）、劉丹青《形名同現及形容詞的“向”》（《南京師大學報》1987）、袁毓林《現代漢語名詞的配價研究》（《中國社會科學》1992）及《一價名詞的認知研究》（《中國語文》1994）等。著作有瀋陽和鄭定歐主編《現代漢語配價語法研究》（第一輯）（1995），袁毓林和郭銳主編《現代漢語配價語法研究》（第二輯）（1998）等。這些研究解決了許多傳統理論無法解決的難題，對深化語言本體研究有積極意義。

隨着研究的深入，漢語配價語法已滲透到語言的許多領域，同時也出現了無法避免的種種爭論。正如金無足赤一樣，任何一種語法理論都有其局限性，配價語法也不例外。學者們確定動詞“價”的原則和方法，若用於助動詞，則解釋力略顯單薄，但這並不意味着不能用配價理論來研究助動詞。助動詞是一種特殊的動詞，既然屬於動詞，那麼它一定和動詞有着相似之處；既然特殊，那麼用於分析一般動詞的方法對其必然不完全適用。我們擬採用袁毓林的論元角色層級關係，對助動詞的論元角色作初步的探討。

二、助動詞的核心論元

所謂助動詞的核心論元，就是指助動詞的必有論元，對構成基礎命題來説是不可或缺的。助動詞究竟有幾個核心論元？由什麼性質的詞語充當？又有哪些語義類型呢？

（一）核心論元的數量及性質

目前，學者們一致認爲漢語動詞按照配價理論可分爲四類：零價動詞、一價動詞、二價動詞和三價動詞。零價動詞，不强制要求與某種性質的名詞性詞語關聯，如“地震”、“颳風”、“下雨”、“下雪”等；一價動詞，强制要求與一種性質的名詞性詞語關聯，如“病”、“醉”、“游泳”、“咳嗽”等；同理，二價、三價動詞則分别强制要求與兩個、三個名詞性詞語關聯，二價動詞如“愛”、“討論”、“參觀”等，三價動詞如“給”、“告訴”、“賠償”等。助動詞的論元與動詞有較大的差别，如：

(1) 決九河之阻，於是乎夾州、徐州始可處。(《上博二·容成氏》24—25)

(2) 子曰：唯君子能好其匹，小人豈能好其匹。(《郭店·緇衣》42)

(3) 惟時大戊謙曰：“余不克辟萬民。”(《清華簡三·説命下》8—9)

(4) 如欲識貌，糾而視之，任而伏之。(《上博七·凡物流形甲》23)

(5) 恐貽吾子羞，願因吾子而辭。(《上博三·中弓》26)

上五例助動詞前後加下畫綫的語言成分，既是其句法成分，也是其語義搭配成分。例（1）到例（3）中，助動詞前後各出現了一個論元，例（4）（5）衹在助動詞後面出現了一個論元。那麼助動詞的核心論元究竟有幾個？細看（4）（5）兩例，可發現助動詞前面一定需要一個有生命的主體，才能實施“欲識”、“願辭”的動作行爲。雖然施事在表層結構被省略掉了，但是依然存在於深層語義結構之中。若否定它們的存在，則助動詞在句中出現的語義要求就無法滿足，故助動詞前後必須各有一個核心論元。據此可以斷定，助動詞的核心論元有兩個，爲二價動詞。

助動詞的核心論元與一般二價動詞的核心論元，既有相同之處，也有不同之處。相同之處體現在核心論元的位置上，不管是助動詞還是二價動詞，其核心論元都是一前一後。不同之處主要有兩點：一是後面核心論元的詞性不同。一般二價動詞後面的核心論元一般爲名詞性成分，如"問太宰"，而助動詞後面的核心論元爲謂詞性成分，相當於袁毓林所説的超級論元。二是核心論元與助動詞的語義關係不同。一般二價動詞差不多就是及物動詞，結構多爲"施事＋動作＋受事"，而助動詞的結構多爲"對象＋助動詞＋動作行爲"，且對象和動作行爲才多爲施事和動作的關係。

（二）核心論元的語義類型

助動詞的兩個核心論元分佈在助動詞的前後，根據分佈位置將核心論元分爲"前核心論元"和"後核心論元"。

1. 前核心論元的語義類型

前核心論元與助動詞是陳述對象與陳述詞的關係。從表意的角度，再結合其句法結構，可將助動詞的前核心論元分爲多種類型。

A. 當事

當事，就題元角色而言即是主體，具有助動詞所陳述的"可能"、"許可"、"意願"等特徵。如：

（1）是以民可敬導也，而不可弇也；可御也，而不可牽也。（《郭店·成之聞之》15—16）

（2）巫烏曰："是小臣也，不可食也。"（《清華簡三·赤鵠之集湯之屋》6）

(3) 夫山，石以爲膚，木以爲民，如天不雨，石將焦，木將死，其欲雨或甚於我，何必恃乎名乎？(《上博二·魯邦大旱》4)

(4) 禹乃通伊、洛，並瀍、澗，東注之河，於是乎豫州始可處也。(《上博二·容成氏》26—27)

從上四例可看出，當事可以是有生命的人、動物，如例（1）的“民”、例（2）的“小臣”；也可以是無生命的事物，如例（3）的“山”、例（4）的“豫州”。此語義類型多用於肯定句和否定句。

B. 時間

助動詞的時間論元有兩種情況：一是時間論元是助動詞的核心論元，此時時間論元是助動詞的陳述對象，與助動詞關係密切，一般不能去掉，否則句義不完整；二是時間論元是外圍論元，充當句子的狀語而不是主語，去掉不影響基本句義的表達。如：

(1) 凡五亥，不可以畜六牲。(《九店·五六號墓》39貳)

(2) 撞鼓，禹必速出，冬不敢以蒼辭，夏不敢以暑辭。(《上博二·容成氏》22)

(3) 曰如：可以出師、築邑。不可以嫁女、娶【妾】。(《楚帛書·丙篇》2)

楚簡帛助動詞的核心論元爲時間的不多，主要出現在占卜祭祀之類的文獻中。例（3）中“如”指的是“二月”。《爾雅·釋天》：“二月爲如。”此句義爲“二月乃用兵之月，不宜嫁娶”。

C. 數量

古代量詞缺乏，上古時期多用“數詞＋名詞”形式。僅1例，如：

(1) 王仰天,後而詨謂大宰:"一人不能治政,而百姓以絕。"(《上博四·柬大王泊旱》14)

數量論元與助動詞的關係也是陳述對象與陳述詞的關係,在句中作主語,不能去掉,否則句子殘缺。若去掉例中的"一人",不能治政而讓百姓生計斷絕的人究竟是王自己,還是特定的某個人抑或是泛指,主語無法確定。

D. 關涉

關涉的情況是多方面的,因而關涉核心論元也是多方面的,而且這些方面又不可隨意删除。關涉核心論元與助動詞的語義關係也是陳述對象與陳述詞的關係。如:

(1) 夫夏繒氏之道,可以知善否,可以知無災,可謂有道乎。(《上博八·成王既邦》14)

(2) 稚人止之,曰:"君王臺始内入室,君之服不可以進。"(《上博四·昭王毁室》2)

(3) 二夫可不受皇珼,則未得與聞。(《上博六·競公瘧》12)

例(1)的助動詞"可",看似在陳述"夏繒氏之道",但如果將"可以知善否,可以知無災"去掉,句子變成"夫夏繒氏之道,可謂有道乎",句法結構成立,但語義卻與原句相差甚遠。可見助動詞"可"不僅僅是對"夏繒氏之道"的陳述,而包括對夏繒氏之道能知善否和知無災作用的評價。因此,從語義關係角度看,"夏繒氏之道,可以知善否,可以知無災"是助動詞"可"的關涉對象。例(2)中"不可以進"的對象不是"君",也不是"服",而是着"服"之"君"。例(3)"得"陳述的不衹是"二夫",而是"二夫可不受皇珼"這一行爲。

2. 後核心論元的語義類型

後核心論元位於助動詞之後。從語法意義上看，助動詞對其有修飾作用；從語義搭配上看，後核心論元是助動詞所陳述的動作行爲。後核心論元的語義類型可細化爲以下幾個方面：

A. 動作行爲

楚簡帛助動詞後面的動詞性成分可以是帶賓語的及物動詞，也可以是不帶賓語的不及物動詞，還可以是連動短語。如：

（1）可學也而不可疑也，可教也而不可迪其民，而民不可止也。（《郭店·尊德義》19—20）

（2）王笑："如我得免，後之人何若。"（《上博六·平王問鄭壽》6）

（3）知天足以順時，知地足以固材，知人足以會親。（《上博五·三德》17）

（4）我不能貫壁而視聽。（《上博八·命》5）

動作行爲論元是後核心論元的主要語義類型，多由及物和不及物動詞充當。需注意的是，並不是所有沒帶賓語的動詞都是不及物動詞。如：

（1）子嘗以此謨之，其白黑將可知也。（《上博九·舉治王天下》3）

（2）左行蔑、隨會不敢歸，遂奔秦。（《清華簡二》54—55）

例中的"知""歸"後面都未出現賓語，但這兩個詞並不是及物動詞，它們的賓語或出現在句中的其他位置或因上文而省略。如例（1）的動詞"知"所支配的對象"白黑"出現在主語的位置上；而例（2）根據上文才省略了"歸"的地方"晉"。

B. 性質狀態

此類論元多由形容詞充當，助動詞對其起修飾限定作用。二者的語義關係是陳述詞與所陳述的性質狀態的關係。形容詞作後核心論元的頻率比動詞要低很多，但也不乏用例，如：

（1）百川既導，天下能恒。（《上博九・舉治王天下》31—32）

（2）陰陽之凥，奚得而固？水火之和，奚得而不厚？（《上博七・凡物流形甲》2）

（3）令尹曰："當善，焉誅坐右三人，立右三人？"（《上博八・命》10—11）

從上三例可知，助動詞是可以修飾形容詞的，糾正了以往助動詞後衹能跟動詞的偏見。同時，也爲助動詞定義的提供了證據，助動詞是輔助性動詞，而不是輔助動詞的詞。

C. 支配對象

支配對象多是動詞的後續成分，多由名詞或名詞性詞語充當。楚簡帛助動詞後也可跟名詞，但常常活用爲動詞，如：

（1）君幼，未可奉承也，毋乃不能邦？（《清華簡二》50）

"不能邦"意爲不能治理邦國，同助動詞爲陳述內容與陳述詞的關係。楚簡帛助動詞中僅此一例。

（三）前、後核心論元的關係

從句法結構而言，前後核心論元不是直接成分，兩者之間也沒有直接的結構關係。但是，從語義關係而言，兩者的關係卻十分密切。

1. 前核心論元和後核心論元是被陳述與陳述的關係

從句法功能而言，前核心論元和後核心論元爲主謂關係。楚簡帛中大部分助動詞句子都屬這種情況。助動詞和"VP"是組合在一起的直接成分。"一般説來，能組合在一起的直接成分大都有一個整體的表意功能。"① 因此，助動詞和其後的"VP"一起對"NP"加以陳述。如：

（1）王就之曰："夫彭徒能勞，爲吾謚之。"（《上博八·王居》5）

（2）汝克宣視四方，乃俯視地。（《清華簡三·説命中》5—6）

（3）初六，謙君子，用涉大川，吉。（《上博三·周易》12）

（4）賢人當其曲以成之。（《上博五·季庚子問於孔子》22—23）

2. 後核心論元和前核心論元是動賓關係

前核心論元是後核心論元的賓語，是被動關係。這種情況，多出現在助動詞"可"句中。如：

（1）白圭之砧尚可磨，此言之砧不可爲。（《上博一·緇衣》18）

（2）天之所壞，莫之能支；天之所支，亦不可壞。（《清華簡三·芮良夫毖》18—19）

以上兩例中的後核心論元的賓語都爲前核心論元。相對於第一種情況而言，這種情況的數量相對較少。

3. 後核心論元語義指向前核心論元

對於助動詞而言，前、後核心論元爲強制出現的成分。但是，對於前後核心論元而言，助動詞卻並不是強制出現的成分。如"汝克宣視四方"一句，若將"克"去掉，句法結構完整，語

① 段業輝《中古漢語助動詞研究》，南京師範大學出版社，2002年，頁109。

義表達也很清楚；若去掉人稱代詞“汝”，“宣視四方”就喪失了動作發出的主體，會導致表義不清。後核心論元“宣視四方”的語義指向的是前核心論元“汝”，而不是助動詞“克”。這也説明，語義聯繫和語義指向並不具有一致性。

三、助動詞的外圍論元

助動詞的外圍論元，不是助動詞的强制出現的成分。從句法結構角度來説，它們的存在與否並不影響句子的成立；從語義角度而言，它們與助動詞有語義聯繫，但這個聯繫也不是强制性的，而是取決於語義表達的需要。楚簡帛助動詞的外圍論元有：

A. 否定論元

是在助動詞前面添加否定詞，也就是句法研究部分所探討的前附否定。否定論元與助動詞的語義關係是否定“NP”具有助動詞所陳述的動作行爲或性質。如：

(1) 三世之富，不足以出亡。(《郭店·語叢四》3)

(2) 初六：遯其尾厲，勿用有攸往。(《上博三·周易》30)

B. 範圍論元

是確定在某一個範圍内，“NP”具有助動詞所陳述的性質。如：

(1) 昔者仲尼緘徒三人，弟徒五人，芫萊之徒者，皆可以爲諸侯相矣。(《上博五·弟子問》10—18)

(2) 吾子皆能有待乎？(《上博五·弟子問》14)

(3) ……皆欲俗其新而親之，皆俗以其邦就之。(《上博八·成王既邦》8)

楚簡帛助動詞前的範圍論元衹有範圍副詞“皆”一個，共4例。由此可見，戰國時期助動前加範圍論元比較少見，並不具有普遍性。

C. 狀態論元

其與助動詞的語義關係爲在某一狀態下“NP”具有助動詞所陳述的狀態。如:

(1) 譬如戎夫，驕用從禽，其猶克有獲?(《清華簡一·皇門》9)

僅1例。“猶”用在謂語前作狀語，表示動作行爲持續不變、依然如故，可譯爲“仍然”、“還”、“依舊”等。

D. 時間論元

時間論元是表明動作行爲發生時間的語言成分。如:

(1) 禹乃通三江五湖，東注之海，於是乎荊州、揚州始可處也。(《上博二·容成氏》26)

(2) 耇老二拜稽首曰:“朕孳不敏，既得聞道，恐弗能守。”(《上博三·彭祖》8)

(3) 吾一欲聞三代之所。(《上博四·曹沫之陳》64)

例(1)中“始”表示施事開端的時點;例(2)中“既”表示動作行爲已經完成，而句義未完，兼有引出下文的作用，用在前面的分句中，在強調動作行爲完成的同時，與後面的分句保持語義上的聯繫;例(3)中“一”用於謂語前，表動作行爲是突然發生的，可譯爲“突然”、“偶然”。

綜上所述，楚簡帛助動詞論元的結構層次可以概括爲下圖:

戰國時期助動詞論元類型並不繁多，語義搭配也比較簡單，不似現代漢語那麼複雜。此外，楚簡帛助動詞沒有方所論元，這應與助動詞的語義有關。助動詞不表示具體的動作行爲，衹表示在某種情況下對某種動作行爲、性質狀態是否實施的判斷或推

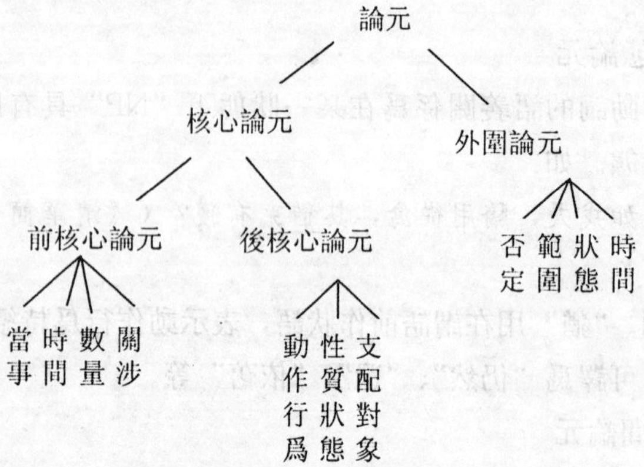

理，而表方位和處所的方所成分，與助動詞在語義上幾乎沒有聯繫，故助動詞一般不帶方所論元。

第三節　語義指向

語義指向分析是漢語語法學界對世界語言學的一大貢獻，産生於 20 世紀 80 年代。1984 年，劉寧生第一次在公開刊物上使用“語義指向”這一術語。他在《句首介詞結構“在……”的語義指向》（《漢語學習》1984）一文提出“在……”在句法上是全句的修飾語，但其語義指向並不一致，可指向謂語，也可指向主語。這一術語得到了學者們的廣泛認同，於是肖輝嵩、徐復嶺、歐陽雲、邵敬敏等先後發表論文響應。

所謂語義指向，就是指“句法成分在語義平面的動態指歸性，它體現爲由指向成分和被指成分一起構成的語義指向結構體”①。簡單地説，句子中的某一個詞的語義指向，也就是指這個詞的語義轄域。

迄今爲止，關於助動詞語義指向研究的論文衹有一篇，爲姚漢銘、孫紅合寫的《助動詞語義指向探析》，他們運用朱德熙的平行性原則對助動詞的語義指向作了詳細的論述，可謂助動詞語義指向研究的開山之作。然而，他們探討的助動詞都屬現代漢語，對古漢語助動詞的語義指向絲毫沒有涉及。關於助動詞語義指向的研究方法，姚漢銘、孫紅的平行變换法。我們根據楚簡帛助動詞的實際情況，擬採用變换法和删減法相結合的原則，來判定其語義指向。另外，動詞的語義轄域相對比較確定，故對助動詞語義指向的分析將不考慮語氣、語境等動態因素，主要採用静態分析法。

一、指向除去助動詞本身以外的整個句子

主要存在於肯定句式中，且在助動詞句子中所佔的比例較大。楚簡帛中存在以下兩種句式：

（一）NP＋助動詞＋VP

此句式爲一般陳述句，幾乎每一個助動詞都可以用於此句式，毫無疑問地是助動詞使用頻率最高的句式。如：

（1）亟稱其君之惡者可謂忠臣矣。（《郭店·魯穆公問子思》3—4）

“可”表示“事理上許可”義，是對一事理施加的評判。可以變换爲：

① 邵敬敏、任之鏌、李家樹、税昌錫、吴立紅《漢語語法專題研究》，北京大學出版社，2009年，頁211。

(1) 亟稱其君之惡者謂忠臣矣，可。

助動詞置後以後，基本語義未變，衹不過對這一事理的評判意味更濃烈了。又如：

(1) 賢者能理之。(《郭店·語叢一》54)

此例中“能”表示能力上許可，表示賢者有能力治理國家。可變換爲：

(1) 賢者理之，能。

變换後句義並未發生改變。相反，將助動詞單獨列出，更加强了對賢者能力的判斷性。因此，在此句式中，助動詞在語義上是指向除了它本身以外的整個句子的。同理，以下例句中的助動詞在語義上也是指向整個句子的，如：

(1) 凡萖日，可以為小社。(《九店·五六號墓》23 貳)

(2) 強以庚志襄，得用於世。(《上博六·慎子曰恭儉》2—4)

(3) 衍敢居我江干！(《上博七·吳命》5)

(二) NP (語義焦點) ＋非否定性修飾詞＋助動詞＋VP

第一類句子結構較爲簡單，在先秦漢語中也存在着許多更爲複雜的結構。助動詞之前常常會出現一些修飾性的副詞或連詞，如“尚”“將”“始”“猶”“皆”“乃”“其”等。如：

(1) 白圭之砧尚可磨，此言之砧不可爲。(《上博一·緇衣》18)

(2) 孔子曰：善哉！商也，將可教詩矣。(《上博二·民之父母》8)

(3) 禹通淮與沂，東注之海，於是乎競州、莒州始可處也。(《上博二·容成氏》25)

(4) 子曰:"舜其可謂受命之民矣,舜,人子也。"(《上博二·子羔》7)[①]

在這些句子中,助動詞的語義又指向哪個成分呢?在這裡不得不引出語義指向的焦點。"所謂語義指向的焦點,即語義指向上的傾向性、側重性。"[②] 用討論過的用例"賢者能理之"來加以説明。此句中"能"語義上是指向除了"能"以外的整個句子的,即"賢者理之"。那麼,其重心究竟傾向於"賢者"還是"理之"呢?這就得放到具體的語境中去考察,也就是前文所説的動態因素。

(1)(孰能理之?)賢者能理之。

(2)(賢者能亂之。)不,賢者能理之。

例(1)中"能"的語義焦點是"賢者",而例(2)中"能"的語義焦點則爲"理之"。這一現象説明了助動詞在其轄域之内並不是平均用力,而是有所側重。但是若助動詞前有非否定性修飾詞,其語義指向的情況又是怎樣的呢?如:

(1) 吾子皆能有待乎?(《上博五·弟子問》14)

此例可變換爲:

(1) 吾子皆有待,能乎?

卻不能變換爲:

(1) 吾子有待,皆能乎?

又如:

---

① "其"爲判斷副詞,作狀語,表示説話者對後面動作行爲的一種肯定的判斷,可譯爲"肯定"、"一定"。

② 姚漢銘、孫紅《助動詞語義指向探析》,《青海師範大學學報(社會科學版)》1992年第3期。

(1)《大雅》云:“白圭之砧尚可磨,此言之砧不可爲。”(《上博一·緇衣》18)

前半句可以變換爲:

(1) 白圭之砧磨,尚可。

卻不能變換爲:

(1) 白圭之砧尚磨,可。

由此可見,有些副詞或連詞處於助動詞的轄域中,但是有些卻處於助動詞的轄域之外。這是由於助動詞語義指向的焦點不同而造成的。在“吾子皆能有待乎”中,整個句子乃至助動詞語義指向的焦點都在“吾子”,而在“白圭之砧尚可磨”中,語義焦點在“磨”上。可以説:若助動詞語義指向的焦點在“NP”上,其語義轄域涵蓋了這個修飾詞;若助動詞語義指向的焦點在“VP”上,其語義轄域則不涵蓋這個修飾詞。因此,這裡所討論情況,其語義焦點是在“NP”上,故助動詞的語義指向除了助動詞本身以外整個句子,即是説助動詞的語義轄域包含了謂語助動詞前的副詞。

二、指向除去助動詞和助動詞前修飾詞的整個句子

即是説助動詞的語義轄域不包括它前面的修飾成分,與上面所討論的情況相反。其主要分佈在以下三種句式中。

(一) NP+否定副詞+助動詞+VP

助動詞前的副詞可以爲否定副詞、狀態副詞、時間副詞、推度副詞、關聯副詞、疑問副詞和範圍副詞,其中以否定副詞用例最多。否定副詞總是和助動詞緊緊結合在一起的。通過變換可知:

(1) 同社、同里、同官不可證。(《包山》138背)

此例可變换爲：

(1) 同社、同里、同官證，不可。

卻不能變换爲：

(1) 同社、同里、同官不證，可。

"不可"應該看做一個單位，在語義上指向除了它們自身以外的整個句子。也就是説，助動詞"可"在語義上指向除了它自身及否定詞"不"之外的整個句子，在"可"的語義轄域中没有"不"。又如：

(1) 不肯惠聽無罪之辭。(《清華簡一・皇門》7—8)

"肯"表示"願意"，本句可變换爲：

(1) 惠聽無罪之辭，不肯。

卻不能變换爲：

(1) 不惠聽無罪之辭，肯。

這也説明"不肯"應看做一個整體，不能拆開。以此類推，下列句子中的助動詞在語義上也應指向除了自身和修飾它的否定詞之外的整個句子，如：

(1) 難之，而亦弗能棄。(《上博六・用曰》5)

(2) [曰] 荼：不可以攻 [城]。(《楚帛書・丙篇》12)

(3) 左行蔑、隨會不敢歸，遂奔秦。(《清華簡二》54—55)

總之，在"NP＋Neg＋助動詞＋VP"結構中，助動詞的語義轄域不包括"Neg"，而是和"Neg"一起構成新的否定載體，從而在句子層面上進行否定。

(二) NP＋疑問詞＋助動詞＋VP

楚簡帛中用於疑問句式的助動詞有"可"、"能"、"得"、"足"、"足以"、"克"、"欲"、"敢"8個，約佔53.3%。若助動詞前有疑問詞，助動詞和疑問詞也是緊緊地組合在一起的。如：

(1) 未足，孰敢譕之？(《上博六·孔子見季桓子》20)

可以變換爲：

(1) 未足，譕之，孰敢？

卻不能變換爲：

(1) 未足，孰譕之，敢？

可見，助動詞"敢"和疑問代詞"孰"宜看做一個單位，它在語義上指向全句。也就是説，"敢"的語義轄域中不包括"孰"。又如：

(1) 子曰：惟君子能好其匹，小人豈能好其匹？(《上博一·緇衣》21)

後半句可以變換爲：

(1) 小人好其匹，豈能？

卻不能變換爲：

(1) 小人豈好其匹，能？

這也説明，"豈能"應看做一個整理，即是説在此句子中"能"的語義轄域不包括"豈"。同理，下面這些用例中的助動詞的語義轄域也不包括其前的疑問詞。如：

(1) 安敢殺祭？(《上博四·柬大王泊旱》7)

(2) 弗王，善矣，夫焉能王人？繇！(《上博五·弟子問》17)

(3) 凡物流形，奚得而成？流形成體，奚得而不死？(《上博七·凡物流形甲》1)

(三)［NP］＋非否定性修飾詞＋助動詞＋VP(語義焦點)

在"［NP］＋非否定性修飾詞＋助動詞＋VP"結構中，助動詞語義指向的焦點在"VP"上時，那麼，助動詞前的非否定的修飾詞就不在其語義轄域之內。如：

（1）孔子曰：舜其可謂受命之民矣，舜，人子也。（《上博二·子羔》7）

分句"舜其可謂受命之民矣"可變換爲：

（1）舜謂受命之民矣，其可。

卻不能變換爲：

（1）舜其謂受命之民矣，可。

此例中"其"位於助動詞前爲副詞，表示判斷，可譯爲"肯定"、"一定"。這種情況在分析語義指向焦點時已經論及，此不贅述。

三、指向助動詞所在的賓語或定語

除了上述兩種比較常見的語義指向外，助動詞的語義轄域也可指向其所在的賓語或定語。這與助動詞的位置有關，楚簡帛中用例極少，屬個別現象。

（一）指向助動詞所在的賓語

這種情況，助動詞分佈於賓語之中，如：

（1）古者堯之舉舜也，聞舜孝，知其能養天下之老也；聞舜悌，知其能事天下之長也。（《郭店·唐虞之道》22—23）

此例初看有兩種理解：兼語句和主謂短語作賓語的句子。二者在形式上極爲相似，但細細分析，可斷定此例爲非兼語句。首先，若其爲兼語句在第一個動詞"知"後不能有停頓，也不可加狀語，但此句既可停頓，也可加入狀語；其次，兼語句的第一個動詞多使令意義，支配的是人，但"知"無使令意義，且支配的是事。故此用例爲主謂短語作賓語的句子。其主語爲"堯"，動語爲“知”，賓語爲一主謂短語“其能養天下之老”，故助動詞分佈於賓語之中。另外，若將“能”直接提出，變换爲：

(1)（尧）知其養天下之老也，能。

變换後的“能”語義指向全句，是對尧行事能力的評價，而不是對舜美德的評價，如此改變了基本句義。這也再次證明“能”在語義上僅指向句子的賓語“其養天下之老”。同理，“知其能事天下之長也”亦是如此。助動詞語義指向爲其所在的賓語的用例還有：

(1) 仁爲可親也，義爲可尊也，忠爲可信也，學爲可益也，教爲可類也。（《郭店·尊德義》3—4）

(2) 故爲人君者言人之君之不能使其臣者，不與言人之臣之不能事其君者；故爲人臣者言人之臣之不能事其君者，不與言人之君之不能使其臣者。（《上博四·内豊》1正—2）

(3) 邦人其謂我不能稱人，朝起而夕廢之。（《上博八·志書乃言》6）

(4) 王敗蔡靈侯於呂，命申人室出，取蔡之器。執事人夾蔡人之軍門，命人毋敢徒出。（《上博九·靈王遂申》1—2）

例（1）是“爲”字型判斷句。例（2）中“爲”讀去聲，作介詞，表所與、所向；“者”爲語氣詞；“言”爲動詞，“人之君之不能使其臣”爲賓語。這句話意爲“與君言，言使臣；與臣言，言事君”。例（3）和例（4）的賓語爲“Neg＋助動詞”，助動詞的語義指向爲賓語，但不包括否定副詞。如例（3）“謂”爲動語，賓語是“我不能稱人”。例（4）中“命”爲動詞，命令之義，“人”根據上下文可知指“申人”，即是説楚靈王欲取悦申人，命申人傾巢出動，去取蔡靈侯器。靈王派執事人把守住蔡人的軍門，命令申人不能空手而出。

（二）指向助動詞所在的定語

和賓語相似，若助動詞分佈於定語之中，那麼助動詞的語義指向爲其所在的定語。若助動詞和否定副詞組合，便和否定副詞一起修飾定語。如：

(1) 是乎作爲九成之臺，寘盂炭亓下，加圜木於亓上，思民蹈之，能遂者遂，不能遂者入而死，不從命者從而桎梏之。(《上博二·容成氏》44)

(2) 諸侯之君之不能祠者，而刑之以旱。(《上博四·柬大王泊旱》11—12)

(3) 民不從上之命，不信其言，而能含德者，未之有也。(《郭店·成之聞之》2—3)

例 (1) 講述的是商紂暴政，行炮烙酷刑，“能”和“不能”語義上僅指向主語中定語“遂”；例 (2) 是説諸侯不能祭祀旱母的，上帝會懲之以乾旱，“不能”語義上僅指向“祠”；同理，例 (3) 義爲人民不遵從君上的法令，不相信其言辭，而能緬懷其天德的，從來就沒有過，助動詞“能”的語義指向爲其所在的定語“含德”。

（三）既指向賓語又指向定語

助動詞既作前面動詞的賓語，又和前面的動詞構成動賓短語修飾後面的名詞，這一用法在楚簡帛中較爲少見。僅 1 例。如：

(1) 知可爲者，知不可爲者；知行者，知不行者，謂之夫。(《郭店·六德》17—18)

例 (1) 中“可爲”、“不可爲”作動詞“知”的賓語，構成動賓結構，但這一動賓結構又作定語來修飾表某一種人的“者”。

因此，助動詞“可”及否定結構“不可”在語義上既指向其充當的賓語，也指向其充當的定語。

總之，雖然助動詞在楚簡帛中用例遠不如動詞那樣廣泛，但其語義作用卻是相當豐富的。李臨定認爲助動詞是和除它之外的整個句子發生關係的，衹是説中了助動詞語義指向最常見的情況。除此之外，助動詞還可以指向除去助動詞和助動詞前修飾詞的整個句子、賓語、定語或賓定兼顧。在現代漢語中，存在“你要好好吃飯、好好睡覺、好好學習”這樣的句子，此句中助動詞“要”不僅僅指向“好好吃飯”，也指向後面的兩個小分句“好好睡覺”和“好好學習”，這種超分句指向在楚簡帛中沒有用例。

第三章 語用研究

不論是探討助動詞的句法結構，還是語義特徵、語義指向，都衹是對其進行的靜態的分析或描寫。語用着眼於符號和使用者關係的分析，是一種動態的研究。對助動詞的語用研究，不是研究其所有的語用因素，而是探討楚簡帛助動詞句提供的語用信息和語用價值，衹研究跟助動詞句法有關的語用因素。

對助動詞語用的研究散見於期刊或學位論文之中，鮮有人專門著論研究。李錦姬在《兩種可能式的語用分析》(《南京師大學報》1996）一文中對現代漢語常用的兩種可能式“V得C”和“能VC”的語用意義和價值、主題和述題、表達重心和焦點等方面進行了分析。另外，賴鵬在《根義與認識義情態動詞表言語行爲的語用功能探析》(《湖北第二師範學院學報》2012）一文中對根義和認識義的情態動詞的內力施爲和外力施爲語用功能進行了探析。兩位的觀點讓閲讀者受益匪淺，但都是對現代漢語的個案分析，缺乏對所有助動詞進行全面系統的語用研究，也未曾涉及古漢語助動詞。我們欲補助動詞語用研究之薄弱環節，但因才疏學淺，也衹能淺嘗輒止。本章在句法研究的基礎之上，首先認識助動詞的語用功能，然後對其常用的否定句式和疑問句式進行有針對性的語用分析，以期更全面地領會助動詞在言語交際中傳遞的信息，更深入透徹地理解作者的行文意圖，更準確地把握上古時期助動詞的語法現象。

第一節　助動詞的語用

對助動詞的語用研究不多，且集中在反問、祈使等用法的共性和差異的對比上。通過對比找出的共性和差異仍是語義的共性和差異，也就是説，雖然使用了語用研究的某些方法，但最終得出的仍是語義方面的結果。因此，擬從助動詞的語用功能方面入手，探討助動詞在言語交際中的以言行事功能、禮貌功能和明示推理功能。

一、以言行事功能

1955年，英國哲學家奥斯汀（J. L. Austin）在哈佛大學的系列講座中首次提出言語行爲理論。此理論的特點是説話者通過一句話來執行陳述、請求、提問、命令、承諾等行爲，這些行爲的實現也許可給聽話者帶來某些後果，所以奥斯汀將言語行爲分爲“言有所述”和“言有所爲”。“言有所述”涉及的是句法和邏輯語義問題，目的在於以言指事；“言有所爲”是以語境的變化爲轉移的，屬語用問題，目的在於以言行事。奥斯汀根據語用力量的不同，將語用行爲分爲裁決、行使、承諾、表述和行動五類。後來，美國哲學家塞爾（J. R. Searle）對其師奥斯汀的言語行爲理論進行了較爲全面和系統的補充和修正。他認爲奥斯汀分類的最主要的缺陷就是缺乏明確的依據和原則。因此，他確定了十二條分類標準，將語用行爲分爲斷言類、指令類、承諾類、表達類和宣告類五類。斷言類，表説話者對某事做出表態及對命題内容做出真假判斷，如陳述、描寫、説明、報道、分析、斷定、推斷、猜測、猜想、堅信、估計等；指令類，表説話者或堅決直接或委婉間接地指使聽話者做某事或不能做某事，如詢問、請求、哀求、命令、指使、建議、允許、忠告、禱告等；承諾類，表説話者就未來某一行爲做出承諾，如宣誓、發誓、許諾、保證等；表達類，表達説話者對命題内容的感情態度狀況，如讚揚、感謝、歡迎、悔恨、痛惜等；宣告類，通過一種行爲使得某一事態得以存在、變化或實現，如宣判、宣告、通告、任命、命名等。塞爾的分類具有一定的科學性，得到了學界的普遍接受和認可。

很多著作在闡釋助動詞的義項時，會説助動詞有"推斷"、"估計"等義，如陳承澤《國文法草創》："表推斷者，在詞，有'可'字；在字，有'應'（本他動）'當'（本關係自動）'足'（本自動轉象）'能'（本他動）'得'（本他動）'宜'（本名轉象）等字。"① 這種意義並不是助動詞的詞彙意義，而是在談論助動詞的以言行事的功能。下面將對三大類助動詞的以言行事功能進行探析。

① 陳承澤《國文法草創》，商務印書館，1982 年，頁 43。

（一）可能類

可能類助動詞個數最多，句法結構和語義類型也最爲豐富，其以言行事能力有以下五種：

1. 陳述、說明

所謂陳述，是對人、事、物的敘述或說明，是人類思維最一般的表達方式。所謂說明，即解釋講明。陳述、說明一般情況下衹是對所述對象的平鋪直敘，並不帶有強烈的感情色彩和喜惡傾向。可能類所有助動詞都有此語用功能。如：

（1）不奪而足養者，地也；不期而可要者，天也。（《郭店·忠信之道》4—5）

（2）蘭有異物，蓼則簡逸，而莫之能效矣。（《上博八·蘭賦》5）

（3）說，昔在大戊，克漸五祀，天章之用九德，弗易百姓。（《清華簡三·說命下》8）

（4）夫夏繒氏之道，可以知善否，可以知無災，可謂有道乎。（《上博八·成王既邦》14）

（5）百川既導，天下能恒。（《上博九·舉治王天下》31—32）

2. 推斷、斷定

推斷，是根據事實或前提進行推論。斷定，是對某一事物或行爲進行判決裁定，簡而言之就是下結論。如：

（1）孔子曰：善哉！商也，將可教詩矣。（《上博二·民之父母》8）

（2）王用有監，多憲政命，用克和有成，王用能承天之魯命。（《清華簡一·皇門》4）

(3) 王固繇之答："汝毁新都鄢陵，臨陽，殺左尹，□少師亡忌。"王曰："不能。"(《上博六·平王問鄭壽》2—3)

(4) 強以庚志襄，得用於世。(《上博六·慎子曰恭儉》2—4)

3. 建議

建議，通常是指針對一個人或一件事的客觀存在或處置提出自己的意見，使其朝着更加良好積極的方面去完善或者發展。如：

(1) 衆烏將食之。靈烏曰："是小臣也，不可食也。夏后有疾，將撫楚，于食其祭。"(《清華簡三·赤鵠之集湯之屋》6—7)

4. 詢問、允許

詢問，是説話者就某一問題向聽話者徵求意見。如：

(1) 魯穆公問於子思曰："何如而可謂忠臣?"(《郭店·魯穆公問子思》1)

(2) 子羔曰："何故以得爲帝?(《上博二·子羔》1)

(3) 譬如戎夫，驕用從禽，其猶克有獲?(《清華簡一·皇門》9)

(4) 莊公曰："此三者足以戰乎?"(《上博四·曹沫之陳》49)

允許，是指對某一行爲的許可，發出允許的可以是有生命的人，也可以是客觀事實、客觀情理。如：

(1) 稚人止之，曰："君王臺始內入室，君之服不可以進。"(《上博四·昭王毁室》2)

5. 發誓

發誓的主語一般是説話者，其就某一種情況莊嚴地説出表決心的話。如：

（1）駒之克降堂而誓曰："所不復訽於齊，毋能涉白水。"（《清華簡二》68）

（二）意願類

意願類助動詞一般衹有陳述、説明、描寫的以言行事能力。如：

（1）撞鼓，禹必速出，冬不敢以蒼辭，夏不敢以暑辭。（《上博二·容成氏》22）

（2）我左患右難，吾欲達中持道。（《上博九·舉治王天下》5—6）

（3）恐貽吾子羞，願因吾子而辭。（《上博三·中弓》26）

（4）如關柭不閉，而繩斷失楔，互相不疆，罔肯獻言。（《清華簡三·芮良夫毖》22—23）

（三）應當類

應當類助動詞在楚簡帛個數最少，句法結構和語義也較爲單一。其以言行事功能有：

1. 陳述、説明、斷定

其用例不多，如：

（1）用莫能止，欲而莫肯齊。（《清華簡三·芮良夫毖》4—5）

（2）曰其罰時償，其德刑宜利。（《清華簡三·芮良夫毖》22—23）

（3）公曰："當在吾，不滿二三子。"（《上博五·競建内之》6）

2. 建議

是應答類的主要行事功能，如：

（1）當蔽而卜之於大夏，如表將祭之，釐尹許諾。（《上博四·柬大王泊旱》3—4）

（2）君宜導之至者，教而使之，君子亡所狷人。（《上博三·

中弓》15—16）

（3）父聖，子仁，夫智，婦信，君義，臣宜忠。（《郭店·六德》34—35）

綜上所述，楚簡帛三大類助動詞的以言行事功能，主要有斷言類、指令類和承諾類。斷言類最爲常見，三類助動詞都有斷言類功能，且用例較多；指令類次之；承諾類最少。

二、禮貌功能

禮貌是一種普遍存在的社會現象，是人們建立和維持良好人際關係的重要因素之一。語言是表達禮貌的一種重要手段，而禮貌又制約着語言的使用。因此，語用研究必然包括了禮貌研究。“禮貌原則”是英國著名語言學家利奇（Leech）於 1983 年在《語用學原則》一書中首次提出，他總結了得體、慷慨、讚美、謙遜、一致、同情六條準則來衡量言語行爲是否禮貌。禮貌原則是對格賴斯（Grice）合作原則的援救和彌補，對一些在言語交際中違反合作準則的問題能有效解答。當然，不能説人們在表達方式上違反合作準則的行爲都是出於禮貌的需要，但是在不少情況下的確是出於禮貌的考慮。最先將禮貌原則介紹給我國語言學界的是劉潤清，而首先對漢語語用進行禮貌研究的是顧曰國。顧先生吸收借鑑了利奇的六條禮貌準則，立足於本土文化，於 1992 年提出了具有“中國特色”的禮貌原則，具體包括五條：貶己尊人、稱呼、文雅、求同、德言行。雖然其仍有不盡人意之處，但它畢竟立足於漢語特點，並追溯現代禮貌的歷史淵源，其獨創性令後人矚目。

在漢語中，表達禮貌的方式除了尊稱、謙稱外，助動詞也是表現禮貌的重要方式。楚簡帛助動詞的禮貌功能有以下幾個方面：

（一）減弱話語強度

一般情況下，聽話者都不願意聽到禁止、命令等語氣較強的話語。社會學將其稱之爲"面子"問題，"面子"問題是雙向的，一個人要想自己不丟面子，最保險的方法就是維護別人的面子。因此，在交際中常抬高對方、貶低自己。助動詞的禮貌功能就是減輕話語的強度，避免直接反對、拒絕、建議、命令等言語行爲損傷聽話者的面子，以致聽話者形成抵觸心理，從而破壞良好的人際關係。如：

（1）周公乃納其所爲功自以代王之説於金縢之匱，乃命執事人曰："勿敢言。"（《清華簡一·金縢》5—6）

（2）相徙，中余答："君王當以問大宰，晉侯彼聖人之子孫，將必鼓而涉之，此何？"（《上博四·柬大王泊旱》10—11）

（3）禹乃五讓以天下之賢者，不得已，然後敢受之。（《上博二·容成氏》17—18）

例（1）"勿敢言"是周公之誡"命"，周公命執事人不得將"武王有疾周公所自以代王之志"説出去。若周公説"勿言"，其命令意味更濃，執事人會服其命。但是，周公説的是"勿敢言"，命令語氣得到緩衝，於執事人而言更易接受，同時也體現出周公的美德。

例（2）中是相徙、中余對王所提問題的回答是"君王當以問大宰"。助動詞"當"使他們的建議變得委婉，保全了君王的權威和顏面。若他們的回答是"君王問大宰"，建議變成了命令，二人的命運可想而知。另外，這一句爲疑問句，更凸顯了君王決策的權利。這也説明語氣的強弱受到交際雙方地位的影響。

例（3）"然後敢受之"一句，若去掉助動詞"敢"而變爲

“然後受之”，句法語義皆通，但並不是説“敢”是多餘的。此處的“敢”乃作者有意爲之，通過“敢”禹的地位得到降低，讀者的地位抬升，謙遜的言辭體現出禹的賢德。

（二）模糊話語

語言的精確性與模糊性永遠處於矛盾之中。一般情況下，聽話者希望説話者能表達得清楚明白準確。然而世間萬物本無定性，模糊性更是作爲一大特點存在於語音、詞彙和語法系統中。一個含有助動詞的句子所表達的精確性降低，使語言變得模糊，一則可讓説話者對所言内容的責任減輕，二則當説話者與聽話者的預期答案存在不一致時，助動詞的模糊性則在很大程度上減輕分歧，從而使話語變得委婉易接受。如：

（1）九四：可貞，無咎。（《上博三·周易》21）

（2）子嘗以此誤之，其白黑將可知也。（《上博九·舉治王天下》3）

此兩例若沒助動詞“可”，則話語變得精確。例（1）變爲九四一定可以“貞”，例（2）變爲白黑一定可以“知”。當雙方觀點一致時，起強化作用，但若雙方觀點不一致，這種絕對的説法會讓對方不易接受。因此，助動詞“可”的模糊限制功能則起到了很好的調節作用，不論觀點是否一致，聽話方都較樂於接受。

（三）給予聽話者主動選擇權

交際中，如果説話者總是作決定而聽話者總是去執行，這勢必讓聽話者處於被動，降低其人際權勢地位，會使説話者的言語顯得強勢而不禮貌。因此，爲保證交際雙方的愉快，説話者在進行要求、命令時，常用建議的方式讓聽話者作出選擇，也常用詢問或請求的方式讓聽話者自己決定是否行動。如：

(1) 道有所修，非天之所向，莫之能得，當退而思之，亓唯賢民乎！(《上博九·舉治王天下·文王訪之於尚父舉治》7)

(2) 父聖，子仁，夫智，婦信，君義，臣宜忠。(《郭店·六德》34—35)

(3) 城於膚中者，無有名山名溪，欲祭於楚邦者乎？(《上博四·柬大王泊旱》2—3)

(4) 虗答曰："君爲王臣，王將墜邦弗能止，而或欲得焉？"《上博九·靈王遂申》5

例 (1) (2) 中助動詞將命令轉化爲建議，例 (3) (4) 則將命令或要求轉化爲詢問。以上四例都是藉助助動詞來給予聽話者主動權，讓聽話者能自主決定自己的行爲。

三、明示推理功能

奥斯汀是言語行爲理論的開創者，在創建之初，這個理論並不完善。塞爾則在奥斯汀的基礎之上建立了一個相對完整的理論框架和體系，使言語行爲理論成爲現代語用學的重要理論之一。在奥、塞之後，許多語言學家也從其他的維度來對言語行爲進行了研究，使言語行爲理論在實踐中不斷地發展。

2001 年，斯波伯 (Sperber) 和威爾遜 (Wilson) 首次運用關聯理論研究言語行爲。他們根據關聯推理模式分別研究了陳述句、疑問句和祈使句的產生路徑，最後得出關聯理論原則完全適用於對言語行爲研究的結論。關聯理論認爲"交際是一個涉及信息意圖和交際意圖的一個明示——推理的過程"①。也就是説，交際，於説話者而言，是將自己的意圖用言語明示；於聽話者而

① 王德春《普通語言學》，上海外語教育出版社，2011 年，頁 169。

言，則是以言語爲依據進行推理，從而理解説話者的意圖。

（一）明示行爲

明示行爲與説話者相關，因此對説話者而言，交際是一個明示過程。明示，即説話者明白地表示自己的意圖。因此，在交際中"説話人必然將所要强調的部分通過某種直顯手段表現出來，以便聽話人進行推理"①。助動詞明顯是直顯手段。如：

（1）陵尹與釐尹有故乎？願聞之。（《上博四·柬大王泊旱》20—21）

（2）相徙，中余答："君王當以問大宰，晉侯彼聖人之子孫，將必鼓而涉之，此何？"（《上博四·柬大王泊旱》10—11）

（3）王用有監，多憲政命，用克和有成，王用能承天之魯命。（《清華簡一·皇門》4）

例（1）的意思是"陵尹與你是舊識嗎？我想聽聽"。王直白地告訴釐尹自己想知道陵尹和他是不是舊識。王明白無誤地傳達了自己想知道的事，這就是交際中説話者的明示行爲，此例中的"明示刺激"就是助動詞"願"。

例（2）的意思是"君王（想知道昨晚的夢是否吉利），應當問大宰"。相徙、中余告訴王應當怎麼做，他是通過助動詞"當"這一"明示刺激"來表達自己的判斷。

例（3）用助動詞"能"來準確表達説話者認爲王有"承天之魯命"的能力，顯豁地表達了自己的推理。

又如：

① 何自然、冉永平《語用與認知——關聯理論研究》，外語教學與研究出版社，2001年，頁25—26。

(1) 左行蔑、隨會不敢歸，遂奔秦。(《清華簡二》54—55)

(2) 父聖，子仁，夫智，婦信，君義，臣宜忠。(《郭店·六德》34—35)

(3) 與其溺於人，寧溺於淵，溺於淵猶可游，溺於人不可救。(《上博七·武王踐阼》8)

在這些例句中，助動詞使説話者的信息意圖顯豁準確地表達出來，故聽話者能夠容易而準確地理解，交際目的也就順利達成。明示行爲也説明助動詞是句子的表達重心，有着舉足輕重的作用。

(二) 語用推理

推理行爲與聽話者相關[①]。聽話者必須根據説話者所提供的明示信息推導出交際意圖，否則，交際就不能成功。語用推理是語言使用的邏輯，但是語用推理並不等於邏輯推理，它比邏輯推理更複雜。因爲語用推理的前提除了言語因素外，還包括了“語境前提”。而“語境前提”不僅包括動態變化的言語背景，還包括交際雙方的認知能力、知識結構、雙方關係等因素。

言語層面信息也許並不是説話者最終希望傳遞的信息，需要聽話者據其進行推理，以明曉説話者的真正交際意圖。助動詞推理，是以助動詞爲前提而進行的推理。在言語交際中，助動詞是聽話者進行推理的方向和目標，能較好地引導聽話者的思維，讓聽話者能相對容易地獲得最大的語境含義。如：“陵尹與釐尹有故乎？願聞之。”釐尹聽到此話后，不僅僅是作肯定或否定的回答，還要據此進行推理。不論是否是故交都得做詳細地説明，以

① 交談的雙方不僅僅是説話者和聽話者，也可是著者和閲讀者。

消除王的疑心。又如:

(1) 民可道也, 而不可强也。(《郭店·尊德義》22)

聽話者根據説話者所提供的話語信息可以得出“人民可以引導, 但不可以強迫”。這是表層的言語含義, 聽話者得據此進行推理, 最終得出應施行德政。此例中, 説話者通過助動詞“可”明白地表達了管理人民的辦法, 而聽話者又根據“可”領會了説話者傳達的“爲政以德”的基本精神, 知曉了管理人民的辦法。那麼, 交際雙方就達到了“互明”。再如:

(1) 方臧方武, 克燮仇讎。(《清華簡一·耆夜》5—6)

(2) 人之所畏, 亦不可以不畏。(《郭店·老子乙》5)

(3) 如欲識貌, 糾而視之, 任而伏之。(《上博七·凡物流形甲》23)

(4) 父聖, 子仁, 夫智, 婦信, 君義, 臣宜忠。(《郭店·六德》34—35)

在語際中, 説話者提供直接的話語證據, 聽話者通過該話語來瞭解説話者的意圖。一般情況下, 説話者把自己的意圖表現得越準確明白, 聽話者也就更容易理解, 也就更有利地促使交際的成功。助動詞在句中明確地表現了説話者對某人、某事、某物的主客觀方面的推測和判斷, 顯豁地表達了交際意圖, 有利於聽話者豐富顯義、補充隱義, 從而精準地把握交際意圖。因此, 助動詞的明示與推理作用在語際中有着不可替代的作用。

第二節　否定與語用

在語用研究中, 否定所處的地位從未受到應有的重視。究其原因主要有兩個方面: 一方面, 否定句與其對等的肯定句相比,其提供的信息要少；另一方面，否定句與人類直陳式的思維相反，理解時需要更多的認知解讀，比肯定句費時費力。因此，語用中否定句便不怎麼受歡迎，常被打入“語義信息模糊不清”的冷宮。然而，在語用中，肯定句衹能表示肯定性含義，而否定句卻不一定衹表示否定性含義。即使否定句在書面語和口語中的使用頻率遠低於肯定句，但也並不能就此抹殺否定句的語用價值。

一、否定句的語用地位

利奇和克拉克都認爲否定句的使用頻率低於肯定句，這一點毋庸置疑。那麼，楚簡帛助動詞的否定句是否也低於肯定句呢？對楚簡帛助動詞的肯定和否定句式作了統計，結果如下表：

表 1：楚簡帛助動詞肯定句、否定句統計表

類　別	句　式	助	動	詞						合計
可能類	一	可	可以	能	克	得	可得	足	足以	
	肯定句式	110	17	71	11	8	13	3	9	242
	否定句式	88	38	82	4	6	0	6	7	231
意願類	一	敢	欲	願	肯					
	肯定句式	7	48	2	0					57
	否定句式	47	2	0	5					54
應當類	一	當	宜	用						
	肯定句式	6	4	1						11
	否定句式	0	0	3						3

由表 1 可知：

第一，楚簡帛助動詞的否定句少於肯定句，但相差不是很大。否定句有288例，肯定句有310例。這與梁曉波對《論語》第一章中否定句和肯定句的統計異曲同工。據梁先生統計，《論語》第一章中否定句有19例，肯定句有21例。可見，上古時期，否定句的使用頻率是相當高的。

第二，三大類助動詞的否定句用例均少於肯定句，且分佈趨勢與總體趨勢保持一致。可能類相差11例，意願類相差3例，應當類相差8例，總例數相差22例。

二、否定句出現的語言環境

表1的統計數據雖不一定能全面地説明問題，卻從一個側面向我們昭示上古時期否定句的使用已具有普遍性。不論是在日常交際還是在外交辭令中，否定句都不可或缺。那麼，它究竟出現在哪些語言環境中呢?

（一）對一動作行爲的否定

此語境是助動詞否定句最常出現的語言環境，即否定副詞與助動詞結合對某一動作行爲的否定，可用於對話中。如：

（1）如就白公之禍，聞令尹、司馬既死，將至鄎。葉之諸老皆諫曰："不可，必以師。"（《上博九·邦人不稱》4）

（2）人之所畏，亦不可以不畏。（《郭店·老子乙》5）

（3）蘭有異物，蓼則簡逸，而莫之能效矣。（《上博八·蘭賦》5）

（4）叟行年七十矣，言不敢斁身，君人者何必安哉!（《上博七·君人者何必安哉乙》8）

（5）用莫能止，欲而莫肯齊。（《清華簡三·芮良夫毖》4—5）

(6) 六三：勿用取女；見金夫，不有躳，無攸利。（《上博三·周易》1）

（二）對先前説話者言論的否定

先前説話者提出某一觀點，後面的説話者對其言論表示否定。楚簡帛助動詞否定句用於這一情況的較少，有3例，後面均省略了“VP”。如：

(1) 告苦成家父曰：“以吾族三郤與□□□□於君，幸則晉邦之社稷可得而事也，不幸則取免而出，諸侯畜我，誰不以厚？”苦成家父曰：“不可。君貴我，而授我衆，以我爲能治政。”（《上博五·姑成家父》2—3）

(2) 如就白公之禍，聞令尹、司馬既死，將至郢。葉之諸老皆諫曰：“不可，必以師。”（《上博九·邦人不稱》4）

(3) 王固繇之答：“汝毁新都鄢陵，臨陽，殺左尹，□少師亡忌。”王曰：“不能。”（《上博六·平王問鄭壽》2—3）

三、否定句的語用功能

否定和肯定一樣，是人類較早也較重要的思維方式。關於否定句的蹤跡，從殷商甲骨刻辭到現代漢語，可以説是無處不在。然而，對否定句的語用功能卻不能簡單地定性。雙重否定雖爲否定形式，但卻表示肯定意義，爲了將其與否定意義的否定句分開，這裡將助動詞否定句粗略地分爲一般否定句和雙重否定句。

（一）一般否定句

交際中，交際雙方會積極地調動一切語言因素來提高語言的表達能力。一般情況下，人們認爲否定多具有負面意義，不利於交際的進行。其實不然，很多時候否定句可以比肯定句更具有積極意義。如“你矮”和“你不高”，前肯後否，意思基本相同，但前者直接，後者委婉含蓄。

楚簡帛助動詞否定句後面多爲動詞性結構，沒有委婉含蓄的修辭作用。但是，它卻可以與肯定句相互映襯，以增強語言的表現力。否定和肯定可以是詞語之間構成映襯，也可以是句與句之間構成映襯，以加強句子的表現力。如：

（1）可教也而不可迪其民，而民不可止也。（《郭店·尊德義》20）

（2）與其溺於人，寧溺於淵，溺於淵猶可游，溺於人不可救。（《上博七·武王踐阼》8）

（3）無父母能生，無君不能生。（《清華簡三·芮良夫毖》27）

（4）能識貌，則百物不失；如不能識貌，則百物具失。《上博七·凡物流形甲》22—23）

例（1）是説百姓可教化而沒開啟心智，百姓就不能知其所止。否肯映襯以突出“迪其民”的重要性。後三例均都可理解爲偏正複句，偏句是肯定句，正句是否定句，相互映襯，使句子語義豐富，更具説服力。

（二）雙重否定句

在邏輯學中，若命題 P 爲真，那麼非 P 定爲假，反之。但是，語言中的否定與邏輯中的否定並不一致。語言中的否定句不一定表達否定義，而不帶否定詞的語句也不一定就表達肯定義。前者以雙重否定句爲證，後者以反問句爲證。雙重否定句的語用功能主要有以下幾個方面。

1. 強調凸顯

黃伯榮、廖序東認爲雙重否定比一般的肯定句語氣更強、更加肯定有力，但有時雙否也減弱語氣[1]。兩位先生的真知灼見得到了研究者的認同。楚簡帛助動詞的雙重否定句沒有語氣減弱的用例，均表示強調凸顯的作用。如：

(1) 仲尼曰："夫民安舊而埱舉有成，是故有司不可不先也。"(《上博三·中弓》8—9)

(2) 鄰邦之君明，則不可以不修政而善於民。(《上博四·曹沫之陳》5)

(3) 毋不能而為之，毋能而易之。(《上博五·三德》15)

(4) 僕勞倌頸事將法，不慭，新造让尹不敢不告視日。(《包山》16—17)[2]

例 (1) 的"不可不先"等於"要先"，但是語氣比"要先"強烈，相當於"必須先"。例 (2) 如果改成"鄰邦之君明，則修政而善於民"，衹是一般的陳述，失去了曹沫苦心勸誡的意味。例 (3) 的"毋不能"是肯定全部。例 (4) 的"不敢不"，可譯爲"一定得"、"不得不"，表達的是一種道義情態，但是它表示主語所採取的行爲受到了某種外在力量或客觀情況的驅使，以至主語不得不實施某行爲，有一種無奈的感情色彩。總之，楚簡帛中助動詞的雙重否定結構都是提升、加強說話者的語氣，強化了命題肯定的程度。如圖：

2. 施爲功能

所謂施爲功能，就是指說話者意在實施某種影響，要求聽話

① 詳見黃伯榮、廖序東《現代漢語》(下冊)(增訂四版)，高等教育出版社，2007年，頁181—182。

② 視日：李零釋爲"負責有關事務的當值官員"。根據簡文，理解爲"主審官"，則文義可通。

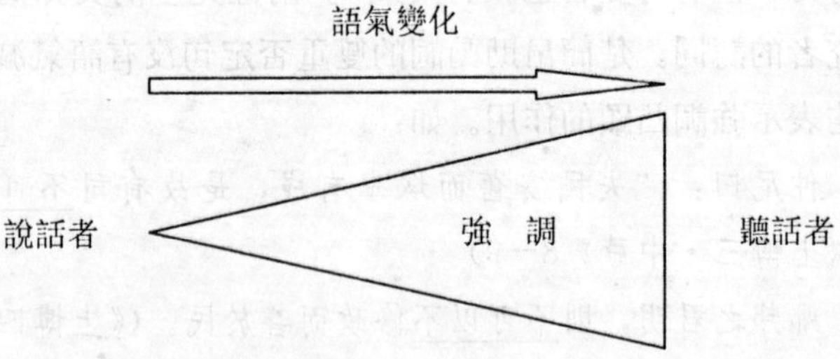

者或者自己必須實施某一動作行爲。凡助動詞出現的雙重否定句都具有施爲功能。如：

（1）故上之好惡不可不慎也，民之表也。（《郭店·緇衣》15）

（2）人之所畏，亦不可以不畏。（《郭店·老子乙》5）

（3）肆朕沖人非敢不用明刑，惟莫開余嘉德之説。（《清華簡一·皇門》1—2）

例（1）爲提議君王一定要慎重自己的喜好，莫因個人喜好而誤國誤民。例（2）是提醒聽話者必須要有所畏懼。例（3）是説話者"公"陳述自己必須施用鮮明的法令。由此可見，雙重否定句的施爲功能屬於分析性施爲。

能用於雙重否定句的助動詞有"可"、"可以"、"能"、"敢"四個，其中"可"、"可以"、"敢"的句法結構多爲"Neg＋助動詞＋Neg"，而"能"不能用於此結構，其雙重否定爲"Neg＋Neg＋能"，且用例較少。這與"能"的語義有關，"能"作助動詞時多表客觀能力，並不具有施爲功能，故少出現在具有施爲功能的雙重否定句中，而多用於陳述説話者對某人、物或現象的主觀態度的"可"、"可以"、"敢"就自然而然地進入到雙重否定結構之中了。

第三節　疑問與語用

疑問句不似陳述句那樣使用普遍，但是，因其“自身結構上特有的標記、語義上特別的內涵以及語用上特殊的功能，因而是運用語法三個平面理論進行綜合研究的一個極好的課題”①。然而，不論是古代漢語還是現代漢語，語法學界對疑問句的研究與其重要地位都很不相稱，尤其是在疑問句的語用方面。如此一來，含有助動詞的疑問句的研究更是少人問津。目前，所見到的專門對助動詞疑問句進行語用方面的研究的祇有李秉日、宋永柱合寫的《略述“能”字反問句的修辭功能》一文②，分析了助動詞“能”組成的反問句的類型及修辭功能，具有開創性的意義。

語法研究表明，疑問句可分爲真性疑問句和假性疑問兩類。真性疑問句是指既有疑問形式，又有疑問之意的問句，包括特指問、是非問、選擇問、正反問、測度問。假性疑問句是有形無實的疑問句，主要是反詰問句、設問句、問候句。本節首先對疑問句進行兩分，分別探究真性和假性疑問句的部分語用現象，從中概括一些基本規律，並提出一些新的見解，希望對古漢語助動詞疑問句的語用研究有一些實用價值。

一、真性疑問句的語用功能

楚簡帛助動詞疑問句中真性疑問句有特指問、是非問和測度問三種。“詢問”是疑問句的本職功能，而真性疑問句都能實施“詢問”這一言語行爲，其語用功能主要是制約語義。

---

① 邵敬敏《現代漢語疑問句研究》，華東師範大學出版社，1996年，頁1。
② 李秉日、［韓］宋永柱《略述“能”字反問句的修辭功能》，《修辭學習》2003年第5期。

在言語交際中，若有疑問存在，一定是“發問——問答”結構，如此疑問句便處在發問的位置。那麽説話者的問題對聽話者具有強制性，聽話者必須對説話者的疑問焦點給予回答，否則就是答非所問，違反會話合作原則，從而具有深層含義。如：

(1) 夏臺之下而聞焉，曰：“九邦者亓可來乎?”文王曰：“可。”(《上博二·容成氏》47)

(2) 魯穆公問於子思曰：“何如而可謂忠臣?”子思曰：“恆稱其君之惡者，可謂忠臣矣。”(《郭店·魯穆公問子思》1—2)

(3) 莊公曰：“此三者足以戰乎?”答曰：“戒勝怠，果勝疑，親率勝使人。不親則不庯，不和則不輯，不義則不服。”(《上博四·曹沫之陳》49—16)

例(1)的疑問焦點是“可”，例(2)的疑問焦點是“何如”，它們的回答都是針對發問者的疑問焦點的，簡單明瞭，會話得以順利進行。例(3)的疑問焦點是“足以”，但回答者並沒有對足以與否進行答復，而是闡述用兵的宜忌，意在告訴聽話者如何才能戰勝。

二、假性疑問句的語用功能

楚簡帛助動詞的假性疑問句衹有反詰問句。反詰問句的形式爲疑問句，但實質卻爲判斷句。它是用疑問句的方式來表達判斷。因此，反問句與其他疑問句式相比，最爲明顯的特徵就是用肯定形式表達對命題的否定，用否定形式表達對命題的肯定。楚簡帛助動詞反問有“助動詞＋Neg”“疑問詞＋助動詞”“不亦＋助動詞＋VP＋乎”三種構式。如：

(1) 所學皆惡，可不慎乎?(《上博三·中弓》25)

(2) 文王問之，曰：“雖君亡道，臣敢勿事乎?雖父亡道，

子敢勿事乎？孰天子而可反？”（《上博二·容成氏》46）

（3）寺四鄰是之賞，□後之人，豈可保之？（《上博六·申公臣靈王》2）

（4）釐尹答曰：“楚邦有常故，安敢殺祭？”（《上博四·柬大王泊旱》5—7）

（5）反納於禮，不亦能怡乎？（《上博一·孔子詩論》12）

例（1）（2）的句式爲“助動詞＋Neg”構式，助動詞由“可”“敢”充當，“Neg”由“不”“勿”充當。例（3）（4）爲“疑問詞＋助動詞”構式，疑問詞可爲疑問代詞，也可爲疑問副詞；助動詞由“可”“能”“克”“敢”充當。例（5）爲“不亦＋助動詞＋VP＋乎”構式，“不亦……乎”爲固定結構，既可用於助動詞，也可用於一般動詞。如“天實置之，而二三子以爲己力，不亦誣乎？”（《左傳·僖公二十四年》）。

（一）助動詞在反詰問中的語用功能

楚簡帛助動詞反問句用例不多，共16例。助動詞有“可”、“能”、“得”、“克”、“敢”五個，其中以“可”、“能”、“敢”出現次數較多。它們在反詰問句中的出現並不是偶然的也不是多餘的，有以下三個方面的作用。

1. 標記反問句

試比較：

（1）所學皆惡，可不慎乎？（《上博三·中弓》25

（2）所學皆惡，不慎乎？

（3）釐尹答曰：“楚邦有常故，安敢殺祭？”（《上博四·柬大王泊旱》5—7）

（4）釐尹答曰：“楚邦有常故，安殺祭？”

例（2）去掉了助動詞“可”變爲“不慎乎”，例（4）去掉了助動詞“敢”變爲“安殺祭”。單從字面上看，無法判定究竟是詢問句還是反詰問句。然而，在含有助動詞的例（1）及例（3）中，其反詰意味則大大增强，可明確地判定爲反詰問句。例（1）（3）與（2）（4）的惟一區别就在於多了助動詞“可”和“敢”，這説明助動詞在句子中起到了標記反問句的作用。

2. 保證語義的完整和準確

若反詰問句中去掉了助動詞後，其句義便變得不完整或者發生了改變，這就説明助動詞在句中能起到保證句子語義完整準確的作用。試比較：

（1）譬如戎夫，驕用從禽，其猶克有獲？（《清華簡一·皇門》9）

（2）譬如戎夫，驕用從禽，其猶有獲？

例（1）中有助動詞，意爲“難道還能有所收穫？”例（2）中沒有助動詞，句子意思不準確。又如：

（1）弗王，善矣，夫焉能王人？繇！（《上博五·弟子問》17）

（2）弗王，善矣，夫焉王人？繇！

例（2）沒有助動詞，句義是“怎麼爲人之君”，是在詢問。例（1）有助動詞，句義爲“不能爲人之君”，與例（2）不同。

3. 加强反問語氣

句中如有標記反問句的疑問代詞、疑問副詞或否定詞等，此時的助動詞衹是起到增加主觀性、加强反問語氣的作用。如：

（1）反納於禮，不亦能怡乎？（《上博一·孔子詩論》12）

（2）反納於禮，不亦怡乎？

"不亦……乎"是反詰問句標記，因此，不管例（1）（2）中是否有助動詞"能"，它們都爲反問句。不同的是，有助動詞的例（1）所要表達的與說話者直接相關的主觀意志性更爲明顯。

那麽，助動詞爲什麽在反詰問句中有以上三種作用呢？

反問句是主觀性很強的句式，它不是表達施事的動作行爲，而是表達說話者的主觀性觀點、評價及由此而引申出的建議。助動詞多是由動詞發展而來，與動詞相較，意義較虚。意義越虚的詞其主觀性也就越強，因此有助動詞的句子就更能凸顯主觀意識，而這正好契合了反問句的功能。另外，助動詞多含有"想"、"能"、"義務"等意義，這些意義具有主觀性，在句中對它後面的實義動詞有弱化作用。如此一來，整個句子的主觀性便增強了。

（二）反詰問的語用功能

同真性疑問句相比，反詰問增加了信息推導所付出的努力，具有比真性疑問句更強的語境效果。也就是說，反詰問具有真性疑問句所沒有的語用價值。正是因爲如此，人們才會捨簡就繁地使用反詰問句。

關於古漢語反詰問句的語用功能，段業輝認爲主要體現在強調和施爲兩個方面。首先，"出現助動詞的反問句，其強調的重心是助動詞"，同時，"有助動詞出現的反問句都有施爲的語用功能"①。我們認爲所謂反詰問的語用功能，應該是相對於真性疑問句而言的，反詰問有而真性疑問句無的功能才能稱之爲反問句

① 段業輝《中古漢語助動詞研究》，南京師範大學出版社，2002年，頁146—147。

的語用功能。通過對楚簡帛助動詞的反詰問句的具體分析，現將其語用功能概括如下：

1. 誘導聽話者

反詰問是“無疑有問”，説話者的意思是確定的，是沒有疑問的。可是，説話者並不把自己確定的意思直接地表達出來，而是通過發問的方式，誘導聽話者和説話者的觀點意願保持一致，對答語具有明顯的導向性。當然，聽話者的觀點意願和説話者並不一定能保持一致。當兩者的觀點意願對立時，那麼反詰問就可以誘導聽話者認識到自己的觀點意願是錯誤的；當兩者的觀點意願不對立時，説話者使用反詰問可以誘導聽話者與自己觀點意願保持一致，或引起感情的共鳴。如：

（1）文王聞之，曰：“雖君亡道，臣敢勿事乎？雖父亡道，子敢勿事乎？孰天子而可反？”（《上博二·容成氏》46—47）

（2）王曰：“如表，速祭之，吾𢡃疫病。”釐尹答曰：“楚邦有常故，安敢殺祭？以君王之身殺祭，未嘗有。”（《上博四·柬大王泊旱》5—7）

（3）譬如戎夫，驕用從禽，其猶克有獲？（《清華簡一·皇門》9）

例（1）中説話者爲文王，聽話者爲商紂。商紂荒淫無度，九邦叛之，文王聽説此事，認爲即使君王無道，臣子不敢不事，即使父親無道，兒子不敢不事，天子是不能反叛的。紂王聽了文王的話後將文王從夏臺釋放，並任命他征伐叛亂的九邦。由此可見，説話者文王與聽話者商紂的觀點是一致的，反問句誘導和強化了他們的觀點，引起了共鳴。

例（2）中説話者釐尹與聽話者王的觀點不一致。王希望快速地舉行祭典，而薳尹卻認爲不可因一時權宜而減省祭祀的儀節，用反詰問“安敢殺祭”，態度堅決，同時也使王認識到自己的觀點是錯誤的。

例（3）中的聽話者是讀者，讀者不止一個，因此觀點與説話者也不盡一致。當讀者的觀點和作者對立時，此反詰問可誘導讀者贊同作者的觀點；當讀者與作者的觀點不對立時，可引導讀者和自己的觀點保持一致，也可引起讀者情感上的共鳴。

2. 加強語氣

“語法句式的變换會影響到整個句子語氣的性質和強弱變化。”[①] 倘若將陳述句變换爲反詰問句，那麼它的語氣性質和強弱均會發生變化。如：

（1）所學皆崩，慎。

（2）所學皆崩，可不慎乎？（《上博三·中弓》25

例（1）可譯爲“所學的都會崩潰，要謹慎”。例（2）譯爲“所學的都會崩潰，怎能不謹慎呢”。以上兩例句都是説要謹慎，但例（1）的語氣平淡，例（2）則帶着強烈肯定的語氣。顯而易見，例（2）的語氣要比例（1）的語氣強。因此，説話者可通過反詰問來加強語氣，使對客觀事實的肯定態度更加突出。又如：

（1）如夫親仁、行聖人之道，則斯不足，不敢望之。

（2）如夫親仁、行聖人之道，則斯不足，豈敢望之？（《上博六·孔子見季桓子》20）

此例爲季桓子以自己能力或德行不足爲藉口，表明自己不敢

① 李秉日、［韓］宋永桂《略述“能”字反問句的修辭功能》，《修辭學習》2003年第5期。

奢望親仁。說話者表達的是否定的意願，例（1）祇是以否定句式陳述自己不敢奢望親仁，語氣平淡，而例（2）將否定副詞不變換爲疑問副詞"豈"，陳述變爲反詰，是對孔子要求親仁的强烈反駁，語氣極爲强烈。

通過反詰問句與其相對應的陳述句的對比分析，可以認定，不論是在表肯定還是表否定的反詰問句中，說話者爲了表明對客觀事實的看法或主觀的思想感情，都可以借用反詰問來加强其語氣，並獲得極大的修辭效果。

3. 凸顯主觀態度

李宇明認爲表否定的疑問句都具有一定的感情色彩[①]。表否定的疑問句以反詰問爲主要代表，反詰問所附帶的感情色彩是反詰問違反疑問邏輯而造成的。疑問邏輯要求有疑而問，而反詰問卻是無疑而問。正因爲如此，反詰問在陳述事實的時候，也表達了說話者的觀點、情感或態度，具有强烈的主觀性。如：

（1）反納於禮，不亦能改乎？（《上博一・孔子詩論》12）

（2）臣爲君王臣，君王免之死，不以震斧鑕，何敢心之有？（《上博六・申公臣靈王》8—9）

（3）兩君之弗順，敢不往道以告？（《上博七・吳命》3 正）

例（1）意爲返回到禮的規範之中，這不是很能剋制嗎？表達了說話者贊成克己復禮。例（2）意爲申公對王不對其施以斧鑕之刑，已感激涕零，怎敢還有異心？例（3）意爲吳、楚二君務兵不務德也，將有兵戎相見之禍事，怎麼敢不急忙告知？表達了自己將會告知於吳。這三例都表明了說話者的主觀觀點和態

① 李宇明《反問句的構成及其理解》，《殷都學刊》1990 年第 3 期。

度，然而，説話者並沒有用陳述句來表達自己的主觀態度，而是藉助於能加強語氣的反詰問。由此可見，反詰問更能彰顯説話者的主觀感情色彩，凸顯其主觀態度。

參考文獻：

（一）簡帛著録書

[1] 陳偉《楚地出土戰國簡冊［十四種］》，經濟科學出版社，2009年。

[2] 河南省文物考古研究所編著《新蔡葛陵楚墓》，大象出版社，2003年。

[3] 河南省文物研究所《信陽楚墓》，文物出版社，1984年。

[4] 湖北省博物館《曾侯乙墓》，文物出版社，1989年。

[5] 湖北省博物館《隨縣曾侯乙墓》，文物出版社，1980年。

[6] 湖北省荊沙鐵路考古隊《包山楚簡》，文物出版社，1991年。

[7] 湖北省文物考古研究所、北京大學中文系《望山楚簡》，中華書局，1995年。

[8] 湖北省文物考古研究所、北京大學中文系編《九店楚簡》，中華書局，2000年。

[9] 湖北省文物考古研究所《江陵九店東周墓》，科學出版社，1995年。

[10] 湖北省文物考古研究所《江陵望山沙塚楚墓》，文物出版社，1996年。

[11] 湖南省博物館等編著《長沙楚墓》，文物出版社，2000年。

[12] 荊門市博物館《郭店楚墓竹簡》，文物出版社，1998年。

[13] 李零《長沙子彈庫戰國楚帛書研究》，中華書局，1985年。

[14] 李學勤主編《清華大學藏戰國竹簡（壹）》，中西書局，2010年。

[15] 李學勤主編《清華大學藏戰國竹簡（貳）》，中西書局，2011年。

［16］李學勤主編《清華大學藏戰國竹簡（叁）》，中西書局，2012年。

［17］馬承源主編《上海博物館藏戰國楚竹書（一）》，上海古籍出版社，2001年。

［18］馬承源主編《上海博物館藏戰國楚竹書（二）》，上海古籍出版社，2002年。

［19］馬承源主編《上海博物館藏戰國楚竹書（三）》，上海古籍出版社，2003年。

［20］馬承源主編《上海博物館藏戰國楚竹書（四）》，上海古籍出版社，2004年。

［21］馬承源主編《上海博物館藏戰國楚竹書（五）》，上海古籍出版社，2005年。

［22］馬承源主編《上海博物館藏戰國楚竹書（六）》，上海古籍出版社，2007年。

［23］馬承源主編《上海博物館藏戰國楚竹書（七）》，上海古籍出版社，2008年。

［24］馬承源主編《上海博物館藏戰國楚竹書（八）》，上海古籍出版社，2011年。

［25］馬承源主編《上海博物館藏戰國楚竹書（九）》，上海古籍出版社，2012年。

［26］饒宗頤、曾憲通《楚帛書》，（香港）中華書局，1985年。

［27］商承祚編著《戰國楚竹簡匯編》，齊魯書社，1995年。

（二）專著類

［1］（日）魯曉琨《現代漢語基本助動詞語義研究》，中國社會科學出版社，2004年。

［2］（日）太田辰夫著，江藍生、白維國譯《漢語史通考》，重慶出版社，1991年。

［3］（日）太田辰夫著，蔣紹愚、徐昌華譯《中國語歷史文法》，北京

大學出版社，2003年。

［4］（日）志村良治著，江藍生、白維國譯《中國中世語法史研究》，中華書局，1995年。

［5］艾蘭、邢文編《新出簡帛研究》，文物出版社，2004年。

［6］陳承澤《國文法草創》，商務印書館，1982年。

［7］陳寅恪《陳寅恪史學論文選集》，上海古籍出版社，1992年。

［8］丁聲樹等《現代漢語語法講話》，商務印書館，1999年。

［9］董志翹、蔡鏡浩《中古虚詞語法釋》，吉林教育出版社，1994年。

［10］段業輝《中古漢語助動詞研究》，南京師範大學出版社，2002年。

［11］高名凱《漢語語法論》，商務印書館，2011年。

［12］何自然、冉永平《語用學概論》，湖南教育出版社，2006年。

［13］胡清國《否定形式的格式制約》，華中師範大學出版社，2010年。

［14］黄伯榮、廖序東《現代漢語》（增訂四版），高等教育出版社，2007年。

［15］黎錦熙《新著國語文法》，湖南教育出版社，2007年。

［16］李臨定《現代漢語句型》，商務印書館，1986年。

［17］李明曉、胡波、張國豔《戰國秦漢簡牘虚詞研究》，四川大學出版社，2011年。

［18］劉利《先秦漢語助動詞研究》，北京師範大學出版社，2000年。

［19］劉世儒編著《現代漢語語法講義》，商務印書館，1964年。

［20］陸儉明、瀋陽《漢語和漢語研究十五講》，北京大學出版社，2004年。

［21］吕叔湘《漢語語法分析問題》，商務印書館，1979年。

［22］馬清華《語義的多維研究》，語文出版社，2005年。

［23］馬慶株《漢語動詞和動詞性結構》，北京語言學院出版社，1992

年。

［24］邵敬敏、任芝鍈、李家樹等《漢語語法專題研究》，北京大學出版社，2009 年。

［25］邵敬敏《現代漢語疑問句研究》，華東師範大學出版社，1996 年。

［26］石毓智《肯定和否定的對稱與不對稱》，北京語言大學出版社，2001 年。

［27］王力《王力文集》（第一卷），山東教育出版社，1984 年。

［28］吳競存、侯學超《現代漢語句法分析》，北京大學出版社，1982 年。

［29］徐冬海《漢語語用邏輯初探》，吉林人民出版社，2007 年。

［30］徐適端《〈韓非子〉單音動詞的語法研究》，巴蜀書社，2002 年。

［31］楊伯峻、何樂士《古漢語語法及其發展》（上、下），1989 年。

［32］楊樹達《高等國文法》，湖南教育出版社，2008 年。

［33］易孟醇《先秦語法》，湖南教育出版社，1989 年。

［34］袁暉、戴耀晶編《三個平面漢語語法研究的多維視野》，語文出版社，1998 年。

［35］張斌主編《現代漢語描寫語法》，商務印書館，2010 年。

［36］張顯成《簡帛文獻學通論》，中華書局，2004 年。

［37］周有斌《現代漢語助動詞研究》，安徽大學出版社，2010 年。

（三）論文類

［1］（韓）宋永圭《現代漢語情態動詞"能"的否定研究》，復旦大學博士學位論文，2004 年。

［2］程鵬《也說"不可得"》，《古漢語研究》1998 年第 1 期。

［3］丁海燕、張定《漢語形源助動詞形成的句法機制》，《古漢語研究》2012 年第 3 期。

［4］郭志良《試論能願動詞的句法結構形式及其語用功能》，《中國語

文》1993 年第 3 期。

[5] 蔣平《"要"和"想"及其複合形式、連用現象》,《語文研究》1983 年第 2 期。

[6] 孔春英《〈管子〉助動詞研究》,西南大學碩士學位論文,2008 年。

[7] 李錦姬《兩種可能式的語用分析》,《南京師大學報(社會科學版)》1996 年第 3 期。

[8] 李明《漢語助動詞的歷史演變研究》,北京大學博士學位論文,2001 年。

[9] 梁式中《關於助動詞》,《中國語文》1960 年 5 月。

[10] 劉堅《論助動詞》,《中國語文》1960 年 1 月。

[11] 盧甲文《説"必須"的詞性》,《漢語學習》1984 年第 5 期。

[12] 陸儉明《相同詞語之間語義結構關係的多重性再議》,《蘇州大學學報》2012 年第 4 期。

[13] 閔星雅《助動詞"能"和"會"的認知研究》,上海師範大學博士學位論文,2007 年。

[14] 聶鴻英《漢語"配價"語法研究綜述》,《延邊大學學報(社會科學版)》2011 年第 2 期。

[15] 彭利貞《情態動詞受"沒"外部否定現象考察》,《現代中國語研究》2005 年第 7 期。

[16] 彭利貞《現代漢語情態研究》,復旦大學博士學位論文,2005 年。

[17] 沈家煊《語用原則、語用推理和語義演變》,《外語教學與研究》2004 年第 4 期。

[18] 沈開木《"不"字的否定範圍和否定中心的探索》,《中國語文》1984 年第 6 期。

[19] 稅昌錫《語義指向結構模式的多維考察》,《浙江大學學報》2004

年第 3 期。

［20］孫冬妮《上古漢語助動詞研究》，武漢大學碩士學位論文，2005 年。

［21］湯敬安《情態範疇的語用内涵》，《黑龍江社會科學》2008 年第 2 期。

［22］王年一《也談助動詞》，《中國語文》1960 年 5 月。

［23］王偉《情態動詞“能”在交際過程中的義項呈現》，《中國語文》2000 年第 3 期。

［24］王西成、曾濤《也談禮貌原則》，《湖南大學學報（社會科學版）》2000 年第 2 期。

［25］文煉《“會”的兼類問題》，《漢語學習》1982 年第 6 期。

［26］楊洪豔《情態動詞“可以”的認知語法視角》，《黑河學刊》2012 年第 9 期。

［27］姚蘇杰《“宜”字的用法與〈作冊般甗〉的釋讀》，《殷都學刊》2012 年第 3 期。

［28］袁本良《古漢語語義結構類型分析》，《語言科學》2010 年第 9 期。

［29］袁毓林《論元角色的層級關係和語義特徵》，《世界漢語教學》2002 年第 3 期。

［30］岳俊發《“得”字句的產生和演變》，《語言研究》1984 年第 2 期。

［31］張明媚、黄增壽《古漢語中“得”的研究綜述》，《西南交通大學學報》2008 年第 1 期。

［32］張維耿《助動詞“想”和“要”的區別》，《語言教學與研究》1982 年第 1 期。

［33］趙志清《基於言語行爲理論的“把”字句研究》，北京大學博士學位論文，2012 年。

［34］周國光《試論語義指向分析的原則和方法》，《語言科學》2006年第4期。

［35］朱有明《上古漢語中的“可”“可以”》，《新疆大學學報（哲學社會科學版）》1986年第2期。

《周公之琴舞》"享隹滔市"解

孫銀瓊 楊懷源*

摘 要:《周公之琴舞》是出土文獻中發現的西周頌詩，整理者對詩中"享隹滔市"一句的釋讀需要重新解釋。我們認爲從語法的角度看，"滔"是謂語，是對主語"享"的説明，應該破讀爲"竺"，此字文獻上又寫作"篤"或"毒"；從語音來看，"市"就是《詩經》中的句尾語氣詞"思"，這也可以通過傳世文獻和出土文獻對讀得到證明。

關鍵詞:《周公之琴舞》；滔；市

一、引言

《清華大學藏戰國竹簡（三）》[②] 有《周公之琴舞》，共十七

* 孫銀瓊，四川大學歷史文化學院 講師 四川成都 610064；楊懷源，西南大學文學院 副教授 重慶北碚 400715。

② 李學勤主編《清華大學藏戰國竹簡（三）》，中西書局，2012 年。

支簡，含兩組頌詩：一、周公頌詩，本爲九首，殘存第一首開頭部分；二、成王頌詩，九首。從成王頌詩來看，每首詩均分爲"啟"和"亂"兩部分。周公頌詩如下（依原整理者釋文抄錄）：

周公乍（作）敬（儆）忞（毖），䥈（琴）䑝（舞）九絉（遂）①元內（納）𢼸（啟）曰：無悔（悔）亯（享）君，罔㒸（墜）亓（其）考②，亯（享）隹（惟）滔（慆）帀，考隹（惟）型帀。

整理者李守奎先生對此詩作了很好的考釋，他又作《〈周公之琴舞〉補釋》，對此詩大義作了串講："周公作了一組對多士百官儆戒的詩，配音樂舞蹈演奏了九章。首章開頭部分說，不要怠慢對君王的獻享，不要墜失先人的功績。獻享要心甘情悅，你們的先考是效仿的榜樣。"③

李守奎先生的解釋大致是可信的，但對"亯（享）隹（惟）滔（慆）帀"的解釋，義猶未安。他整理此詩時徑以釋文中"滔"爲"滔"，讀爲"慆"，又以爲"帀"就是今本《詩經》中的語氣詞"思"。《清華大學藏戰國竹簡（三）》135 頁注〔六〕："滔，讀爲'慆'，《說文》：'說（悅）也。'《尚書大傳》'師乃慆，前歌後舞'，鄭玄注：'慆，喜也。'帀，句末虛詞，今本作'思'。《經傳釋詞》卷八：'思，語已詞也。'"他的《〈周公之琴

① 整理者李守奎說："絉，字見《玉篇》：'繩也。'簡文中讀爲'卒'或'遂'。"（李學勤主編《清華大學藏戰國竹簡（三）》，頁 134 注（二）；李守奎《〈周公之琴舞〉補釋》讀"絉"爲"遂"（中國文化遺產研究院編，《出土文獻研究》第十一輯，中西書局，2012 年，頁 9）。今依李守奎《〈周公之琴舞〉補釋》。

② 整理者李守奎讀"考"爲"孝"（《清華大學藏戰國竹簡（三）》頁133）；李守奎《〈周公之琴舞〉補釋》不改讀。很顯然，此"考"即上文"罔㒸（墜）亓（其）考"之"考"，今依《〈周公之琴舞〉補釋》。

③ 李守奎《〈周公之琴舞〉補釋》，頁 10。

舞〉補釋》對此有補充説明："享釋爲獻享與前文對應，比較穩妥，但不排除指神鬼享用祭品，意指鬼神來享愉快。《左傳·僖公五年》：'如實則非德，民不和，神不享矣。'滔，讀爲'慆'，《説文》：'説（悦）也。'《尚書大傳》卷三'師乃慆，前歌後舞'，鄭玄注：'慆，喜也。'帀，先秦出土文獻中多用作師旅之'師'，是脂部字，此處爲句末虚詞，疑當讀爲兮。"

李守奎先生的解釋有兩點游移不定：一、他認爲此句意爲"獻享要心甘情悦"，又認爲是"祭享要讓先祖愉快"[①]。"獻享要心甘情悦"，則愉悦的是獻享者；"祭享要讓先祖愉快"，則愉悦的是被獻享者，這兩種解釋是矛盾的。二、"帀（師）"到底與"思"同，還是與"兮"同。此句究竟如何解釋，句中字詞如何破讀，就是本文擬解決的問題。

二、"亯（享）隹（惟）滔（慆）帀"的語法分析

從詩句"無思（悔）亯（享）君，罔𡨦（墜）亓（其）考，亯（享）隹（惟）滔（慆）帀，考隹（惟）型帀"來看，很顯然，"亯（享）隹（惟）滔（慆）帀"之"享"與"無思（悔）亯（享）君"之"享"密切相關，"罔𡨦（墜）亓（其）考"之"考"與"考隹（惟）型帀"之"考"密切相關，相互對應，不應有截然不同的解釋。

從語法的角度看，"亯（享）隹（惟）滔（慆）帀"和"考隹（惟）型帀"是相同的句式，其語法結構爲：

---

① 李守奎《〈周公之琴舞〉補釋》，頁 9。

亯（享）隹（惟）潘（慆）帀。

主語　　　謂語

考　　隹（惟）型　　帀。

主語　　　　　謂語

從語義指向的角度説，這種句式中的謂語的意義是指向主語的，即謂語是對主語的説明，或是對主語的一種動作行爲。

《周公之琴舞》中另有"主語＋惟＋謂語"一類的句子。如：

1. 天隹（惟）㬎（顯）帀，文非易帀。（成王頌詩第一首）

李守奎認爲此句意義爲"上天光明，洞悉一切，文德不可損改"①。"顯"是對"天"的直接説明。

2. 悳（德）元隹（惟）可（何）？（成王頌詩第三首）

李守壽釋此句意爲"爲王者其德當如何"②，"何"雖是疑問代詞，但仍是對"德元"的直接説明。

3. 是隹（惟）尾（度）。（成王頌詩第四首）

李守奎解釋此句爲：這是合乎法度的③。"是"爲代詞，作主語，"度"，名詞用作動詞，直接説明主語。

4. 純隹（惟）敬帀。（成王頌詩第九首）

李守奎解釋此句爲：善要敬隆④。"敬"是對"善"的一種心理動作。

5. 黄句（耇）隹（惟）程（盈）。（成王頌詩第九首）

李守奎解釋此句爲：長壽滿盈⑤。"盈"是對"黄耇"的直

① 李守奎《〈周公之琴舞〉補釋》，頁 12。
② 李守奎《〈周公之琴舞〉補釋》，頁 15。
③ 李守奎《〈周公之琴舞〉補釋》，頁 17。
④ 李守奎《〈周公之琴舞〉補釋》，頁 22。
⑤ 李守奎《〈周公之琴舞〉補釋》，頁 22。

接説明。

“主語＋惟＋謂語”句式在先秦文獻中常見，不過從文字形式來看，這個詞也可以寫作“唯”或是“維”①。

6. 蚩尤惟始作亂。（《尚書·呂刑》）

“始作亂”是蚩尤的動作行爲。

7. 周雖舊邦，其命維新。（《詩經·大雅·文王》）

“新”是對“其命”的直接説明。

8. 厥土惟白壤。（《尚書·禹貢》）

“白壤”是對“厥土”的性質判定。

9. 汝惟小子，未其有若汝封之心。（《尚書·康誥》）

“小子”是對“汝”的性質判定。

從上述文句中“惟”前後成分的語法關係來看，“亯（享）隹（惟）滔（慆）币”一句中的“滔”應是對“享”的直接説明。若依李守奎先生的意見，讀“滔”爲“慆”，這是不合理的。因爲愉悦義的“慆”是一個心理動詞，從語義指向來説，是要指向人的，而“享”不是一個表示人的名詞。按照李先生釋此句之意爲“獻享要心甘情悦”，那麽“滔（慆）”的説明對象是獻享者，而不是獻享；如果依他的另一種意見釋爲“祭享要讓先祖愉快”，那麽“滔”説明的是被祭享者，而不是祭享。但是這句詩中的“享”與上文“無恳（悔）亯（享）君”中的“享”很顯然是同一詞，衹能是獻享或是祭享。這樣看來，李守奎的解釋值得懷疑，這句詩應該另作他釋。

① 關於“惟”的文字形式在先秦文獻中的表現，參見裘燮君《商周虚詞研究》第四章《商周助詞研究》，中華書局，2008年，頁191—192。

三、"滔"讀作"竺（篤、毒）"

我們認爲，"滔"應是對"享"的直接説明，當破讀爲"竺"。"竺"有豐厚之義。《説文解字·竹部》："竺，厚也。"《爾雅·釋詁》："竺，厚也。"陸德明釋文："竺，字又作篤。"《楚辭·天問》："稷維元子，帝何竺之？"王逸注："竺，厚也。言后稷之母姜嫄，出見大人之跡，怪而履之，遂有娠而生后稷。后稷生而仁賢，天帝獨何以厚之乎？竺，一作篤。"洪興祖補注："《爾雅》云：'竺，厚也。'與篤同。"

此字文獻上又寫作"篤"《爾雅·釋詁》："篤，厚也。"《後漢書·李通傳》："永平中，顯宗幸宛，詔諸李隨安眾宗室會見，並受賞賜，恩寵篤焉。"《尚書·微子之命》："予嘉乃德，曰篤不忘。"陸德明釋文："篤，本又作竺。"

此字文獻上又寫作"毒"。《説文解字·屮部》："毒，厚也。"清徐灝《説文解字注箋》："毒之本義爲毒草，因與篤同聲而訓爲厚耳。"《尚書·微子》："天毒降災荒殷邦，方興沈酗於酒。"清俞樾《古書疑義舉例·以雙聲疊韻字代本字例》："《尚書·微子篇》'天毒降災荒殷國'，《史記·微子世家》作'天篤下災亡殷國'。篤者，厚也，言天厚降災咎以亡殷國也。"

"篤"、"竺"上古音端母覺部，"毒"上古音定母覺部；"滔"上古音透母幽部，聲母爲旁紐，韻爲陰入對轉，例可通假。王力"篤"、"竺"上古擬音爲＊tuk，"毒"爲＊duk，"滔"爲t'u；①

① 王力《漢語語音史》，中國社會科學出版社，1985年。

李方桂先生擬音爲“篤”、“竺”上古擬音爲＊$tək^w$，“毒”爲＊$dək^w$，“滔”爲t’$əg^w$①。從擬音來看，“滔”與“竺”、“篤”、“毒”極爲相近，自可通假。

既已讀“滔”爲“竺（篤、毒）”，那麼“亯（享）隹（惟）滔（竺）帀”這句詩的解釋就比較明確了，意爲獻享要豐厚，從語法關係來説，“竺（篤、毒）”正是對主語“享”的説明。從上文來看，此獻享爲對國君的獻享，與對鬼神的祭享類同，獻享理應豐厚。《左傳·僖公五年》：“公曰：‘吾享祀豐絜，神必據我。’”正是對獻享要豐厚的説明。

四、“帀”讀作“思”

“亯（享）隹（惟）滔（竺）帀”的“帀”是句尾語氣詞是沒有疑問的，但是“帀”到底相當於文獻中的那個句尾語氣詞呢？李守奎指出“帀”在先秦出土文獻中多用作師旅之‘師’，這是很正確的，“帀”即“師”之省。傳世文獻《詩經》中句尾語氣詞有“思”、“兮”、“猗”、“只”、“矣”等。如：

《詩經·小雅·采薇》：“今我來思，雨雪霏霏。”

《詩經·小雅·蓼蕭》：“既見君子。我心寫兮。”

《詩經·國風·伐檀》：“河水清且直猗。”

《詩經·國風·柏舟》：“母也天只，不諒人只。”

《詩經·國風·卷耳》：“陟彼砠矣，我馬瘏矣。”

這些詞語法功能相同，“帀（師）”到底和那個詞相同呢，李

① 李方桂《上古音研究》，商務印書館，1980年。

守奎先生初讀“師”爲“思”，後讀“師”爲“兮”，到底哪一説正確呢？我們可以從語音的角度來考慮。“師”，上古音心母脂部，“思”心母之部，“兮”匣母支部，“猗”影母歌部，“只”章母支部，“矣”匣母之部。“師”與“思”、“兮”、“猗”、“只”、“矣”等字韻部均不相同，從聲母來看，“師”與“思”同爲心母，讀音最近，故當以讀“思”爲宜。且《周公之琴舞》中成王頌詩第一首有“天隹（惟）㬎（顯）帀”一句，這首詩見於傳世本《詩經》，即《周頌》之《敬之》，此句作“天維顯思”，兩者對讀，可以確定“師”讀爲“思”。

五、小　結

從語法的角度看，“主語＋惟＋謂語”的句式中，謂語是對主語的説明，那麼“亯（享）隹（惟）䛩（滔）帀”中的“滔”應是對“享”的説明，由此，我們認爲“滔”應讀作豐厚義的“竺（篤、毒）”；從語音的角度看，句尾語氣詞“師”應讀作《詩經》中的句尾語氣詞“思”。

參考文獻：

［1］李學勤主編《清華大學藏戰國竹簡（三）》，中西書局，2012年。

［2］李守奎《〈周公之琴舞〉補釋》，載中國文化遺産研究院編，《出土文獻研究》第十一輯，中西書局，2012年。

［3］王力《漢語語音史》，中國社會科學出版社，1985年。

［4］李方桂《上古音研究》，商務印書館，1980年。

從虛詞角度看清華簡《繫年》的文獻特徵

——兼論影響虛詞特點的時代、地域、文體因素

陳民鎮*

摘　要：清華簡《繫年》中"于"和"於"的語義功能並無根本區別，但篇中"于"出現較多，且主要分佈於前面部分。"于"與"於"所通行的時代存在嬗替關係，具有鮮明的時代性，與此相應，兩者存在功能上的若干區別。《繫年》中"於(于)"的使用主要受到時代因素的影響，與文體因素也存在一定聯繫，但與地域因素無直接關聯。《繫年》中"與"、"及"的使用，也表現出一定的特點。尤其是較多使用連詞"及"，與楚簡的用詞習慣不合。過去學者多強調連詞"與"、"及"以及介詞"與"、"及"的地域性，事實上，"與"、"及"語法化過程中時代的不平衡也是需要我們重視的。《繫年》"與"、"及"使用的特點，主要反映了虛詞的時代、地域因素，但也與文體因素

* 陳民鎮，中國社會科學院研究生院　博士研究生　北京　102488。

存在一定聯繫。時代、地域、文體，構成了影響虛詞特點的三個維度，三者相互影響，相互滲透。對於文體這一維度，過去對其重視不夠。通過《繫年》若干虛詞特點的分析，可以進一步瞭解文體對虛詞的制約作用。

關鍵詞：《繫年》；虛詞；于；於；與；及

《清華大學藏戰國竹簡》第二輯①的內容是一篇前所未見的史書，整理者擬題作《繫年》。這篇文獻的性質以及作者國別問題，尚有許多爭議。筆者對《繫年》的虛詞進行了初步分析，進而希望從虛詞角度探討《繫年》的文獻特徵。

本文以《繫年》出現的虛詞"于"、"於"、"與"、"及"爲中心，討論影響虛詞特點的時代、地域、文體因素。其中文體因素是過去論者關注不夠的，本文希望從《繫年》入手，揭櫫文體之於文獻虛詞的重要意義。需要説明的是，本文所説的"文體"，與一般理解的文章體式或體裁不同，而是搬用古代的"文體"概念，內涵較今天一般所説的"文體"要大，涵括今天的文體與語體。

由於張玉金先生《出土戰國文獻虛詞研究》（人民出版社，2011 年，以下簡稱《研究》）已經就該書所能蒐集到的出土戰國文獻虛詞進行了窮盡性研究，且構建了相對新穎、科學、全面的體系，本文對虛詞的分析主要參照該書的體系，並在此基礎上進行橫向比較。

① 清華大學出土文獻研究與保護中心編，李學勤主編《清華大學藏戰國竹簡》（貳），中西書局，2011 年。

一、《繫年》中介詞“于（於）”的特點及其成因

“于”與“於”是古代漢語中的重要介詞，兩者實際上是同一個虚詞的兩種書寫形式。過去有不少學者認爲兩者沒有區別，但嚴格來説，它們還是存在諸多差異的。“于”與“於”所通行的時代存在嬗替關係，具有鮮明的時代性，與此相應，兩者存在功能上的若干區別。《繫年》中的“於（于）”表現出一定的特徵，可以進一步豐富我們對出土戰國文獻“于（於）”的認識，值得我們深入探討。

（一）《繫年》介詞“于（於）”的特點

以下首先概述《繫年》中“於”、“于”的用法，具體統計及分析詳見另文。

《繫年》中的介詞“於”共出現 54 次，見及客事介詞、與事介詞與境事介詞的用法，用法相對單一。其中客事介詞出現 6 次，均用作位事介詞；與事介詞出現 17 次，其中 16 次用於當事，1 次用於共事；境事介詞出現 31 次，均用作處所介詞。

《繫年》中的介詞“于”共出現 74 次，主要用作客事介詞、與事介詞與境事介詞，但較“於”多出主事介詞的用法。主事介詞出現 1 次，用作經事介詞；客事介詞出現 14 次，12 次用作位事介詞，1 次用作感事介詞，1 次用作涉事介詞；與事介詞出現 9 次，均用作當事介詞；境事介詞出現 50 次，均用作處所介詞。

據《研究》統計，出土戰國文獻中的“於”共出現 1006 次，而“于”只出現 68 次，“于”出現的次數僅佔“於”出現次數的 6.8%。而從《繫年》看來，“于”反而比“於”多。從絕對數字

上看，《繫年》一篇出現的“于”竟然比《研究》統計的所有楚簡所見“于”（共25次）多得多，甚至比全部出土戰國文獻所見用例的總和（68次）還要多。這顯然是值得玩味的。

茲結合《研究》對楚簡、秦簡“於”、“于”語義功能的統計，列出表格如下（表格中的統計數字，“/”之前是出現的次數，“/”之後的該用法在該批次材料中所佔比重）：

表格一：《繫年》及楚簡、秦簡“於”、“于”語義功能統計表

語義功能材料		《繫年》的“於”	《繫年》的“于”	楚簡的“於”	楚簡的“于”	秦簡的“於”	秦簡的“于”
主事介詞	施事			7/0.8%			
	經事		1/1.4%	3/0.3%		2/3.2%	
	繫事					1/1.6%	
客事介詞	受事			25/2.7%	1/4.0%	2/3.2%	
	位事	6/11.1%	12/16.2%	85/9.3%	7/28.0%	14/22.2%	3/37.5%
	使事			3/0.3%			
	感事		1/1.4%	13/1.4%		1/1.6%	
	涉事		1/1.4%		1/4.0%	4/6.3%	
	止事					1/1.6%	
與事介詞	當事	16/29.6%	9/12.2%	213/23.4%	4/16.0%	3/4.8%	
	共事	1/1.9%		4/0.4%			
憑事介詞	工具			4/0.4%			
	依據					3/4.8%	

語義功能材料		《繫年》的“於”	《繫年》的“于”	楚簡的“於”	楚簡的“于”	秦簡的“於”	秦簡的“于”
境事介詞	處所	31/57.4％	50/67.6％	163/17.9％	3/12.0％	23/36.5％	3/37.5％
	時間			21/2.3％	1/4.0％		
因事介詞	原因			1/0.1％			
關事介詞	對象			18/2.0％		2/3.2％	
	範圍			277/30.4％	1/4.0％	4/6.3％	
	方面			24/2.6％	5/20.0％	1/1.6％	
比事介詞	比事			12/1.3％	1/4.0％	2/3.2％	1/12.5％
合計		54	74	912	25	63	8

從上表的統計結果看，我們可以得出以下幾點認識：

其一，《繫年》中的“於”與“于”用法比較單一，集中於客事介詞中的位事，與事介詞中的當事，境事介詞中的處所。且比重最大的均爲處所介詞，超過一半的比重。除了“於”當事介詞用法比較多，其他用法兩者比例均差別不大。總體來説，《繫年》中“於”與“于”在語義功能方面的各種用法，無論是使用情況還是所佔比重，均相當接近。從語義功能看，兩者並無甚區別。

其二，在《繫年》中用例最多的處所介詞，在此前所見楚簡、秦簡材料中，並沒有佔到如此大的比例。楚簡“於”用例最多的依次是範圍介詞（30.4％）、當事介詞（23.4％）、處所介詞（17.9％）。楚簡的“于”用例最多的依次是位事介詞（28.0％）、方面介詞（20.0％）、當事介詞（16.0％）。秦簡中的“於”用例最多的依次是處所介詞（36.5%）、位事介詞（22.2%）、涉事介詞（6.3%）、範圍介詞（6.3%）。秦簡中的“于”僅用於位事介詞、處所介詞與比事介詞，以前兩者爲多。秦簡中的“於”、“于”處所介詞比重是最大的，這與《繫年》的情況較爲接近。

其三，就“於”而言，《繫年》中的各種用法，除了處所介詞用得特别多，其他用法的比重與此前的楚簡材料比較接近，而與秦簡材料存在差距。

其四，就“于”而言，由於《繫年》的“于”出現較多，甚至多於《研究》統計的出土戰國文獻介詞“于”的總和，所以《繫年》“于”的用法與此前的楚簡、秦簡材料所反映的信息存在較大差别。

（二）“于（於）”與地域因素

那麼，何以《繫年》會出現如此多的“于”呢？它是否體現出一定的地域特徵呢？《研究》指出：

在楚帛書中，“于”出現了7次，而未見到介詞“於”。這應視為語言文字地域性的表現。楚帛書反映了楚人使用語言文字的狀況，楚地處邊遠地區，當中原地區已經常用“於”而少用“于”時，楚地人還是以使用“于”為主。但在楚簡裏，“於”出現了912次，而“于”只出現了25次，這説明楚簡反映了共同語中“于”和“於”使用的狀況。在秦簡中，“於”出現了63次，而“于”出現8次；在戰國玉石文字中，“於”出現了5次，而“于”出現1次。都是“於”多而“于”少，都反映了當時共同語的狀況。

楚帛書固然僅出現“于”，那麼是否可以據此説戰國時期楚人用“于”爲主呢？筆者認爲這一點尚有討論的空間，至少有四點需要考慮：

其一，楚帛書的內容（包括神話、方術等方面）是否一定是楚人的創造？這些內容來源需要考慮。

其二，楚帛書的內容形成於何時？如果它的內容在戰國以前便已形成，是否能據以説明戰國時代楚人的語言特徵？

其三，楚帛書的文體特徵與其虚詞特點是否有關係？是否可能，楚帛書因內容體現了某種神聖性而採用更爲正式的“于”？

其四，在楚簡中，“於”多“于”少，如何能確定楚簡主要反映了共同語的特點？尤其是最能反映楚人語言特徵的卜筮與遣策材料，何以確定它們對“於”、“于”的使用一定反映了共同語的狀況？在討論出土文獻所反映的語言特徵的地域性時，方言與共同語的關係是需要考慮也是最難考慮的因素。

在合理回答以上幾點之前，據楚帛書的材料推論楚人“於”、“于”的使用情況是爲時過早的。

風儀誠先生認爲，在戰國晚期，在楚文化區域生活的人，他們的書寫習慣基本上是用“於”字爲介詞；楚帛書之所以多用“于”，更可能反映的是早期的用法①。從目前的材料看，楚人確實與同時代其他地域的人們一樣，已經慣用“於”而少用“于”。我們尚難以依據楚帛書的材料，便推論楚人以使用“于”爲主。

此前也有學者討論過“于（於）”的地域性問題。如聞宥先生指出：“‘于’是歷史悠久而且是全國通行的文字，而‘於’則是公元前五百年左右才出現於東海岸一帶的地方文字。這個地方

① （法）風儀誠《戰國兩漢“于”、“於”二字的用法與古書的傳寫習慣》，《簡帛》第二輯，上海古籍出版社，2007年，頁85、86。

文字原來並不作介詞用，後來爲了在東方口語裏讀音和‘于’相近，所以也借作介詞用。再接下去，由於儒家的經典都是齊魯一帶的儒生傳寫開來的，所以這個東方的‘於’字愈用而愈廣。”① 陳永正先生也指出，“於”字始用於山東之器，兼以《論語》、《孟子》中多用“於”字，“於”字可能是山東地區的方言②。這種推論恐怕有重新討論的餘地。李明曉等指出：“然而，就目前金文材料來看，‘於’最早見於西周晚期的師訇簋，而此簋很可能反映了陝西方言而非山東方言。金文中爲什麼開始使用筆劃相對繁化的‘於’，是否與金文字體追求整齊遒麗、古樸厚重有關呢?”③ 從目前的材料看，既看不出“於”是陝西方言，也看不出它是山東方言。事實上，在目前的條件下，強調所謂“方言”的差異還存在很多問題。至於“于”何以會被“於”逐漸取代，尚難論定。有一個現象值得注意，那便是在介詞“於”廣泛使用之前，“於”已經作爲嘆詞出現並得到普遍運用。嘆詞“於”是否在其中發揮了相應作用，這是值得思考的。

從目前的材料看，在“于”通行的時代，看不出“于（於）”的地域性；在“於”通行的時代，仍然無法看出“于（於）”明確的地域性。

（三）“于”、“於”的歷時嬗替

雖然“於”、“于”的地域分野難以遽定，但對其歷時演變的

---

① 聞宥《“于”、“於”新論》，《中國語言學報》第2期，商務印書館，1985年，頁44—48。

② 陳永正《西周春秋銅器銘文中的聯結詞》，《古文字研究》第十五輯，中華書局，1986年，頁310。

③ 李明曉、胡波、張國艷《戰國秦漢簡牘虛詞研究》，四川大學出版社，2011年，頁324。

考察，學術界已經取得較爲豐碩的成果。前輩學者通過對傳世文獻與出土文獻的研究，得出了一些基本認識：甲骨文中的"于"已有介詞用法，此外，還有動詞的用法；介詞是由動詞用法虛化而來的，而甲骨文中尚見不到介詞"於"；西周時期開始出現介詞"於"，但西周時期仍以介詞"于"爲主，無論是傳世文獻還是出土文獻，介詞"於"所佔比重極少，可以説是個别現象①；春秋以降，介詞"於"的用法逐漸普遍，在《左傳》中"於"、"于"用例大致相當②，在戰國時代業已以"於"爲主，這在傳世文獻和出土文獻中均有反映。此後，基本是"於"行於世。可以説，"于"、"於"的使用存在時間上的嬗替，即由使用"于"，到"於"產生並逐漸增多的過程。

這裏有必要分析一下《清華大學藏戰國竹簡》第一輯的有關材料。上文提及，據《研究》統計的數據，楚簡中"于"出現25次，出土戰國文獻中"于"出現68次。《研究》沒有統計清華簡的材料，從目前公佈的清華簡第一册和第二册的材料看，有關"於（于）"的材料對舊有認識作了較大修正。清華簡第一輯

① 西周金文出現介詞"於"的只有師訇簋個别例子。最具代表性的傳世典籍《詩經》、《尚書》主要用介詞"于"，比重均在95%以上。據《研究》統計，出土戰國文獻中介詞"于"出現68次，其中用於《詩經》、《尚書》引文的便有5次。事實上，即便是《左傳》，也是相當部分的"于"來自古書，包括"詩"、"書"、《春秋》。在《春秋》、《易經》卦爻辭中，亦純用"于"。《尚書》的一部分、《詩經》的一部分、《易經》卦爻辭均可代表西周及西周以前的情況，而《春秋》可以代表春秋時期的情況。此外，《周禮》、《儀禮》、《晏子春秋》諸書也是"于"多"於"少，這些書的性質較爲複雜。

② 據何樂士先生統計，《左傳》一書介詞"于"出現1449次，介詞"於"出現1764次，比差爲45∶55。參見氏著《〈左傳〉的介詞"于"和"於"》，《〈左傳〉虛詞研究（修訂本）》，商務印書館，2004年，第82頁。至於《國語》，"于"、"於"百分比比差是15∶85，"于"的比重較戰國諸子文獻要高，。與《國語》比差相近的有《禮記》。據趙大明統計，《左傳》中介詞"于"出現1461次，介詞"於"出現1763次，參見氏著《〈左傳〉介詞研究》，首都師範大學出版社，2007年，頁39、83。

公佈的九篇文獻中，介詞“于”出現45次，介詞“於”出現14次[①]，“于”多“於”少。而《清華大學藏戰國竹簡》第二輯即《繫年》“于”出現74次，“於”出現54次，同樣是“于”多“於”少。就《清華大學藏戰國竹簡》第一輯的材料而言，由於這批材料主要涉及“書”類文獻，不但是神聖的先王舊典，用語正式嚴肅，且成書年代較早。以下試統計《清華大學藏戰國竹簡》第一輯中“於（于）”的使用情況：

表格二：清華簡第一輯“于”、“於”分佈統計表

篇目	介詞“于”	介詞“於”	嘆詞“於”（用於“嗚呼”）
《尹至》	2		
《尹誥》	3		1
《程寤》	6		3
《保訓》	6		2
《耆夜》	2		1[②]
《金縢》	4	4	
《皇門》	11	1	2
《祭公之顧命》	6		5
《楚居》	5	9	

① 據《〈清華大學藏戰國竹簡（壹）〉虛詞研究》一文統計，“于”出現41次，“於”出現14次，參見張顯成、王玉蛟《〈清華大學藏戰國竹簡（壹）〉虛詞研究》，《出土文獻》第二輯，中西書局，2011年，頁100。該文統計存在誤差，據《清華大學藏戰國竹簡》所附字表統計，“于”確出現45次。

② 《耆夜》簡8、9之間有缺文，文義不甚連屬，據目前所見文字看，簡8最後一字“於”當不是介詞，疑作語氣詞。

其中《楚居》並非“書”類文獻，可以排除在外。《尹至》、《尹誥》屬於“商書”，純用介詞“于”。《程寤》、《保訓》、《耆夜》、《祭公之顧命》屬於“周書”，亦純用介詞“于”。《金縢》與《皇門》亦屬“周書”，卻出現了介詞“於”。《皇門》與《祭公之顧命》見諸今本《逸周書》，是學術界基本公認的可靠的西周作品。至於《金縢》，見諸今本今文《尚書》，對其性質的探討，向來聚訟紛紜。有一個現象值得重視，那便是清華簡《金縢》一篇出現了4個介詞“於”，這是非常罕見的。筆者曾強調：

今本《金縢》共出現三個“於”字，今文《尚書》共出現“於”六個（此外出現於《堯典》、《酒誥》，“于”則有三百五十餘個）①，《金縢》佔一半之強。而清華簡《金縢》則出現四個“於”，亦出現四個“于”。按甲骨文“于”字多見，西周金文始出現介詞“於”，仍以“于”為主。《詩》、《書》多作“于”，而“于”多作介詞，“於”多作嘆詞，春秋以降，始相混淆，《左傳》中兩者相當，一如清華簡《金縢》。戰國以降，則“於”佔優。②

劉起釪先生指出，《金縢》中除了周公禱祝的話可以作爲他的講話記錄因而可靠外，還有不少的敘事之文，很可能是東周史官所補述③。這是基於“書”類文獻特點的認識，也是相對可靠

① 據錢宗武先生統計，今文《尚書》出現介詞“于”359次，介詞“於”5次，所舉只有《金縢》、《酒誥》，參見錢宗武《今文尚書語法研究》，商務印書館，2004年，第209、359頁。但在該書第338頁又説介詞“於”出現6次。《酒誥》2例，郭沫若先生認爲是周末儒者增竄，參見顧頡剛、劉起釪《尚書校釋譯論》第三冊，中華書局，2005年，頁1410。

② 陳民鎮、胡凱集釋；陳民鎮按語《清華簡〈金縢〉集釋》，復旦大學出土文獻與古文字研究中心網站，http://www.gwz.fudan.edu.cn/SrcShow.asp?Src_ID=1658，2011年9月20日。

③ 顧頡剛、劉起釪《尚書校釋譯論》第三冊，中華書局，2005年，頁1253。

的。單從《金縢》中周公的禱祝文字看，確是純用介詞“于”。

可以說，無論是清華簡所見“書”類文獻，還是今本今文《尚書》的文字，都是介詞“于”佔絕對優勢。當然，在西周時期，介詞“於”已經出現，故諸如《皇門》出現個別介詞“於”仍是容易理解的。“于（於）”的使用情況，也在一定程度上反映了清華簡所見“書”類文獻確實淵源甚古。與此類似的是，上博簡《周易》只用“于”，今本《易經》卦爻辭也只用“于”。無論是“書”類文獻還是《周易》，大家都承認它們有較早的來源。它們對“于（於）”的使用，是與“于（於）”的時代性相一致的。再如《詩經》，即便是漢簡，仍以“于”爲主。所以，在探討此類文獻時，必須要結合其成書年代和文本性質。需要指出的是，儘管典籍中的“于（於）”有經過後人篡改的可能，但從出土文獻來看，這種情況並不多見。抄手對“于（於）”的抄寫，基本上是嚴格遵循底本的①。

王玉蛟先生對清華簡第一輯的“于（於）”作過分析，得出了以下幾點結論：

1. 在《清華簡（一）》中，“于”字明顯比“於”的用例多。據有關書籍統計，在金文、《詩經》、《尚書》中，“于”仍佔絕大多數。到戰國中後期，“於”字逐漸佔了優勢。這對於我們確定

① 如郭店簡《緇衣》、上博簡《緇衣》、今本《緇衣》，郭店簡《性自命出》、上博簡《性情論》，郭店簡《五行》、馬王堆帛書《五行》，上博簡《周易》、馬王堆帛書《周易》，雖然抄本不同，但“于（於）”的抄寫是一致的。而傳文在傳述經文時，經文如果用“于”，一仍其舊。參見風儀誠《戰國兩漢“于”、“於”二字的用法與古書的傳寫習慣》，《簡帛》第二輯，上海古籍出版社，2007年。筆者認爲，抄手對底本的抄寫，一般情況下不會輕易刪改原文，故不同抄本的同一文本，“于（於）”的書寫可以說是傳承有序的。後人在解說典籍時，也是尊重原文的書寫。至於傳文何以多用“於”，這已經是時代使然了。

該語料的年代至關重要，由此可以推測該批簡應書寫於戰國前期，這是從文字學的角度發現的《清華簡（壹）》成書時代的證據。

2.“於+賓語”可用於謂語之前，而用例較多的“于”字卻没有出現該用例。我們據此可以推斷，在當時，當其後接賓語用於謂語之前時，只能用“於”，而不是“于”。

3. 用於固定格式“至于”時，當時只能用“于”，而不是“於”。

4. 王力先生在《漢語史稿》中説：“‘於’字前面所介引的是形容詞（往往用於比較級）”時，“只能用‘於’，不能用‘于’”①。但，根據對《清華簡（一）》的統計分析，此説法不妥。在《清華簡（一）》中，介引比較對象，只用“于”，而不用“於”。

5. 在介引與動作行爲相關的人或物以及介引動作發生的範圍時，當時只用“于”，而不用“於”。

6. 在介引方位處所，介引施動者、受事者時，“於”、“于”可以互用，兩者没有差别。②

以上看法筆者認爲大多可以商榷。歸根結底在於，由於作者没有將《楚居》與其他“書”類文獻區别開來，進而以清華簡第一輯全部文獻（實際上語料有限）所反映的虚詞特點涵蓋“當時”的虚詞用法，導致了許多誤判。因爲《楚居》與其他八篇相

① 王力《漢語史稿》，中華書局，2004年，頁387。

② 王玉蛟《淺論〈清華簡（一）〉中的“于”和“於”》，武漢大學簡帛研究中心網站，http://www.bsm.org.cn/show_article.php?id=1574，2011年11月3日。

比，不但創作年代不一致，文體也不盡一致。對於第一點，清華簡第一輯中各篇的確“于”多“於”少，但何以説明它們成書於戰國前期？其中的“書”類文獻，綜合各方面的信息看，最初創作年代顯然早於戰國早期。何況，這與所謂的文字學角度並無太大關聯。對於第二點，無論是《研究》一書中的辭例還是清華簡《繫年》的文句，均有反證，不贅①。對於第三點，《研究》一書的辭例有反證，在《戰國策》等書中“至於”反要多於“至于”。對於第四點，《漢語史稿》的論斷固然有誤差，但作者的結論同樣不確，《研究》的辭例亦有反證。對於第五點，《研究》的辭例同樣有反證。至於第六點，所敘不誤。

作者進而指出，“于”、“於”在戰國時期的用法存在區別。這是大抵不差的，兩者在戰國時期用法的差異顯然是客觀存在的，這些差異，高本漢《〈左傳〉真僞考》、王力《漢語史稿》、潘允中《漢語語法史概要》、何樂士《古代漢語虛詞詞典》、趙大明《〈左傳〉介詞研究》、風儀誠《戰國兩漢“于”、“於”二字的用法與古書的傳寫習慣》、張玉金《出土戰國文獻虛詞研究》等論著均有不同程度的論及。這些差異的產生，主要原因在於“於”後起，一些新用法伴隨產生，且適用文體更爲豐富，故用法較“于”豐富。而如果按照清華簡第一輯的材料，反而會得出“于”用法更爲豐富的結論。從現有的材料看，介詞“于”、“於”在語義功能、語法結構等方面存在一定差異，由於“於”較晚出且常用於口語，其用法更爲靈活、豐富。但從《繫年》的“于”、

① 但在《左傳》一書中，確實只有“於”出現在謂語中心語之前。參見趙大明《〈左傳〉介詞研究》，首都師範大學出版社，2007年，頁138。

“於”使用情況看，兩者的語義功能並無根本區別。所以單從《繫年》看，語義功能、語法結構等因素並不影響“于”、“於”的使用。

（四）《繫年》中的“于（於）”與時代、文體因素

“于（於）”的時代性是客觀存在的，但也有一點不能忽視，那便是文本形式與內容的影響。何樂士先生指出：“于”所在句式保留古代原始用法較多，“於”反映新興、靈活的語言特色較多；“于”引自古書的例子較多，“於”則有不少來自當時的歌謠、諺語；“于”多用於書面語，“於”則常用於口語、對話中；“于”更多出現在客觀敘事的句子中，“於”除用於敘事句外，還常用於表示強調或傳遞某些主觀感情的句子中[①]。可見，文本形式與內容同樣對“于”、“於”的使用產生制約作用。據《研究》，在戰國金文中，“於”出現 26 次，而“于”出現了 27 次。由於金文更爲正式，更爲保守，且書面化程度高、多敘事句，故戰國金文的“于”仍佔相當比重[②]。從《繫年》看，它主要是敘事體，大量使用敘事句，且使用的是較爲正式的書面語，這在一定程度上造成了《繫年》中“于”使用較多。

爲進一步瞭解《繫年》介詞“于”、“於”的使用特點，茲將兩者在《繫年》各章的分佈情況示列如下：

---

① 何樂士《古代漢語虛詞詞典》，語文出版社，2006 年，頁 551。

② 其中中山國銅器“于”、“於”並見，類似於傳世文獻中的《左傳》，是一個重要關節點。

表格三：清華簡《繫年》"于"、"於"分佈統計表

章節	一	二	三	四	五	六	七	八	九	十	十一	十二	十三	十四	十五	十六	十七	十八	十九	二十	二十一	二十二	二十三
"於"頻數	0	0	0	1	8	1	2	2	0	0	1	0	0	2	4	5	5	2	1	1	2	5	12
"于"頻數	5	12	4	6	3	5	1	1	3	2	2	2	2	6	4	0	1	5	1	4	1	3	1

從上表看，前三章所敘，乃西周至兩周之際的史事，純用介詞"于"，而不用介詞"於"。而隨着《繫年》敘事的進展（基本是歷史的進展），"於"的比重有增大的趨勢，"于"的比重則趨於衰減。這無疑是耐人尋味的。從《左傳》看，雖然全書"于"、"於"大致相當，但"於"的使用存在增多的趨向。何樂士先生指出，自隱公到成公，每公中的"于"、"於"比重大約都是60%：40%；而從襄公以後，比例一變而爲40%：60%。同時，"於b·D"的例句也有70%左右是出現在襄公以後的，"於"的一些富有特色的用法也是出現在襄公以後的①。無論《繫年》還是《左傳》，各章節"于"、"於"的比重，在一定程度上反映了各章節史料來源的早晚。在《繫年》中，敘寫西周、兩周之際史事的文字均只用"于"，這恐怕不是偶然的現象。筆者認爲，《繫年》中"于"、"於"的使用，主要是受史料的時代性制約，文本

① 何樂士《〈左傳〉的介詞"于"和"於"》，《〈左傳〉虚詞研究（修訂本）》，商務印書館，2004年，頁117；何樂士《論〈左傳〉前八公與後四公的語法差異》，《古漢語語法研究論文集》，商務印書館，2000年，頁61—83；何樂士《再論〈左傳〉前八公與後四公的語法差異——〈左傳〉内部語法、詞彙特點的比較》，商務印書館，2000年，頁84—109。

形式、內容等因素有所影響，但並不是主導因素。同時，之所以《繫年》的“于”、“於”使用受到史料時代性的制約，還是與其文體分不開的。出於敘事體史書（尤其是編年體類史書）的要求，其史料來源不是單一的，至少不是同時的。

筆者曾指出，清華簡《楚居》可能是與《繫年》性質相類的文獻[①]。從“于”、“於”的使用情況看，《楚居》使用“於”更多（出現9次），但也出現4次“于”，且均出現於開篇對先祖傳説的追述。這部分的史料來源，很可能淵源甚古。

至於與《繫年》相近的古本《竹書紀年》，現存的佚文“于”出現的頻率很高。但由於《竹書紀年》佚文多經後人篡改，尤其是《水經注》、《春秋經傳集解後序》等文獻所引文字，在存在異文的情況下，往往用“於”，與他書引文不同。這種情況下，孰是孰非很難取捨。現存佚文中的“于”，也不能排除經過後人改寫的可能。故《竹書紀年》中“于（於）”的使用，尚難落實。

風儀誠先生曾注意到，一些文獻有時雖然不是直接引古書，可還是受到早期用字習慣的影響，或是因爲描述早期的事情，就按照以前的習慣用“于”字[②]。《繫年》和《楚居》在記述較古老事件時多用“于”，這究竟是一種刻意的仿古，還是對史料來源的尊重呢？這仍是需要探討的問題。筆者傾向於認爲，這是史書對史料素材的沿承。古書的抄寫或借鑒，對早期素材中的“于”，是相當尊重的。在《繫年》中，“于”在後面部分也有出

① 陳民鎮《〈繫年〉“故志”説——清華簡〈繫年〉性質及撰作背景芻議》，《邯鄲學院學報》2012年第2期。

② （法）風儀誠《戰國兩漢“于”、“於”二字的用法與古書的傳寫習慣》，《簡帛》第二輯，上海古籍出版社，2007年，頁83。

現，也在一定程度上説明作者並非盲目的"仿古"。具有仿古嫌疑的典籍有《晏子春秋》，該書"于"出現441次，"於"出現4次①，似乎不近情理。因爲《晏子春秋》的成書年代雖然向有異辭，但多數學者認爲在戰國中後期。至於具體情況如何，還有待進一步研究。

以上討論了《繫年》所見介詞"于"、"於"，"于"、"於"的使用存在較爲明顯的時代性，《繫年》對它們的使用，在某種程度上也反映了其時代性。《繫年》的史料來源是複雜的，各章史料的時代性存在差異，這與其文體又是分不開的。時代差異是影響虚詞使用的一大因素，"于"、"於"只是其中的著例。惟有基於充分材料的研究，尤其是做到出土文獻與傳世文獻的結合，才能進一步梳理虚詞的歷時演變，以推進漢語史的研究。

二、《繫年》中虚詞"與"、"及"的特點及其成因

與"于"、"於"的時代性不同，虚詞"與"、"及"表現出較强的地域性。在《繫年》中，虚詞"與"、"及"的使用同樣頗具特點。

（一）《繫年》虚詞"與"、"及"的特點

以下首先概述《繫年》中虚詞"與"、"及"的使用情況，具體統計及分析詳見另文。

《繫年》全篇，"與"字凡41見。其中簡34、49、51有三例寫作"与"，其他概寫作"與"。除了下面2例作動詞解，其他均爲虚詞：

---

① 甘淑燕《〈晏子春秋〉介詞研究》，西南大學碩士學位論文，2008年，頁14。

(1) 文王為客於息，蔡侯與從，息侯以文王飲酒。(五・26、27)

(2) 公命駒之克先聘于齊，且召高之固曰："今春其會諸侯，子其與臨之。"(十四・66、67)

《國語・齊語》韋昭注云："與，從也。"例(1)的"與從"當是同義複詞。"與"作爲虛詞的用法，即由動詞演變而來。例(2)的"與臨"，整理者解釋作參與、涖臨，可從。《研究》指出，介詞"與"源於動詞，連詞源於介詞，語氣詞則另有來源。《繫年》除了上述動詞2例，其他均爲介詞或連詞，語氣詞不見；介詞"與"共出現26次，均用作共事介詞。連詞"與"出現13次，均爲並列連詞。

《繫年》中的"及"用作介詞1次，屬共事介詞；連詞"及"有11例，均作並列連詞。

《繫年》"與"、"及"在各章的分佈情況如下：

表格四：清華簡《繫年》"與"、"及"分佈統計表

章節	二	五	六	七	八	九	十一	十四	十五	十六	十八	十九	二十	二十一	二十二	二十三
介詞"與"頻數			1		3				3	1	1	2	6	2	4	3
連詞"與"頻數	1					1	1	1	1		1				1	6
介詞"及"頻數				1												
連詞"及"頻數	1	1	1	5						1	2					

從上表看，“與”的分佈較爲靠後。前面五章不見介詞“與”的用法，主要集中於後半部分。連詞“與”除了第二十三章出現6次之外，其他各章最多出現1次。一個重要原因是，第二十三章容量特别大。但不能忽視的是，連詞“與”主要出現於後半部分。而與此形成對比的是，連詞“及”主要出現在前七章。

從上表看，介詞“及”衹出現1次。據《研究》統計，“及”作爲共事介詞的用法，楚簡不見，秦簡僅見1例；作爲介詞的“及”在楚簡中見及14次，秦簡見及3次。雖然楚簡出現的介詞“及”較秦簡多，但《研究》所統計的共事介詞“及”尚是空白。隨着清華簡的發現，豐富了我們對楚簡共事介詞“及”的認識。《清華大學藏戰國竹簡》第一輯的《尹至》2便見及“及”用作共事介詞的辭例：

（3）民允曰：“余及汝偕亡。”

《〈清華大學藏戰國竹簡（壹）〉虛詞研究》將“及”看作並列連詞[①]，筆者之前也將其視作連詞[②]。現在筆者認爲這個“及”應該是共事介詞。該句在傳世文獻中尚有異文。《尚書·湯誓》云：“有衆率怠弗協，曰：‘時日曷喪？予及汝皆亡。’”《孟子·梁惠王上》云：“《湯誓》曰：‘時日害喪，予及女偕亡。’”《史記·殷本紀》則引作“是日何時喪？予與女皆亡”，换做淺白語氣，“及”易作“與”。《尚書大傳》謂桀曾云：“天之有日，猶吾之有民，日有亡乎？日亡，吾亦亡矣。”“偕”，簡文作“皆”，

---

① 張顯成、王玉蛟《〈清華大學藏戰國竹簡（壹）〉虛詞研究》，《出土文獻》第二輯，中西書局，2011年，頁94。

② 陳民鎮集釋、按語《清華簡〈尹至〉集釋》，復旦大學出土文獻與古文字研究中心網站，http：//www. gwz. fudan. edu. cn/SrcShow. asp? Src _ ID=1647，2011年9月12日。

"皆"、"偕"通。《説文》云:"偕,俱也。"此當通作"偕"。《孟子·梁惠王上》即引作"偕"。傳世文獻中的相似語句,此前學者亦有分歧,不少論者將"及"視作連詞[①],也有辭書視作介詞[②]。所謂"余及汝偕亡",實際上是一種賭咒式的誓詞,猶言"我和你同歸於盡"。《詩經·邶風·谷風》曰:"德音莫違,及爾同死。"用法相似。總之,"余及汝偕亡"的"及"應是共事介詞。

《〈清華大學藏戰國竹簡(壹)〉虛詞研究》還認爲《尹至》4的"湯盟質及尹"中"及"是連詞,事實上它也是共事介詞。該文還認爲《尹誥》1、《程寤》3、《金縢》7所見"及"都是連詞。筆者認爲,除《金縢》7所見"及"用作並列連詞外,其他2例同樣作共事介詞解[③]。而據錢宗武先生統計,在今本今文《尚書》中,介詞"及"出現10次,連詞"及"出現8次[④]。

《繫年》所見介詞"及",亦爲共事介詞。清華簡第一冊和第二冊便見及5個共事介詞,而據《研究》,此前的楚簡尚未發現"及"的這一用法。

值得注意的是,清華簡《尹至》、《尹誥》均爲"書"類文獻,並非楚人創造,而是楚地抄本;《繫年》的作者問題亦牽涉複雜,至少史料有複雜的來源。綜合楚簡的情況看,共事介詞

① 熊永祥、錢宗武《今文〈尚書〉並列連詞的語例分析、特徵及其形成機制》,《湘潭大學學報》(哲學社會科學版)2007年第5期。作此處理的論著很多,兹不繁舉。

② 中國社會科學院語言研究所古代漢語研究室《古代漢語虛詞詞典》,商務印書館,1999年,頁285。

③ 但《研究》將《尹誥》1所見的"及"視作連詞。

④ 錢宗武《今文尚書語法研究》,商務印書館,2004年,頁180、236。

"及"的闕如，可能反映出一定的地域性特徵[①]。

（二）連詞"與"、"及"在楚簡、秦簡中的分別

在上古漢語的虛詞中，像"及"和"與"（尤其是作爲連詞）這樣具有較爲明確指向性的虛詞並不多見。故而通過對"與"、"及"的探討，可以爲我們探求先秦典籍的時代及地域特徵提供重要的鎖鑰。此前已有學者關注傳世文獻與出土文獻中虛詞"及"、"與"的特點，取得了不少有益的成果[②]。

據《研究》統計，戰國簡牘中的連詞"及"，楚簡出現6次，秦簡出現313次。而據李明曉等統計，秦簡連詞"及"出現328次[③]，楚簡連詞"及"出現8次[④]。與此相應的是，作爲連詞的"與"，楚簡習見，秦簡鮮見，據《研究》，楚簡出現99次，秦簡出現4次。而據李明曉等統計，秦簡連詞"與"則出現了18次[⑤]，楚簡連詞"與"出現了138次[⑥]。需要説明的是，楚簡出現6例連詞"及"，這是依據《研究》統計的數目，《研究》舉有郭店簡《緇衣》的《尹誥》引文，有關文字又見清華簡《尹誥》，

① 還有一種可能是，此前楚簡的材料由於文體的限制，沒有出現這一用法的機會。

② 對傳世文獻連詞"與"、"及"進行研究的論著有：徐蕭斧《古漢語中的"與"和"及"》，《中國語文》1981年第5期；周生亞《並列連詞"與、及"用法辨析》，《中國語文》1989年第2期；蔣宗許《〈並列連詞"與、及"用法辨析〉質疑》，《中國語文》1990年第2期；于江《虛詞"與、及、並、和"的歷史發展》，《上海大學學報》（社會科學版）1996年第1期。

③ 李明曉、胡波、張國艷《戰國秦漢簡牘虛詞研究》，四川大學出版社，2011年，頁255。

④ 李明曉《戰國楚簡語法研究》，武漢大學出版社，2010年，頁102。

⑤ 李明曉、胡波、張國艷《戰國秦漢簡牘虛詞研究》，四川大學出版社，2011年，頁256。

⑥ 李明曉《戰國楚簡語法研究》，武漢大學出版社，2010年，頁101。

筆者認爲當理解作介詞[①]；至於其他幾例，出現於上博簡《容成氏》、《曹沬之陣》、《用曰》、《柬大亡泊旱》等，都是不能牽涉複雜的書籍類文獻。而據《研究》，秦簡出現了4次連詞"與"，其中2例出現於日書，可能是由楚國日書帶入的，另外2例可疑。可以説，明確是楚人所作的簡帛，是不用連詞"及"的；而可靠的秦簡資料，也是基本不用連詞"與"的。連詞"與"、"及"可謂地域性鮮明[②]。

值得注意的是，《楚辭》是少有的能代表楚人語言的書籍類文獻，在傳世的屈原賦中，連詞祇用"與"，而上博簡第八輯公佈的四篇楚辭類文獻，同樣祇用連詞"與"。這也再次驗證了楚人的用詞習慣。

這一現象是日本學者大西克也先生率先發現的，他敏鋭地指

① 《尹誥》(《咸有一德》) 簡1云："隹(惟) 尹既返(及) 湯咸又(有) 一悳(德)。"整理者指出，既，訓爲"已"。廖名春先生指出，"既"當讀爲"暨"，連詞，是與、及、和之義，"暨"、"及"複詞同義。孫飛燕先生則認爲，《尹誥》此句應該斷句並標點爲："惟尹既及湯，咸有一德。""及湯"與《尹至》的"至於湯"含義相同，"及"的意思也是"至"。虞萬里先生指出，既，聲音通假上讀"已"讀"暨"均可，但此處讀"已"更確；"及"有"以"義，"咸"可訓具備、晐備之義。參見陳民鎮集釋、按語《清華簡〈尹誥〉集釋》，復旦大學出土文獻與古文字研究中心網站，http：//www. gwz. fudan. edu. cn/SrcShow. asp? Src _ ID＝1648，2011年9月12日。該句在出土文獻及傳世文獻中尚有異文，試舉如次：

隹(惟) 尹既返(及) 湯咸又(有) 一悳(德)。(清華簡《尹誥》)

惟尹躬及湯咸有壹德。(《禮記·緇衣》引《尹吉(誥)》)

隹(惟) 尹夋(允) 及湯咸又(有) 一悳(德)。(郭店簡《緇衣》簡5引《尹誥》)

隹(惟) 尹夋(允) 及康(湯) 咸又(有) 一悳(德)。(上博簡《緇衣》簡3引《尹誥》)

惟尹躬暨湯咸有一德。(《僞古文尚書·咸有一德》)

通過異文的比勘，我們約略可知"既及"＝"躬及"＝"允及"＝"暨"。需要説明的是，以上僅僅是大致文意的相等。"及"可理解作共事介詞，即便是"暨"，其在甲骨文中便有介詞的用法(《左傳》等材料亦有出現)。

② 據李明曉等統計，漢簡中連詞"及"出現476例，"與"出現109次。而兩漢以降，連詞"與"、"及"使用的頻數不再有大的區別。

出"並列連詞秦簡用'及'楚簡用'與',應是兩地方言的反映,不可能是時代、文章體裁、個人嗜好等其他因素所導致的",強調"並列連詞用'及'是秦國方言的顯著特點"①。大西克也先生將這一現象僅僅歸因於方言差異,恐有局限性。正如周守晉先生所指出的,傳世文獻除了《論語》、《孟子》、《莊子》外,其他典籍並列連詞幾乎沒有不用"及"的;秦簡中也有並列連詞用"與"的例子②。周先生繼而指出這一現象應是時代變遷以及"與"、"及"功能發展的結果。

無論如何,單從秦簡與楚簡兩種材料看,秦簡確實慣用連詞"及",而楚簡主要用連詞"與"。這是基於大量簡牘材料的認識,也是基本可以反映秦地、楚地的用詞習慣的。而《繫年》的材料,卻顛覆了舊有的認識,作爲楚簡③,它出現了許多連詞"及"。筆者曾指出:

楚簡罕見的連詞"及"在《繫年》中竟然出現11次,這是值得注意的現象,要知道,《出土戰國文獻虛詞研究》所統計的全部楚簡資料連詞"及"才出現6次。還有一點值得注意,《繫年》並列連詞"與"出現13次,並列連詞"及"出現11次,比例為13∶11。在《左傳》中,並列連詞"與"出現187次,並列連詞"及"出現105次,比例與《繫年》相近。《左傳》與《繫年》一樣,連詞"及"比重較大,這與魯地文獻不同,更與楚地文獻不同(《老子》、《莊子》不見並列連詞"及"的用法)。

① (日)大西克也《並列連詞"及""與"在出土文獻中的分佈及上古漢語方言語法》,《古漢語語法論集》,語文出版社,1998年,頁135、138。

② 周守晉《出土戰國文獻語法研究》,北京大學出版社,2005年,頁150。

③ 儘管清華簡的性質尚不明朗,但從文字特徵看,視作楚簡是沒有問題的。

雖然秦簡多用連詞"及",但我們很難説《繫年》與秦人有關。《繫年》虛詞的特點為我們審視《繫年》的成篇年代及地域提供了重要線索,至少《繫年》的用詞風格不同於一般的楚地文獻,而且《繫年》的素材來源當是複雜的,從各章虛詞表現出不同特點也可以略窺一二。①

我們當然不能説,《繫年》出現許多連詞"及",便是秦人的作品。我們也不能因爲這一點,便斷然否定《繫年》與楚人的關係。

《楚居》與《繫年》的性質相近,虛詞的使用也存在諸多共性。《楚居》出自楚人之手、是楚人對楚史的記述——幾乎是沒有學者懷疑的。但如果單從虛詞看,楚人慣用的連詞"與"才出現1次,連詞"及"卻出現了5次②。這同樣是與楚人用詞習慣相悖的,這是否説明《楚居》並非楚人的作品呢?能否因爲《繫年》、《楚居》使用了楚人不常用的連詞"及",便否定它們出自楚人之手呢?如果它們是楚人的作品,又該如何解釋這一現象呢?有一點需要注意,《繫年》與《楚居》既然文體相近,同屬於敘事體的史書,那麼對連詞"與"、"及"是否反映了該文體的特色呢?有一種可能是,由於《繫年》與《楚居》是嚴謹的史書,如果作者是楚人的話,作者採用了更正式的用語,而捨棄楚人慣用的"與"。還有一種可能是,由於《繫年》與《楚居》是史書性質,而史料具有傳承性,我們知道,"及"的使用較"與"

① 陳民鎮《〈繫年〉"故志"説——清華簡〈繫年〉性質及撰作背景芻議》,《邯鄲學院學報》2012年第2期。

② 《〈清華大學藏戰國竹簡(壹)〉虛詞研究》一文連詞"及"下沒有統計《楚居》的用例。參見張顯成、王玉蛟《〈清華大學藏戰國竹簡(壹)〉虛詞研究》,《出土文獻》第二輯,中西書局,2011年,頁94。

爲早,《繫年》與《楚居》中連詞“及”的使用,可能本自原初的史料。同時,由於史料具有複雜的來源,這些文獻也可能採用了其他地域的史料。

（三）三晉地區與連詞“及”

儘管秦簡資料並列連詞專用“及”,但如果將使用連詞“及”視作秦人的特殊語言習慣,則恐怕是與事實不符的。首先,從傳世文獻看,連詞“及”的使用顯然不是秦人的專利;其次,在其他國別的戰國簡牘發現之前,這種論斷有失審慎。目前發現的戰國簡牘,主要是秦簡與楚簡。由於簡牘信息量大,内容複雜,且屬於出土文獻,故成爲探討戰國時代語言特徵的絕佳材料。

秦、楚兩地之外虛詞“及”、“與”的用法及習慣,目前來説仍然是個盲點。由於缺乏簡牘材料,我們便需要藉助其他載體的文字來討論,主要是金文、玉石文字。遺憾的是,這方面的材料相對較少。

關於三晉對“與”、“及”的使用,較少有人論及。周守晉先生曾指出侯馬盟書出現不少連詞“及”,秦、晉方言屬於一大類,魏地金文如梁十九年鼎也是用“及”的[①]。周先生没有進一步深究,當然也是因爲明確屬於三晉的文獻極少之故。在此,筆者嘗試對三晉並列連詞的使用作一番探討。

侯馬盟書可以視作三晉的材料,其時代學者多認爲在春秋晚期。據《侯馬盟書字表》,侯馬盟書的“及”出現 1282 次[②],基本用作並列連詞,但卻没有出現連詞“與”,這顯然是值得玩味

① 周守晉《出土戰國文獻語法研究》,北京大學出版社,2005 年,頁 25。
② 山西省文物工作委員會《侯馬盟書》,文物出版社,1976 年,頁 300。

的。侯馬盟書材料專用連詞“及”，究竟是時代的關係呢？還是地域的差異呢？

事實上，晉系出土簡牘並非沒有，衹不過由於出土時代過早，不但早已轉化爲傳世文獻，而且釋文也隨着輾轉流傳而亡佚。這便是《竹書紀年》。目前所看到的《竹書紀年》佚文並不多，但這些珍貴的文字不但在內容方面可與清華簡《繫年》相參證，而且在虛詞方面，兩者也存在諸多共性。據筆者統計，目前所見古本《竹書紀年》佚文中，共事介詞“及”出現 8 次，並列連詞“及”共出現 9 次，共事介詞“與”出現 5 次，並列連詞“與”出現 2 次。由於《竹書紀年》佚文很可能經過後人篡改，故衹能提供一個相對的參照值。單從並列連詞的使用看，《竹書紀年》是使用“及”爲主的。這與三晉的出土文獻在某種程度上也是吻合的。從《繫年》看，第七章出現連詞“及”5 次，是最多的一章。而該章內容正是晉文公的稱霸經過，個中關係頗耐人尋味。

雖然目前三晉方面的材料不多，但從現有的材料看，似乎可以説明在春秋晚期至戰國時期，三晉是使用並列連詞“及”爲主的。

（四）連詞“與”、“及”差異的成因

除了連詞“與”、“及”使用的地域差異，張玉金先生在《研究》中還指出連詞“與”、“及”的其他幾點區別：兩者所表示的關係不同，連詞“與”可以用來表示選擇關係，而連詞“及”沒有這樣的用法；兩者所連接的並列項的數目不同；兩者所連接的並列項的詞性不同；由兩者構成的聯合短語的句法功能不同，“名詞語 1＋與＋名詞語 2”和“名詞語 1＋及＋名詞語 2”都可以作主語、賓語、兼語、定語，但前者可以作名詞謂語，而後者不能。張先生認爲：

虛詞“與”、“及”的不同，應是地域因素和實詞虛化雙重因素造成的。從出土戰國文獻來看，南方人選擇了“與”，在該地的方言中“與”由實詞虛化為介詞、連詞；西方人選擇了“及”，在該地的方言中“及”由實詞虛化為連詞。

張玉金先生就傳世先秦典籍的連詞“及”、“與”使用情況作了初步分析，指出若這些文獻未經篡改，那楚國和宋國人並列連詞用“與”而不用“及”，東方的鄒魯、中原的韓趙大都是常用“與”而少用“及”。這似乎說明了西方的秦國在並列連詞的使用上存在突出特點，與南方及東方諸國迥異。然這裏尚存幾點疑問：

首先，以簡單的作者國別判斷典籍的大致國別，是否可行？暫且不論這些作者的祖國、生平尚存爭議，單從他們行跡之複雜看，這些典籍的國別特徵，或者語言習慣，都應該是複雜的。

其次，每種典籍的作者是否明確？是否是同一人？內容來源是否一元？如《墨子》一書，論者認爲城守諸篇出自秦人之手。至於其他一些典籍，不同程度存在作者及內容來源混雜的現象。

再次，這些典籍的文本性質是否會影響到橫向比較的客觀性？張先生所舉有史書，有經書，有子書，它們的文本形式或內容存在差異，便很難將它們放在同一平面上進行比較。

最後，傳世文獻經過了長期的流傳，很難保留其原始面目，這也是越來越多的學者關注出土文獻語料的原因。

連詞“與”、“及”的使用確實存在地域特點，同時，兩者產生的時代也存在不平衡的現象，這一點，學者關注無多。

首先是連詞"及"。"及"在甲骨文中已經出現，但是否已經出現連詞的用法，尚有爭議。張玉金先生在《甲骨文虛詞詞典》指出甲骨文中的"及"有介詞與連詞的用法①，但在《甲骨文語法學》一書中，張先生在連詞項下去掉了"及"②。從目前的材料看，説甲骨文中已經存在連詞"及"，理由並不充分。武振玉先生指出，"及"的並列連詞用法始見於兩周金文，出現16例，西周中期3例，西周晚期2例，春秋11例③。據《研究》，戰國金文不見連詞"及"。陳永正先生強調，春秋時期"及"的大量使用，取代了"暨"，成爲當時的主要並列連詞④。連詞"暨"曾廣泛使用，後來隨着"及"的興起，逐漸衰減。

至於並列連詞"與"則出現較晚，據武振玉先生統計，春秋金文有1例，戰國金文有1例⑤。但從傳世文獻看，西周時期可能存在連詞"與"⑥。

單從金文看，連詞"及"出現更早，且有取代"暨"的趨勢⑦，似乎是金文這種嚴肅文體所使用的正式並列連詞。而連詞"與"則衹出現2次，且出現較晚。從某種意義上説，"與"是新興的連詞。這種連詞在楚地以及山東地區使用較多，至於秦地及

---

① 張玉金《甲骨文虛詞詞典》，中華書局，1994年，頁118。

② 張玉金《甲骨文語法學》，學林出版社，2001年，頁88。

③ 武振玉《西周金文詞類研究（虛詞篇）》，吉林大學博士學位論文，2006年，頁192。

④ 陳永正《西周春秋銅器銘文中的聯結詞》，《古文字研究》第十五輯，中華書局，1986年，頁316。

⑤ 武振玉《西周金文詞類研究（虛詞篇）》，吉林大學博士學位論文，2006年，頁197。

⑥ 張玉金《西周漢語語法研究》，商務印書館，2004年，頁160。

⑦ 有學者認爲"及"由"暨"音轉而來，參見余德泉《古漢語同義虛詞類釋》，湖南教育出版社，1993年，頁175。但此説並不可靠。

中原地區，可能由於其保守性堅持使用連詞“及”[①]。

徐蕭斧先生統計了一些先秦古書虛詞“及”、“與”的用法，發現存在四種不同的類型，他將這種差異歸結爲“時代或地域的歧異”[②]，但沒有具體說明。隨着大西克也等先生的研究，連詞“與”、“及”的地域差異愈來愈受到人們重視，但大家都忽略了時代差異在其中發揮的作用。據徐氏統計，衹用連詞“及”的文獻有《春秋》，連詞“及”、“與”混用的有《左傳》、《呂氏春秋》、《戰國策》，而衹用連詞“與”的文獻有《易·繫辭》、《論語》、《檀弓》、《孟子》、《莊子》、《屈原賦》。結合徐蕭斧先生以及張玉金《研究》所統計的傳世文獻連詞“及”、“與”使用情況[③]，我們可以大致梳理出以下規律：

西周及以前：甲骨卜辭未見連詞“及”、“與”；西周金文多用連詞“及”，不見連詞“與”；《尚書》基本用連詞“及”[④]；《詩經》中的《周頌》、《商頌》衹用連詞“及”[⑤]。

春秋：西周金文仍多用連詞“及”，同時出現了1例連詞“與”；侯馬盟書衹用連詞“及”；《春秋》衹用連詞“及”。

---

① 秦地的保守性，還體現在文字方面。

② 徐蕭斧《古漢語中的“與”和“及”》，《中國語文》1981年第5期。

③ 此外，劉利先生《上古漢語虛詞“及”字用法的考察——兼與虛詞“與”比較》（《古籍研究》2002年第4期）對先秦典籍的“及”作過統計，與徐、張二氏的結論出入較大。王克仲先生《先秦虛詞“與”字的調查報告》（《古漢語研究論文集》，北京出版社，1984年，頁139－178）對先秦文獻中的“與”作了較細緻的分析。此外，還可參見黃珊《〈荀子〉虛詞研究》（河南大學出版社，2005年）等專書虛詞研究成果。

④ 今文《尚書》中並列連詞“與”出現4次，均見於《金縢》，清華簡《金縢》衹見到2次。除《金縢》外，清華簡第一輯中的其他“書”類文獻也沒有出現連詞“與”。《金縢》一篇，體現出一些時代較晚的語言現象。“書”類文獻對連詞“及”、“與”的選擇，當與“書”類文獻的早期性有關。

⑤ 《詩經》的虛詞“及”、“與”分佈無甚規律可尋，很難說可以看出地域差異。

春秋末至戰國：楚簡基本用連詞“與”；《易·繫辭》、《檀弓》、《老子》、《莊子》、《屈原賦》衹用連詞“與”；《論語》、《孟子》、《荀子》、《韓非子》基本用連詞“與”；秦簡基本用連詞“及”；三晉出土文獻基本用連詞“及”。

考察連詞“及”、“與”的歷時演變，我們可以説，從目前的材料看來，連詞“及”通行的時代更早，在西周乃至春秋，都是以連詞“及”爲主；在戰國時期，地域分化嚴重，楚地基本用“與”，齊魯地區的儒家類文獻多用“與”，而秦地以及三晉地區仍較多使用“及”。戰國時期之所以出現分化，或因爲秦地與三晉地區相對保守，堅持使用西周至春秋多見的“及”，而齊魯地區和楚地則多採用新興的“與”。

徐蕭斧先生指出，《公羊傳》、《穀梁傳》中的“及”絕無例外出現在以下四種情況：引述經文原句；詮釋經文“及”的意義；解釋經文爲何用“及”字；解釋經文爲何不用“及”字①。由於傳文是解經之作，其時代必然晚於經文②。《公羊傳》、《穀梁傳》與《春秋》的區別，實際上反映了連詞“及”、“與”的時代性。

這裏還需要説明幾點。由於目前掌握的材料不全面，尤其是傳世文獻統計不夠具體和充分，以及出土文獻材料的不充分，以上總結未必代表真正的情況。像《呂氏春秋》、《墨子》連詞“與”、“及”並用，與二書成分複雜有關，尤其是二書均有秦文

① 徐蕭斧《古漢語中的“與”和“及”》，《中國語文》1981年第5期。

② 經文與傳文之間虛詞運用的區別值得重視。前文已經強調，傳文在傳述經文時，經文如果用“于”，一仍其舊（段玉裁《説文解字注》已有論説）。這種現象，可以從《春秋》與《左傳》之間“于（於）”的運用略窺一二，也可以通過出土文獻加以驗證。

化背景。《墨子》城守諸篇被視作秦人產物，這些篇章的確用連詞“及”更多。至於《左傳》、《國語》、《戰國策》，據《研究》統計，《左傳》出現連詞“與”187次，連詞“及”105次，《國語》的比例是69∶27[①]，《戰國策》的比例是92∶12。據趙大明先生統計，《左傳》介詞“及”出現191次，連詞“及”出現125次；介詞“與”出現332次，連詞“與”出現224次[②]。《左傳》的地位具有特殊性，其“于”、“於”用例大致相當，處於“于”向“於”嬗替的轉捩點上，而從連詞“及”、“與”的使用上看，《左傳》的地位同樣值得重視。《左傳》是少有的“于”、“於”大致相當的典籍（“於”略多），也是少有的連詞“及”、“與”混用且數量差距不大的典籍（“與”略多）。

《左傳》、《國語》、《戰國策》都具有史書性質，其連詞“及”、“與”混用且沒有大的區别。同樣，清華簡《繫年》、《楚居》也是“及”、“與”混用，也看不出誰佔更大的優勢。它們都是史書，這是否與其史書品格有關呢？筆者認爲，答案應該是肯定的。史書不同於一般的文獻，其内容多具有傳承性，會吸納或繼承不同時期的史料。同時，出於史料複雜性，會吸收不同地域的史料。也正由於此，史書的時代或地域難以一概而論。也正由於此，造成了這些史書連詞“及”、“與”混用的現象。《馬氏文通》卷三指出：“凡記事之文，概以‘及’爲連，故《左傳》、《史》、《漢》輒用之；而論事之文，概用‘與’字。”[③] 所論未必

① 據王啓俊先生統計，《國語》中連詞“與”出現62次，連詞“及”出現28次，參見氏著《〈國語〉虚詞研究》，安徽大學碩士學位論文，2007年，頁51。

② 趙大明《〈左傳〉介詞研究》，首都師範大學出版社，2007年，頁309、350。

③ 馬建忠《馬氏文通》，商務印書館，1983年，頁110。

確當，但注意到了文體與連詞“及”、“與”之間的關係①。

有一點值得注意，筆者在前文指出，《繫年》中的連詞“及”主要分佈在前七章，連詞“與”主要分佈在後面部分。如果連詞“及”與“與”的出現存在前後關係，那麼這一現象與介詞“于”、“於”一樣，在某種程度上反映了各章史料來源的時代性差異。

（五）介詞“與”、“及”的分別

介詞“與”與介詞“及”同樣表現出一定的時空差異，以下試作討論②。

連詞“與”、“及”均由介詞虛化而來，而它們介詞用法的來源本自動詞。兩者語法化的軌跡，可以說是如出一轍。但兩者語法化的過程尚有早晚的區別。我們前文提到，從出土文獻看，連詞“及”要比連詞“與”出現得早。同樣，從出土文獻看，介詞“及”的出現也應該早於介詞“與”③。

甲骨文中“及”是否已經用作介詞，尚是有爭議的問題。筆者信從張玉金等先生的看法，承認殷商時期已經存在介詞“及”，

---

① 張玉金先生在《研究》中指出馬建忠先生認爲是語體造成連詞“與”、“及”差異是不可信的。當然，語體並非主要原因，但在某一方面發揮了相應作用。

② 張玉金先生在《研究》中指出介詞“與”和“及”至少有如下幾點不同：兩者出現頻率不同；兩者的語義功能不同；兩者的語法功能不同；兩者的語用功能不同；兩者所出現的文獻的地域性有不同。

③ 不過周守晉先生認爲，“與”和“及”都是由動詞虛化、發展爲介詞和連詞的。由於動詞的意義並不相同，所以不同時代、地域的文獻裏，“與”和“及”在動詞上的用法並行不悖。“與”首先開始語法化的過程，所以時代較早的文獻裏，“與”的動詞、介詞和連詞用法都可以見到。到了戰國晚期，“及”的虛化已經完成，這期間“及”和“與”的競爭不可避免，這就形成了有些文獻“與”、“及”表面上的不分工。由於“與”負擔過多的功能，所以“及”得以在連詞用法上佔據優勢，形成介詞用“與”和連詞用“及”的局面。參見周守晉《出土戰國文獻語法研究》，北京大學出版社，2005 年，頁 162—163。

不過彼時尚未出現共事介詞的用法。據武振玉先生的研究，西周金文中的“及”已有引進動作偕同對象的用法，並舉出5例；而共事介詞“與”，最早衹能在中山國銅器見到，出現2次[1]。可見，從出土文獻看，介詞“及”比介詞“與”出現得要早。

據徐蕭斧先生的統計，《春秋》衹用介詞“及”（連詞亦衹用“及”），《易·繫辭》、《論語》、《檀弓》、《孟子》、《莊子》、《屈原賦》、《呂氏春秋》、《戰國策》衹用介詞“與”，《左傳》則兼用介詞“及”、“與”。雖然未必準確，但也反映了這些典籍的基本情況。

出土戰國文獻方面，據《研究》，曾簡不見介詞“與”，秦簡、楚簡均出現介詞“與”，均有共事介詞的用法，但楚簡基本用作共事介詞，沒有出現秦簡中比事介詞的用法；楚簡與秦簡均見及介詞“及”，但秦簡衹出現3次，1次用作共事介詞，雖然楚簡介詞“及”用法較爲完善，但沒有出現共事介詞的用法。從出土文獻看，介詞“與”並沒有明顯的地域性，它在楚簡、秦簡、中山國金文中均有出現。《研究》指出曾國竹簡未見介詞“與”，懷疑可能具有地域性。

《繫年》是新出的楚簡，其介詞“與”、“及”均用作共事介詞，這與其文體不無關係。我們再來看其他幾部史書的情況。《國語》一書介詞“與”出現71次，基本用作與事介詞[2]；而介詞“及”出現50次，基本不用作與事介詞[3]。這一情況，與楚

---

① 武振玉《西周金文詞類研究（虛詞篇）》，吉林大學博士學位論文，2006年，頁168、170。

② 由於語法體系不盡一致，以下諸書中的“與事介詞”是筆者所換用的概念（有的不甚密合），數據出處並不作此指稱。這些與事介詞的用法，主要用作共事。

③ 參見張瑞芳《〈國語〉介詞研究》，山西大學碩士學位論文，2007年。

簡相近。至於《左傳》，介詞“及”一般用作與事介詞的[①]，剩餘的引介時間，與楚簡和《國語》都不盡相同；《左傳》中的介詞“與”，與事介詞出現293次，佔總數（332）的88.3%，可見主要用作與事介詞，但也有7.8%用作比事介詞[②]，這一情況與秦簡較爲接近，而與楚簡不類。《戰國策》一書，與事介詞“與”出現287次，比事介詞“與”出現22次，時間介詞“及”出現11次，條件介詞“及”出現6次，不見共事介詞“及”[③]，這一情況又與楚簡較爲接近。

至於其他文獻，《韓非子》介詞“與”多見，多作與事介詞，介詞“及”少見且無與事用法[④]；《晏子春秋》中“與”基本用作與事介詞，而不見“及”[⑤]。

臺北故宫博物院藏子犯編鐘，其銘文提及：“子犯及晉公率西之六師搏伐楚荊。”這是相對較早的材料。銘文可與《繫年》第七章的内容相參看。這裏的“及”，當理解作共事介詞。據《研究》統計，在楚簡中並沒有見到共事介詞“及”，但現在清華簡的新材料貢獻了5個共事介詞，這些材料當不能算作楚人的產物。除了屬於晉系的子犯編鐘，古本《竹書紀年》佚文也見到8個共事介詞“及”，此外共事介詞“與”出現5次。這些材料在一定程度上可以春秋戰國時期晉系文獻的情況。

① 趙大明《〈左傳〉介詞研究》，首都師範大學出版社，2007年，頁335。

② 趙大明《〈左傳〉介詞研究》，首都師範大學出版社，2007年，頁369。

③ 王丹《〈戰國策〉介詞研究》，浙江大學碩士學位論文，2007年，頁18、24、33、40、51。

④ 張強《〈韓非子〉介詞研究》，山東師範大學碩士學位論文，2006年；蘇娟《〈韓非子〉介詞研究》，暨南大學碩士學位論文，2006年；李麗《〈韓非子〉介詞研究》，東北師範大學碩士學位論文，2007年。

⑤ 甘淑燕《〈晏子春秋〉介詞研究》，西南大學碩士學位論文，2008年，頁45。

結合出土文獻與傳世文獻的情況看，介詞“與”在戰國時期已經得到普遍使用。而介詞“及”出現較早，在《春秋》、西周金文、春秋金文中得到普遍使用，但戰國時期所見已經不多，秦漢以降更趨少見。這個過程，當存在歷時嬗替現象。戰國時期，介詞“及”、“與”的使用可能存在地域差異，楚地基本不使用共事介詞“及”，而秦地仍能見到共事介詞“及”的使用，囿於材料，難以深求。在這裏，《左傳》再次扮演了中間角色，它也是少見的混用介詞“及”、“與”的文獻。與連詞“及”、“與”一樣，介詞“及”、“與”也可能存在歷時嬗替現象，即原以介詞“及”爲主，在進入戰國之世後介詞“與”迅速發展，在對介詞“及”、“與”的選擇上出現了地域分化。

總體來説，楚簡基本用連詞“與”，介詞“與”多見，有介詞“及”但基本不用作共事介詞，且語氣詞“與”衹見於楚簡。至於《易·繫辭》、《論語》、《檀弓》、《孟子》、《莊子》、《屈原賦》、《呂氏春秋》、《戰國策》這些文獻，據徐蕭斧先生統計，衹用介詞“與”和連詞“與”。“與”的各種詞性，以及“及”的各種詞性之間，當存在相互影響的現象。

張玉金先生認爲虛詞“與”、“及”的不同，應是地域因素和實詞虛化雙重因素造成的[①]。筆者以上討論，大致同意張先生的看法，但同時強調了“與”、“及”語法化過程中時間的不平衡。

① 張玉金《出土戰國文獻中虛詞“與”和“及”的區别》，《語文研究》2012年第1期。

三、影響虛詞特點的時代、地域、文體因素

筆者認爲，影響虛詞特點的最重要三個因素是時代、地域與文體。上文討論了《繫年》的虛詞“于/於”、“與/及”，其中“于/於”的運用特點固然與文體有關，但直接相關的應該是時代因素；“與/及”的使用主要反映了虛詞的時代、地域因素，但也與文體因素存在一定關聯。可見，影響虛詞特點的因素往往不是單一的，而是複雜的。其中最重要的有時代、地域、文體三個因素，而文體這一因素又是論者所忽略的。

（一）時代因素

首先説時代這一因素。無論是出土文獻還是傳世文獻，其涵攝的時代信息往往是複雜的。概言之，包括創作年代、成書年代、書寫年代、修改年代、埋藏年代等[①]。但並不是所有的出土文獻都有修改年代，對於公文、遣策、卜筮簡等，創作年代與書寫年代往往是同時的，也往往沒有增刪修改的環節，且離埋藏年代很近。故它們可以視作“同時”的材料，而且往往能真正反映當地的語言習慣。一般的傳世文獻在輾轉流傳中，往往經過層層修改删訂，故學者們越來越重視出土文獻在語言研究方面的特殊語料價值。而出土文獻中的書籍類文獻，儘管書寫年代和埋藏年代差距不大，但創作年代並不能簡單視之，有的甚至存在修改的

① 張玉金先生在《研究》中指出，討論出土文獻的時代問題時，會涉及到三個時間，即墓葬年代、抄寫年代、形成年代，按照從早到晚的次序排列，應是形成年代早於抄寫年代早於墓葬年代。筆者之所以將創作年代與成書年代剝離，主要在於有些典籍從創作到最終成書往往經歷了相當長的時間。此外，筆者強調修改年代，是考慮到文獻在流傳過程中被修改的情況。

過程。如清華簡中的"書"類文獻，創作年代遠早於埋藏年代，而戰國諸子的文獻，則相對距離埋藏年代較近。這裏需要注意的是修改年代，如果一種文獻經過修改，這個修改年代是最難判斷的。由於存在這一未知因素，我們同樣難以判定一種出土文獻（尤其是書籍類文獻）的確切創作年代。但至少與傳世文獻相比，我們知道其創作年代的下限，且文字少了後世流傳過程中的修改，彌足珍貴。

時代因素直接影響到虚詞的共時或歷時特點，而正因爲如此，我們可以通過虚詞的研究爲文獻成書年代等信息的判定提供依據。據《研究》，"之"的時代性非常鮮明，甲骨文祇有代詞用法，西周金文多出用於定中之間的助詞用法，在出土戰國文獻中又發展出用於狀中之間、中補之間、主謂之間以及主語與介賓之間的助詞用法。同樣具有鮮明時代性的是介詞"于"和"於"，已如前述。再如連詞"是故"，《繫年》出現1例，據《研究》，"是故"是在春秋戰國時代才出現的，且除了楚簡，未見於其他出土戰國文獻[①]。在具體討論中，有些現象會被人爲地歸結於地

① 探討詞彙時代性的成果如學者對否定副詞"弗"、"不"等的探討，取得了較多研究成果，代表性的如何莫邪《馬王堆漢墓〈老子〉手抄本和秦律殘卷中的"弗"》，《古漢語研究》1992年第4期；鄧佩玲《郭店楚簡〈老子〉否定詞研究》，《問學三集》，香港中文大學，2003年，頁27－58；寧赫、孫琳《楚簡〈老子〉否定副詞"不"與"弗"的比較》，《長春工程學院學報》2004年第1期；周守晉《出土戰國文獻語法研究》，北京大學出版社，2005年，頁164－208；梁靜《〈老子〉中的"弗"與"不"——三種版本的對比研究》，《簡帛》第三輯，上海古籍出版社，2008年，頁391－400。在此之前，丁聲樹、呂叔湘、何樂士等先生對傳世文獻的有關現象作了許多研究。再如表示動作行爲發生在過去的副詞"既"、"已"具有歷時替换關係，先秦多用"既"，秦漢以降"已"逐漸取代"既"，參見呂雅賢《從先秦到西漢程度副詞的發展》，《北京大學學報》1992年第5期；周守晉《戰國、秦漢表示完結的"已"補正》，《語言學論叢》第二十七輯，商務印書館，2003年，頁313－323；周守晉《出土戰國文獻語法研究》，北京大學出版社，2005年，頁102；李明曉、胡波、張國艷《戰國秦漢簡牘虚詞研究》，四川大學出版社，2011年，頁49、51。

域因素，而這些研究通常忽視了時代因素。因爲如果兩種文獻的時代信息存在差異，儘管兩者的地域因素有區别，仍不能排除時代因素的影響。

我們回過頭來看《繫年》的情況。《繫年》除了書寫年代、埋藏年代我們大致知曉，成書年代也可以由文中所記史事獲得相對明確的信息，其創作年代以及修改年代都是難以估定的。因爲我們尚無法確定，《繫年》是創作於一時，抑或是世代累積的作品。如果是世代累積的作品，那麼修改年代問題便更爲複雜。如果《繫年》創作於一時，其史料來源也可能來自不同的時代和不同的地域。史料來源的複雜性，造成了史書創作年代和成書年代的複雜性——這是史書這種文獻的一大特殊性。故在審查《繫年》或《左傳》這種文獻的時代信息時，遠較諸子類或詩賦類文獻困難。因爲《繫年》這種文獻的寫作，不僅本身可能不是寫作於一時，也可能不是出自一人，其所據史料，也可能不是出自一時一地。

儘管如此，我們還是能依據虚詞等要素，探討《繫年》這類文獻的時代信息。譬如前文探討的“于（於）”問題，由於“于（於）”存在鮮明的時代性，而《繫年》、《左傳》各章節“于（於）”的分佈存在不平衡的現象，我們在一定程度上可以知道各章史料來源的時代也是不平衡的。當然，在我們判斷一種文獻的時代信息時，還要結合其他虚詞乃至其他方面的信息，我們不能因爲某一個虚詞而輕易定論。何樂士先生曾指出，對於“于”、“於”的區别和特徵，如果孤立地、片面地加以利用，就會出現不少問題，如祇按“于”、“於”出現次數的多少來判斷一部書的早晚，人們就會問：“《論語》的‘於’佔該書‘于’、‘於’總數的 95%，《左傳》的‘於’佔 55%，是否《論語》就該比《左傳》晚得多？《晏子春秋》、《尹文子》的‘于’都佔 98%以上，比《詩經》、《尚書》的比數還要高，是否就該比它們都早？”①誠然。故我們在具體操作過程中，需要綜合、辯證地看待問題，否則容易犯以偏概全的錯誤。

（二）地域因素

再説地域因素。一種文獻所反映的地域信息，同樣是複雜的，包括作者地域、抄手地域、作者創作語言地域、流傳地域、埋藏地域等②。其中作者創作語言地域應該説是最爲重要的，因爲作者的國籍並不一定代表作者創作語言的國別，也不一定代表文獻語言的國別；抄手的國別衹能在一定程度上影響文字特徵；流傳地域則可能導致文本在某種程度上的變異；至於埋藏地域，同樣不能限制文獻的語言特點。所以，作者創作語言地域是最值得我們探討的。以清華簡爲例，從抄手地域和埋藏地域看，都應該是楚簡。但即便是楚簡，也不能説明作者的國别，更不能説明作者所使用的語言特點。所以，如果不經過審慎區分，而是基於所謂“楚簡”得出某項結論，進而認爲這是楚地語言特色，往往是不科學的。再如秦簡日書，在使用這批材料時不能不考慮到它受楚地日書的影響這個因素③。而秦簡《爲吏之道》，情況亦相對複雜。在出土簡牘中，公文、遣策、卜筮簡往往反映了當地的語言特點，其作者地域及作者創作語言地域都是相對明確的。至

① 何樂士《〈左傳〉的介詞“于”和“於”》，《〈左傳〉虚詞研究（修訂本）》，商務印書館，2004 年，頁 122。

② 張玉金先生在《研究》中指出，探討出土文獻地域性問題時，涉及三種地域，即出土地域、作者地域和流傳地域。

③ 周守晉《出土戰國文獻語法研究》，北京大學出版社，2005 年，頁 21。

於書籍類簡牘，情況便複雜得多。目前所發現的書籍類楚簡，有些文獻可能與楚人有關，有些文獻純然與楚人無關，甚至因抄寫底本的關係導致文字呈現出異於楚文字的特徵①。總之，以“楚簡”或“秦簡”籠統研究楚地或秦地語言的現象，是不可取的。

這還涉及到一個問題，那便是共同語和方言的關係。高本漢曾對《左傳》與所謂“魯語”（以《論語》、《孟子》爲代表）進行比較，進而指出兩者存在差異，這是一個積極的嘗試。但這種比較，前提是比較對象的年代大致相當，否則很難得出合理的結論。而且，高本漢在比較《左傳》和《國語》時，雖然認爲它們之間存在較多一致，但也必須要承認這類文獻史料來源的複雜性。張玉金先生在《研究》中指出，如果某一種語法現象確爲某一地域標準文獻所獨有，可初步確定爲屬於方言語法現象。但在具體操作過程中，標準文獻的確立，以及共性與個性的判定，都存在許多困難。如果一種文獻是楚人所作，但作者不是使用楚地的方言，而是使用共同語或其他地域的方言，同樣不能反映楚地的語言特徵。問題是，我們目前所見到的文獻，能否反映出共同語與方言的區別？從傳世文獻看，除了《楚辭》表現出一定的“楚聲”，很難説有什麼材料明確反映了楚人的語言特徵。而從出土文獻看，楚地出土文獻的語言並沒有特別突出的個性。無論是語法還是語音，春秋戰國時期的各國文獻並無根本的分歧，至多

① 如據馮勝君先生研究，郭店簡《唐虞之道》、《忠信之道》、《語叢》一～三以及上博簡《緇衣》爲具有齊系文字特點的抄本。參見氏著《論郭店簡〈唐虞之道〉、〈忠信之道〉、〈語叢〉一～三以及上博簡〈緇衣〉爲具有齊系文字特點的抄本》，北京大學博士後研究工作報告，2004年8月。

是由於地域的區分，產生了個別不同的語法習慣與語音特色[①]。這似乎可以説明，儘管王綱解紐，但各國文獻的書寫，仍遵循一定的共同語。正如戰國文字儘管存在地域差異，但仍存在一個基本的前提，差異衹表現在細節方面。筆者認爲，儘管地域間的語言習慣差異是客觀存在的，但在目前的條件下，過度強調共同語與方言的分野並不適宜。

那麼，該如何理解文獻所反映的虛詞地域特徵呢？筆者認爲，與其説這是方言的結果，毋寧説是時代變遷、地域區分所造成的不同用詞習慣，正如針對戰國文字的用字習慣。這種用詞習慣，首先與地域因素有關。一個相對偏遠、閉塞的地域，其虛詞的使用可能相對保守；一個相對活躍的地域，更可能接受新興的因素。同時，還存在不同地域或文化圈相互影響、相互滲透的過程。正如前文談及的連詞“與”和“及”，相對而言，“與”是新興的連詞，它在楚地和山東地區得到較廣泛的運用。而在三晉和秦地，仍沿用西周時期產生的相對正式的連詞“及”。其次，用詞習慣與時代因素也有關聯。還是以“與”、“及”爲例，“及”出現較早，“與”的廣泛使用已經是比較遲的事情了。在不同地域便表現爲相對時代的差異，即有關並列連詞使用的或遲滯或超前現象。又如連詞“此以”和“是以”，據《研究》，前者衹見於楚簡，後者在楚簡、秦簡、戰國金文中都能見到。再如以“以”爲語素的一些詞，據《研究》，“以到”、“以上”、“以下”、“以來”衹見於出土秦文獻，而“以就”、“以起”、“此以”、“以適”

① 語氣詞“也”在秦地文獻中常用“殹”來表示，不少學者（如李學勤、大西克也等先生）認爲“殹”是秦地的方言詞，這大抵不差，但這種例子並不多。

都衹出現於楚簡中，這也反映了不同地域的用詞習慣[①]。

在具體操作時，切忌以偏概全。如連詞“如”、“若”，周守晉先生認爲表示“如果”時，楚簡基本用“如”，而秦簡基本用“若”；表示“如同”時，楚簡用“若”，也用“如”，秦簡則基本用“如”[②]。張玉金先生在《研究》中認爲這大抵是不錯的。那麼，這是否説明“如”、“若”的使用存在地域差異呢？周守晉先生通過與傳世文獻的比較，最終認爲這種現象所反映的是一種時代特徵，與地域因素關係不大。這就需要我們注意表面地域差異下時代因素的制約作用。尤其是，我們目前衹看到戰國時代的楚簡和秦簡，而兩者的時代並不是完全重合的。這些材料可以爲我們看待問題提供參照系，但如果以這些材料斷言某種語言現象在某地之有無、多寡，便有失審慎。再如我們知道連詞“及”、“與”具有地域性，那麼是否一篇文獻出現了連詞“及”，便肯定不是楚人的作品呢？這顯然是行不通的。在看待上博簡《曹沫之陣》的性質時，蘇建洲先生指出該篇出現了並列連詞“及”，“顯見其非楚國底本”[③]。如果單單據這一點判定《曹沫之陣》的性

① 探討詞彙地域性的成果還有如大西克也先生對時間副詞“將”、“且”的研究，大西先生認爲，秦簡的時間副詞多用“且”，楚簡多用“將”，“且”在楚簡中主要當連詞表示遞進之義，二字似分工明確，參見大西克也《楚簡語法劄記二則》，紀念徐中舒百年誕辰暨中國古文學國際學術研討會論文，四川聯合大學，1998 年 10 月；（日）大西克也《從方言的角度看時間副詞“將”、“且”在戰國秦漢出土文獻中的分佈》，《紀念王力百年誕辰學術論文集》，商務印書館，2002 年，頁 152－158；周守晉《出土戰國文獻語法研究》，北京大學出版社，2005 年，頁 107；李明曉、胡波、張國艷《戰國秦漢簡牘虛詞研究》，四川大學出版社，2011 年，頁 26、49。再如楊澤生先生強調“乇”是帶有楚地色彩的總括副詞，參見氏著《楚地出土簡帛中的總括副詞》，《簡帛語言文字研究》第二輯，巴蜀書社，2006 年，頁 15－20。

② 周守晉《出土戰國文獻語法研究》，北京大學出版社，2005 年，頁 120－129。此前周法高、高本漢等先生討論過傳世文獻中的“如”、“若”分佈及差異。

③ 蘇建洲《〈上博楚竹書〉文字及相關問題研究》，（臺北）萬卷樓，2008 年，頁 241。

質，是有失審慎的。事實上，蘇先生除了指出這一點，還結合《曹沫之陣》的其他信息進行綜合考辨，這正是我們需要的方法。正如《繫年》、《楚居》都出現了不少連詞“及”，是否説明它們與楚人無關呢？同樣，我們不能輕率下結論。我們需要考慮到它們的性質，作爲史書，其史料來源是需要考慮的問題。而史料來源的時代、地域等信息，往往是很複雜的，需要我們全面看待。

基於以上理解，我們可以回過頭來看《繫年》的地域特徵。其抄手地域、埋藏地域可以説是相對明確，但作者地域、作者創作語言地域卻是有待研究的。目前絶大多數學者認爲《繫年》是楚人的作品，但至少從虛詞特點看，《繫年》的史料來源應該是複雜的。以下略舉數端：

據《研究》研究，處所介詞“自”出現了19次，放在“VP”後的有10次，可見以後置爲常，且這種情況均出現於楚地文獻之中。可以説，這在一定程度上反映了楚地文獻介詞“自”的地域特色。然而，從《繫年》的材料看，出現的10次用例均是“自+賓語”在“VP”之前，與此前所見楚地出土文獻的材料不甚相合；

據《研究》，出土戰國文獻的介詞“用”有憑事介詞、境事介詞、因事介詞的用法，且均出現於戰國金文及秦簡之中；“用”的連詞用法見於上博簡《用曰》，衹出現於楚簡中。《繫年》出現了2例“用”的介詞用法，值得玩味；

上文提及，楚人基本不用連詞“及”，但《繫年》出現了較多用例。

這些與此前楚簡材料有悖的信息，並不能説明《繫年》的作者一定不是楚人，或者一定出自三晉史官。更何況，《繫年》中某些虚詞現象是與楚簡相合的，如連詞“是故”僅見於楚簡，《繫年》也出現了；出土戰國文獻中的連詞“且”出現最多的是並列與遞進的用法，楚簡不見選擇連詞與讓步連詞的用法，是與《繫年》一致的。從虚詞特點看，《繫年》的史料來源複雜，至於最終整理者或編寫者，尚難考定。

還有一點需要注意，由於目前所見到的出土文獻仍然是有限的，我們難以以現有的材料涵蓋全部，而在此基礎上遽斷某地語言某現象之有無。像《繫年》叙事體史書，在此前的楚簡中很少見到，我們也很難依據此前楚簡中其他文體的材料衡量其用語。因爲，不同文體的文獻所反映的語言信息往往是存在差異的。這就涉及到“文體”因素的問題。

（三）文體因素

中國古代的“文體”概念，實際上包括今天的文體與語體兩部分[①]。文體側重形式，語體側重内容。本文之所以使用古代的“文體”概念，主要是爲了稱説的便利，因爲文本形式與内容對虚詞特點均存在不同程度的影響。

“文體”的概念容易理解，“語體”的概念有必要作一番澄清。學術界對“語體”的研究雖然歷史不短，但對“語體”概念的界定，向來有不同的看法。要之，有“語言特點體系（綜合）”説、“語言風格類型”説、“功能變體”説、“詞語類别”説、“語文體式”説、“言語行爲類型”説等[②]。在衡量諸説的基礎上，

---

① 紀永祥《我國古代語體理論略論》，《修辭·語體·風格》，（香港）文化教育出版社有限公司，2000年，頁226。

② 李熙宗《關於語體的定義問題》，《煙臺大學學報》（哲學社會科學版）2004年第4期。

李熙宗先生對“語體”進行了再定義：語體是在長期的語言運用過程中歷史地形成的與由場合、目的、對象等因素所組成的功能分化的語境類型形成適應關係的全民語言的功能變異類型，具體表現爲受語境類型制約選擇語音、詞語、句式、辭式等語言材料、手段所構成的語言運用特點體系及其所顯現的風格基調①。應該説，這一定義是合乎實際的。一般將“語體”劃分爲口頭語體與書面語體兩大類，繼而再作區分。同時，語體也存在交叉現象②，這也是需要我們注意的。

過去學者討論虛詞特點的產生機制時，對文體這一因素關注不多③。事實上，這是一個極其重要的因素。在衡量比較不同時代、不同地域的虛詞特點時，如果不考慮文體的因素，所得出的結論往往是不可靠的，至少是失之偏頗的。陶紅印先生曾指出，脱離語體來判斷漢語句型的地位，其結果充其量是抽象的，有時很可能還會有誤導性④。陶先生是從語體與語法學關係的角度來闡發的，事實上，在研究古代漢語虛詞時同樣需要注意文體（包括語體）的制約。我們在討論殷商時期的語言特點時，主要基於甲骨卜辭的材料。但甲骨卜辭是否是當時的唯一文體，這是需要

---

① 李熙宗《關於語體的定義問題》，《復旦學報》（社會科學版）2005 年第 3 期。

② 劉鳳玲《試論語體的交叉》，《修辭·語體·風格》，（香港）文化教育出版社有限公司，2000 年，頁 233。

③ 姜允玉先生在討論語氣詞“也”時，便考慮到中山王銅器、秦漢簡帛在使用“也”的過程中文體的制約作用，參見氏著《出土文獻中的語氣詞“也”》，《古文字研究》第二十四輯，中華書局，2002 年。周守晉先生討論介詞“乎”時，也指出其用法可能與特定的文體、作家有關，在討論“古”、“昔”、“今”時也強調其具有很強的語體風格，在討論“既”時考慮到秦簡《爲吏之道》的文體性質，考慮“弗”的用法時認爲除了受時代、地域的影響還受語體的制約，參見氏著《出土戰國文獻語法研究》，北京大學出版社，2005 年，頁 11、55、90、188。

④ 陶紅印《試論語體分類的語法學意義》，《當代語言學》1999 年第 3 期。

考慮的。殷商時期已經存在金文，但數量並不多。雖然至今沒有發現當時的簡帛，但不少學者相信殷商時期已經出現典冊。這就涉及一個問題，基於甲骨卜辭的語言研究，是否能代表殷商時期的語言特點，進而以此衡量有關"商書"篇章呢？這是值得懷疑的，因爲卜辭簡質，受文體的限制，其表現出的語言信息相對有限。同樣，以西周金文來衡量西周時期的語言特點，同樣是不夠合理的。至於出土戰國文獻，主要基於楚簡、秦簡、戰國金文、戰國玉石文字等材料。首先，這些材料載體的不同，實際上決定了它們的文體差異。即便是楚簡、秦簡兩種載體一致的材料，同樣難以放在同一平面上進行衡量。秦簡有關文獻的性質相對單一，這些材料是否能一定全面反映秦地虛詞特點？楚簡所見文獻性質相對多樣，又能否將它們雜糅在一起討論？這都是需要考慮的問題。因爲文體對虛詞產生的影響，並不是可以忽略不計的。

有鑒於此，筆者試圖將同一文體的文獻放在一起進行比較研究。在分析清華簡第一輯時，筆者將"書"類文獻與《楚居》加以區分，分別看待，因爲兩者文體不同。至於清華簡《繫年》，它是敘事體的史書，清華簡《楚居》的性質與其相類，古本《竹書紀年》也是相近的文獻。其他史籍如《左傳》、《國語》、《春秋》等，以及上博簡中有關述史篇目，有關的敘事內容同樣可以放在一起討論。這是筆者研究清華簡《繫年》虛詞的一個出發點。同樣，在討論論説體文獻時，需要將同一類的文獻置於同一平臺進行討論。至少單單從敘事體與論説體兩種文獻看，兩者的虛詞運用還是存在相當大的差異的。

在此以《繫年》爲例，簡要説明文體對虛詞特點的影響。

首先看介詞"于"、"於"的使用。"于（於）"的賓語可由名詞性詞語充當，也可以由謂詞性詞語充當，《繫年》不見後一種情況。由謂詞性詞語充當賓語的情形，主要見於論説性文本。《繫年》"于（於）"的賓語均由名詞性詞語充當，這是與其文體密不可分的。再從"于（於）"的語義功能看，《繫年》中的"於"與"于"用法比較單一，集中於客事介詞中的位事，與事介詞中的當事，境事介詞中的處所。且比重最大的均爲處所介詞，超過一半的比重。這是與此前的楚簡材料不一致的。之所以出現這一現象，也是與《繫年》的文體密切相關的。而通過分析古本《竹書紀年》佚文，筆者發現"於（于）"用作客事介詞 16 次，其中受事介詞 2 次，位事介詞 14 次；與事介詞 3 次，均作當事；憑事介詞 1 次；境事介詞 73 次，其中處所介詞 72 次，時代介詞 1 次；關事介詞 1 次，用作範圍介詞；比事介詞 1 次。其中用得最多的同樣是位事介詞、當事介詞與處所介詞，處所介詞仍是比重最大的，與《繫年》相吻合。性質相近的《楚居》，"于（於）"全部用作位事介詞與處所介詞。在《左傳》一書中，"于"引介處所 1201 次，佔總數（1461）的 82.2%；"於"引介處所 814 次，佔總數（1763）的 46.2%①。至於《國語》，介詞"于"出現 155 次，引介處所有 109 次；介詞"於"出現 841 次，引介處所 358 次②。引介處所的頻率同樣相當大。之所以存在這樣一種現象，是與其文體的相近分不開的——位事介詞與處所介詞均

① 趙大明《〈左傳〉介詞研究》，首都師範大學出版社，2007 年，頁 42、151。
② 張瑞芳《〈國語〉介詞研究》，山西大學碩士學位論文，2007 年，頁 17、20。

引介地名[①]，而敘史文獻多涉及人、時、地[②]。而“于（於）”又是上古最常用的處所介詞[③]。此外，前文已述，《繫年》“于”用得較多，在某種程度上與其文體存在一定關聯。事實上，在戰國時期，實用的文書基本見不到“于”，“于”多保存於典籍類文獻，相形之下，實用文書更能反映當時“于（於）”的使用特點。

再看介詞“以”。據《研究》統計，出土戰國文獻虛詞共出現1475次，其中出現最多的是憑事介詞，共665次，佔總數的45.1%，其中以工具介詞與依據介詞爲多；其次是境事介詞中的時代介詞，共556次，佔總數的37.7%。此外，原因介詞出現139次，佔9.4%；受事介詞出現96次，佔6.5%；與事介詞出現19次，其中當事介詞2次，共事介詞17次。在《繫年》中，出現最多的是境事介詞和與事介詞，各8次，佔總數的26.7%，而憑事介詞才出現3次。《繫年》介詞“以”的用法，與此前的楚簡材料以及全部出土戰國文獻所反映出的信息相較，是不盡相符的。究其原因，筆者認爲當與《繫年》的文體有關。《繫年》的敘述對象是列國史事，出於敘事體的內在要求，境事介詞和與事介詞出現的頻率便更高。我們同樣可以來看楚簡與秦簡介詞“以”用法的不平衡。在楚簡中，憑事介詞出現的頻率更高，共

① 何樂士先生針對《古代漢語》“如果所介的是地名，一般用‘于’不用‘於’”的論斷（事實上，高本漢《〈左傳〉真僞考》便已提出類似看法），通過《左傳》相關辭例的分析，認爲是不能成立的。參見氏著《〈左傳〉的介詞“于”和“於”》，《〈左傳〉虛詞研究（修訂本）》，商務印書館，2004年，頁92。無論是傳世文獻還是出土戰國文獻，都可以證明這一點。

② 何樂士先生分析了《左傳》D後“于b”和“於b”的語法功能情況，發現引進處所和人物是“于”、“於”最重要的作用。參見《〈左傳〉的介詞“于”和“於”》，《〈左傳〉虛詞研究（修訂本）》，商務印書館，2004年，頁115。

③ 趙大明《“于（於）”系處所介詞的歷史演變》，《古漢語語法論集》，語文出版社，1998年，頁104。

354次，佔總數的53.9%；在秦簡中，出現255次，佔33.9%。在境事介詞方面，楚簡共出現98次，佔總數的14.9%；而秦簡出現453次，佔總數的60.2%，與《繫年》一樣，境事介詞出現較多。在原因介詞方面，楚簡出現130次，佔總數的19.8%；秦簡才出現8次，佔總數的1.1%。這種不平衡，已經很難説是受"方言"的約束了，而與文體的關係更加密切[①]。

再看連詞"以"。《繫年》中目的連詞出現最多，佔總數的64.4%。在出土戰國文獻中，目的連詞的確是連詞"以"最常見的用法。據《研究》，出土戰國文獻共出現目的連詞120次，佔總數的26.9%。在楚簡中，方式狀態連詞用法最多，共85次，佔總數的26.3%；目的連詞則居第三位，佔總數的22.7%。《繫年》的目的連詞"以"比例很高，這同樣與其文體特徵分不開。證之古本《竹書紀年》佚文，連詞"以"出現7次，均用作目的連詞。而《左傳》的目的連詞"以"佔連詞"以"總數的46.9%[②]，同樣是最常見的用法。

順承連詞"又"出現13次，均表示年歲，未見其他內容，這顯然是與《繫年》的文體有關。

順承連詞"焉"據出現20次。據《研究》，出土戰國文獻連詞"焉"出現23次，且均見諸戰國簡牘。筆者曾指出，《繫年》的虛詞有許多值得注意的現象，如頻繁使用連詞"焉"，而出土戰國文獻中"焉"的連詞用法並不多見[③]。可與之相參證的是

① 但在《左傳》等書中，雖然與事介詞佔相當比重，但境事介詞"以"出現並不多。

② 趙大明《〈左傳〉介詞研究》，首都師範大學出版社，2007年，頁204。

③ 陳民鎮《〈繫年〉"故志"説——清華簡〈繫年〉性質及撰作背景芻議》，《邯鄲學院學報》2012年第2期。

《楚居》，連詞"焉"出現了8次，且同樣出現與副詞"始"連用的句子。

可見，《繫年》較多使用順承連詞和目的連詞，介詞方面，境事介詞出現較多，這些都是敘事體史書的特點。

《繫年》中的助詞"之"，較多用於專名，這是其他文體所罕見的。《竹書紀年》佚文的助詞"之"同樣多用於專名，且《繫年》與《竹書紀年》佚文助詞"之"的用法是完全一致的。

《繫年》中的語氣詞出現不多，其中"也"出現7次，"矣"才出現1次。這同樣反映了其文體特徵。

其他現象，如介詞"至"、"至于"以及短語"至今"（亦見《楚居》）的較多使用，介詞"與"、"及"均作共事介詞（《竹書紀年》佚文亦同），副詞"乃"（或歸入連詞）多見，等等，均體現了《繫年》的文體特色。

不難看出，文體因素會導致某種虛詞現象之有無、多寡，如若忽視這一因素，在做横向比較時勢必得出不夠嚴謹的結論。當然，由於材料的限制，欲將每種分析和比較建立在同一文體的平面上仍是存在困難的。由於缺乏可資參證的出土文獻，筆者將《繫年》與古本《竹書紀年》等文獻進行横向比較，顯然是不得已而爲之的方案。

四、餘　論

時代、地域、文體構成了影響虛詞特點的三個維度，三者相互影響，相互滲透。對於文體這一維度，過去對其重視不夠，而如若忽略了這一維度，顯然難以得到立體的認識。從虛詞角度審查一種文本時，需要從結合各方面的信息進行綜合考慮，不能據某一方面的信息草率定論①。

基於這一認識，筆者對《繫年》虛詞進行了初步分析，基本可以確定其史料來源是複雜的，且各章史料來源的時代存在不平衡的現象。《繫年》雖然出現了一些與此前楚簡相悖的虛詞現象，但尚不能説它與楚人無關。

在許多方面，《繫年》的虛詞特徵與《竹書紀年》接近，與《楚居》接近，甚至與《左傳》接近。這究竟反映了它們時代的共通，還是地域的共通，還是文體的共通呢？這顯然是有待解答的問題。

《繫年》與《左傳》的一些相似之處值得我們重視，兩者無論是在内容還是在虛詞運用方面，均存在許多共性。兩者的關係也是有待我們進一步考索的。

《繫年》與《楚居》關係較爲密切，如果承認《楚居》是楚

① 目前對出土文獻虛詞的研究，主要有五種形式：一是共時研究，如全面整理出土戰國文獻的虛詞，或全面整理楚簡的虛詞，諸如此類；二是歷時研究，如研究某一虛詞的歷時演變，但很少有打通時代的拘囿綜合研究虛詞的成果；三是專書研究，如對上博簡第八輯的虛詞研究，清華簡第一輯的虛詞研究，等等，只針對某一册整理報告；四是分批次研究，如研究郭店簡的虛詞，研究包山簡的虛詞，即研究某一批次的材料；五是分域研究，主要是區分楚簡、秦簡、曾簡等材料之間的異同。其中共時研究是有必要的，而且已經取得了較豐碩的成果；歷時研究則顯不足，尤其是缺少貫通研究的成果；專書研究也是有必要的，可以持續跟進學術界的最近動態，但將一册整理報告籠統進行研究還是存在局限的，因爲某一册報告的内容往往不是純粹的，性質、時代等方面均可能存在差異；分批次研究也是有必要的，但也會遇到專書研究所面對的問題；分域研究同樣具有深刻意義，但目前尚不能看到全面的材料，如戰國簡牘只發現有楚簡、秦簡、曾簡，這對我們的研究帶來一定的障礙。筆者以爲，還有一種途徑是值得探索的，那便是分文體的歷時或共時研究，即在同一文體的平面上進行研究。可以通過歷時研究瞭解某一文體虛詞的嬗變，也可以通過共時研究瞭解某一文體虛詞的特徵。如敘事體的史書，便可以放在一起進行討論。

人的述史之作，也不難認可《繫年》是楚人依據各國各代史料進行整理組織的"四方之志"[①]。當然，這有待進一步論證。

① 筆者認爲《繫年》與《楚居》可能均屬"故志"，參見拙作《〈繫年〉"故志"説——清華簡〈繫年〉性質及撰作背景芻議》，《邯鄲學院學報》2012 年第 2 期。

《簡帛語言文字研究》徵稿啟事

本刊是專門刊發簡帛語言研究和簡帛文字研究論文的學術刊物，尊重學術自由，鼓勵學術爭鳴，歡迎學界來稿。來稿請注意：

1. 繁體行文，請一定注意規範使用繁體。正文必須是繁宋(繁體宋體)，不能簡單地將簡體轉換成 PMingLiu，應再轉一次(即轉宋體)。

2. 來稿請提交紙本和電子本各一份，電子本可爲郵件形式或磁片形式。

3. 當頁註腳，每頁重新編號，註碼形式爲：①②③……

4. 標題下一行是作者名，作者簡介位於文章第一頁註腳。如："李明曉，西南大學漢語言文獻研究所　副教授　重慶400715。"

5. 引文出處標注格式：

A. 期刊類：作者、文章名、期刊名、期數。如：劉曉南《先秦語氣詞的歷史多義現象》，《古漢語研究》1991 年第 3 期。

B. 集刊類：作者、文章名、集刊名、輯數、出版社、出版時間。如：李銳《讀簡散劄》，《簡帛語言文字研究》第三輯，巴蜀書社，2008 年。

C. 專著類：作者、專著名、出版社、出版時間、頁碼。如：張顯成《簡帛文獻學通論》，中華書局，2004 年，頁 6。陳松長《香港中文大學文物館藏簡牘》，香港中文大學文物館，2001 年，頁 2－6。馬承源主編《上海博物館藏戰國楚竹書（一）》，上海古籍出版社，2001 年。太田辰夫著，蔣紹愚、徐昌華譯《中國語歷史文法》（修訂譯本），北京大學出版社，2003 年，頁 375。

6. 文中若有圖片文字，請一定要清晰，符合出版標準，不能簡單地將圖版上的照片文字複製插入文中，應將所用圖片文字進行處理（或摹寫，或用電腦脱去底色），除拓片文字外，不能有底色。若有文字以外的圖片，也同樣一定要清晰。

如右圖左右兩欄的圖片文字，1 欄的不清晰，不符合出版要求；2 欄為清晰者，符合出版要求。

7. 來稿請另紙或於稿末注明作者真實姓名、通訊地址、郵政編碼、電子信箱、手機電話，以便聯繫。

8. 來稿請寄：重慶北碚西南大學文獻所《簡帛語言文字研究》編輯部，郵政編碼 400715。E－mail：jbyywzyj@163.com。

圖書在版編目（CIP）數據

簡帛語言文字研究．第7輯/張顯成主編．—成都：巴蜀書社，2015.3

ISBN 978-7-5531-0503-1

Ⅰ.①簡… Ⅱ.①張… Ⅲ.①簡（考古）—古文字—中國—文集②帛書—古文字—中國—文集 Ⅳ.①K877.54—53 ②K877.94—53

中國版本圖書館CIP數據核字（2015）第022705號

簡帛語言文字研究（第七輯）　張顯成　主編

責任編輯　謝藝波
出　　版　巴蜀書社
　　　　　成都市槐樹街2號　郵編610031
　　　　　總編室電話：（028）86259397
網　　址　www.bsbook.com
發　　行　巴蜀書社
　　　　　發行科電話：（028）86259422　86259423
經　　銷　新華書店
印　　刷　成都蜀通印務有限責任公司
版　　次　2015年3月第1版
印　　次　2015年3月第1次印刷
成品尺寸　203mm×140mm
印　　張　17.75
字　　數　450千
書　　號　ISBN 978-7-5531-0503-1
定　　價　56.00圓